AF614328

LA FORMACIÓN DEL FUTURO DEPORTISTA

FUNDAMENTOS DEL ENTRENAMIENTO A LARGO PLAZO

MARIANO GARCÍA-VERDUGO DELMAS

©Copyright: Mariano García-Verdugo Delmas
©Copyright: De la presente Edición, Año 2021 WANCEULEN EDITORIAL

Título: LA FORMACIÓN DEL FUTURO DEPORTISTA. LOS FUNDAMENTOS DEL ENTRENAMIENTO A LARGO PLAZO
Autor: MARIANO GARCÍA-VERDUGO DELMAS

Editorial: WANCEULEN EDITORIAL
Sello Editorial: WANCEULEN EDITORIAL DEPORTIVA

ISBN (Papel): 978-84-18682-43-8
ISBN (Ebook): 978-84-18682-44-5

DEPÓSITO LEGAL: SE 284-2021

Impreso en España. 2021

WANCEULEN S.L.
C/ Cristo del Desamparo y Abandono, 56 - 41006 Sevilla
Dirección web: www.wanceuleneditorial.com y www.wanceulen.com
Email: info@wanceuleneditorial.com

Reservados todos los derechos. Queda prohibido reproducir, almacenar en sistemas de recuperación de la información y transmitir parte alguna de esta publicación, cualquiera que sea el medio empleado (electrónico, mecánico, fotocopia, impresión, grabación, etc.), sin el permiso de los titulares de los derechos de propiedad intelectual. Cualquier forma de reproducción, distribución, comunicación pública o transformación de esta obra solo puede ser realizada con la autorización de sus titulares, salvo excepción prevista por la ley. Diríjase a CEDRO (Centro Español de Derechos Reprográficos, www.cedro.org) si necesita fotocopiar o escanear algún fragmento de esta obra.

EL AUTOR

Mariano García-Verdugo Delmas

Nacido en Madrid en 1948
Afincado en Galicia (España) desde 1960

TITULACIONES ACADÉMICAS

Diploma en Estudios avanzados en Ciencias de la Actividad Física y del Deporte por la Universidad de Vigo (2004-2006).

Licenciado en Ciencias de la Actividad Física y el Deporte, por la Facultad de Ciencias del Deporte de Madrid. Especialista en Atletismo. (1968-1972).

Master Universitario en Alto Rendimiento Deportivo. Universidad Autónoma de Madrid (1993-94).

Master en Alto Rendimiento Deportivo por el Centro Olímpico de Estudios Superiores del Comité Olímpico Español.

Técnico Deportivo Superior en Atletismo. Grado Superior. Ministerio de Educación y Ciencia.

TITULACIONES DEPORTIVAS

Técnico especialista en Alto Rendimiento Deportivo. Centro Olímpico de Estudios Superiores. Comité Olímpico Español. Madrid (1993-94).

Entrenador Nacional de Atletismo (nivel III). Real Federación Española de Atletismo (1975).

Entrenador Nacional Especialista en Medio Fondo (nivel IV). Real Federación Española de Atletismo (2008).

OCUPACIONES

Responsable Nacional de las pruebas de Medio Fondo de la Real Federación Española de Atletismo. (1989.2012).

Profesor del Centro Olímpico de Estudios Superiores del Comité Olímpico Español. Máster en Alto Rendimiento Deportivo. "Programación del Entrenamiento de la Resistencia". Desde 1995.

Profesor Titular de la Escuela Nacional de Entrenadores de la Real Federación Española de Atletismo. Asignatura de Medio Fondo. 1995-2017.

Profesor de la Federación Internacional de Atletismo (IAAF) para el área de Sudamérica. Medio Fondo. (2007).

Director y profesor de la Escuela Gallega de Entrenadores de Atletismo de la Federación Gallega de Atletismo. 2006-2019.

Asesor y Metodólogo para el desarrollo de las especialidades de Medio Fondo y Fondo. Federación Deportiva Peruana de Atletismo. Perú (2017-2020).

Profesor y Jefe de Departamento de Educación Física en el Colegio la Salle de Santiago de Compostela (1972-1988).

Director del Área de Deportes de la Universidad de Santiago de Compostela. (1988-2012).

MARIANO, al margen de su profesión como gestor de la Actividad Física y del Deporte en la Universidad, por sus estudios y experiencia, es una persona que ha vivido de forma directa la promoción, durante más de dos décadas en los que ha trabajado con deportistas en edades a partir de los 10 años en la Escuela de Atletismo de Santiago de Compostela y como profesor de Educación Física y de Atletismo en el Colegio La Salle de la misma ciudad. Cuenta en su historial con varios campeonatos de España Escolares en los que sus equipos se proclamaron vencedores.

Ha convivido también, desde 1989 hasta 2012, con deportistas de elite ya que desde esa fecha fue Responsable Nacional de pruebas de Medio Fondo de la Real Federación Española de Atletismo lo que le ha permitido ser oficial en seis Juegos Olímpicos y 17 campeonatos del Mundo y de Europa.

El autor ha impartido numerosas conferencias y cursos a nivel internacional y nacional sobre la temática que trata esta obra y ha publicado numerosos trabajos al respecto.

Todo ello, le confieren una experiencia y unos conocimientos que ahora transmite aquí para todas aquellas personas con inquietudes sobre la formación deportiva a largo plazo y el entrenamiento, de manera integrada y sistemática, en las primeras etapas de desarrollo.

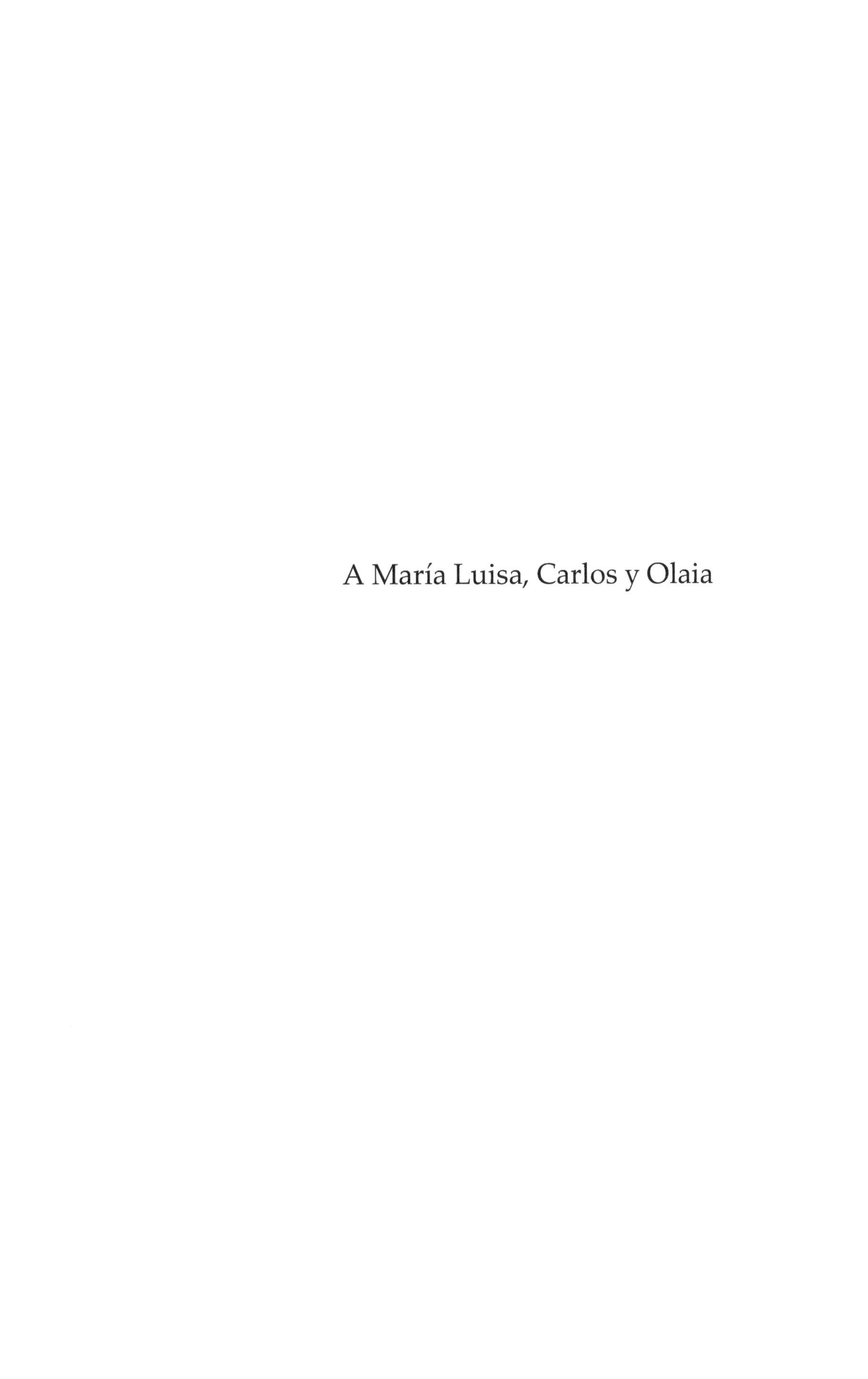

A María Luisa, Carlos y Olaia

AGRADECIMIENTOS

A mi mujer y mis hijos, principales sufridores de mi dedicación al estudio y al trabajo.

A D. Emilio Tapia (Q.P.D.) por haberme dado la oportunidad de dirigir la Escuela de Atletismo de Santiago de Compostela, en mi inicio como entrenador de niños.

Al Colegio La Salle de Santiago de Compostela porque con ellos pasé 20 años de mi vida adquiriendo experiencia y desarrollándome como educador, profesor de Educación Física y entrenador de niños y adolescentes.

A todos mis profesores a lo largo de mi formación como educador y entrenador. Ellos, con sus enseñanzas, me ayudaron a conocer la problemática del entrenamiento desde la infancia hasta el alto rendimiento.

A todos mis deportistas, que comenzaron a entrenar conmigo desde categorías en edad escolar. Tanto a los que aún siguen entrenando y compitiendo (ya en categorías de master) como a los que, con el devenir del tiempo, fueron abandonando la práctica deportiva. Unos y otros me permitieron reflexionar sobre los aciertos y errores cometidos con ellos para poder ayudar a los nuevos entrenadores a incidir en los aciertos y evitar las equivocaciones.

A la Real Federación Española de Atletismo, especialmente en la persona de su presidente D. José María Odriozola por la oportunidad que me brindó, durante 24 años, para convivir con la elite del Atletismo Español e Internacional , pudiendo comprobar los errores y aciertos que se cometieron con los atletas desde que militaban en categorías inferiores y que fueron determinantes en su llegada al alto rendimiento o por quedarse a medio camino.

ÍNDICE

INTRODUCCIÓN 13

CAPÍTULO 1. EL NIÑO DEPORTISTA Y EL TALENTO DEPORTIVO 23

1.1. El niño deportista 24

1.2. Sobre la iniciación y el abandono 24

1.2.1. Algunas causas por las que el niño comienza o abandona la práctica 25

1.3. El talento y el talento deportivo 38

1.3.1. Detección, selección, captación y formación 46

1.3.2. Algunos modelos de detección y selección y captación 54

1.3.3. El modelo "vale – puede – quiere". Una propuesta para la identificación de talentos deportivos 62

1.3.3.1. El chico con talento deportivo "vale". La aptitud 63

1.3.3.2. El chico con talento deportivo "puede". El entorno, los medios y los recursos 66

1.3.3.2.1. La figura del entrenador. Elemento clave del Proyecto 83

1.3.3.3. El chico con talento deportivo "quiere". La actitud 98

1.3.4. Algunas propuestas que podrían facilitar la identificación del posible talento deportivo. 102

1.3.5. A quién seleccionar y a quién desecha 109

CAPÍTULO 2. EDADES, FASES Y CARACTERÍSTICAS 111

2.1. Desarrollo, crecimiento y maduración 111

2.2. El desfase entre sexos. Influencias en el entrenamiento 129

2.3. El desfase entre edades. La edad cronológica y la edad biológica 135

2.4. Las etapas de desarrollo 140

2.4.1. Características de la etapa infantil que pueden influir en la formación deportiva. 6 a 8 años en chicos y chicas 145

2.4.2. Características de la etapa pre puberal que pueden influir en la formación deportiva. 9 a 12 años en chicos y 9 a 11 en chicas 148

2.4.3. Características de la etapa puberal que pueden influir en la formación deportiva, 13-14 años en chicos y 12 a 13 años en chicas 153
2.4.4. Características de la etapa adolescente que pueden influir en la formación deportiva, 15 a 16 años en chicos y 14 a 15 años en chicas 158
2.4.5. Características de la etapa juvenil que pueden influir en la formación deportiva, 17 a 19 años en chicos y 15 a 17 años en chicas 163

CAPÍTULO 3. LAS LEYES DE LA FORMACIÓN INTEGRAL. LOS PRINCIPIOS EDUCATIVOS 167
3.1. El itinerario hacia el alto rendimiento 168
3.2. El perfil del deportista de alto rendimiento 172
3.3. La vida deportiva debe estar sometida a reglas 179
3.4. Las leyes de la formación. Los principios pedagógicos 181
3.4.1. Los valores educativos también son transferibles a la vida 181
3.4.2. Los valores transferibles al alto rendimiento futuro 193
3.5. Los principios educativos 196
3.5.1. La participación activa y consciente 196
3.5.2. La responsabilidad y la asistencia 197
3.5.3. El aspecto lúdico y la alegría del entrenamiento 197
3.5.4. El respeto a los derechos del niño 199
3.5.5. El respeto a la formación integral 201
3.5.6. El reconocimiento del esfuerzo 202
3.5.7. La creatividad 203
3.5.8. La protección y la potenciación de la salud 203
3.5.9. La prioridad a los estudios 208
3.5.10. Labrándose la imagen futura 209

CAPÍTULO 4. LAS LEYES DEL ENTRENAMIENTO A LARGO PLAZO. LOS PRINCIPIOS DEL ENTRENAMIENTO APLICADOS A EDADES EN PROCESO DE DESARROLLO 213
4.1. El entrenamiento durante las etapas de desarrollo 214
4.1.1. Los objetivos del entrenamiento en etapas de desarrollo 218
4.2. Los principios de la adaptación hacia el rendimiento deportivo 220
4.2.1. La energía 221
4.2.2. La adaptación y la súper compensación 221
4.2.3. El estímulo eficaz 225

4.2.4. La unidad funcional 228
4.2.5. La multilateralidad, la variedad y la alternancia 228
4.2.6. La continuidad 232
4.2.7. La progresión 234
4.2.8. La transición de lo general a lo específico 241
4.2.9. La recuperación y la regeneración 249
4.2.10. La accesibilidad 251
4.2.11. La adaptación a los niveles evolutivos 252
4.2.12. La integración 258
4.2.13. La reversibilidad y la memoria en las adaptaciones 260
4.2.14. La individualidad 262
4.2.15. La transferencia 268
4.2.16. La preparación progresiva para la competición 270
4.2.17. La evaluación y el control del entrenamiento 287
4.2.18. La visión de futuro 291

CAPÍTULO 5. CONCEPTOS BÁSICOS DEL ENTRENAMIENTO APLICADOS A EDADES EN PROCESO DE DESARROLLO 293
5.1. El aparato muscular y su relación con el entrenamiento 294
5.1.1. Las fibras musculares. Clasificación y características 295
5.2. El aparato cardiovascular. Características y evolución 298
5.3. El aparato respiratorio y la ventilación. Características y evolución 300
5.4. El metabolismo. Características y evolución 303
5.4.1. Los procesos aeróbicos 306
5.4.2. Los procesos anaeróbicos 317
5.4.3. Los momentos de inercia. Un ejemplo aclaratorio 327
5.5. Los niveles o estadios de entrenamiento 328
5.5.1. Niveles entrenables y no entrenables 329
5.5.2. Los niveles en relación con las cualidades a entrenar 332

CAPÍTULO 6. LAS ZONAS O ÁREAS FUNCIONALES. UNA PROPUESTA PARA EL ENTRENAMIENTO EN LAS ETAPAS DE DESARROLLO 335
6.1. Las zonas de entrenamiento o áreas funcionales 335
6.1.1. Las escalas de referencia 336
6.1.2. Las zonas. Límites y efectos adaptativos 337
6.1.3. Las zonas y su adaptación a las etapas de desarrollo 350

6.1.3.1. Las zonas en la etapa infantil. Características principales. 7 a 9 años en chicos y 7 a 8 en chicas 350
6.1.3.2. Las zonas en la etapa pre puberal. Características principales. 10 a 11 años en chicos y 9 a 11 en chicas 353
6.1.3.3. Las zonas en la etapa puberal. Características principales. 13 a 14 años en chicos y 12 a 13 en chicas 354
6.1.3.4. Las zonas en la etapa adolescente. Características principales. 15 a 16 años en chicos y 13 a 14 en chicas 358
6.2. Momentos más recomendables de incidencia en las diferentes zonas, en función de la edad 360

BIBLIOGRAFÍA 361

INTRODUCCIÓN

POR QUÉ ESTA OBRA

Desde que, por primera vez, el niño accede a una escuela deportiva, hasta que llega a convertirse en un deportista de alto rendimiento, transcurre un tiempo en el que debe salvar numerosos obstáculos.

Son muchos los que comienzan a practicar deporte con la ilusión de llegar a parecerse a Bolt, Gasol, Phelps, Nadal... sin darse cuenta, ellos o sus familias, que solamente unos pocos privilegiados serán los que lleguen a ese nivel.

Estas falsas expectativas suelen provocar frustraciones, desengaños y, como consecuencia, el abandono de la práctica deportiva.

Desde tiempo atrás, los requerimientos en el deporte de alto rendimiento se han vuelto cada vez más exigentes, lo que implica que los practicantes que acceden a ese horizonte, deben estar capacitados para soportar presiones y agresiones (físicas, psicológicas, etc.) tales que, para personas ajenas a este ámbito pudieran parecer destinadas a "seres de otra galaxia".

La realidad es que los deportistas que llegan a la elite y que explotan su máximo rendimiento, también son humanos pero que, a lo largo de su vida, han tenido que pasar por una serie de fases en las que se vieron sometidos a requerimientos muy exigentes, tanto en cuanto se refiere a las cargas de entrenamiento como a presiones psicológicas y estrés de todo tipo.

Si las necesidades, renuncias y sacrificios que conlleva el alto rendimiento deportivo, vienen escalonados y de una manera adecuada, es más probable que el joven llegue a su máximo potencial cuando alcance la edad adulta. Por el contrario, si todo esto fue introducido de manera desproporcionada, en momentos inadecuados o con planteamientos erróneos, las carreras deportivas se verán interrumpidas, impidiendo la llegada hasta donde se hubiera podido, de acuerdo con el potencial genético de los deportistas.

Una carrera deportiva, bien planteada, supone un proyecto a muy largo plazo. Comienza desde que el chico se inicia en el deporte hasta que, a edad muy avanzada, deja de practicar algún tipo de actividad física. Todo ello pasa por una serie de planteamientos con la introducción de los estímulos adecuados a las características y evolución. De no ser así, muchos niños y jóvenes abandonan a edades tempranas y pasan a dedicarse a otras actividades que ofrece la Sociedad, menos sacrificadas e, incluso, menos saludables.

Desde mi experiencia de más de 20 años como profesor de Educación Física con niños y adolescentes y con mi rol de entrenador de estos mismos, en horario extraescolar, he podido acumular vivencias que me han concienciado sobre errores o aciertos y, que ahora, llegado el momento he considerado interesante poder transmitir.

No obstante, también he convivido con la elite del Deporte Español tras haber sido responsable de pruebas de medio fondo de la Real Federación Española de Atletismo durante 24 años. Desde ahí, pude evidenciar cómo se frustraron carreras deportivas brillantes o, en el mejor de los casos, cómo se quedaban a medio camino por la falta de valores educativos y formativos que no fueron inculcados a su debido tiempo. También he constatado cómo muchos que no llegaron o desaparecieron fue debido a errores cometidos por su entorno, en las primeras etapas de su desarrollo, entre el que destacan los padres y los entrenadores.

Todas estas experiencias, junto con muchos años de estudio, entiendo que me han dado una visión sobre lo que debería ser una carrera deportiva y que ahora quiero transmitir para todos aquellos que estén interesados.

INQUIETUD ANTE LA PROBLEMÁTICA ACTUAL

En general son muchas las amenazas que emergen y que, en ocasiones, provocan que haya menos niños con posibilidades y motivación para acceder, no solo al deporte de rendimiento sino a la actividad física en general.

La realidad actual es la de que, muchos de los niños que llegan al deporte, suelen tener menos interés y que están menos dotados física y psicológicamente de lo que estaban hace unas décadas.

La Sociedad deriva hacia derroteros que se alejan de ciertos valores necesarios para el deporte (esfuerzo, sacrificio, la satisfacción por el logro de objetivos con esfuerzo, etc.). Por otra parte, la imagen que se transmite desde los medios de comunicación y las redes sociales es, con mucha frecuencia, la de la exaltación del éxito fácil y sin esfuerzo.

También va en aumento el proteccionismo desmesurado por parte de las familias y otros sectores de influencia. Los chicos apenas se mueven, el juego en la calle ha dado paso al sedentarismo. En este sentido, existen estudios recientes que relacionan el sedentarismo de los jóvenes con el número de pantallas que existen en un hogar....

La ausencia de ejercicio físico cotidiano, la alimentación con la cultura de la "comida basura", el dar un dinero a los hijos para que se compren algo de bollería industrial en lugar de prepararles un bocadillo, etc., contribuye expandir la epidemia de obesidad, lo que contribuye a la manifestación de enfermedades desde muy temprana edad.

Por otra parte, la asignatura de Educación Física en algunos centros escolares se teoriza, al tiempo que se reducen los horarios dedicados a esta materia. En las actividades extraescolares prevalecen las clases particulares, los idiomas, la música, etc.

Frecuentemente, el deporte en el colegio, ha dejado paso al deporte en los clubes y escuelas deportivas. Esto implica la desaparición del entorno del colegio con las consiguientes dificultades que acarrea para la práctica de un gran número de niños (largos desplazamientos, horarios incompatibles, etc.).

Por otra parte, los entrenadores y formadores que tienen bajo su tutela a los deportistas en los primeros años de su vida deportiva, a menudo pueden tener escasa preparación por falta de conocimientos y experiencia, para plantear con rigor una formación deportiva a largo plazo. En este sentido, se echa en falta la figura del *"entrenador especialista en niños"* ya que, en edades tempranas, se deja a los jóvenes en manos de monitores, deportistas o padres entusiastas, con escasa formación y cualificación.

Por todo ello, lo que pretendemos en esta obra es poner un "granito de arena" para ayudar a que, tanto los niños y jóvenes que dispongan potencial para llegar al alto rendimiento, como los que están menos dotados, no abandonen y cumplan objetivos deportivos a largo plazo, para los que se encuentren potencialmente dotados y que todos, sea cual sea su potencial, puedan mantener un nivel adecuado de actividad física durante toda su vida.

A QUIÉN VA DIRIGIDA ESTA OBRA

El trabajo está destinado a los amantes del deporte en edades jóvenes y a todas aquellas personas interesadas en el entrenamiento y la formación de deportistas a largo plazo. No obstante, se dirige de forma especial a los siguientes colectivos.

- *A los maestros y profesores de Educación Física*. Porque en sus manos se encuentra "la materia prima" (los chicos que comienzan). Estos colectivos tienen la posibilidad de infundir valores a través del Deporte y la Educación Física y sus acciones sobre los jóvenes serán determinantes en posteriores etapas.

A los estudiantes de Educación Física. Porque, tendrán la responsabilidad que acceder al colectivo anterior y así podrán evitar una parte de esos posibles errores en los primeros años. En el peor de los casos, permitirá que el conocimiento de esos errores sirva para que reflexionen antes de cometerlos.

A monitores, animadores y dinamizadores de actividades físicas. Porque, al margen del currículum escolar, frecuentemente, cae sobre ellos la responsabilidad del entrenar a los chicos y chicas en primeras edades en escuelas deportivas, clubes o actividades extraescolares y deben saber dónde y cuándo actuar o no hacerlo con sus entrenandos.

A los padres de jóvenes deportistas. Porque son los principales responsables de la educación de sus hijos y si éstos son practicantes del deporte, la educación deportiva debe ocupar un papel de protagonismo en todo el proceso. Por ello deberán ser "cómplices" del formador deportivo y actuar en la misma dirección para evitar conflictos. Por todo ello, deberían estar suficientemente informados para convertirse en un refuerzo en lugar de un obstáculo, en la formación de sus propios hijos.

A los profesores y asociaciones de padres de los centros de enseñanza, porque son una parte importante del éxito. De su apoyo e implicación puede depender que el chico siga el itinerario adecuado o tienda a abandonar.

A las instituciones con competencias, porque en sus manos está la posibilidad de legislar y regular todo el deporte en edades jóvenes. Ellos son los principales responsables de que la "maquinaria" funcione a largo plazo ya que de éstas depende la consolidación de estructuras que deberán estar por encima de las personas y de los partidos políticos. En este apartado entra fundamentalmente el sistema de competiciones, las ayudas a los deportistas y la formación de las personas que se responsabilicen de su preparación y desarrollo.

QUÉ SE PRETENDE

La obra intenta transmitir conocimientos, experiencias y directrices sobre la formación deportiva, a largo plazo, exponiendo los conceptos fundamentales sobre el entrenamiento más adecuados, desde la niñez hasta el comienzo de la juventud, basándose en el "qué hacer y el qué no hacer" en cada momento.

También ambiciona dar un paso hacia la reducción de la tasa de abandono de los deportistas jóvenes, así como ayudar a aumentar la participación y la continuidad.

Igualmente, se procura ayudar en la conducción de los talentos deportivos hacia el alto rendimiento, así como lograr, incluso, que aquellos niños y jóvenes no dotados para la alta competición prosigan practicando deporte a lo largo de su vida.

DE QUÉ TRATA

Esta obra trata dos aspectos, igual de importantes bajo nuestra opinión:

En primer lugar, trata el aspecto formativo-educativo a medio y largo plazo, con la potenciación de valores que se inculcan a través del deporte y que también son trasferibles a la vida cotidiana.

Los deportistas a los que, desde las primeras edades se ha formado correctamente, tienen un mayor margen para llegar a la alta competición y soportar el estrés con todos los impactos, presiones y agresiones físicas y psicológicas que ésta conlleva. Estos individuos bien educados desde las primeras etapas son más estables y son la imagen a imitar por las nuevas generaciones. Por el contrario, aquellos menos estables y peor preparados humanamente, acaban siendo víctimas de sus propias deficiencias, poniéndose un techo que les puede impedir su propia progresión.

En segundo lugar y más en profundidad, trata del entrenamiento de los futuros deportistas, con la propuesta de una metodología que pretende simplificar y sintetizar todo el trabajo, para hacerlo más asequible al formador deportivo, al tiempo que más comprensible, eficaz y eficiente.

Cabe hacer hincapié en que, para que el proyecto de esa carrera deportiva llegue a buen fin, es imprescindible tratar todas las cualidades, tanto condicionales como coordinativas, así como su evolución en las diferentes etapas de desarrollo.

METODOLOGÍA SEGUIDA

La metodología que se sigue está basada en un proceso secuencial sobre las acciones e influencias a lo largo de los primeros años de la vida deportiva. Para ello se estudian las características principales en cada etapa evolutiva, así como su tratamiento en el entrenamiento y la formación.

En lo que respecta al entrenamiento en sí ,se aplica el modelo DIPER mediante la contemplación de zonas o áreas funcionales, basado en los conceptos generales contemplados en publicaciones anteriores (García-Verdugo, 2007) (García-Verdugo, 2019), (García-Verdugo 2020) , una vez adaptados a las características especiales en cada etapa.

La obra no pretende ser un tratado científico, aunque necesariamente se ha tenido que basar en conceptos que están apoyados por la literatura y contrastados por la Ciencia.

En este sentido, se utilizan conceptos contrastados por la Literatura Deportiva, pero incluye numerosas experiencias propias y recogidas de otros entrenadores, tratando de bajar al terreno de lo práctico y lo útil. Por ello, incide en todo aquello que puede ser aplicable desde la parcela del educador-entrenador y trata de eludir todo aquello que no resulta práctico y ajustable en la realidad del entrenamiento y la formación deportiva del joven.

Aquí se presentan las estructuras de la planificación desde todo lo que puede abarcar la vida deportiva hasta llegar a tareas ejemplo.

Finalmente, se exponen directrices para desarrollar y diseñar actividades que conduzcan hacia el alcance de los objetivos, junto con ejemplos prácticos, explicados debidamente para que el formador deportivo adquiera la capacidad de diseñar sus propias variantes u otras nuevas.

Igualmente hemos entendido que se trata de un trabajo, lo suficientemente amplio como para presentarlo desglosado en dos volúmenes, aunque de contenidos totalmente independientes.

LA FORMACIÓN DEL FUTURO DEPORTISTA

En este trabajo, tratamos el proceso formativo educativo que debería conllevar el itinerario correcto para que los chicos que comienzan su actividad deportiva, puedan llegar a su máximo rendimiento cuando lleguen a su edad adulta. Esto supone el planteamiento de que un niño es primero niño y luego deportista y el error que supone considerarlo como "un adulto en versión bolsillo".

Tratamos de lo que supone el talento deportivo, de su detección, captación y tratamiento en su paso por las diferentes edades o etapas de desarrollo.

Para terminar, presentamos una serie de conceptos básicos del entrenamiento que deben ser conocidos, así como los momentos en que los chicos son más dúctiles para asimilar qué tipo de estímulos y aquellos que son menos permeables esos estímulos (fases más o menos sensibles). Para ello, aportamos la propuesta del entrenamiento por zonas o áreas funcionales, adaptadas a cada edad, lo que permite una visión más clara sobre los efectos que pueden producir (carga interna) todas las tareas de entrenamiento

PARA TERMINAR

Estimado lector:

Si al terminar la lectura de esta obra, hemos contribuido a que Vd. se replantee sus conceptos o, cuando menos, comience a dudar acerca de lo que se debe o no se debe hacer con el tratamiento educativo-formativo y con el entrenamiento de chicos y chicas en sus primeras etapas, quien aquí escribe, estima que se habrá cumplido el objetivo principal.

Haciendo referencia a los valores olímpicos: "Citius, Altius, Fortius" cuando se trata del entrenamiento y formación deportiva para niños, habría que incluir una nueva palabra: "Tardius".

Gracias por su tiempo y su interés y feliz lectura.

Capítulo 1

EL NIÑO DEPORTISTA Y EL TALENTO DEPORTIVO

El deporte de alto nivel se muestra en constante evolución y cada vez resulta más exigente. Esto supone que, para llegar al alto rendimiento deportivo, las prestaciones de los deportistas también evolucionan, lo que conlleva la necesidad de identificación desde edades tempranas y a la anticipación en el tiempo, sin olvidar que los deportistas del futuro pueden precisar capacidades que, en esos momentos, se podrían escapar de las previsiones.

La detección de estos individuos con posibilidades de llegar a la elite se ha venido basando en la predicción de rendimiento, sin preguntarse qué necesidades planteará el deporte cuando los niños seleccionados con estos criterios lleguen a la edad adulta. En este sentido cabría cuestionarse si se están seleccionando los deportistas adecuados para cuando hayan pasado 10 o 15 años.

Conseguir que un niño o una niña acceda a la práctica deportiva resulta complicado ya que, a priori, las ofertas de la Sociedad van por otros derroteros que implican menos esfuerzo.

La detección del joven con talento deportivo es esencial para lograr un deportista de alto nivel a largo plazo. Desde que los niños acceden a la práctica hasta que, unos pocos alcanzan el alto rendimiento, se producen numerosos cambios. Una parte importante de esas alteraciones resultan imprevisibles y fuera de control por lo que se antoja un tanto aventurado predecir si aquellos que se consideran potencialmente superiores al resto de la población, realmente están dotados para llegar algún día la elite.

En este sentido, resulta un tanto utópico afirmar si un niño posee talento como deportista cuando, dentro de algunos años, sus potencialidades pueden haberse estancado o no haberse manifestado aún. En consecuencia, el proceso de detección, selección y captación, requieren nuevos planteamientos.

También es evidente la desaparición de numerosos deportistas en edades jóvenes, siendo la pubertad y la adolescencia, los momentos claves en los que se aprecia un mayor número de desapariciones (Accioli et al, 2012). Entre las muchas razones que se barajan, se encuentran las dificultades en los procesos de detección, selección y tratamiento de aquellos que se podrían considerar potencialmente capacitados. Podría ser que la raíz del problema se derive de la respuesta a la pregunta sobre "¿qué es un niño con talento deportivo?".

Posiblemente si lo anterior estuviese claro, se aumentaría el escaso porcentaje de chicos y chicas que llegan al alto rendimiento, evitando que se queden a medio camino.

En este primer capítulo se ofrecen propuestas para una posible identificación del chico con talento deportivo.

Supongamos que tenemos una mesa con tres patas. Es claro que, si una de ellas es frágil, la mesa no se sostendrá en pie. El futuro "campeón" podría compararse con esa mesa. Las patas se encuentran representadas por tres "pilares" que reúnen las cualidades que entendemos debe tener ese niño que debería " valer, poder y querer".

Cada uno de estos requisitos está soportado por una serie premisas relacionadas con distintos aspectos en la formación del deportista. La mayoría, son de difícil comprobación a primera vista. Por ello, solo serán comprobables a medida que avanza el proceso de formación del futuro deportista.

Para ayudar en esas comprobaciones, se propone una herramienta consistente en un cuestionario que se puede rellenar, pasado un mínimo de un año desde que el chico accede a la práctica deportiva. Los resultados obtenidos pueden orientar al entrenador para tomar las decisiones sobre la manera de actuar con los chicos.

1.1. EL NIÑO DEPORTISTA

Lo primero que habría que plantearse es lo que entendemos por un niño deportista. Se trataría de un individuo, en proceso de desarrollo, que practica cualquier tipo de actividad física, de manera regular y que, al diferenciarse de un adulto debería ser tratado de forma específica de acuerdo a su edad y su momento evolutivo.

El joven, pasa por diferentes fases al lo largo de su vida deportiva pero sus posibilidades de llegar al alto rendimiento se ven condicionadas por una serie circunstancias que, en muchos casos, acaban con el estancamiento o el abandono de la práctica.

El niño que accede por primera vez a la práctica deportiva tiene por delante toda una vida de praxis que debe plantearse a largo plazo si se pretende que no renuncie o derive hacia otras actividades más sedentarias o perjudiciales que conlleva la Sociedad actual.

1.2. SOBRE LA INICIACIÓN Y EL ABANDONO

"¿Qué fue de aquel niño que destacaba tanto...?". Esta es una pregunta frecuente en ámbitos relacionados con el deporte. Un gran número de niños y niñas que sobresalían en edades tempranas y que apuntaban hacia altas cotas deportivas, con el paso del tiempo se fueron estancando hasta desaparecer de los primeros puestos y clasificaciones o, incluso, abandonando el deporte activo.

Las dificultades se ven incrementadas cuando se trata de especialidades que impliquen constancia, esfuerzo y sacrificio, tal es el caso del deporte de rendimiento. En este sentido, existen estudios que sugieren que el abandono de la práctica no depende especialmente de la modalidad deportiva, sino más bien de la estructura, de la organización escolar y a la franja de edad correspondiente (Accioli et al, 2012).

Sea como sea, se presenta un futuro preocupante en lo referente a la incorporación al deporte de rendimiento ya que, debido a las circunstancias actuales, serían necesarios nuevos planteamientos en los colectivos con competencias (poderes públicos, instituciones, formadores, técnicos deportivos, etc.), que pudieran reconducir las líneas de acción para adecuarlas a los tiempos que se avecinan.

Las instituciones y estamentos con responsabilidad, desde el comienzo de la vida deportiva hasta que el deportista llega a su más alto rendimiento, deberían actuar cohesionadas para evitar problemas, muchas veces debidos a inercias preestablecidas.

En algunas federaciones existen planes muy elaborados, de los que se nutren una gran parte de los equipos nacionales. No obstante, cabría plantearse una duda razonable acerca de si otros deportistas, posiblemente más dotados, no llegaron a estos niveles, si éstos abandonaron la práctica prematuramente o bien nunca accedieron a la práctica por no haberse detectado y estimulado a tiempo.

En consecuencia, serían precisos nuevos patrones para la detección, captación, selección y desarrollo en este tipo de modalidades deportivas, para lograr que se acerquen a la práctica más niños con potencial capacidad. Sobre todo, cobra vital importancia que aquellos que acceden a la práctica, sigan hasta la edad adulta y logren las metas para las que potencialmente se encuentren dotados.

1.2.1. Algunas causas por las que el niño comienza o abandona la práctica

Ante la problemática existente, cabría plantearse cuáles son las circunstancias o situaciones que provocan el estancamiento o la desaparición. A falta de más estudios rigurosos, aquí tratamos algunas de las que pueden provocar la deserción de jóvenes o que éstos no lleguen a alcanzar cotas más importantes. Para ello exponemos algunas reflexiones acerca del por qué, niños y jóvenes, se inclinan hacia la practica del deporte, así como algunas las causas que los inducen a no practicar. Su conocimiento puede orientar hacia el establecimiento de acciones para que más niños y niñas practiquen y se mantengan.

Algunas causas que inducen al niño a incorporarse a la práctica deportiva. La motivación, un aspecto determinante.

Siguiendo las propuestas de algunos autores, tales como, (Molnar, 2001) o (Balaguer, 2006), las causas que provocan motivación para que los niños practiquen deporte pueden clasificarse en dos categorías: *intrínsecas y extrínsecas*.

Algunas causas intrínsecas: Se trata de aquellas que parten desde el propio individuo, entre las que se citan las siguientes:

- *La diversión y el goce:* El niño tiene necesidad de divertirse y por ello juega. En la actualidad, el escaso tiempo libre, debido a sus numerosas actividades diarias (traslados al centro escolar, deberes y tareas, tiempo de estudio, actividades extraescolares, etc.), no deja margen para cubrir las necesidades de diversión y de juego. No se debería obviar que una de las principales "obligaciones del niño" es la de jugar. Si pretendemos que éste se mantenga en la práctica sería muy importante cubrir esas necesidades ya que, de no ser así, es muy posible que busque otras alternativas.

Figura 1. 1.- Las tareas de clase y las deportivas no deberían tener planteamientos similares. En los primeros años de práctica, estas últimas no deben convertirse en una prolongación de los deberes ni en una obligación más sino una alternativa al juego.

Son frecuentes los casos en los que el chico, tras pasarse 6 o 7 horas en clase recibiendo instrucciones, se lleva en un bloc las tareas que le encargan sus profesores, (dos problemas de matemáticas, 1 redacción, etc.), luego, se dirige al centro deportivo y se encuentra con que, esta vez, es el entrenador quien le entrega otro papel con las tareas a realizar (10 ejercicios, 3 repeticiones de 400 m. con 3 min. de recuperación, etc.), Esta tarea no deja de ser una prolongación de los deberes. De insistir, el niño apenas tendrá tiempo para divertirse, pudiendo surgir una falta de motivación que le haga replantearse la actividad. Dado que éste no tiene tiempo para estudiar, entrenar y divertirse, *el entrenamiento debería presentarse como una alternativa a la diversión y al juego,* aunque esto no excluya el necesario rigor y seriedad.

- *Adquisición y mejora de la condición física:* Este interés suele, principalmente, a partir de la pubertad. El hecho de encontrarse fuertes, rápidos o resistentes puede ser un importante reclamo para que los jóvenes.
- *Narcisismo.* La posibilidad de obtener una figura agradable (esbeltez, pérdida de peso, aumento del volumen muscular, etc.) es otra razón, con gran incidencia a partir de la pubertad.
- *Autoafirmación y autoestima:* Si bien no es algo que motive en especial en las primeras etapas, una vez que los chicos están inmersos en la práctica, la sensación de seguridad y de autoestima refuerzan su motivación. Es necesario que los estímulos que vienen de su entorno más próximo (padres, entrenador, etc.) vayan, en su debida proporción, en la dirección de reforzar estas características.
- *Adquisición de nuevas habilidades y destrezas:* La adquisición o perfeccionamiento habilidades es un motivo de satisfacción que hace que el chico tienda a repetir. Si estas adquisiciones se refuerzan con estímulos positivos, contribuirán a crear adherencia en la práctica.
- *Desafío, competición y, en su caso, victoria:* El niño y el joven llevan consigo una actitud hacia la competición. Generalmente existe el deseo de compararse con sus semejantes o consigo mismo para autoafirmarse. La competición, si es adecuada y proporcionada a su momento evolutivo, supone un importante elemento educativo y también incrementa el gusto por la actividad.

Algunas causas extrínsecas: Prioritariamente son aquellas que provienen desde el entorno del chico. Entre ellas se pueden destacar:

- *La gloria, la fama y los premios:* Al niño le gusta destacar y ser reconocido por el entorno (colegio, compañeros, padres, etc.). Un éxito deportivo le ofrece recompensas. No obstante, si éstas sobrepasan lo que se debería considerar adecuado, pueden "tirar" en sentido opuesto a los objetivos deportivos y formativos. Si el chico se convierte en un fenómeno mediático, apareciendo en periódicos, televisión, emisoras de radio, redes sociales, etc., corre el riesgo de formarse una autoestima desproporcionada que podría desembocar en pérdida valores sobre los que debe apoyarse un deportista. Por ello, todas las personas implicadas en el proyecto deberían tener las ideas claras para gestionar correctamente esa autoestima de acuerdo a las características en cada momento.

- *El exhibicionismo:* En parte, consecuencia del punto anterior. La necesidad de exhibirse y destacar ante los demás también juega un rol importante. La fama, la propia apariencia física, etc., son enfatizadas durante la pubertad y la adolescencia. No obstante, estas apetencias también deben ser controladas.
- *Las relaciones sociales:* Llegada cierta edad, las posibilidades de conocer gente, viajar, relacionarse con sus semejantes, etc., son también razones motivantes. Éstas relaciones establecen lazos de amistad que pueden durar toda la vida, por lo que estas circunstancias que deberían aprovecharse.
- *Formar parte de un colectivo:* La tendencia, especialmente durante la pubertad por romper lazos con la familia y sustituirlos por grupos de compañeros, pandillas, etc., puede acarrear que refuercen su adherencia, siempre que el grupo se forme entorno al deporte y con objetivos comunes. La labor de los que tienen la responsabilidad formativa - deportiva, puede ser determinante en estas edades. Las reuniones con actividades diversas podrían ayudar a formar esos grupos de entrenamiento.

Algunas causas que inducen al niño al abandono de la práctica

El abandono deportivo resulta un fenómeno consistente en la interrupción voluntaria de la práctica deportiva. Este fenómeno puede deberse a multitud de causas que deberían poderse detectar para mitigarlas en lo posible.

La identificación de esas causas que pueden inducir al abandono también tiene su importancia. Durante los primeros años de práctica se producen situaciones que pueden derivar en este sentido. Las mayores deserciones suelen producirse entre los 10 y 16 años (Nuviala y Nuviala, 2005). Este autor, en un estudio realizado a través de técnicos dedicados al entrenamiento en edades jóvenes obtuvo los resultados que se exponen en la figura 1.2.

	MOTIVO DE ABANDONO	%
1	Pérdida de interés por el deporte.	81,20
2	Finalización del deporte escolar y falta de compañeros para continuar la práctica deportiva.	50,00
3	Falta de oferta deportiva	43,70
4	Aparición de malas calificaciones escolares.	18,70
5	Prohibición de la familia para que el niño practique.	12,50
6	Estancamiento en resultados deportivos.	6,25

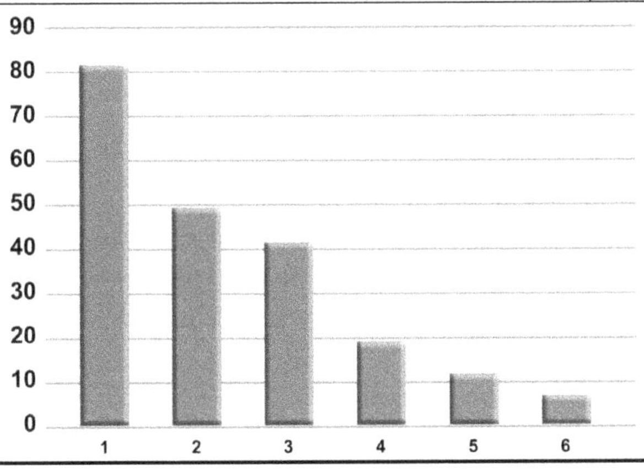

Figura 1. 2.- Porcentaje de motivos de abandono. Fuente: Nuviala (2005).

Los orígenes del problema son de muy diversa índole. Para su conocimiento se propone la clasificación utilizada anteriormente agrupándolas, igualmente, encausas intrínsecas y extrínsecas con algunas otras inclusiones:

Entre las **causas intrínsecas**, se podrían establecer aquellas que podrían provocar desmotivación. En este sentido se relacionan algunas de las que consideramos como más relevantes para ser tenidas en cuenta:

- *La constancia en los fracasos*. Si, los esfuerzos continuados no conllevan alguna satisfacción, influirán negativamente en la autoestima (el niño puede cansarse de acudir constantemente a fracasar).
- *El aislamiento*. El chico que, tras pasarse varias horas en clase, se dirige a una instalación deportiva para entrenar, tiene menos relaciones sociales y se mueve en menos círculos de amistades. Por ello, es de gran importancia evitar la soledad mediante la potenciación del grupo.
- *El exceso de individualismo* que actúa en contra del asociacionismo y la pertenencia a un colectivo. Esta circunstancia se acentúa en deportes individuales (triatlón, atletismo, ciclismo, esquí de fondo, etc.). Esta práctica

debería combinarse con actividades colectivas que potencien la pertenencia a un grupo.

- *El tedio y la monotonía*. Es preciso ingeniárselas para variar y "sorprender" día a día con diferentes actividades, incluso aunque éstas planteen similares objetivos. Es preferible que el niño "no sepa lo que le va a tocar realizar mañana".
- *El estancamiento en la mejora* o incapacidad para la adquisición o mantenimiento de nuevas habilidades. Cuando el chico comprueba que lleva un tiempo sin mejorar pierde motivación. En las primeras etapas, se debería ampliar la gama de objetivos ya que el desarrollo evoluciona de manera irregular. Si el chico se estanca temporalmente en una cualidad o destreza, y está trabajando de forma unidireccional, es complicado mantenerle motivado. Por el contrario, si se trabaja de manera multidireccional, será más fácil animarle si comprueba que mejora en alguna otra.
- *El no cumplimiento de expectativas*. En relación con el punto anterior. En ocasiones, inducidas desde los adultos o de motu propio, el niño se plantea unos objetivos, a veces, utópicos o alejados de sus posibilidades reales. Estas circunstancias pueden derivar en frustraciones igualmente, inductoras del abandono. Por ello, deberíamos cuidarnos de proponer objetivos asequibles, aunque no sin esfuerzo.
- *La ausencia de desafíos frecuentes*, competiciones. La competición bien planteada es importante para la autoafirmación. Es frecuente el exceso de entrenamiento y la escasez de competiciones. Se deben ofrecer actividades competitivas para evitar el tedio ante tareas de entrenamiento y proporcionar más oportunidades de medirse consigo mismo o con los demás. En este sentido, una de las razones por las que el niño se acerca más hacia los deportes colectivos es porque compite más frecuentemente (a veces hasta una vez por semana).
- *Falta de placer y divertimento* que provoca que el joven derive hacia el abandono definitivo o hacia otras modalidades más atractivas (Accioli et al, 2012).

Con respecto a las **causas extrínsecas** pueden relacionarse con diferentes ámbitos:

Algunas causas relacionadas con el entorno social:

- *La influencia del entorno*. Tal vez sea el aspecto más determinante y del que se trata más adelante. Los padres, las amistades, el propio entrenador, el centro de estudios, etc., si no actúan en la dirección correcta y de forma coordinada, pueden ir cercenando la motivación del niño hasta hacerle abandonar.

- *Presión desproporcionada para la edad o falta de capacidad para soportarla.* Para un niño, una competición contra otro colegio puede conllevar, proporcionalmente, una presión similar a la de un atleta adulto en una final olímpica o, Incluso mayor, si añadimos la falta de madurez del primero ya que se encuentra menor condición para soportarla.
- *El afán de los mayores.* Los intereses del niño pueden ser sustituidos por los del adulto. Se conocen casos en los que entrenadores, padres, políticos, etc., "se cuelgan las medallas" logradas por el niño, despreocupándose del "precio" que ha tenido que pagar éste para alcanzar esos éxitos.
- *Los cambios.* Al finalizar en una escuela deportiva o en el deporte escolar y pasar a un club, se producen cambios o ausencias de compañeros con los que practicar, circunstancia que puede causar alteraciones en la permanencia en el deporte.

Algunas causas relacionadas con la edad:

- *El desfase de edades y diferencias de rendimiento.* En los años de desarrollo existen cambios y acelerones en el rendimiento. En primeras etapas, en educación existen importantes diferencias entre niños que nacen en enero y los que lo hacen en diciembre del mismo año. En deportes, en los que el rendimiento es determinado por cualidades condicionales (fuerza, velocidad o resistencia) esto se acentúa al estar clasificados en categorías que engloban dos o tres años. Esto es patente no solo en las prestaciones deportivas sino en aspectos intelectuales y psicológicos.
- *Es posible que aparezcan desfases entre edad cronológica y edad biológica* (tratadas más adelante). Los niños con desarrollo acelerado destacan sobre los de desarrollo retardado, debido a un aumento de cualidades físicas, anatómicas, fisiológicas o psicológicas. Esas deferencias provocan falsas expectativas en los desarrollados prematuramente y desánimo en los de desarrollo tardío.

  En este sentido se debería buscar el equilibrio para tratar de reducir las falsas expectativas de los primeros y motivar a los segundos. Frecuentemente, si existen niños con talento deportivo que se encuentren en el grupo de los de desarrollo retardado y si no se actúa correctamente, es fácil que se produzca su abandono.

Algunas causas relacionadas con las posibilidades para practicar:

- *Falta de oferta deportiva atractiva.* A pesar de que aumenta el número de instalaciones deportivas y facilidades para practicar, la realidad es que no todos los niños y niñas tienen un fácil acceso. De todas formas, para ciertas especialidades, esas deficiencias pueden ser sustituidas por formadores creativos que saben utilizar todo aquello que tienen a su alcance (parques, bosques, campo, playas, material desechable, etc.).
- *Dificultades originadas por la falta de tiempo.* En ocasiones, pueden existir dificultades para sacar tiempo para el deporte, lo que provoca un aumento de la presión en el joven.
- *Dificultades para desplazarse.* Derivado del punto anterior, si las distancias hasta el lugar de práctica son grandes acaban creando problemas para quienes tienen que transportar a los jóvenes, provocando en éstos un sentimiento de culpabilidad ante el problema que crean en aquellos que les tienen que facilitar el desplazamiento.
- *Dificultades económicas.* No todas las familias están en disposición de sufragar los gastos que acarrea la práctica deportiva de los chicos. Si las ayudas no provienen de otros estamentos, es muy probable que ese niño no pueda practicar si la familia no puede sufragar los gastos.
- *Incorporación al mundo laboral.* Aunque se sale un poco del abanico de edades que se contemplan aquí, hay que resaltar que este hecho es determinante para aquellos que, llegados a una edad, deben tomar la decisión de apostar fuerte por el deporte de alto rendimiento o dejar la práctica en un segundo plano.

  En esos momentos, si el deportista tiene proyección, deberían actuar las instituciones. Se les debería dar un pequeño "impulso" para que se incorporen al alto rendimiento facilitándole los recursos que les den la autonomía para explotar sus capacidades hasta que se comiencen a fijar en ellos los patrocinadores o puedan adquirir cualquier otro tipo de apoyos y tengan su propia independencia. En este momento, debería también ir terminando su formación académica para poder estar libres y sin preocupaciones durante la etapa en la que se pueda dedicar plenamente al deporte.
- *Malas calificaciones en estudios.* Aún se dan casos de padres o profesores que culpabilizan al deporte de los jóvenes cuando se producen problemas con los estudios y que "castigan" prohibiéndola o limitándola.

- *Estudios, incorporación a la Universidad.* En algunos países, existen obstáculos, a veces insalvables, por planteamientos en las diferentes etapas educativas. En ciertos momentos, los chicos deben obtener expedientes altos que les permitan cursar los estudios universitarios y se tienen que volcar en éstos dejando en un plano casi testimonial el entrenamiento en edades claves. En lo que respecta a las universidades, pocas son las que ayudan a la práctica deportiva de rendimiento, incluso, los horarios en los que se puede entrenar se han visto reducidos con planes recientes, en los que el cumplimiento de programas apenas deja margen para dedicarse a algo que no sean los estudios. En este sentido, los planes actuales derivados del "plan de Bolonia" han incrementado la problemática.

  Se puede afirmar que, una parte importante de las instituciones con competencias en educación, dificultan la práctica regulada y exigente. La Universidad suele resultar un obstáculo para deportistas con grandes posibilidades. Éstos se ven abocados a abandonar la dedicación hacia el alto rendimiento, quedándose, como mal menor, en un deporte residual. Esta institución no tiene por objetivos crear deportistas de elite, no obstante, tiene el "debe" de evitar que los que acceden se vean obligados a abandonar.

Algunas causas relacionadas con la disponibilidad de tiempo y las obligaciones:

- *Otras ocupaciones.* En la actualidad, se aprecia una tendencia hacia la ocupación de los chicos en numerosas actividades. La Sociedad ofrece una enorme gama de oportunidades y los padres pueden caer en la tentación de llevar a sus hijos a varias, incluso, en el mismo día.

  También es habitual que, ante esa gran oferta, caigan en la tentación de cambiarles con frecuencia. Esto suele acabar provocando saturación y *estimulando la inconstancia.* La saciedad puede inducir a que se termine rompiendo con todas ellas, derivando hacia otras menos adecuadas para la formación. Especial incidencia pueden tener las actividades extraescolares que podrían llegar a resultar perjudiciales si se plantean en exceso.

- *Mal enfoque de la diversión.* Ya hemos apuntado que los niños tienen la "obligación irrenunciable" de divertirse y jugar. Cuando apenas tienen tiempo para sus estudios, deben realizar las tareas del colegio y después entrenar, apenas les queda tiempo para el ocio y el juego. Es por ello que hemos anotado la necesidad contemplar el juego en las actividades deportivas.

- *Diversión sin seriedad.* Extremo opuesto al anterior. Es frecuente escuchar a entrenadores que hacen afirmaciones del tipo de "conmigo vienen porque se divierten mucho". La diversión no debería ser un objetivo sino una consecuencia. Frecuentemente, la diversión per sé y sin otras metas, puede conducir en un momento determinado, a que los chicos la busquen en otros lugares ajenos al deporte, menos sacrificados, menos exigentes e, incluso perjudiciales para su salud y formación.

  El deporte debe presentarse mediante objetivos o retos concretos, proporcionados y alcanzables, pero siempre con un cierto grado de esfuerzo. Si tras realizar esos esfuerzos, siempre que sean proporcionados a sus posibilidades, el joven va superando los desafíos, es más fácil que se desarrollen adherencias a la práctica al aumentar el grado de satisfacción.

- *Preferencias por otros deportes.* Los chicos, cuanto más jóvenes, deberían probar diferentes modalidades deportivas y especialidades. Esto, aparte de enriquecerlos motrizmente, les permite tener una mayor gama de posibilidades para, llegado el momento, poder decidirse por uno u otro.

  Cuando, desde edades muy tempranas, se les hace practicar un único deporte o especialidad deportiva puede suceder que si se estancan en la progresión o comprueban que no están dotados para ello, reaccionen con el abandonando la práctica. Un gran amigo, describía una escuela deportiva de fútbol de un equipo de la máxima categoría, como "una factoría de bebedores de cerveza". Con ello se refería a niños que desde los 5 años practican un solo deporte, de forma rígida, cuando llegan a una edad determinada y comprueban que no jugarán en el primer equipo, abandonan y se dedican a actividades más "divertidas" en la adolescencia y la juventud.

- *Pluralidad de oferta de ocio.* Las ofertas de ocio resultan serias amenazas para la dedicación hacia el deporte en edades jóvenes. El sedentarismo, la televisión, los videojuegos u otros hábitos (aún más perniciosos), arrastran con creciente virulencia en sentido opuesto al ejercicio físico y a todo aquello que pueda tener relación con el esfuerzo. Este supone uno de los mayores "enemigos" en la actualidad, por lo que todos los estamentos deberían establecer más programas adecuados para contrarrestar esta tendencia.

A modo de resumen, en la tabla 1.1, se exponen las causas que estimamos como más trascendentes y que contribuyen a la incorporación o abandono de la práctica deportiva en los niños y jóvenes.

Las falsas expectativas. "Ni son todos los que están, ni están todos los que son"

En los primeros años de una carrera deportiva hay deportistas que se encaraman a la "elite" en sus respectivas categorías. Pasado algún tiempo, un porcentaje muy elevado a los que se consideraba con talento, desaparecen y son sustituidos por otros que irrumpen en los primeros puestos en épocas posteriores. Esto debería hacer reflexionar a todos los estamentos deportivos encargados de la promoción ya que suelen resultar demasiado frecuentes las falsas expectativas.

Tabla 1.1. - Resumen de algunas de las causas que pueden atraer a la práctica deportiva o inducir al abandono.

ALGUNAS CAUSAS QUE HACEN QUE EL NIÑO SE INCORPORE O ABANDONE LA PRÁCTICA DEPORTIVA	
CAUSAS INTRÍNSECAS	
A FAVOR	**EN CONTRA**
Diversión, goce.	Falta de placer y diversión.
Narcisismo.	Aislamiento y soledad.
Autoafirmación y autoestima.	Individualismo excesivo.
Adquisición de nuevas habilidades.	Tedio y monotonía.
Desafío y competición.	Estancamiento e incapacidad para adquirir nuevas habilidades.
Mejora de la condición física.	Ausencia de desafíos frecuentes
	Constancia en fracasos.

CAUSAS EXTRÍNSECAS	
A FAVOR	**EN CONTRA**
Gloria, fama y premios	Influencia del entorno
Exhibicionismo.	Presión desproporcionada.
Relaciones sociales.	Mal enfoque de la superación.
Pertenencia a un colectivo.	Cambios en lugares o etapas.
	Incumplimiento de expectativas.
	Estancamiento en resultados.
	Desfase en edades (biológica o cronológica).
	Falta de oferta deportiva.
	Falta de tiempo disponible.
	Dificultades económicas.
	Incorporación al mundo laboral.
	Dificultad en los estudios.
	Otras ocupaciones.
	Mal enfoque de la diversión
	Derivación y preferencia hacia otros deportes.
	Exceso de ofertas de ocio.

Un ejemplo en el atletismo que podría ser extrapolable a otros deportes.

En un trabajo (García-Verdugo, 2006) se observó en qué categoría o a qué edad habían aparecido por primera vez entre los 10 primeros puestos, los atletas que estaban en los mismos lugares del ranking absoluto. El objetivo era facilitar una perspectiva sobre la edad más adecuada en la que se debería irrumpir en los primeros puestos para gozar de garantías de llegar y mantenerse en la elite en pruebas de resistencia.

Para ello, se revisaron los rankings nacionales de los años 2003 y 2004 y se anotaron los nombres de los atletas que figuraban entre los 10 primeros en las pruebas de carreras comprendidas desde los 400 m. hasta el maratón, incluyendo también las especialidades de marcha atlética, ante la posibilidad de que algunos corredores derivasen hacia estas especialidades.

El total de atletas revisados, una vez filtrados aquellos que repetían prueba o año, fue de 567 entre hombres y mujeres.

Posteriormente, con el propósito de comprobar el primer ranking en el que aparecía cada atleta y en qué categoría militaba, se revisaron todas las pruebas comprendidas entre 300 m y maratón y las especialidades de marcha, en todas las categorías y en los ránquines de los años anteriores comprendidos entre 1993 y 2002 .

De los resultados obtenidos se pueden deducir las siguientes observaciones:

- Solamente el 8,77% de los atletas que figuraban en sénior entre los 10 primeros, en categoría absoluta, habían aparecido en esos puestos, por primera, vez en categoría cadete o juvenil (edad de 18 años o anteriores).
- El 16,88% de esos mismos atletas habían aparecido por primera vez, en categoría júnior (edad entre 18 y 21 años).
- El 27,27% lo hicieron, por primera vez, en categoría promesa (edad entre 21 y 23 años).
- El 41,92% restante había aparecido por primera vez cuando ya estaban militando en la categoría sénior, es decir, que aparecieron por primera vez, entre los 10 primeros, a partir de los 23 años
- Sumados los resultados correspondientes a las categorías promesa y sénior, los atletas que aparecieron entre los 10 primeros del ranquin ya cumplidos los 21 años, eran el 74,35% del total.

ALGUNAS REFLEXIONES SOBRE EL TRABAJO ANTERIOR:

¿Esto sugiere que los atletas deberían comenzar a realizar deporte más tarde? Entendemos que no, porque la mayoría de los que estaban en la elite en categoría sénior ya figuraban bastantes años antes en el ranquin, aunque estaban en puestos mucho más abajo. Esto podría explicar que, se puede comenzar en edades muy tempranas, siempre y cuando se realicen las actividades adecuadas a su momento de desarrollo.

Pese a no tratarse más que de un ejemplo, este estudio indicaría que debería ser en edades avanzadas (a partir de los 21 años) cuando se debería irrumpir en las primeras posiciones de las listas nacionales y que, cuanto antes se accede a los primeros puestos, sea cual sea la categoría, especialmente en estas disciplinas, la probabilidad de no llegar a la elite en edad adulta, aumenta considerablemente.

Estudios de este tipo y otros similares existentes en la bibliografía, especialmente para deportes en aquellos en los que son determinantes las capacidades condicionales (velocidad, fuerza y resistencia) infunden sospechas sobre la existencia de planteamientos erróneos en edades comprendidas entre los 8-9 y los 16-17 y que deberían revisarse para atenuar esos excesivos porcentajes de abandono o desaparición.

No obstante, cabe el matiz de que este estudio está realizado sobre una especialidad en la que predomina la resistencia, caso que puede ser extensible a otras en las que predominen las cualidades condicionales y que para especialidades predominantemente coordinativas tales como puede ser la gimnasia, el patinaje, etc., la especialización deberá anticiparse considerablemente.

En la figura 1.3 se expone gráficamente el fenómeno de aparición entre los 10 primeros puestos en diferentes categorías correspondientes a los atletas que figuran entre los primeros puestos del ranquin en edad sénior.

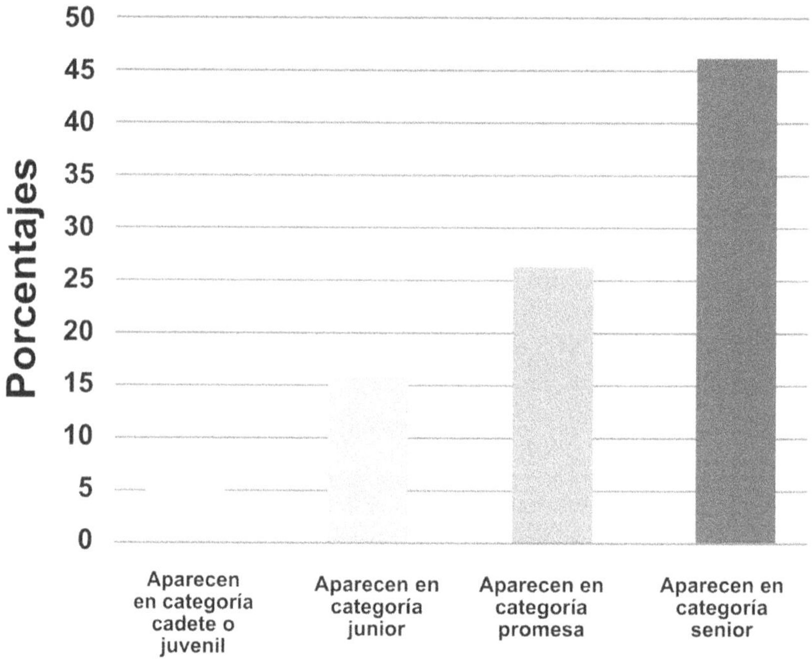

Figura 1. 3.- Representación de porcentajes referidos al momento de aparición de los primeros 10 atletas del ranking en especialidades de resistencia en atletismo. Se aprecia la tendencia creciente para llegar a los primeros puestos en categoría sénior, a medida que avanza la edad de primera aparición.

1.3. EL TALENTO Y EL TALENTO DEPORTIVO.

Según la Real Academia de la Lengua, la palabra "talento" equivale a *"inteligencia, capacidad de entender o aptitud, capacidad para el desempeño o ejercicio de una ocupación"*. La persona que posee talento puede considerarse como superdotada en algún aspecto y destaca sobre la mayoría de la población.

SUPERDOTACIÓN, TALENTO Y PRECOCIDAD.

Los tres términos, aunque parezcan sinónimos, no deben confundirse. La diferencia entre éstos puede determinar el éxito o el fracaso a la hora de detectar al futuro deportista de alto rendimiento.

Se entiende por *superdotado* a aquel individuo que destaca por algunas capacidades (inteligencia, ciertas habilidades, etc.), respondiendo a un perfil con altas capacidades en ciertos ámbitos. Destaca en la mayoría de sus facetas, no tan solo en las habilidades verbales y lógicas, sino que también suele tener una elevada inteligencia social. Asimismo, posee importantes habilidades en la mayoría de las funciones ejecutivas (Llenas, 2008). Además, suele presentar compromiso con las tareas de aprendizaje, aplicando una gran cantidad de energía en su realización.

A ciertas edades resulta difícil establecer un diagnóstico sobre si un chico que destaca sobre un colectivo, pueda deberse a una superdotación o bien a una precocidad.

La *precocidad* puede entenderse como la anticipación de ciertas capacidades que, en la normalidad, deberían manifestarse en edades más avanzadas. El niño precoz es aquél que, en etapas tempranas, muestra un desarrollo muy superior a lo normal en aprendizajes o en ejecuciones. Éste, despliega con mayor facilidad el habla, adquiere un vocabulario elevado, realiza un aprendizaje prematuro de la lectura y escritura, desarrolla de manera más acentuada ciertas habilidades motrices, etc.

Aunque a ciertas edades resulte difícil establecer un diagnóstico claro de superdotación debe tenerse en cuenta que muchos de los niños que sobresalen a estas edades, puede que no se trate de superdotados. Es posible que, en el futuro, pueden desarrollar un talento o una superdotación, aunque también habrá otros que se estancarán y no pasarán de la normalidad.

Esa disfuncionalidad induce frecuentemente errores al identificar a niños por sus niveles alcanzados en ciertas pruebas, sobre todo cuando se trata de pruebas físicas ya que existe la posibilidad de que se trate de una precocidad. No obstante, también se puede dar el caso de rechazar a algún superdotado en el que aún no se hayan manifestado esas cualidades por un retraso en el desarrollo.

El talento supone la parcela más compleja. Se trata de un individuo que presenta unas habilidades muy superiores a la media.

Siguiendo a Llenas (2008), se distinguen varias categorías de talentos:

TALENTOS SIMPLES:

- *Talento lógico*: Individuo que posee unas habilidades muy desarrolladas en relación con el razonamiento lógico.
- *Talento verbal:* Se caracteriza por la capacidad de manejar la información relacionada con el lenguaje.
- *Talento creativo:* Se trata del niño con gran facilidad para buscar soluciones aportando puntos de vista distintos ante una misma situación.
- *Talento social:* Destaca por su capacidad de interacción con los demás, mostrando habilidades tales como el liderazgo y la empatía.

TALENTOS COMPLEJOS:

- *Talento matemático:* Posee una gran facilidad para manejar datos cuantitativos y numéricos.
- *Talento académico:* Resulta de la combinación de un talento lógico y verbal, así como de una elevada capacidad de gestión de la memoria.
- *Talento artístico:* Posee capacidades elevadas en todo aquello relativo a las artes, resultando una combinación de talento musical y de habilidades plásticas y espaciales. Igualmente resalta su creatividad.
- *Talento deportivo:* Es el que debe identificarse con los objetivos de esta obra. La persona con talento deportivo destaca por su habilidad en el manejo de su cuerpo. Se trataría de la característica propia de los deportistas de alto rendimiento. Este tipo de talento resultará determinante para alcanzar la excelencia deportiva.

EL TALENTO DEPORTIVO

Es muy importante que tengamos en cuenta que el *"futuro campeón"* tiene unas cualidades potenciales que pueden aún no haberse manifestado. El conjunto de esas características que le van a permitir llegar a altas cotas, se conoce como *talento deportivo*. El conocimiento de esos rasgos puede facilitar la identificación de individuos que, pasados unos años, puedan llegar a altos niveles de rendimiento.

La *persona con talento en el deporte*, se trata de individuo que suma un conjunto importante de cualidades que raras veces coinciden. Éstas, en una importante proporción, son de origen genético y vienen definidas en indicadores biológicos y psicológicos preferentemente.

El término de talento deportivo ha sido definido por numerosos autores, valgan los siguientes ejemplos:

- Nadori (1987) lo define como *"una facultad o un grupo de facultades con una cierta especificidad notablemente superior a la media, pero que todavía tiene que manifestarse"*.
- Borms (1994): Se trata de *"una persona supra-normal, no completamente desarrollada, dotada de condiciones especiales para desempeñarse con éxito en ciertas especialidades deportivas"*. De la definición se desprende que un talento deportivo es un individuo que, en determinados estadios de su desarrollo, posee características que le pueden permitir, consolidarse en un deporte.
- Burlo, López y Santana (1996): *"Es un individuo que posee un conjunto de aptitudes genéticas o adquiridas que permiten la obtención de resultados relevantes en una especialidad deportiva"*.
- Hahn (1988): El sujeto con talento deportivo "es una persona con la disposición, por encima de lo normal, de poder y querer realizar unos rendimientos elevados en el campo del deporte".
- Kozel (1997). Se trata de "un atributo extremadamente complejo, genéticamente determinado, complicado en su estructura y sujeto a las condiciones del medio ambiente".
- Serrano (2004). *"Conjunto de facultades o aptitudes para una cosa; una aptitud natural o adquirida para hacer algo"*. Depende de la capacidad individual del sujeto, pero también de una serie de aspectos externos e internos, tales como las condiciones sociales y afectivas que le rodean.

De todo lo anterior se deduce el chico que posee talento deportivo va más allá de aquél que tiene unas cualidades condicionales. Se trata de algo más complejo ya que existen diferentes puntos de vista sobre todo de aquello que precisa el deportista para que pueda considerársele con talento deportivo.

En muchas de sus facetas, el talento deportivo, se manifiesta a ciertas edades como puede ser la pubertad, momento en el que se producen numerosos cambios cualitativos y cuantitativos, o en edades más avanzadas. Por ello, se nos antoja como muy aventurado, *predecir sobre algo que aún no se sabe con certeza cómo aparecerá años después.*

En la literatura especializada se aprecia una evolución sobre lo que supone el talento deportivo observándose dos orientaciones o tendencias:

- *Orientación tradicional*, en la que se analizaban las características de los deportistas que alcanzaban la elite, tratando de observar las trayectorias llevadas a cabo por éstos, con el fin de identificar las variables que hubieran establecido las diferencias con respecto a otros sujetos. De esta forma se podrían, desarrollar baterías de tests que permitiesen identificarlas.

- *Orientación hacia el proceso.* La actualidad ha venido derivando hacia una nueva orientación que sugiere el concepto de talento deportivo más encaminado hacia un proceso de formación y desarrollo que de un concepto que englobe una serie de cualidades físicas, sin más.

Hay niños que destacan en ciertas cualidades pero que, al someterse a un proceso de entrenamiento, no son capaces de adquirir las habilidades o desarrollar capacidades con las prestaciones que le deben llevar al alto rendimiento. También hay quienes manifiestan unas grandes condiciones pero que, a la hora de entrenar, se lesionan o enferman con cierta frecuencia.

EL FACTOR ENTRENABILIDAD.

En referencia a lo anterior, es necesario contemplar el factor de *entrenabilidad* del talento *como una capacidad de un individuo para mejorar a través del entrenamiento y* que viene condicionada por factores que no pueden ser medidos de forma puntual sino a través un proceso de evaluación sistemático a lo largo del tiempo (Laguna, 2001). En este sentido, el margen de error contraíble a la hora de seleccionar chicos con talento deportivo puede conllevar fallos considerables.

Reforzando la idea de estos errores de identificación del talento deportivo a través de una serie de cualidades físicas, Hahn (1988) añade que el talento deportivo se trata también de *"una disposición, por encima de lo normal, debiendo las posibilidades potenciales de sumarse a la voluntad, interés, disposición para el esfuerzo y tolerancia a la frustración"*.

El concepto de talento deportivo ha sido tratado de diferentes formas de las cuales se han seleccionado algunos ejemplos:

Weineck (2005) distingue dos conceptos de talento: estático y talento dinámico.

El concepto *estático* se compone de los siguientes factores:

- Condiciones con referencia a las capacidades.
- Disposición. Especial énfasis en la voluntad.
- Entorno social que determina las posibilidades.
- Resultados y rendimiento tanto en entrenamientos como en competición.

El concepto *dinámico* comprende:

- Un proceso de cambio activo.
- Regulación mediante entrenamiento y competición.
- Acompañamiento pedagógico.

Hann (1988), por su parte, distingue tres tipos de talentos:

- *Talento motor general.* Capaz de aprender con facilidad una amplia gama de movimientos.
- *Talento deportivo general.* Además de lo anterior está dispuesto a someterse a un programa rígido de trabajo y entrenamiento.
- *Talento específico deportivo.* A los puntos anteriores habría que añadirles la capacidad para rendir en una modalidad deportiva concreta.

Bompa (2003) propone una serie de aspectos a comprobar en el proceso de detección y captación. De ellas, se han seleccionado algunas de las que se consideran como más sugestivas.

- *Condiciones antropométricas*: Estatura, peso, constitución corporal, proporciones, situación del centro de gravedad, etc.
- *Características físicas*: Resistencia (aeróbica y anaeróbica), fuerza (estática y dinámica), velocidad (de acción y de reacción), flexibilidad, etc.

Estas características tanto las físicas como las antropométricas, decantarán el talento hacia determinadas modalidades deportivas.

Lorenzo et al (2014) proponen el modelo de talento deportivo como una "figura multidisciplinar e integradora, donde las diferentes perspectivas y ciencias aporten sus metodologías y resultados". De aquí se desprende que se trata de un conjunto de diversos componentes, algunos innatos y otros adquiridos. Según estos autores, se debe tratar como un concepto dinámico que evoluciona a lo largo del tiempo en función de cómo interrelaciona con el medio.

De todo se deduce la importancia del origen genético. Dada esa categoría, debería plantearse la necesidad de un conocimiento de los antecesores del chico (padres y abuelos) lo cual, puede presentar ciertas complicaciones.

También se ha mencionado que otras características provienen de una suma de condiciones que posee el joven y que le habilitan para conseguir y desarrollar rendimiento deportivo futuro. Además de las cualidades condicionales y perceptivo motrices, existen otras que llegan a ser igual de inductoras del rendimiento futuro, tales como son las actitudinales. Estas últimas, si son adecuadas, le pueden ayudar a alcanzar el rendimiento mediante la disposición a la fatiga, al esfuerzo, a mantener la concentración, etc.

Además, el chico con talento deportivo debe disfrutar de una excelente salud que le permitan entrenar con la necesaria continuidad. Así pues, se necesitaría un historial completo y reconocimiento medico exhaustivo para detectar si el joven tiene buena salud ya que ésta será la base sobre la que se pueda sustentar todo el trabajo a largo plazo.

Por otra parte, existen cualidades que solamente son comprobables en momentos concretos, tales como son las grandes competiciones. Mientras el deportista no se encuentre ante ellas, resultará complicado predecir si es tiene verdadero talento. En el individuo que lo posee aparece un "plus" en estas situaciones de máximo estrés que le hace aumentar su rendimiento. Al contrario, otros lo ven disminuido por no ser capaces de gestionar la ansiedad y la presión precompetitiva y de la misma competición. *"El deportista puede sentir la presión en el pecho, lo que le frenará o por la espalda, lo que le empujará y le hará rendir más de lo previsto"*. El chico con talento deportivo es capaz de manifestar ese "plus".

El talento deportivo, en consecuencia, no se trata de un cúmulo de cualidades sino del *resultado de un proceso sistemático*, con diferentes incidencias tanto genéticas como del entorno.

Concretando, se podría afirmar que el chico poseedor de estas cualidades reúne una serie de premisas, todas ellas determinantes pero que se van manifestando con el paso del tiempo por lo que es preciso hablar de un proceso más que de una apreciación puntual (figura 1.4).

A modo de resumen se exponen las cualidades que podríamos considerar como más determinantes a lo largo del proceso pero que, muchas de ellas, son solo comprobables con el paso del tiempo:

- *Capacidades condicionales*: Son de origen genético y se van manifestando de manera un tanto irregular y a lo largo del tiempo.
- *Capacidad de entrenamiento o entrenabilidad*. Permite que se vayan produciendo adaptaciones. Ante mismas cargas los individuos con talento deportivo producen adaptaciones superiores a las de otros colectivos. En otras palabras, a mismo trabajo, mayor rendimiento.
- *Capacidad competitiva*. Solamente comprobable cuando el deportista se encuentre en situaciones de competiciones importantes.
- *Capacidades psicológicas* y actitudinales. Deben tenerse en cuenta otros factores, tanto o más importantes que los anteriores, tales como los correspondientes a la personalidad. Puede caerse en el error de considerarlos como algo accesorio y modificable mediante la educación ya que también

tienen una parte importante de origen genético. Éstos, también se van manifestando a lo largo del proceso y son determinantes, especialmente en la capacidad de entrenamiento y competición. Algunas de estas cualidades son muy maleables y susceptibles de estímulo. En las primeras etapas, la inclusión de valores, tanto referidos al deporte como a la vida en general, van a cobrar suma importancia a largo y medio plazo. Entre esas condiciones relacionas podemos destacar las siguientes:

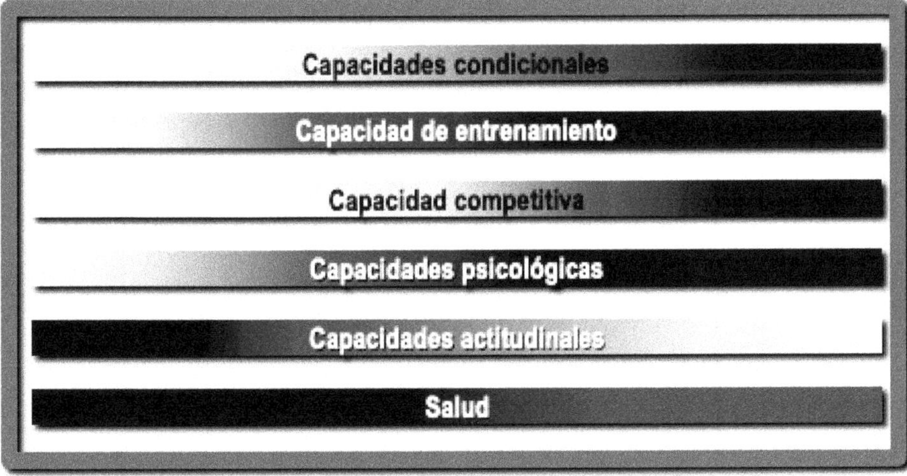

Figura 1. 4.- Características que definen el talento deportivo. Se trata de un proceso solo comprobable con el paso del tiempo. La importancia orientativa de las diferentes capacidades aparece más oscurecida en función de su incidencia en cada momento.

- Tolerancia a la fatiga.
- Sacrificio y sufrimiento ante las cargas de entrenamiento.
- Mantenimiento del esfuerzo en competición.
- Mantenimiento de esfuerzos durante tiempos prolongados sin pérdidas de potencia o intensidad durante las sesiones de entrenamiento.
- Aislamiento, ya que, en ciertos momentos, al chico le puede tocar realizar tareas duras y exigentes en solitario.
- Pensar y tomar decisiones en cualquier situación.
- Mantenimiento de habilidades, sin errores técnicos, aún en estado de fatiga.
- Capacidad cardiovascular y metabólica para aportar energía suficiente.

- Capacidad para someterse a un plan de entrenamiento.
- *Salud*. Resistencia a enfermar o lesionarse. A la larga, el rendimiento viene fundamentado por la cantidad de entrenamiento. Si el chico, por motivos de salud o lesión, no puede realizar todas las tareas que debiera, se verá superado por otros deportistas que han podio realizar más trabajo a lo largo de su vida deportiva.

¿Se puede identificar el talento deportivo?

Nosotros nos inclinamos por la tendencia de que el talento deportivo no se trata de un conjunto de cualidades sino de un proceso que puede durar años hasta que se manifiesten todas ellas. En este sentido, entendemos que y depende de dos parcelas que tienen similar trascendencia: el potencial genético y el proceso a medio plazo (figura 1.5).

Figura 1. 5.- El talento deportivo está formado por dos parcelas de similar importancia.

1.3.1. Detección, selección, captación y formación.

Estos términos, en ocasiones, pueden prestarse a equívocos. Por ello, antes de tratarlos, consideramos necesario definirlos para mayor claridad acerca de los que tratamos aquí.

Aunque pueda prestarse a confusión, estos términos deben entenderse de manera diferente.

- *Detección o búsqueda*. Hace referencia al proceso de descubrir, en una población determinada, a individuos en los que se intuye que, mediante una progresión adecuada, tienen potencialidad para llegar a destacar en el alto rendimiento deportivo.
- *Selección*. Consiste en la decisión de aislar a aquellos que demostraron esa potencialidad, con el fin de inducirlos hacia la práctica.

- *Captación,* Con este paso se pretende atraer a esos individuos hacia la práctica deportiva. Este transcurso está mejor resuelto en algunas sociedades mientras que resulta un tanto dificultoso en la Cultura Occidental.
- *Formación.* Es el itinerario a seguir en un proceso con la progresión de todas las cualidades (físicas, psicológicas, educativas, etc.).

LA DETECCIÓN.

Sobre este primer paso, existen numerosos estudios. No obstante, se han comprobado errores, principalmente relacionados con una prospección excesivamente temprana, en las que, ciertas variables, entre las que se encuentra el estado de desarrollo, pueden conllevar a errores de bulto.

Una parte importante de los programas de detección están enfocados hacia la identificación de estos deportistas, desde una edad temprana. Así se los implica en la actividad deportiva durante largo tiempo antes de alcanzar los resultados deportivos. Esta metodología, un tanto tradicional está basada en una serie de razones (Lorenzo et al. 2013):

- Al éxito a nivel internacional como resultado de una larga implicación en una sola disciplina deportiva.
- Al éxito debido a la duración del entrenamiento y la competición en el deporte elegido.
- A temprana implicación con el éxito temprano y la continuación en programas de promoción deportiva. Esto estimula el proceso de desarrollo del chico, correlacionando positivamente con el éxito en el alto rendimiento deportivo.
- Este apartado debería matizarse ya, en parte, depende de la especialidad deportiva. No será lo mismo una especialidad en la que los elementos coordinativos son los más determinantes (gimnasia artística, gimnasia rítmica, etc.) que de una especialidad en la que las prestaciones determinantes, provienen de las capacidades condicionales (lanzamientos, saltos, maratón, etc.)

Por otra parte, hay deportistas que destacan en alta competición sin haber sido fruto de ningún programa de detección ya que aparecen por "generación espontánea".

Otra razón en contra de la detección per se, es que se elimina muchas veces la preparación general de los niños a edades tempranas para poder pasar "el corte". Esto es debido, a que se prioriza la consecución de resultados sobre la verdadera potencialidad del futuro deportista.

La detección supone el primer paso de un plan estratégico para la obtención de "futuros campeones" y solamente un porcentaje muy bajo de los niños y niñas poseen esa potencialidad. Cabe añadir la escasa probabilidad de que ese niño con potencialidad, que haya accedido a la práctica deportiva, lo haga en el deporte concreto y que caiga en manos de un entrenador cualificado.

La detección, ha implicado durante mucho tiempo una predicción. Según diferentes estudios, este planteamiento es erróneo ya que sólo es posible predecir el rendimiento con un importante margen de error, sobre todo, teniendo en cuenta que ciertas cualidades pueden no haberse manifestado aún o lo han hecho en una pequeña proporción.

Otra posibilidad de detección podría partir de un estudio genético. Éste, al tiempo que costoso, puede conllevar dificultades. En este sentido, existen estudios realizados en gemelos monocigóticos y dicigóticos que muestran que el genotipo juega un papel fundamental en el talento deportivo (Hoare, 2000), (Argudo e Iglesias, 2002). La posible detección mediante esas comprobaciones debería descartarse. A este razonamiento se llegó, entre otros, en reunión de expertos reunidos en las Jornadas de Trabajo en Deporte y Salud Asturias 2006 que concluyeron que, al menos de momento, no es posible ya que existen más de 5.000 genes que influyen en el rendimiento deportivo (Terrados, 2006).

Figura 1. 6.- La detección de niños con talento deportivo, basada en baterías de tests, puede inducir a errores

La detección en general tiene una serie de objetivos (Díaz et al, 2008):

- Analizar las características y necesidades del deporte concreto (materiales, fisiológicas, psicológicas, etc.).
- Plantear el programa de detección, elaborándolo según las fases de desarrollo.
- Sistematizar los programas de actuación.
- Realizar un seguimiento médico, científico y pedagógico sobre los deportistas.

CUÁNDO BUSCAR.

Existen circunstancias que cuestionan la orientación hacia en qué momento se debería proceder a la detección del talento deportivo.

Un parte de la bibliografía sugiere que la edad de iniciación en el entrenamiento y la competición es muy variable, por lo que nuevamente sugerimos que puede deberse, en parte, a la especialidad deportiva. Güllich (2007) estudió más de 4.000 deportistas olímpicos buscando el momento en el que iniciaron su especialidad y el entrenamiento, encontrando que la edad de comienzo varía según el deporte, pero también dentro de la propia especialidad. También encontró que una parte importante de estos individuos comienzan a entrenar entre los 8 y 12 años. Los resultados sugerían que la edad de comienzo del entrenamiento específico varía entre y dentro de la misma disciplina deportiva, y que un considerable porcentaje de deportistas internacionales comienzan a entrenar después de la identificación del talento (aproximadamente entre los 8-12 años).

Sobre el éxito del reclutamiento en edades tempranas existen dudas razonables, sobre todo en especialidades con prestaciones de cualidades condicionales (velocidad, fuerza o resistencia). Diferentes estudios sugieren que la mayoría de los deportistas detectados desde niños no llegan a ser deportistas elite al llegar a edad adulta. En cambio, se contempla que hay un porcentaje importante de deportistas internacionales que no han pasado por ningún plan de detección estructurado

Todo lo anterior sugiere que no es del todo imprescindible un programa de detección de chicos con talento deportivo desde una edad temprana, especialmente en especialidades con predominancia de esas cualidades condicionales. También existe la posibilidad de que deportistas que fueron captados para una disciplina deportiva, pasado un tiempo, cambien de modalidad y puedan llegar al alto rendimiento en otro deporte o especialidad.

En este sentido, conviene puntualizar que también existe la posibilidad de captar individuos con talento deportivo en edades más avanzadas, entre aquellos que fueron captados para otros deportes o modalidades. Sobre este punto, cuando se trata de cambios de disciplina durante la adolescencia o en edades que la sobrepasan, la transición de un deporte a otro, para deportistas que han llevado un enfoque multidisciplinar en sus actividades, podrían apreciarse una serie de ventajas ya que ciertos entrenamientos pueden tener transferencias hacia otras especialidades. De esta forma, pese a estancamientos en alguna disciplina, sus capacidades pueden estar suficientemente desarrolladas para otras. Un deportista que fue detectado para triatlón y pasados unos años decide optar por especialidades solo de carrera, tales como el maratón, podría haber desarrollado las capacidades básicas necesarias para esta última disciplina.

Sobre este tipo de transferencias, exponemos serie de ventajas:

- Se ofrece otra oportunidad a deportistas que, de no ser así, tenderían al abandono debido a que se ven estancados en su progresión.
- Permite mantener en la práctica dentro de los programas, reduciendo el porcentaje de abandono, lo que conlleva un mayor aprovechamiento de los recursos invertidos en los proyectas de captación.
- Los programas de captación no son cerrados ya que se pueden ir incorporando deportistas con talento, en cualquier momento.
- Se puede reducir el porcentaje de incertidumbre para la identificación del chico con talento deportivo ya que las evaluaciones se realizan, en esa segunda oportunidad, en edades más avanzadas. Esto permite identificar capacidades que, posiblemente no se manifestaron en edades tempranas.
- El trabajo con individuos en edades post puberales permite reducir los plazos hasta la llegada al alto rendimiento y la aplicación de cargas más específicas.
- La transición puede ser beneficiosa, sobre todo cuando se produce desde espacialidades de rendimiento a edades tempranas hacia otras de rendimiento tardío. Al respecto Lorenzo et al (2013), hablan de *"deportes donantes"* tales como pueden ser los deportes colectivos y de *"deportes receptores"* tales como podrían ser algunas especialidades individuales.

DÓNDE BUSCAR.

La complicación de dónde buscar a estos individuos válidos puede ser una primera parte del proyecto. Entre los principales espacios se pueden citar tres: *El centro educativo, el ámbito deportivo y las campañas y actividades* promovidas por entidades e instituciones.

El centro educativo.

Tal y como lo proponen diferentes autores y diversos programas el mejor lugar debería centro educativo. Aquí se encuentra el 100% de la población de los niños, por lo que en este lugar se encuentran los talentos deportivos.

Pese a que algunos no cuenten con una infraestructura humana adecuadamente capacitada para acometer con éxito algún proyecto de detección, deberían suponer un lugar prioritario. Esto es así tanto si los proyectos surgen por iniciativas del propio centro como si provienen de fuera y el colegio se limita simplemente a colaborar o permitir que agentes externos realicen estas labores de detección. Éstos estamentos de estudios engloban una serie de ventajas:

- Concentran la mayor proporción de rango de edad propuestos en cualquier programa para la detección ya que abarcan franjas de edades comprendidas entre los 6 y los 18 años.
- Facilitan los procedimientos de selección, clasificación y control de individuos que se han de evaluar, debido a que disponen de los registros y la infraestructura requerida para realizar el trabajo a través del área de Educación Física.
- Disponen de recursos humanos de base. Éstos, una vez adiestrados, en el caso de que no lo estén previamente, pueden emprender con éxito el proceso de detección de los individuos con proyección. Si se logra hacer partícipes a estas personas mediante algún estímulo, se habrá dado un paso importante.

El ámbito deportivo.

Los clubes de iniciación y promoción, las escuelas deportivas, etc., son entidades a las que pueden llegar muchos de los potencialmente dotados. Aquí suelen acceder los niños de forma individualizada a través de sus propias familias.

Las campañas y actividades deportivas puntuales promovidas por las instituciones u otras entidades.

Sería el tercer estrato en el que pueden aparecer chicos y chicas que no aparecieron en las franjas anteriores. Para algunas especialidades, existen carreras populares, campeonatos escolares, etc., en los que pueden aparecer niños bien dotados que sobresalen sobre el resto de la población.

LA SELECCIÓN.

El proceso de selección, tiene como principal objetivo el de elegir a los deportistas jóvenes en los que se han detectado las potencialidades necesarias y que tienen "el perfil idóneo" para ser un futuro campeón en algún deporte o especialidad. Se trata de predecir sobre qué determinadas cualidades o capacidades deban manifestarse en el deportista al alcanzar la madurez deportiva.

Leyva (2003) expone que la selección, *"constituye un proceso sistemático a través del que se identifican las capacidades, habilidades, disposición psicológica y factores sociales que constituyen condiciones necesarias para asimilar las cargas de entrenamiento, afines a los objetivos correspondientes a la etapa de formación en que se encuentre el deportista"*. Este autor recomienda la comprobación de unos indicadores, dependiendo del plazo, que refuerzan parte de la descripción de las características del talento deportivo y que pueden ser útiles para identificarlo. Según este autor existen tres tipos de selección: Para resultado a largo, medio y corto plazo, (tabla 1.2).

Por su parte, García Manso et al (1996), indican diferentes aspectos básicos de los que hemos elegido los que consideramos como más determinantes para el talento deportivo:

- Herencia.
- Edad biológica.
- Edad óptima de selección.
- Estado de salud.
- Composición muscular.
- Potencial de desarrollo de cualidades.
- Predisposición al rendimiento.
- Características psicológicas.
- Capacidades cognitivas.
- Características socioeconómicas.
- Antecedentes históricos.

Tabla 1.2.- Indicadores a tener en cuenta en una correcta selección a largo, medio y corto plazo. (Leyva, 2003). Modificado.

TIPO DE SELECCIÓN	INDICADORES
Para el resultado a largo plazo	Apoyo con alto interés del entorno familiar Condición física adecuada Cualidades volitivas adecuadas Estado corporal adecuado
Para el resultado a medio plazo	Apoyo con interés de su desarrollo familiar Condición física adecuada Alto nivel de cualidades volitivas Adecuado nivel competitivo Incremento gradual de resultados deportivos Adecuada preparación en ciclos anteriores Desarrollo genético adecuado Capacidad intelectual adecuada
Para el resultado a corto plazo	Apoyo total del entorno familiar Altos y crecientes niveles de condición física Cualidades volitivas altas y crecientes Altos y crecientes niveles deportivos Correcta preparación en ciclos anteriores Factores genéticos idóneos Adecuada capacidad intelectual.

Bajo nuestro punto de vista, también deberían conocerse otra serie de puntos:

- Los factores determinantes del rendimiento en alguna especialidad concreta.
- Un análisis de la realidad estudiando los siguientes puntos:
  - Las dinámicas psico-sociales de la población del entorno.
  - Las características de la población sobre la que se va a trabajar.
  - Los lugares donde se va a trabajar (instalaciones, etc.).
  - Los recursos humanos, materiales y presupuestarios.

Pese a lo anterior, sigue cabiendo la posibilidad de cometer errores. Consecuentemente, la selección no tendría demasiado sentido a la vista de que se podrían desechar verdaderos talentos, por lo que, ante estas dificultades, entendemos que no se debería desechar de la práctica deportiva a ningún niño.

LA CAPTACIÓN.

Tal vez resulta el paso más complejo ya que se trata de atraer al deporte a aquellos chicos identificados como talentos. Las dificultades que presenta la Sociedad hacen dificultoso lograr que esos niños y niñas acudan a la práctica deportiva. Esto, tal y como ya hemos apuntado, se acentúa para aquellos deportes en los que se exige cierto grado de sacrificio y fuerza de voluntad.

En este sentido, todos los elementos del entorno deben trabajar en una misma dirección y con los mismos objetivos. No obstante, y desafortunadamente, aquí suelen surgir dificultades para llegar a acuerdos que permitan ir a todos los componentes en una misma dirección.

En algunos países, este proceso está mejor resuelto ya que el deporte puede ser una salida para los chicos y chicas bien dotados. La práctica deportiva, frecuentemente, supone la solución para estudiar en mejores condiciones o mejorar el estatus social y económico, no solo del propio deportista sino también de su familia.

En cambio, en las sociedades del "bienestar", el proceso de captación tiene una serie de "enemigos" más reforzados y que tiran en sentido contrario.

1.3.2. Algunos modelos de detección, selección y captación.

Los modelos difieren bastante de unos países a otros y dependen muy directamente de cuestiones socio políticas y económicas. De los figurantes en la literatura, hemos seleccionado algunos que pueden responder diferentes tendencias.

Modelo de Díaz y otros (Díaz et al, 2008). Existen dos tendencias sin conclusiones concretas sobre cuál de ellas es más efectiva:

- *Partidarios del determinismo genético.* La personalidad, fortalezas, debilidades y potencial de rendimiento vienen marcadas por la herencia genética.
- *Partidarios de considerar a la persona como una "pizarra en blanco"* en la que todo lo que ocurre es producto de las vivencias y del aprendizaje.

Modelo de Brotóns *(Brotóns, 2005).* Existen dos tipos definidos para la detección: empírico o científico y formativo o de desarrollo:

El empírico o científico. Está basado en la selección de talentos de forma científica o empírica según valoraciones actitudinales y aptitudinales. A partir de estas valoraciones se realizan predicciones a largo plazo.

El formativo o de desarrollo. Más extendido actualmente. Basado en el cambio del concepto talento deportivo por el de *experto.* Esto conlleva una mayor preocupación hacia el largo plazo, lo que implica prioridad en el proceso de formación y desarrollo y que, a su vez, se compone de los siguientes puntos:

- Requiere presencia de una práctica muy estructurada en el que prevalece la progresión obviando el entretenimiento o la diversión.
- Implica una relación proporcional entre el tiempo de entrenamiento acumulado y el que es necesario al menos en un plazo de 10 años.
- Conlleva un elevado compromiso por parte del deportista que le permita asumir, a lo largo de toda una vida deportiva, el sacrificio y el esfuerzo que precisa el alto rendimiento. Esto implica un estado de motivación y concentración que le induzca a trabajar duro durante muchos años.

Modelo de Bellendier, (Bellendier, 2009). Este autor propone un proceso de detección de talentos versado sobre dos vertientes: selección natural o pasiva y selección científica, activa o sistemática.

Selección natural o pasiva: Se basa en la obtención de talentos de forma natural, utilizando el azar sobre la base de una gran masa de población de deportistas.

Selección científica, activa o sistemática: Se basa en la identificación de los chicos con talento en edades tempranas y su posterior orientación hacia modalidades en las que puedan alcanzar un alto rendimiento.

Modelo de Lorenzo (Lorenzo et al, 2014): Describe dos tendencias: análisis cuantitativo y cualitativo.

El análisis cuantitativo. Se basa en una serie de baterías de tests con la intención de predecir el rendimiento de los deportistas. Esta vertiente tiene limitaciones por lo que recomienda tomar precauciones a la hora de realizar diagnósticos o bien tomar decisiones. Esto significa que hay que tener en cuenta los siguientes aspectos:

- Las poblaciones utilizadas en el diseño de las baterías de test.
- El diseño ya que escasean los estudios longitudinales, utilizándose normalmente diseños transversales o cuasi-longitudinales, utilizando estudios transversales con poco tiempo empleado en la toma de datos.

- No se tiene en cuenta la evolución de los deportistas ya que se utiliza fundamentalmente la edad cronológica en lugar de la edad biológica (conceptos tratados mas adelante).
- Una parte importante del talento va a aparecer a lo largo del proceso de entrenamiento y aprendizaje. Esto induce dudas razonables acerca de la identificación ya que, como hemos visto, existen variables a que evolucionan a lo largo del tiempo.

En este sentido, también existen deficiencias motivadas por los tests de carácter técnico que suelen realizarse de forma aislada y fuera del contexto real, pudiendo aparecer factores no controlables a priori tales como la ansiedad, el estrés, la fatiga, etc.

Como consecuencia, el resultado podría no ser el indicador adecuado sino la trayectoria del deportista y su progresión, tanto en la adquisición de habilidades como en su progresión en el rendimiento en general.

Al análisis cualitativo. Fundamentado en el estudio de las trayectorias de los deportistas de elite. Pretende aislar los rasgos y características diferenciadores que ha determinado la carrera de esos deportistas. Estos estudios se han basado en la perspectiva psico-social y de la perspectiva de la práctica.

- La perspectiva psico-social viene buscando factores de carácter psicológico, social y contextual que condicionan el futro del deportista de elite.
- La perspectiva de la práctica sirve como marco teórico para el estudio del desarrollo de los deportistas de elite. Se pretende averiguar si las diferencias entre los deportistas de alto nivel y los que no lo son se ha podido deber a las horas de práctica y de cómo han evolucionado las actividades que han podido realizar, si han practicado diferentes deportes, etc.

Acerca de la trayectoria se deberían contemplar factores tales como si se trata de deportes de rendimiento precoz tales como aquellos que dependen fundamentalmente de capacidades coordinativas (el patinaje, la gimnasia artística, la gimnasia rítmica, etc.) o de deportes de rendimiento tardío tales como los que dependen, de forma prioritaria, de capacidades condicionales (algunas especialidades de atletismo, ciclismo, etc.). También debería tenerse en cuenta la cultura deportiva del país y de los deportes que tienen un reconocido impacto social en éste (fútbol en Europa, rugby en Nueva Zelanda, etc.).

Modelo de Laguna (Laguna, 2001). El talento deportivo no tiene un perfil único. Todos los deportistas que se pretenden encauzar hacia el alto rendimiento deben tener una gama extensa. En este sentido, los mapas de aspecto más simétrico corresponderían a deportistas más equilibrados. Por el contrario, los más asimétricos corresponderían a deportistas con importantes carencias (figura 1.7).

Este modelo implica un seguimiento longitudinal, en el que se debe comprobar la entrenabilidad del individuo, referida a la progresión a través del entrenamiento, el cual, se encuentra condicionada por muchos factores, por lo que no resulta fácilmente evaluable.

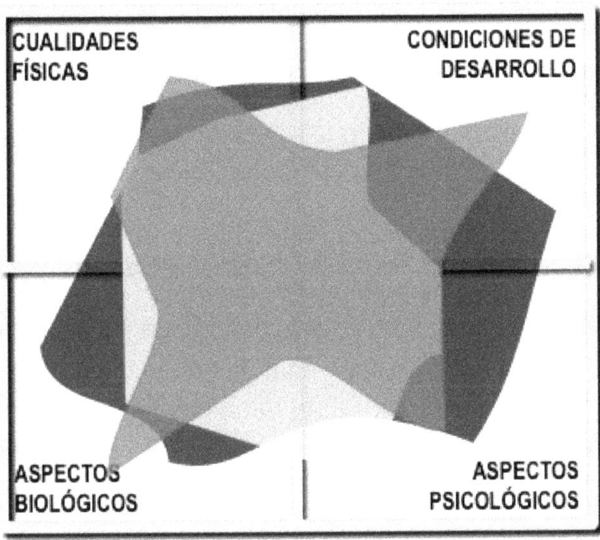

Figura 1. 7.- Los mapas, cuanto más simétricos, reflejan individuos más equilibrados.

Modelo de Sánchez Bañuelos (S. Bañuelos, 2003). Distingue entre el modelo piramidal generalizado y el modelo selectivo intensivo.

Modelo piramidal generalizado. Éste ha venido siendo muy utilizado en la sociedad occidental. Se caracteriza por los siguientes aspectos:

- Está fundamentado en unas condiciones de base necesarias para que una gran parte de individuos practiquen de forma organizada y controlada.
- La llegada a la elite se produce mediante selección natural y decantación.
- Solo llegan unos pocos de los que lo intentan.
- Es de dudosa ética ya que la inmensa mayoría de la población debería practicar deporte para todos, mientras que el deporte de alto rendimiento, que no es adecuado para la gran masa, debería estar reservado a unos pocos.
- Requiere gran esfuerzo de medios y recursos al existir mucha dispersión.
- Supone una apuesta arriesgada por parte del deportista.

- Se mueve una gran población con objetivos de rendimiento, mediante selección natural, con lo que puede provocar muchas frustraciones.

Modelo selectivo intensivo. Ha sido muy utilizado en los antiguos países del Este. Está respaldado por la política deportiva de Estado y se caracteriza fundamentalmente por los siguientes aspectos:

- Se genera ante la escasez de recursos que deben concentrarse en una población muy reducida.
- Se parte de una gran población (en las escuelas) para detectar los deportistas con posible talento sobre los que concentrar los recursos, lo que supone su optimización.
- Se impone como primer escalón la selección temprana de chicos y chicas con talento deportivo, (que no debe confundirse con especialización temprana).
- Enfocado hacia un grupo reducido con cualidades que permite un tratamiento más efectivo. El planteamiento general es que los deportistas con talento requieren tratamiento distinto al del resto de la población.
- No se expone a una gran masa al riesgo de entrenar mediante trabajos para los cuales no están capacitados. Esto también evita frustraciones.
- Dado que está respaldado por el Estado, la apuesta del deportista es menos arriesgada.
- Acarrea prioridad absoluta hacia la práctica deportiva. No obstante, el planteamiento es a largo plazo y sin quemar etapas.
- La élite surge de un proceso que siempre está bajo control.

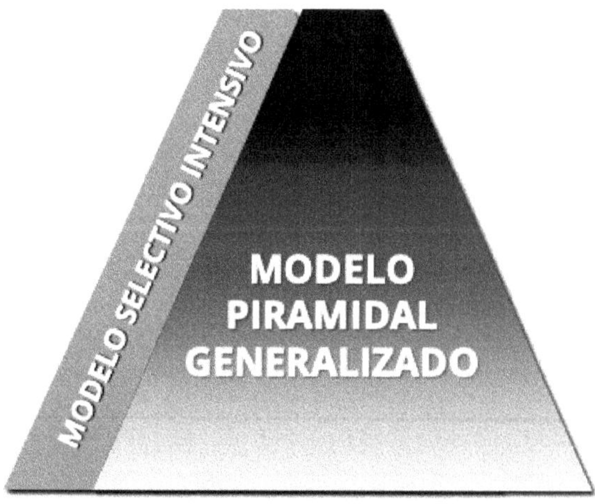

Figura 1. 8.- Representación de las diferencias entre el modelo piramidal generalizado y el modelo selectivo intensivo según el modelo de Sánchez Bañuelos (2003). Modificado.

BAJANDO A LA REALIDAD.

Algunos de los modelos anteriores pueden antojarse un tanto utópicos para la situación real. En muchos países, existen trabas que hacen que no funcionen tan bien como se desearía. En la Sociedad, además de todo lo que se ha venido tratando hasta ahora, existen problemas añadidos que interfieren con la eficacia en detección selección y captación de futuros deportistas:

- Las competencias se encuentran atomizadas.
- Dependiendo de la estructura política y territorial del país, las estructuras pueden estar gobernadas por diferentes partidos políticos, con desiguales ideas sobre el deporte en la edad escolar. Las competencias sobre la promoción del deporte se encuentran distribuidas en diferentes estamentos, (algunas las asignan a Educación, otras a Cultura, otras a Familia y Juventud, otras son asumidas directamente desde la Presidencia, etc.).
- Frecuentemente, las competencias sobre diferentes parcelas del deporte (deporte escolar, deporte extraescolar, deporte federado, educación física, etc.), no dependen un mismo organismo. Puede acaecer, incluso, que esos organismos con competencias repartidas puedan estar en manos de distintos partidos políticos con diferentes intereses y objetivos. En otros casos, no coinciden las edades ni las categorías, según se trate de deporte en edad escolar o deporte federado.
- Los planes de promoción deportiva no guardan coherencia entre unas entidades u otras. Cada una, al tener sus propias competencias, puede tener planes estratégicos distintos.
- Los esfuerzos económicos que realizan todas las instituciones implicadas en el alto rendimiento y su coste real hacen que se tienda a la selección científica que determine la eficacia del deporte de alto rendimiento. Esto puede conllevar el riesgo de convertirse en una competición institucional para ver cuál se lleva más medallas en categorías menores, acarreando éxitos precoces y acortamientos de carreras deportivas.
- La Educación Física, en edades tempranas, adolece de serias deficiencias (en cantidad y calidad) que hace que los niños y niñas no desarrollen sus cualidades ni se aprovechen sus fases sensibles (temas tratados más adelante).

- No existen estructuras profesionalizadas y estratificadas, con personas capacitadas con acceso a todas las edades desde los comienzos de las carreras deportivas. La mayoría de los que están capacitados no se dedican a estas labores, ya que no les es posible vivir profesionalmente de ello.
- En países occidentales, el decreciente índice de natalidad provoca que todas las entidades (federaciones, clubes, entrenadores, etc.) se precipiten con la idea de anticiparse a los demás para poder hacerse con los cada vez más escasos niños con posible talento deportivo.

Todas estas circunstancias conducen a la anticipación forzada del rendimiento y en exigencias a los niños que deberían ir apareciendo más adelante, todo ello, con derivas en el acortamiento de las carreras deportivas.

Igualmente, no abundan (por no decir que no existen) planes estratégicos globales para el deporte de los jóvenes. En consecuencia, los técnicos que se dedican a la promoción acaban convirtiéndose en "francotiradores" que actúan según su propio entender.

La realidad nos demuestra que aparecen talentos deportivos gracias a esos entrenadores, a base de sus propias iniciativas (anuncios, entrevistas con profesores, introduciéndose en las asociaciones de padres, etc.). Éstos, en la mayoría de los casos, lo hacen de forma altruista lo que implica falta de profesionalización y las consiguientes deficiencias en la cualificación y dedicación.

Desafortunadamente, esa dedicación generosa y entusiasta de esas personas tiene un tiempo determinado y llegan a cansarse, lo que, tarde o temprano, deriva en el abandono de esas labores. En este sentido, con la desaparición esos "francotiradores", acaba desapareciendo la promoción en su zona de influencia.

QUÉ DEBERÍA SER

A la vista de la situación se proponen una serie de acciones que se podrían realizar. A riesgo de caer en la utopía podrían estar integradas en un posible "libro blanco de la promoción deportiva". Aún siendo conscientes de la dificultad de lo que se propone, al menos entendemos que es hacia aquello que se debería tender. Cada paso que se pudiera dar en alguna de estas direcciones, es muy probable que nos acercaría a la excelencia la detección, selección y captación de jóvenes con talento.

Coordinación de esfuerzos: Serían necesarios planes integrales de fomento sobre la detección de niños con talento deportivo en el que se concentrasen los recursos coordinados de todas las instituciones con competencias. En éstos deberían implantarse estructuras bien definidas y profesionalizadas que cubriesen los siguientes campos:

- *Educación física de base adecuada:* Debería darse en la escuela desde los 6 años y con los siguientes fines:
    - Acondicionamiento físico y desarrollo psicomotor de acuerdo con las etapas evolutivas.
    - Una primera detección por parte del profesor o maestro de educación física. Con una primera etapa formativa deportiva general.
- *Escuelas deportivas.* Encauzamiento hacia escuelas deportivas o clubes en edades coincidentes con la edad puberal (no antes), estando los deportistas en manos de especialistas en entrenamiento de jóvenes.
- *Seguimiento.* Con apoyo científico desde edades muy tempranas, aparte de los técnicos, con participación de médicos y psicólogos especializados en deportistas jóvenes.
- *Apoyo por parte de las instituciones.* Con implicación de estamentos con competencias en deporte infantil y juvenil. Especialmente en aspectos de financiación, organización y seguimiento. Esto supone que deberían contar con un equipo de técnicos especializados en deporte en estas edades. Ellos serían los designados para diseñar programas y proyectos a largo plazo, con un grado de continuidad y control suficiente que sirviera de amortiguación a la inmediatez que conlleva la política.
- *Programas de competiciones adecuadas.* Con eventos proporcionados para cada edad, con un deporte escolar unificado para todo el Estado. Debería desglosarse en diferentes fases y con la implicación de los colegios. Estos torneos deberían contar con sus propios reglamentos, adecuándolos a la realidad de los niños en cada fase. No se trata de reformar los reglamentos de las competiciones de adultos sino de diseñar reglamentos específicos para cada edad.
- *Clubes con objetivos de formación.* Debería potenciarse la creación de clubes con directrices concretas hacia la formación y el rendimiento a largo plazo. Estos deberían presentar programas y estructuras de acuerdo con las directrices del plan integral y recibir las correspondientes subvenciones por la ejecución dichos programas. A su vez, deberían ser regulados y evaluados por parte de las instituciones que facilitan las ayudas (en muchas circunstancias se observa que las subvenciones que se conceden

para que se cumplan los objetivos de promoción, luego carecen de un control sobre la puesta en práctica.

- *Profesionales de apoyo.* El plan integral precisaría de un equipo de seguimiento coordinado por profesionales, especialistas en deportistas jóvenes, que cubriese diferentes ramas (entrenamiento, seguimiento y control, medicina, psicología, etc.).

Ante lo ideal expuesto y la realidad, cabe preguntarse sobre aquello qué pueden hacer y que está en las manos de los entrenadores y formadores deportivos desde esa posición actual de "francotiradores"

Lo primero es asumir que no se puede parar a esperar que otros resuelvan los problemas. Se debería actuar para paliar las deficiencias, dentro de las posibilidades de cada uno y, en todo caso, reivindicar que se solucionen por parte de quienes tienen la capacidad de decisión. Cada uno, en su parcela, debería centrarse en una serie de aspectos que podrían estar al alcance:

- Coherencia de las actividades con los principios de entrenamiento infantil.
- Seguir formándose como "formadores deportivos especialistas en deportistas jóvenes".
- Actuar aplicando el sentido común sin olvidar que se trabaja con niños que son personas y no máquinas y siendo conscientes de que la responsabilidad es mucho mayor que la que puedan tener otras muchas profesiones

1.3.3. El modelo "vale – puede- quiere". Una propuesta para la identificación de talentos deportivos.

Bajo nuestra opinión, para avanzar en la identificación del talento, sería precisa una visión integradora, donde las diferentes perspectivas y ciencias aporten sus metodologías y resultados. Esto sugiere que debemos entender la detección de talentos como la necesidad de identificar a un futuro deportista valorando más el camino individual seguido por cada deportista y los momentos precisos para desarrollar el proceso de entrenamiento adecuado. En otras palabras, será preferible observar la trayectoria que han seguido los campeones hasta llegar a la elite que basarse en una simple batería de test. Por ello, antes de avanzar es preciso que se entienda que el talento es algo más que una característica por encima de la media.

El deportista capacitado para acceder, al llegar a la madurez, al alto rendimiento, necesitaría una serie de requisitos para que se den las circunstancias que le permitan recorrer el itinerario correcto.

De acuerdo con todo lo expuesto hasta ahora y desde nuestra propia experiencia con más de 25 años trabajando con niños y niñas, presentamos un modelo que contempla esas premisas que deberían estar presentes en un futuro deportista. Esta propuesta se engloba en tres campos que responden a tres preguntas: *¿vale?; ¿puede? y ¿quiere?*

Se entiende, que, si las respuestas son afirmativas, ese chico tendría más probabilidades de llegar al alto rendimiento deportivo tras una especialización futura (figura 1.9).

Figura 1. 9.- Propuesta de modelo de talento deportivo. El proyecto puede asemejarse a una mesa con tres patas "vale, puede y quiere". En el caso de que alguna no fuese lo suficientemente consistente, la mesa no se sostendría.

1.3.3.1. El chico con talento deportivo talento deportivo "vale". La aptitud.

Esta condición se fundamenta en el conocimiento de las cualidades potenciales del deportista, las cuales, deben ser tenidas en cuenta a largo plazo.

Es obvio que no serán las mismas para un gimnasta que para un jugador de baloncesto. Por ello, las dificultades para acertar son considerables ya que la mayoría de los sistemas muestran irregularidad en su proceso de madurez en las diferentes fases del desarrollo biológico y que vienen programadas en el mapa genético. Fröhner (2003) establece una serie de rasgos de los que hemos seleccionado algunos de los que estimamos que necesitarían identificarse:

- *El sistema de sostén y de movimiento.* Con las irregularidades en el crecimiento de los huesos más grandes. Cuando se trata de edades comprendidas entre los 6-7 y los 17-18 se aprecian importantes alteraciones en la velocidad de crecimiento y con apreciables desproporciones en las dimensiones corporales. Se van produciendo fortalecimientos y debilidades y, en ciertos momentos, los músculos y tendones, a modo de gomas, se ven estirados y debilitados con el riesgo de distensiones, desgarros o desprendimientos.

- *Los sistemas reguladores*: El sistema hormonal y sistema nervioso también se ven sometidos a alteraciones muy acusadas. En lo que se refiere al sistema nervioso central (SNC), sus estructuras se desarrollan en épocas más tempranas, madurando al llegar a la pubertad. Con respecto al sistema nervioso vegetativo (SNV) que regula, entre otros, el funcionamiento del corazón, el aparato circulatorio o el sistema respiratorio, también se encuentra formado desde antes de la pubertad.

Las cualidades en las que habría que fijarse pueden desglosarse en las siguientes:

- *Anatómicas y morfológicas*. Mediante la comprobación de la estatura, comprobación de la madurez ósea, etc., que vienen influenciadas por la edad real (biológica) y por factores genéticos.
- *Edad biológica*. Derivada del punto anterior (tratada más adelante). Su conocimiento es esencial para la detección del posible talento deportivo.

A modo práctico proponemos algunos aspectos a observar, algunos son sencillos y fáciles de utilizar mientras que otros requieren de material más sofisticado y de profesionales especializados:

- Altura corporal, velocidad de crecimiento.
- Estado clínico de madurez.
- Estado de la osificación (edad de los huesos).
- Aspectos fisiológicos funcionales. Aspectos cardiovasculares, metabólicos, etc.
- Capacidades condicionales. Fuerza, velocidad, resistencia y flexibilidad). Su comprobación resulta más dificultosa ya que es posible que aún no se hayan manifestado en su totalidad, lo que puede inducir a errores.
- Cualidades perceptivo-motrices: (equilibrio, cualidades perceptivas, sentido del ritmo, coordinación, etc.). Éstas son más detectables ya que se manifiestan desde edades muy tempranas. En otras palabras, es posible detectar, a los 9 años, si un niño es coordinado y tiene capacidad

para asimilar habilidades motrices, pero no es tan sencillo averiguar si va a ser más o menos fuerte o más o menos resistente.

- Capacidad de aprendizaje. El niño con talento deportivo debe ser capaz de aprender y adquirir habilidades básicas con gran rapidez y exactitud.
- Capacidad de entrenamiento o entrenabilidad. Le permite realizar importantes cargas de entrenamiento y responder con adaptaciones, en poco tiempo y con grandes progresiones.

Otra de las cualidades determinantes a comprobar debería ser la capacidad de esfuerzo físico (C.E.F.). Fröner (2003) la define como *"aptitud del organismo para tolerar esfuerzos sin sufrir trastornos en la salud"*. Supone una característica compleja que depende de muchos factores (anatómicos, fisiológicos, psicológicos, etc.).

Un bajo grado de C.E.F. supone un factor limitante que depende, entre otros factores, de la predisposición genética y del trabajo realizado y supone, a su vez:

- *Entrenabilidad y capacidad de adaptación*. El joven con talento responde con adaptaciones mucho más exactas, más acentuadas y más rápidas, precisando menor tiempo de recuperación.
- *Resistencia a las lesiones*. Ya tratada anteriormente. Las lesiones hacen perder sesiones de entrenamiento. Al respecto hay una frase que lo define: *"no sé que me pasa, pero... cuanto más entreno... más suerte tengo"*. El joven que entrena menos, *"tendrá menos suerte"*.
- *Capacidad de no enfermar*. Complemento del punto anterior, Supone el estar en posesión de un buen sistema inmunológico. Este sistema, además de prevenir contra enfermedades, también juega su papel en los procesos de adaptación y, cuando se somete al organismo con cargas muy exigentes, puede verse afectado.
- *La ausencia de puntos débiles*. Al igual que la resistencia de una cadena depende de la que tenga su eslabón más débil, la C.E.F. está determinada también por la parte más endeble. Por consiguiente, esta posible deficiencia es sobre la que habrá que ajustar el esfuerzo en los primeros momentos. Uno de los principales objetivos será el de fortalecer estas partes.

1.3.3.2. El chico con talento deportivo "puede". El entorno, los medios y los recursos.

El futuro deportista necesita estar rodeado de factores socio ambientales que le faciliten la práctica deportiva en las condiciones adecuadas. Es preciso que se den las circunstancias idóneas para que los chicos con posibilidades *"que valen"* surquen por el itinerario adecuado. Esos factores que pueden indicar si el niño o joven *"puede"* se desglosan en una serie de apartados: *Los medios y los recursos y el entorno.*

Los medios y los recursos.

Es preciso que el niño se vea asistido por diferentes aspectos que le permitan proseguir sin contratiempos y con los apoyos necesarios. Entre ellos cabe citar los siguientes:

- *El control de la salud.* El deportista precisará de revisiones y control. Se precisa la ayuda de profesionales de la medicina. Si ésta no existe, se corre el riesgo de deterioros orgánicos y, consecuentemente, una deficiente entrenabilidad. No olvidemos que, si bien es discutible si el alto rendimiento quita salud, lo que es obvio es que la ausencia de salud no permite alcanzarlo.
- *Las ayudas y la financiación.* Hacer deporte es relativamente costoso. No todos los chicos que valen tienen la posibilidad de practicar al faltarles los recursos económicos para desplazarse a los lugares de entrenamiento, comprarse el material necesario, reforzar su alimentación, etc., por lo que deberá contar con suficientes recursos económicos, bien facilitados por su familia o bien a través de otros estamentos a modo de ayudas o becas.
- *Las instalaciones.* Disponer de un lugar donde se realicen las actividades es un medio básico. En algunas especialidades. Por ejemplo, para las carreras, puede ser suficiente con un parque y un lugar donde cambiarse y ducharse. En cambio, en otras modalidades (ciclismo, fútbol, natación, etc.) la instalación puede necesitar mayor complejidad. Si el joven no dispone de estas estructuras ese "talento deportivo" con muchas probabilidades verá truncada su carrera ante las dificultades para practicar.
- *La proximidad y los desplazamientos.* La distancia de las instalaciones del centro de estudios y del propio domicilio pueden acarrear problemas, a veces insalvables. Si el niño tiene que realizar grandes desplazamientos y perder mucho tiempo en moverse de un sitio a

otro, añadido el coste económico de dichos desplazamientos, pueden hacer desistir tanto al deportista como a la propia familia.

El entorno del niño. Oportunidades y amenazas.

La vida del deportista se ve afectada por estímulos provenientes de diferentes personas o estamentos que le rodean y que van moldeando su formación humana y deportiva.

En la bibliografía encontramos trabajos que hacen referencia a esos estímulos que deben conocerse para actuar en consecuencia en todo aquello que esté dentro nuestras posibilidades. Esas influencias inciden en la formación del niño ya desde la primera infancia.

Todo este complejo conlleva sus puntos fuertes que refuerzan la formación, paro también pueden conllevar puntos débiles que entorpezcan o interfieran en una carrera deportiva.

En un intento de identificar los elementos que consideramos como más influyentes, que pueden "tirar" en un sentido u otro, hemos seleccionado los seis que aparecen en la figura 1.10 y que tratamos a continuación.

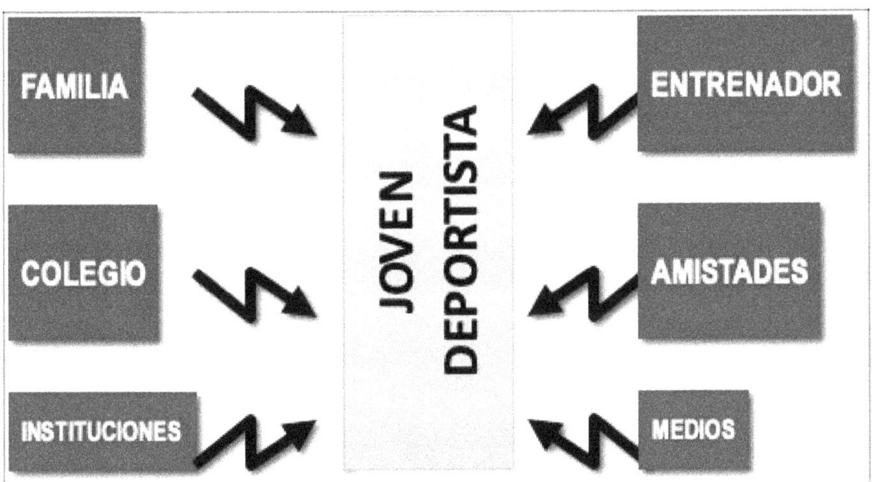

Figura 1.10.- Elementos más influyentes del entrono del joven deportista en las etapas de formación en su carrera deportiva.

LA FAMILIA.

Durante los primeros años, la familia, personificada en los padres o tutores, es la principal responsable de la formación del deportista. Es en primera instancia la que debe estimularle para inculcarle los hábitos y valores deportivos. Los estímulos para acercar al niño al deporte, e inculcarle el gusto por la práctica son asentados por éstos en los primeros años. Esto se ve reforzado por una serie de circunstancias que puede reunir este colectivo:

- Si los padres realizan o realizaban también deporte.
- Si están motivados para el rendimiento, tanto en el campo deportivo, como en el profesional.
- Si son los que organizan los primeros contactos entre el niño y el deporte, aunque no necesariamente en el deporte que ellos practican o practicaron.
- Si son los responsables de la educación en los primeros años. Dentro de este campo entra la educación en valores para la propia educación del niño y que deben ser extrapolables al deporte y que tratamos más adelante.
- Si comprenden que la evolución deportiva de sus hijos supone una posibilidad para la personalidad del niño.

La educación no debe limitarse a meras instrucciones sino a las propias actitudes. Resulta imposible inculcar valores al niño si el comportamiento de los padres es contradictorio. Como consecuencia, también resultará difícil convencer a un niño para que practique y se aficione al deporte, si lo que ve constantemente en casa es un ambiente antideportivo o cuanto menos ajeno al deporte.

De la misma forma que hay padres que delegan la educación de sus hijos en el colegio, inhibiéndose de su responsabilidad, también los hay que lo hacen con la educación deportiva en el club deportivo y no se involucran su participación.

La familia debería tener un comportamiento coherente y conocer qué hacer y qué evitar. Para ello, proponemos algunas directrices y acciones que deberían ser tenidas en cuenta. De su modo de actuar dependerá que el niño vaya adquiriendo esos valores imprescindibles para llegar al éxito futuro.

Puntos fuertes a potenciar. Los padres, con respecto a su hijo deportista, deben:

- Contar con la opinión favorable del niño y no decidir por él el deporte que debe practicar.
- Estimularle desde una edad temprana, evitando el exceso de comentarios del tipo "no hagas". Estos, a medio plazo, derivan en un niño temeroso y sobreprotegido.
- Mostrar interés por las actividades deportivas del chico.
- Asegurarse de que su hijo tiene una actitud sana hacia el deporte.
- Conocer que los niños pasan por diferentes etapas y que, en cada una de ellas, las respuestas y el comportamiento serán diferentes.

- Ayudar en las tareas del club deportivo o la entidad encargada de la formación deportiva del deportista.
- Ofrecer un amplio abanico de posibilidades y no obligar a la practica de un solo deporte o especialidad, sobre todo en las primeras etapas.
- Asistir con el niño a campeonatos y comentar incidencias sin mostrarse ajenos o contrarios.
- Hacerle ver que tener éxito no es lo mismo que ganar, y que fracasar no es lo mismo que perder y que el verdadero éxito está en el esfuerzo.
- Jugar con el niño y comentar con él el deporte.
- No demostrar satisfacción ante el fracaso de los adversarios.
- Enseñarle que los adversarios no son enemigos sino compañeros que mediante una rivalidad sana le van a ayudar a superarse y que son necesarios para su propia progresión.
- Acompañar al niño mientras practica, pero guardando las distancias con el entrenador. Debe ser un colaborador y cómplice, pero sin interferir en su trabajo, evitando las críticas.
- Destacar el respeto a las normas y evitar siempre aquello de "...mientras no lo vea el árbitro...".
- Reconocer el mérito y la dedicación de los que colaboran con la formación de su hijo.
- Ayudar al niño a comprender las diferencias entre su competición y la de los adultos.
- Ser para su hijo un modelo de autocontrol.

Puntos débiles que es preciso reducir al máximo o anular:

- *La presión familiar y el intervencionismo:* Un mal comportamiento de los padres puede originar la pérdida de interés por la práctica. Se puede hacer un daño similar, tanto si reflejan un entusiasmo exagerado como si se muestran pasivos o negativos. Hay casos de jóvenes deportistas que, a través de mensajes continuos, han sufrido tal presión que fueron incapaces de soportarla. En los dos extremos, igualmente nocivos, podríamos citar estas dos actitudes: "tienes que ser el primero siempre" o "ya me encargaré yo de que no practiques deporte".
- *Impedimentos o trabas por parte de los padres*: A veces, como consecuencia de tener que sacrificar los fines de semana en días de competición o tener que llevar y traer al chico a los entrenamientos el resto de los días de la semana, acaban provocando sentido de culpabilidad en el deportista y pueden provocar el abandono.

- *Cargas económicas:* Para algunas familias, la práctica deportiva de los hijos supone una carga económica, que puedan afectar a la economía familiar. Esto también acarrea frecuentemente sentimiento de culpabilidad.

Los valores, modelos de comportamiento, relaciones entre los miembros del grupo familiar, etc., son factores determinantes y es función del entrenador, detectar la presencia de este tipo de padres y conocer el grado de influencia sobre la conducta deportiva de sus hijos lo antes posible. De este modo podrá intervenir antes de que surjan trabas que se pueden ir afianzando y a medida que pasa el tiempo, serán más difíciles de reconducir.

Pulgarín (2005) expone algunos perfiles "patológicos" de padres en la relación con los entrenadores y sus hijos deportistas que pueden influir negativamente en los principios de la carrera deportiva, perfiles que hemos tratado de completar con algunos comentarios:

- *Padres desinteresados.* Suelen tener unas expectativas muy bajas acerca de lo que esperan del deporte en cuanto a la formación de sus hijos. A menudo consideran al entrenador como un "cuidador" y a la escuela deportiva como una "guardería" donde dejar al niño y "liberarse un rato cada día". Los niños por su parte, suelen ser conscientes de esta actitud, mostrando el mismo desinterés.
- *Padres críticos.* Muestran actitudes poco reforzantes ante los logros de sus hijos. Suelen caracterizarse por una permanente insatisfacción y crítica hacia el trabajo desarrollado por los entrenadores. A veces pueden llegar a criticarles e, incluso, a culpabilizarles de que sus hijos aún no hayan llegado a los límites a los que piensan que están preparados.
- *Padres frustrados.* Pretenden alcanzar un prestigio y valor que ellos de por sí, no pudieron alcanzar, a través de los éxitos de sus hijos.
- *Padres con vocación de entrenadores que ejercen en la sombra.* Son personas con poca formación deportiva, pero con exceso de entusiasmo. Sus niveles de exigencia, les convierten en "entrenadores personales" de sus hijos. Suelen tomar sus propias decisiones sobre las tareas y competiciones e instruyen al margen de las directrices de los técnicos. El problema se acentúa cuando estas directrices son divergentes o suplementarias a las indicaciones del entrenador y someten a mensajes con frecuentes descalificaciones hacia éste. Provocan, desconcierto y problemas en la aceptación de la autoridad del entrenador. En todos los casos, la falta de confianza que se genera hacia el técnico hace que resulte muy dificultoso que el niño asuma sus instrucciones.

En otros casos, pueden sobreentrenar a sus hijos fuera del horario de entrenamiento (a escondidas) porque les puede parecer poco el trabajo que realizan con el entrenador.

- *Padres sobreprotectores*: Este rol suele ser más frecuente en las madres y da especialmente en la primera o segunda infancia. En estos casos se emiten ciertos mensajes contrarios hacia el logro de objetivos tales como "no hagas... que te vas a lastimar". De nuevo, la experiencia de 25 años impartiendo clases de Educación Física y entrenando a niños, nos permite inclinarnos hacia a la idea de que los niños sobreprotegidos y temerosos son los más propensos a los accidentes y lesiones.

Existen otros roles tales como los padres vociferantes, los que transmiten pautas de comportamiento contrarias a los valores deportivos (agresividad, prepotencia, etc.) o los que presentan problemas de relación con sus hijos.

EL CENTRO DE ESTUDIOS.

Aparte de las horas de sueño, el colegio es el lugar en el que pasa más tiempo el futuro deportista, por lo que supone un elemento de gran influencia y que, igualmente, puede tener sus aspectos positivos, pero también otros negativos.

Puntos fuertes a potenciar:

- *La práctica prioritariamente debe producirse en el propio centro*. Si el niño, cuando se ejercita, permanece bajo las directrices del propio profesor de Educación Física, resulta el caso ideal. El entrenador con el perfil de educador además podrá valorar el esfuerzo del chico y tenérselo en cuenta a la hora de calificarle en la asignatura de Educación Física ya que en la calificación deberían tenerse en cuenta los valores. Además, estará presente en las reuniones de evaluación y podrá contrarrestar las opiniones contrarias de otros profesores (un tanto trasnochados) y menos comprensivos con los beneficios de la práctica deportiva de los alumnos.
- *Los compañeros de práctica también lo son de estudio*. Si en el entorno del colegio se forma un grupo de amigos y amigas con intereses en el deporte y el entrenamiento, se generará un fenómeno motivador que ayude a la cohesión del grupo. Pero esto se producirá siempre que se forme este grupo. De lo contrario, si el resto de los compañeros no son

deportistas, puede convertirse en una seria amenaza ya que las influencias hacia el abandono de la práctica pueden resultar lo suficientemente fuertes para hacer que el joven deportista desista de la práctica.

- *El niño se siente identificado con el colegio*. La sensación de pertenencia a un colectivo en las primeras edades de práctica es muy importante. Si el chico se siente como representativo de una entidad como su propio colegio (aunque se trate de deportes individuales), esto puede aumentar su motivación. Como consecuencia se suele producir el reconocimiento social dentro de su propio entorno, lo que puede suponer un factor potenciador para que se mantenga y se dedique con mayor ahínco.
- *Los deportistas pueden ser ayudados en sus estudios*. En ocasiones, cuando coincide un grupo de profesores que comprenden los valores que induce el deporte, bien enfocado, en el carácter del niño, es posible que lleguen a tenerlo en cuenta y tiendan a ayudarle. Hay profesores que reconocen el esfuerzo que realiza ese joven para gestionar su tiempo y sacar los estudios adelante, simultaneándolo con el entrenamiento. Esto puede inducir a algunos de estos profesores hacia una mayor generosidad a la hora de evaluar o, incluso, a ayudarle de alguna otra manera (sesiones de refuerzo, clases particulares puntuales, etc.). Incluso, el resto de los profesores podrá comprobar que el chico realiza regularmente actividades en su propio centro, lo cual suele ser más valorado que si se marchan al terminar de clase a entrenar a un club, o una escuela deportiva que nada tenga que ver con el propio colegio.
- *Se puede ahorrar mucho tiempo evitando desplazamientos al lugar de entrenamiento*. Tema del que ya hemos hablado anteriormente. Esto se multiplica cuando se trata de ciudades grandes en las que aumentan las distancias, el tráfico y los medios de transporte lentos. A todo esto, ya hemos visto que hay que sumarle el agravio del coste económico de dichos transportes.

Por todas las razones anteriores, el colegio debería ser el lugar ideal para la práctica deportiva, al menos en los primeros años ya que le ahorraría mucho del tiempo que luego necesitará para estudiar o realizar otras obligaciones.

Puntos débiles y riesgos:

El hecho de que el niño practique en su propio colegio, no siempre resulta positivo en todas sus facetas. Si los planteamientos no son los correctos, el colegio también puede acarrear amenazas que induzcan hacia abandonos deportivos prematuros.

- *Los éxitos o los fracasos pueden ser magnificados*. Los elogios o cualquier otro tipo de mensajes que recibe el niño, deben ser los justos. Esto deben tenerlo muy claro los profesores desde su rol de educadores ya que todo estímulo desproporcionado, tanto si es de refuerzo como si se trata de rechazo, pueden conseguir efectos contrarios a los propuestos (incluso estimular el acoso de compañeros). Imaginemos el caso de un niño que ha vencido en un campeonato provincial escolar el domingo. El lunes, al llegar a clase, es felicitado públicamente, llevado a presencia del director, su fotografía y recortes de prensa, aparecen en el tablón de anuncios a la entrada del centro, se le nombra por los altavoces, etc. Si esto deja de ser un acontecimiento puntual y se convierte en repetitivo puede causar efectos de rechazo y de envidias de propios compañeros o su propio endiosamiento. No debe olvidarse que la humildad será un valor que el día de mañana le permitirá llegar a las más altas cotas deportivas y que su falta le puede hacer estrellarse en edad adulta ante personas o entidades que le puedan ayudar o con medios de comunicación que podrían hundirle.

  Siguiendo con el mismo ejemplo, si los resultados del día anterior no han sido buenos, en ocasiones, bien por reprimendas o más frecuentemente, a través de la ridiculización, también se puede hacer daño a ese niño que bastante tiene con su sentimiento de no haber alcanzado sus objetivos.

- *Los propios compañeros de estudio pueden llegar a ser "crueles"*: Ya lo hemos apuntado anteriormente. Los compañeros del colegio pueden "tirar" a favor o en contra. Sabemos que, a ciertas edades, los niños pueden llegar a ser hasta un tanto "crueles", sobre todo de forma colectiva (hoy día se habla mucho del "moving" en el ámbito escolar). Si a este sentimiento se le suma la envidia que puede provocar el éxito del joven deportista, también puede suponer un "caldo de cultivo" que provoque el rechazo o el acoso por parte de algunos grupos.

- *Puede acarrear un incremento de la presión*. En estos casos, la responsabilidad que se les puede crear por el hecho de sentirse representantes y punto de mira de su propio colegio puede provocar una intimidación difícil de soportar, si no se le presenta esa competición con la debida proporción. La responsabilidad y el miedo al fracaso cuando sienten que una parte importante del colegio está pendiente de ellos, puede acarrearle una ansiedad que puede llegar a ser insoportable para algunos.

- *Puede aparecer oposición por parte de algunos profesores*. Ciertos profesores con tendencias "cartesianistas" o "intelectualistas" pueden influir ante los padres para que el niño abandone la práctica deportiva "porque pierde mucho tiempo". En algunos casos extremos, el niño puede llegar a ser muy criticado por ellos por practicar deporte de forma seria y reglada.

Sobre este último punto: **¿Se puede afirmar de forma concluyente que la práctica deportiva influye en mejoras de rendimiento académico?**

Desafortunadamente existe todavía esa influencia dualista sobre "lo de que la mente y el cuerpo van no viajan de forma conjunta". Aún existen "educadores" que achacan a la práctica deportiva posibles bajadas de rendimiento en los estudios durante las etapas escolares y que tienen la convicción de que existe una causa-efecto entre práctica deportiva y fracaso escolar. Según algunos, el niño "pierde" el tiempo que debería aplicar en estudiar, entrenando.

En este sentido, está sin demostrar, de forma rigurosa, que la práctica del deporte bien regulado, perjudique en las actividades académicas. En cambio, sí que se conocen estudios y opiniones de expertos que indican todo lo contrario.

Al respecto, Grissom, (2005) publicó un estudio relacionando el nivel académico con la aptitud física de los alumnos. El estudio fue realizado en California en 2002 con una muestra de 884.715 niños matriculados en escuelas públicas en cursos de 5°, 7° y 9° grado. En este trabajo se comprobó que, si mejoraban las puntuaciones obtenidas en el test de aptitud física, también lo hacían las correspondientes a las de lectura y matemáticas.

En otro estudio realizado en el I.E.S. Marqués de Santillana, en Torrelavega (UNICEF, 2003) se realizó un trabajo a una muestra de más de 500 alumnos adolescentes matriculados en 8 institutos de enseñanza media. En este trabajo se obtuvieron las siguientes observaciones:

- √ Al avanzar de curso se producía un aumento en las horas de asistencia a clases particulares y aprendizaje de idiomas. Los alumnos que practicaban deporte un mayor número de horas semanales, acudían menos horas a dichas clases particulares.
- √ Sobre los alumnos que repetían curso, aquellos que practicaban deporte repetían menos que aquellos que no practicaban.
- √ Con respecto a las evaluaciones se comprobó que practicar deporte y obtener mejores notas guardaba una relación importante. Al respecto, el trabajo publicado contemplaba estas dos conclusiones: Las personas que más ejercicio hacían eran las que menor nivel de suspenso tenían

y además eran las que alcanzaban más sobresalientes y los estudiantes que practicaban un deporte competitivo sacaban menos insuficientes y eran los que obtenían mayor tanto por ciento de notables y sobresalientes.

En el Congreso sobre Educación y Deporte (2018), el profesor Onofre Contreras, en una conferencia titulada *"Más actividad física, mejores notas"*, presentó los resultados de un amplio estudio realizado por su grupo de investigación de cerca de 500 artículos que vinculaban actividad física y rendimiento escolar en estudiantes de primaria, secundaria y bachillerato. El análisis lo llevó a incidir en la hipótesis de que "*si aumentamos las horas de actividad física mejora el rendimiento académico*", relación que los estudios evaluados confirman *"claramente"*, al tiempo que permiten concluir que es en la actividad física "*que va de moderada a vigorosa*" en la que se encuentra "una relación directa más positiva" con el rendimiento académico.

Como vemos, son muchos los estudios que contrarrestan esas opiniones negativas que tanto daño hacen influyendo en la opinión de los padres que, en ocasiones, ceden a la presión de algunos profesores y "castigan" a los niños a no practicar deporte. Basándonos en nuestra propia experiencia entrenando niños en un colegio, es que no existe esa causa-efecto. Lo más afortunado sería considerar caso por caso y, sin generalizar y debería entenderse que lo que subyace de todo esto es que existen tres tipos de alumnos:

√ *Buenos deportistas que son, a su vez, buenos estudiantes*. Estos "funcionan" solos, se gestionan su tiempo y esto les permite entrenar, estudiar y tener su período de ocio sin causar ni causarse ningún tipo de problemas.

√ *Buenos deportistas que son malos estudiantes*. Por mucho que se insista, es difícil que sean capaces de sacar adelante los estudios. En nuestra opinión, sería contradictorio alejarles del deporte ya que podría ser la actividad en la que pudieran sentirse realizados y compensar la falta de autoestima que le puede producir el fracaso académico.

√ *Malos deportistas que también son malos estudiantes*. Es el caso más complicado ya que su autoestima suele ser muy baja al no tener estímulos que les satisfagan. En estos casos, un estímulo hacia ciertos deportes, planteados a un nivel lúdico recreativo, podría ayudarles a mejorar.

En este sentido, se puede sugerir, para cualquiera de estos colectivos, el deporte exigente, no solo no perjudica, sino que puede influir positivamente en el rendimiento académico.

LOS COMPAÑEROS Y AMIGOS

El niño deportista tiene compañeros y amigos que corresponden a diferentes ámbitos (de estudio, de entrenamiento, de tiempo libre, etc.). Éstos suponen otro frente de incidencia que puede influir positiva o negativamente, siempre dependiendo de la dirección en la que arrastren al chico. En este sentido y, aún a riesgo a caer en el reduccionismo, vamos a sugerir dos tendencias acerca de los amigos y compañeros:

- Si también son deportistas supondrán un refuerzo positivo al existir elementos comunes de unión y cohesión.
- Si no son deportistas, pueden suponer otra de las causas más significativas del abandono de la práctica. A cierta edad resulta complicado que éstos lleguen a comprender las aficiones y el sacrificio poco recompensado del niño deportista, teniendo en cuenta que en la actualidad se percibe un creciente distanciamiento entre los chicos deportistas y los que no lo son.

Es importante, para que los futuros atletas se mantengan en la práctica, que el grupo con mayor incidencia corresponda al de compañeros de entrenamiento. Lo ideal en este caso sería que tanto los compañeros de la escuela como los de tiempo de libre o los de entrenamiento, coincidieran como grupo único. De esta forma, los intereses coincidirían, "viajando" todos en una misma dirección. Éste es un reto para el entrenador que deberá tener unas dotes especiales para aglutinar al grupo y crear la cohesión necesaria.

En este sentido, en unas jornadas de entrenadores de deportistas en proceso de formación, tras una serie de debates referentes a cuántos días debería entrenar un niño, se llegó a la conclusión de que, si bien no deben entrenar mucho, sí que deben acudir al lugar de entrenamiento cuantos más días mejor.

En el lugar de entrenamiento no es necesario entrenar exclusivamente. Se pueden realizar otro tipo de actividades (fiestas, meriendas, visionado de vídeos, tertulias, juegos, etc.). Esto hará que el círculo de amistades se refuerce alrededor del deporte y se produzca mayor amistad que robustezca la motivación hacia la práctica.

El centro de entrenamiento, en estas edades, debería convertirse un club social, de reunión y de ocio, además de lugar de preparación. Como anécdota para reforzar esto último, exponemos una experiencia propia: En los años en que, quien aquí escribe, entrenaba a niños del colegio, se les informó que al día siguiente no había entrenamiento. Ante nuestra sorpresa escuchamos un comentario de uno de esos niños: "bien, entonces mañana quedamos en el estadio a ver qué hacemos". Este comentario nos hizo comprender que ese estadio era un lugar agradable y de ocio, donde los chicos lo pasaban bien. No podíamos imaginar un comentario parecido a "bien, mañana quedamos en el aula de matemáticas para ir al cine".

LAS INSTITUCIONES Y LAS ENTIDADES DEPORTIVAS

Existen otros estamentos que inciden en el niño deportista de manera progresiva. Entre los más influyentes, nos encontramos con el club, la federación y las administraciones.

El Club.

Existen diferentes tipos de clubes: dedicados a la promoción, intermedios, dedicados a la elite, etc.).

El niño, tras dejar el deporte en su centro, debería recaer en un club con objetivos de promoción y formación o, cuando menos, en un club que, aún teniendo objetivos de elite, tenga claro que los chicos no se "utilizan" para reforzar los primeros equipos, aunque fuesen necesarios y que se les debe respetar su propio itinerario. Debería tenerse presente el riesgo de caer en la tentación de completar equipos de mayores, con deportistas demasiado jóvenes. Esto supone que la competición cambiará de planteamientos y objetivos, alejándolos de los meramente formativos. La competición de adultos no está indicada para los jóvenes. Éstos deberían competir con otros en igualdad de condiciones y con similares posibilidades de éxito o de fracaso.

Los roles del club de formación.

El club dedicado a la promoción y la formación o aquél en el que existen secciones a tal fin, debe tener claros sus objetivos. El principal es el de *llevar al joven deportista por el camino correcto para que, llegado el momento, se encuentre en condiciones de optar hacia el alto rendimiento o bien quedarse en un nivel menos exigente.*

Este tipo de clubes debe comprender que su fin no es obtener resultados sino de encauzar a los jóvenes hacia un rendimiento futuro. Debe asumir que los éxitos prematuros tienen una gran relación con el estancamiento o el abandono en edades adultas y esto debe hacérselo entender a los padres para que acepten este hecho, que tengan paciencia, que comprendan que existe un itinerario para llegar al alto rendimiento y que debe ser respetado por el bien de sus hijos.

Aquí deberían programarse reuniones formativas (o informativas en el peor de los casos) para los padres que, en nuestra opinión debería ser un requisito previo a la admisión de los niños en el club.

La Federaciones.

Las federaciones deportivas, no suelen tener competencias sobre su deporte en las edades que tratamos aquí ya que, dependiendo del país, pueden ser competencias de Educación, o de otras administraciones. Pero ante las deficiencias de éstas últimas, en ocasiones, se ven obligadas a asumir responsabilidades sobre la promoción.

En sus manos suele recaer el compromiso de programar calendarios y competiciones. También pueden caer en el error de plantear las competiciones para niños como si fuesen para adultos con la única variable de reducir dimensiones o distancias, tiempos de competición o implementos.

Otro de los errores que se aprecian es el de premiar a los entrenadores, mediante baremos que solamente valoran el rendimiento de los niños entrenados por ellos, en lugar de premiar el trabajo de promoción y formación. Esto puede tentar a estos entrenadores, con poca preparación y menos escrúpulos, a "explotar" a los niños para que obtengan resultados y ganen medallas ya que esto les aumenta su baremo y les repercute económicamente. Estas decisiones, a la larga, suponen un gran error, no solamente achacable al entrenador. Más bien el "debe" habría que asignárselo a la institución que promueve este sistema de incentivos.

En estas federaciones que asumen la responsabilidad debería existir una verdadera planificación para niños que se plantee estas cuestiones, con la instauración de un departamento con técnicos expertos en deporte de formación.

Las administraciones

Generalmente suelen tener las competencias sobre el deporte en estas edades y es habitual que se planifique desde un punto de vista burocrático, muy alejado de la realidad del deporte en niños y adolescentes y desde un incorrecto punto de vista filosófico y organizativo.

Suele prevalecer la política sobre las cuestiones técnicas y formativas, prevaleciendo la "inmediatez" sobre las planificaciones a largo plazo. Desafortunadamente muchas de las personas con responsabilidades, son "interinas" que ejercen durante cortos periodos de tiempo, lo que dificulta los planteamientos a lo largo del tiempo, prevaleciendo la inmediatez para "colgarse" las medallas de los niños.

Es frecuente observar cómo se "venden" políticamente las medallas logradas en campeonatos infantiles y cadetes a través de declaraciones o reflejadas en las memorias anuales, cuando la realidad es que estos éxitos prematuros guardan una correlación inversa con los éxitos en edad adulta.

Frecuentemente se exponen estadísticas referentes a miles de niños que practican deporte, cuando la irrupción de un porcentaje importante de ellos, puede deberse a algunas de estas causas:

- Una ficha masiva que se hace en colegios y clubes porque a mayor número de fichas así son las subvenciones que se reciben.
- Una incursión puntual en alguna competición anual (escolar en muchos casos) y luego esos niños no vuelven a participar hasta el año siguiente.
- Una pluralidad de fichas para un mismo niño que participa en varios campeonatos de distintos deportes y figura como si fuesen varios deportistas.

Entre los roles que, nuestra opinión, debería adoptar la administración en lo que concierne al deporte en las primeras etapas y aún a sabiendas que la Administración debe asumir muchas más funciones, vamos a exponer algunos de los que consideramos que más pueden incidir en la formación deportiva a largo y medio plazo:

- Favorecer la adopción de criterios éticos, rigurosos en todos los ámbitos sociales en los que se encuentre presente el deporte formativo.
- Alentar y apoyar a las personas y organizaciones que apliquen principios éticos sanos en las actividades vinculadas con el deporte formativo.
- Estimular a todos los estamentos (entrenadores, profesores de educación física, monitores, voluntarios, asociaciones de padres, etc.) a que concedan la importancia primordial a la promoción del deporte formativo en los programas escolares.
- Apoyar cuantas iniciativas estén destinadas a promover el deporte, entre los jóvenes, y animar a las diferentes entidades a que concedan prioridad a este objetivo.
- Incitar en los ámbitos regionales, autonómicos, nacionales e internacionales, la investigación destinada a mejorar la comprensión de los complejos problemas que afectan a la práctica del deporte en los niños, así como a identificar el alcance de los comportamientos

indeseables y valorar las oportunidades de promover el "juego limpio".

- Controlar que realmente se cumplen los objetivos de la formación deportiva a largo plazo en todas las entidades a las que apoyen y sobre las que tengan competencias. Esto conlleva la obligación llevar el control necesario sobre las ayudas que se conceden con estos objetivos.
- Velar por que se prevean las necesidades específicas de los niños, fomentando la participación en diversos niveles, desde la actividad recreativa hasta la futura alta competición.
- Incitar a la modificación de reglamentos con objeto de atender las necesidades específicas de los jóvenes deportistas, poniendo de relieve sobre el éxito competitivo la adquisición de valores.
- Implantar garantías para impedir la explotación de los menores, en particular de los más dotados o que muestren aptitudes precoces.

Las ayudas económicas

Es frecuente que las administraciones o los clubes contemplen en sus programas ayudas económicas. Esto es algo muy positivo para incentivar y motivar a los jóvenes y a las familias. No obstante, debe existir un planteamiento de objetivos que no deben basarse en los éxitos sino en la adquisición de valores formativos (constancia, dedicación, esfuerzo, etc.).

Igualmente, deben tener un seguimiento y un control en el que deben ocupar lugar prioritario los estudios (la experiencia demuestra que el fracaso escolar es muy mal compañero de viaje para la práctica deportiva de los jóvenes).

Cuando el chico va creciendo y si todo el proceso sigue un curso normal, pueden ir aumentando estas ayudas ya que, en un momento determinado, puede aparecer un nuevo problema que induzca al joven a derivar hacia la relajación y el abandono.

El dinero prematuro

Si la educación que está llevando el chico hasta ahora, tiene alguna deficiencia, puede volverse contra él. Si comienza a recibir dinero antes de tiempo, puede tener la tentación, a veces inducido por falsas amistades, de malgastarlo en actividades nocivas para la práctica deportiva (en nuestra experiencia, hemos conocido casos de entidades que se han visto obligadas a retirar esas ayudas ante la comprobación de la bajada de motivación y dedicación del deportista).

Cuando un estudiante obtiene una beca de estudios, ésta no debe asumirse como un premio sino como una cantidad de dinero que se le concede para que estudie mejor y en mejores condiciones.

Con las ayudas deportivas sucede lo mismo. Al llegar a ciertas edades en las que el chico comienza a recibir un apoyo económico debe comprender que ésta cantidad no supone un premio sino algo que le ayudará a dedicarse más y mejor al deporte y a progresar en su carrera deportiva.

En el caso de que apareciesen estos estímulos económicos en las primeras etapas, es mejor que sean en especie (para comprar libros, para pagarse la matrícula en el centro de estudios, para consultas de especialistas, para refuerzos en la alimentación, para financiarse los desplazamientos, para fisioterapia, etc.). En este sentido, las entidades que conceden estas ayudas deberían mantener un riguroso control acerca su utilización y deberían exigir los justificantes para asegurarse de ello.

Figura 1. 11.- En edades de formación, el dinero como incentivo, encauzado de forma incorrecta, puede convertirse en un obstáculo para la dedicación al deporte, pudiendo derivar en efecto contrario al deseado.

Las actividades extraescolares y el tiempo libre

Hay padres que saturan los horarios de sus hijos con actividades extraescolares, pensando que esto es interesante para su formación, pero hay que resaltar que todo tiene un término justo. La saturación de actividades incide negativamente en la formación deportiva por una serie de razones:

- No deja tiempo para el ocio y la diversión.
- Imposibilita al niño a dedicarse suficientemente a ninguna de ellas, no alcanzando objetivos, no permitiéndole alcanzar valores de compromiso y constancia tan importantes para llegar a cualquier objetivo deportivo o de otra índole.
- Con frecuencia, no se cuenta con los sus propios intereses y apetencias.

- En otras ocasiones se incentiva el cambio de actividad sin tener en cuenta que el joven debe adquirir compromisos y respetarlos.

Todo ello contribuye a debilitar la constancia y la regularidad, valores imprescindibles para más adelante, en el caso de que el deportista quiera llegar al alto rendimiento deportivo.

El abuso y la promiscuidad de actividades extraescolares puede provocar un efecto rebote que conlleve al niño a aborrecerlas. Si entre éstas actividades se encuentra la práctica deportiva existe la probabilidad de que ésta se vea arrastrada por un abandono generalizado de todas las actividades.

Figura 1. 12.- El abuso de actividades extraescolares puede provocar un efecto rebote que conlleve al niño a aborrecerlas.

Los medios de comunicación

Tampoco suelen colaborar demasiado con la formación del deportista a largo plazo. Un niño que aparece en la TV, en prensa escrita, en redes sociales, etc., donde se hacen comentarios elogiosos, puede ser utilizado como "arma arrojadiza" por sus padres o por su entrenador si no tienen claro su papel.

El reconocimiento social es muy importante como motivación y los medios pueden colaborar en gran medida, pero siempre de una manera ponderada. Cuando se entrevista a un niño, el periodista debería tener claro que se trata de un niño. Esto implica que no es un campeón y que no puede entrevistársele como si ya lo fuese.

Es evidente que los periodistas no tienen obligación de saber de todo. Por ello, deberán ser los padres o el propio entrenador quienes, estén atentos a esas entrevistas y aleccionar en lo que puedan a las personas entrevistadoras.

1.3.3.2.1. La figura del entrenador. Elemento clave del proyecto.

Dentro del entorno del joven deportista, la figura del entrenador cobra una importancia determinante ya que viene siendo la figura principal como "director-gerente" del proyecto. Viene siendo nexo de unión entre el niño y el deporte y, en las etapas aquí tratadas, es más importante su responsabilidad pedagógica que el propio entrenamiento (Hann, 1988).

Debe ser el centro de acción y el motor que conduzca todo el programa en el inicio de la carrera deportiva del chico. Debe ser quien, en todo momento, esté en disposición de gestionar el resto del entorno del niño y velar porque los estímulos que emite cada una de las partes de ese ambiente, se vaya encauzando hacia el itinerario correcto.

Aquí nos encontramos frecuentemente con un problema. En los clubes, en los colegios en las escuelas deportivas, etc., ¿quién se dedica a entrenar a los niños? Es muy frecuente encontrarnos con que se trata de un deportista, de un ex deportista, de un padre entusiasta o de un aficionado. En el mejor de los casos es un monitor o animador. Suelen tratarse de personas con una gran dosis de voluntad y entusiasmo pero que, lamentablemente, no se corresponden con los conocimientos y capacidades que se deberían tener para el la formación de una carrera deportiva óptima.

En la actualidad no ejerce de entrenador con niños el que más conocimientos tiene ni el mejor preparado sino aquel que dispone de tiempo y ganas. Es muy frecuente que no se le exige titulación, ni nivel de cualificación para dirigir a un grupo de chavales. La Sociedad no llega a comprender que la función del entrenador-formador debe ser la del maestro que conduzca, guíe y forme.

En sus cometidos no basta con haber practicado deporte. Debe poseer, además, de los imprescindibles conocimientos técnicos y pedagógicos necesarios. Esto significa que debería ser un verdadero especialista ya que su responsabilidad conlleva mucho más que formar un grupo de chavales. Debe ser consciente de que los resultados siempre son a largo plazo y que, muy posiblemente, los éxitos deportivos los disfrutarán otros entrenadores en futuras etapas.

Debe asumir que el objetivo sobre el que gira toda su actividad no es el éxito deportivo ni el rendimiento, sino preparar a los niños para que, al tiempo que trabajan, se diviertan y se formen a través de la práctica, brindándoles una educación deportiva para toda la vida, a la vez que vayan adquiriendo una base saludable condicional y motriz.

La Administración y las instituciones tienen una gran responsabilidad y tendrían mucho que decir acerca de las razones por las que no están con los niños las personas más cualificadas. Para ello, deberían tratar de remediar las deficiencias generales del sistema. Entre las razones por las cuáles no están los más preparados al mando de la formación de los jóvenes deportistas, se pueden enumerar algunas:

- Los profesionales cualificados cuestan un dinero del que no disponen las entidades que se dedican a la formación deportiva.
- Los técnicos profesionales se dedican a deportistas de mayor nivel que ya se centran en objetivos referentes al alto rendimiento.
- A veces, el entrenamiento infantil se considera simplemente como un juego y *"para dirigir juegos cualquier persona está capacitada..."*.
- En España (valga el ejemplo) en el momento en el que se escribe este libro, la legislación sobre las titulaciones de técnico deportivo, reconocidas por el Ministerio de Educación, o en los niveles de las federaciones se establece el primer nivel para tratar a los niños. Es decir, incluso los poderes públicos consideran al entrenador de niños como el más básico y menos cualificado.

No obstante, esos entusiastas de los que hablamos son los que están resolviendo, en la mayoría de los casos, los problemas de detección y captación, por lo que, en la actualidad, siguen resultando imprescindibles.

Para ser entrenador, si bien son importantes el entusiasmo y la afición, esto debe ir respaldado por conocimientos suficientes que permitan conducir al chico hacia el futuro alto rendimiento o hacia cualquier otro nivel menos exigente.

Para reforzar la necesidad de un entrenador - formador cualificado, no podemos obviar que se trabaja con personas. En una cadena en una fábrica en la que se elabora algún tipo de piezas, si alguna sale defectuosa se elimina o se recicla, pero "los niños no son reciclables". Consecuentemente, es imprescindible tener mucho más cuidado y conocimientos para llevar a buen puerto el plan y, sobre todo, no destrozar la vida deportiva o, en el peor de los casos, la salud de un joven.

En este sentido, sería muy importante que el entrenador de categorías menores tuviera el reconocimiento a su labor, debiendo ser considerado con el mismo estatus social y económico que el entrenador de alto rendimiento, reconocimiento que debería conllevar la profesionalización. Aquí es donde deberían entrar las instituciones, caso que, desafortunadamente, se cumple en contadas ocasiones.

La importancia de esta figura se ve reforzada por el hecho de que los fallos que se pueden cometer en los primeros años de entrenamiento, no se superarán totalmente. Por ello, ha de tener muy claros los posibles errores para evitarlos. Los fallos en los movimientos, una vez automatizados, volverán a salir con frecuencia, por lo que deberá prestar gran atención a las formas fundamentales del movimiento.

Como conclusión a todo lo anterior, aquí reivindicamos la existencia del *entrenador especialista en niños y jóvenes,* con el máximo nivel de técnico y que pudieran tener las instituciones que imparten las titulaciones.

Figura 1. 13.- La figura del entrenador de jóvenes deportistas debe ser un especialista, diferente a la del entrenador de deportistas de alto rendimiento.

Romero (2000), aporta unas recomendaciones relativas a la necesidad de que las escuelas deportivas y los clubes evolucionen hacia nuevos modelos que respondan a las corrientes deportivas actuales. Entre ellas es prioritaria, la figura del entrenador de niños. Esos clubes deberían contar con los técnicos mejor formados dado el importantísimo papel que juegan en la iniciación deportiva.

El reconocimiento de la figura del entrenador - formador debería contar con las dotaciones correspondientes por una serie de vías:

- Por la formación y la actualización de esos entusiastas, pero también por el reconocimiento económico hacia su dedicación y trabajo para que se les pueda exigir su grado de responsabilidad.
- Por la formación en los centros con competencias formativas de verdaderos especialistas en entrenamiento de categorías menores con dominio de facetas que se describen seguidamente.

El entrenador tiene unos rasgos personales un tanto diferenciados. Según esta personalidad, así se tiene una serie de características que lo definen.

En este sentido, Cortegaza et al (20013), clasifican a los entrenadores en cinco categorías (tabla 1.3).

Tabla 1. 3.- Personalidad y algunas características del entrenador. Fuente: Cortegaza et al (2003).

AUTORITARIO DURO	AFABLE	CONDUCTOR	POCO FORMALISTA	FORMAL METÓDICO
Enérgico, exigente con sus deportistas. Empuja a lograr objetivos bien formulados.	Es opuesto al entrenador duro, agradable a los demás, flexible y preocupado por el bienestar de sus deportistas.	En algunos rasgos se asemeja al entrenador duro, en cuanto a disciplina, fuerza de voluntad y agresividad.	Su actitud es contraria a la autoridad. Transmite que el deporte no es algo vital. Es solo deporte.	Aparece con mayor regularidad en el ambiente deportivo. Interesado por aprender y actualizarse.
Admirado por sus deportistas que llegan a considerar buena experiencia estar bajo su mando ante los éxitos.	Es familiar, al tiempo que popular. Su hogar está abierto para los miembros de su grupo. Inspira respeto.	Es menos punitivo que el entrenador duro, no encajando en el grupo los deportistas poco diligentes.	No parece tomarse las cosas en serio, mostrándose contrario a planes bien estructurados.	Destaca por sus conocimientos científicos y técnicos y su continua actualización.
Cree firmemente en la disciplina.	Suele caer bien a todas las personas.	Es un entrenador preocupado.	Es contrario a lo planes estructurados.	No se presenta egoísta.
Utiliza el castigo como medida correctiva.	Es considerado con los demás.	Dramatiza en exceso ciertas situaciones.	No suele ponerse nervioso.	Es humilde, no creyendo tener todas las respuestas.
Es rígido en sus planes con cierta crueldad, logrando abnegación y agresividad.	Utiliza estímulos positivos para motivar, eludiendo medidas de castigo.	Suele tomarse las cosas a nivel personal.	Intenta presentar que tiene todo controlado, sean cuales sean las circunstancias.	Sus enfoques son siempre lógicos.
Es muy organizado y disciplinado.	Su flexibilidad, a veces puede resutlar caótica.	Invierte mucho tiempo en preparar programaciones.	Ejerce escasa presión sobre sus deportistas.	Se muestra frío en sus relaciones personales.

AUTORITARIO DURO	AFABLE	CONDUCTOR	POCO FORMALISTA	FORMAL METÓDICO
Resulta íntimo o comunicativo.	Es eficaz en la cohesión del grupo.	Posee alto conocimiento de la especialidad.	Aplica escasa presión sobre sus deportistas.	Es muy agudo intelectualmente.
Suele ser intolerante y prejuzgar.	Sus deportistas rinden más de lo que se espera de ellos.	Es insatisfecho, exigiendo más permanentemente.	Su actitud involucra poco trabajo en el grupo.	Muestra énfasis en su afán de superar a oponentes.
Prefiere deportistas débiles de carácter.	Evita la tensión dentro del equipo.	Predica con el ejemplo.	Sus directrices suelen ser cuestionadas, no asumidas.	Es pragmático y perseverante.
Su equio está bien organizado.	Gestiona bien la personalidad de "deportistas problema".	Suele caer bien a todos los colectivos, siendo bien considerado.	Los individuos de su colectivo se sienten independientes.	Gestiona perfectamente las estrategias para el éxito.
Buen espíritu de equipo ante el éxito pero problemático ante el fracaso.	En ocasiones, puede ser considerado como "débil".	Sus deportistas se sienten apoyados por él cuando entrenan bien.	Puede emitir sensación de ser un entrenador poco idóneo.	Tiene facilidad para disipar las dudas de sus deportistas, generando gran confianza.
Puede originar divisiones dentro del grupo cuando las cosas no van bien.	Puede perder deportistas socialmente inhibidos.	Es consecuente con su actitud al trabajar tan duro o más que sus deportistas.	Gestiona bien la trayectoria de atletas brillantes y receptivos solamente.	Demuestra poco espíritu de grupo o equipo.
Puede que los deportistas más débiles no soporten su actitud y fracasen.		Su exigencia puede asustar a miembros del grupo.		Se muestra duro con los deportistas desorganizados.
Suele originar rechazo o temor en sus deportistas.		Debido a su exigencia en competición, los atletas pueden llegar fatigados.		Puede perder a deportistas con poca motivación.
Provoca excesiva tensión aún no siendo necesaria.		No gestiona bien a deportistas de baja moral.		Maneja bien a deportistas inteligentes que quieren mejorar.

FACETAS QUE DEBERÍA DOMINAR EL ENTRENADOR – FORMADOR DE NIÑOS.

En la formación del entrenador de niños deben incluirse más aspectos que todo aquello referente a los conocimientos técnicos. Basándonos en nuestra propia experiencia, proponemos algunas de las facetas que hemos considerado como más importantes que debe dominar (figura 1.14).

Faceta educativa

El entrenador-formador debe ser, ante todo educador. Por ello las dotes como maestro deben ser, si no prioritarias, al menos con el mismo grado de importancia que la que pueda tener la de inductor de habilidades y capacidades. Todo esto implica estar en posesión de una serie de dotes:

Dotes pedagógicas. Con las características de un auténtico enseñante. Debe estar capacitado para conducir la formación de la persona, lo que conlleva la inclusión de valores que vayan forjando el carácter en el deportista. De existir deficiencias en la formación humana, se puede dar al traste con la carrera del deportista o, en el mejor de los casos, que el deportista no llegue a las cotas para las estuviese potencialmente dotado. Todo ello, engloba diferentes capacidades:

- *Capacidad constructiva.* Condición para modelar la personalidad del chico a partir de su potencial genético y del momento de su evolución. Por ello, no solo se debe hablar de esta capacidad desde el punto de vista físico y funcional, también habrá que hacerlo desde el punto de vista psicológico.
- *Capacidad para mantener la autoridad.* El entrenador la logra cuando:
  - Demuestra sólidos conocimientos de las actividades que realiza.
  - Ejerce influencia emocional en los entrenandos por su demostrado amor por la profesión.
  - Demuestra confianza en lo que realiza.
  - Tiene don de mando y carisma para dirigir un colectivo.
  - Demuestra deseo y confianza en la mejora del colectivo con el que trabaja, al tiempo que refleja sólidas convicciones ideológicas.
- *Capacidad creadora.* Consiste en que, a partir de lo que ya está creado, se manifiesten en él las inquietudes científicas y metodológicas. Debe ser innovador de las formas de entrenar y de conducir el proceso.
- *Capacidad evolutiva.* Como consecuencia del punto anterior, debe reflejar que está en constante evolución, que se actualiza ininterrumpidamente y

que está al día de las nuevas corrientes y tendencias relativas al entrenamiento y la formación deportiva en edades jóvenes.

- *Dotes humanas.* Le incumbe tener un carácter que atraiga a los niños, sembrando alegría en el grupo, demostrando amistad, pero sin perder autoridad. En edades claves como pueden ser la adolescencia o la pubertad, en las que la referencia de los padres es muy cuestionada, los chicos y chicas buscan otras referencias. En estos momentos la figura de un entrenador con esas dotes humanas debería suplir el hueco que dejan los padres y convertirse en la persona más influyente en los chicos. Por ello es muy importante que sepa cómo actuar en todo momento y mantener una "complicidad" con los padres para reforzarse mutuamente.

Faceta técnica

El entrenador-formador tiene que poseer amplios conocimientos sobre todo aquello que implica el entrenamiento y la competición de sus deportistas. Pero esto no debería ser suficiente ya que, aún a sabiendas de que esos niños puedan terminar una etapa formativa bajo su dirección, es esencial que conozca los pasos y circunstancias que van apareciendo a lo largo de la vida deportiva de este chico. Por ello, la faceta técnica también se debe trazar en dos líneas:

- *Estar en posesión de altos conocimientos sobre el entrenamiento en edades jóvenes:* Este aspecto se trata a lo largo de esta obra. El entrenamiento de los niños implica un amplio conocimiento de las características biológicas y psicológicas en las diferentes etapas del desarrollo, al tiempo que un amplio conocimiento sobre los principios del entrenamiento en niños, púberes y adolescentes. Estos conocimientos involucran el dominio de diferentes capacidades:
    - *Capacidad académica.* Formada por los conocimientos actualizados, sobre las modalidades deportivas, (teoría, metodología del entrenamiento, psicología deportiva, etc.).
    - *Capacidad didáctica.* Se determina por la posibilidad para utilizar los métodos y medios que permitan la mejora y perfeccionamiento de los fundamentos físicos técnicos y tácticos (si procede) y del nivel de la condición física adecuado, sin provocar alteraciones biológicas ni psicológicas inadecuadas.
    - *Capacidad perceptiva.* Se trata un aspecto básico que se desarrolla a través de la experiencia y tras años de trabajo. Lleva una condición de observación y comprensión de los errores y cuáles son sus

causas. Si no tiene bien desarrollada esta condición puede corregir indebidamente acciones que son el efecto y no la causa y, lejos de eliminar los errores, los podría consolidar y afianzar.

- *Capacidad demostrativa.* Se cita en muchas publicaciones y se exige en diferentes entidades para conceder el título de entrenador. No obstante, hoy en día existen muchos medios sustitutorios a las demostraciones. Por ello somos partidarios de la utilización preferente de estos medios (informática, vídeos, etc.). Con éstos se puede enseñar el modelo técnico perfeccionado y evitar una más que posible defectuosa ejecución por parte del entrenador que puede no ser un buen ejecutante o al que los años le pueden ir deteriorando su modelo técnico.
- *Capacidad de transmisión y comunicación.* La palabra y los gestos son el lenguaje que tiene el entrenador para hacer comprender al chico los objetivos y las correcciones. Un entrenador que sepa comunicar, tendrá una herramienta muy importante para que los entrenandos alcancen los objetivos.

– *Conocimientos sobre el entrenamiento para el alto rendimiento:* El entrenador que prepara deportistas en edades jóvenes, debe tener claro sobre lo que significa el alto rendimiento a todos los niveles ya que tendrá que ir preparando a los chicos que están bajo su dirección para que puedan ir tolerando y asimilando las cargas, cada vez más exigentes a medida que pasan los años.

  Igualmente, ha de ir introduciendo estímulos progresivos para que, llegado el momento, el deportista esté preparado para soportar las presiones de todo tipo que conllevará el alto rendimiento y la élite.

Si no tiene claro todo lo anterior es, es difícil que pueda distinguir hacia dónde debe conducir al joven deportista. Es muy importante que conozca el itinerario que deben seguir los chicos para que no se desvíen en ninguno de los aspectos.

Figura 1. 14.- Facetas principales que debería dominar el entrenador especialista en entrenamiento infantil para deportes de resistencia.

Algunas funciones que debe asumir el entrenador-formador de niños.

El entrenador de niños debe asumir una serie de funciones, para potenciar los papeles de otros estamentos ya tratados con anterioridad:

- Adecuar sus conocimientos al grupo que dirige, intentando sacar lo mejor de cada individuo y haciendo que cada uno se sienta parte del colectivo. Esto que, a priori podría pensarse que es exclusivo para deportes colectivos, a edades tempranas, es uno de los recursos que tiene el entrenador para crear adherencia a la práctica, aunque se trate de deportes individuales.
- Velar porque las estructuras participativas prevean las necesidades específicas de los niños, permitiendo la participación en diversos niveles, desde la actividad recreativa hasta la futura alta competición, asumiendo que cualquiera de estos niveles, a su debido tiempo, será igual de válido.
- Conocer las particularidades de la modalidad deportiva, a través de la observación, identificando las características de la especialidad para hacer mejorar a los deportistas, tanto individual como colectivamente, incidiendo en la adquisición de valores por encima del éxito deportivo.
- Velar las garantías que impidan la explotación de los chicos.
- Influir en la formación de todos los miembros de la entidad dedicada a la formación de futuros deportistas para que todos asuman responsabilidades

y que adquieran la cualificación necesaria para conocer las características de cada momento de la evolución de los jóvenes.

- Mostrar un comportamiento ejemplar que ofrezca un modelo positivo a los niños. El entrenador debe ser un modelo a seguir por parte de los chicos, evitando siempre la actitud del "haz lo que digo y no lo que hago".
- Estimular con refuerzos positivos para fomentar la personalidad del futuro deportista.
- No utilizar a los niños y adolescentes como "herramienta para propias reivindicaciones". Hay entrenadores que reclaman sus problemas a través de sus deportistas. Esto, en edades tempranas puede ir deformando el carácter del futuro deportista. José Luís Martínez, un buen amigo y gran entrenador español citaba la figura del "entrenador ventrílocuo" refiriéndose a aquél que habla y reivindica a través de sus deportistas.
- Convertir la salud, la seguridad y el bienestar del niño deportista en la principal de sus prioridades. Estos objetivos deben prevalecer sobre el logro del éxito.
- Lograr que los niños vivan una experiencia deportiva que los anime a participar toda su vida en actividades físicas sea cual sea el nivel.
- No tratar a los niños como si fuesen pequeños adultos. El deporte que deben practicar es muy diferente al que practican los mayores y la transición de uno a otro debe ser progresiva y respetando la evolución y las etapas.
- Abstenerse de situar al chico ante objetivos utópicos que no le sean asequibles. No es lícito crear falsas expectativas ya que, cuando no se alcanzan, provocan frustraciones que inducen al abandono y que, en un futuro, los hijos de estos "frustrados" es muy posible que no practicarán deporte.
- Presentar la competición al niño con la presión justa. En los primeros años, el niño debe estar deseando que llegue esa competición en lugar de que se le creen miedos y ansiedades.
- Facilitar a los chicos, así como a sus familiares, la información necesaria, para que sean conscientes de los potenciales riesgos. Si todos los elementos tienen la información necesaria es más fácil que asuman sus tareas y cometidos por propio convencimiento.
- Ser capaz de confeccionar, si no una planificación (que a largo plazo sería un tanto utópica, tal y como exponemos en otro capítulo), al menos de trazar unas directrices que le permitan conducir al deportista a lo largo de su vida deportiva.
- Asumir su rol de líder del grupo ocupando el lugar justo entre el autoritarismo y la permisividad.

- Asumir su rol de "filtro" de las informaciones y mensajes que le llegan al joven deportista. Si la mayoría de los mensajes, vengan de donde vengan, le llegan directamente al chico, pueden llegar con contradicciones (figura 1.15). Es preferible que los mensajes le lleguen al chico, una vez filtrados por el entrenador que deberá ser quien gestione toda esa información para evitar contradicciones.

Figura 1. 15.- Diferentes cauces de llegada de información y mensajes al joven deportista. El cauce correcto debería ser a través del entrenador (izquierda).

- Ser respetuoso con los intereses de los niños. Debe ser consciente que el deporte no es lo "único" y que tienen otros intereses, ocupaciones y responsabilidades que deben coexistir con su práctica.
- No premiar en exceso a vencedores y, no ridiculizar a los que no vencen.
- Plantear competiciones o actividades en las que puedan destacar todos en algún momento y que éstas sean adecuadas a las características especiales en cada momento de la evolución.
- Ayudar a los chicos a distinguir entre las actividades y competiciones de los adultos y las correspondientes que corresponden a su edad.
- Ser consciente de que los niños y adolescentes precisan de la figura de un entrenador al que respetar, por lo que su imagen y actitudes deberán hacerle respetable.
- Enseñar y transmitir el respeto a las reglas y normas de su deporte.
- Priorizar estímulos positivos en detrimento de reprimendas y castigos.
- Buscar la manera de pluralizar tareas, aunque sea para lograr un mismo objetivo. El niño, a ciertas edades, es inconstante y tiende frecuentemente

hacia los cambios. Por ello hay que adaptarse a esas características y variar las tareas, incluso, los lugares de entrenamiento.

- Recompensar el esfuerzo de forma prioritaria sobre el resultado.
- Ser autocrítico. Antes de criticar o juzgar la actuación de entrenandos, deberá reflexionar previamente por si los errores de éstos vienen como consecuencia de faltas propias.
- Debe evitar la actitud de vanagloriarse con el éxito de sus deportistas "colgándose" las medallas que obtienen sus deportistas. Ha de tener la humildad suficiente para plantearse que una gran parte de las mejoras que se aprecian en estas edades se producen "a pesar de su entrenador".
- Aunque este punto se trata más adelante, consideramos también que debemos citarlo aquí ya que, de momento, no es posible conocer qué porcentaje de la progresión se debe al entrenamiento y cuál corresponde al propio desarrollo natural.
- Debe saber reconducir la actitud de los padres excesivamente ambiciosos con el rendimiento de sus hijos.
- Debe llevar una progresión con las cargas, lenta pero sistemática. Por ello, que ha de ser consciente de que el entrenamiento no es una actividad de ocio sino un medio para la formación deportiva.
- Debe asumir la responsabilidad de la formación integral del futuro deportista, vigilando la formación extradeportiva, interviniendo activamente en ella si fuese necesario.
- Ha de situarse en el término justo entre la permisividad y la exigencia. En el termino medio está el éxito del entrenador ya que, en exceso, ambas tienen contraindicaciones.

Acerca de la permisividad excesiva.

En ciertos casos existe cierto desconocimiento, en lo que se refiere a la exigencia que debe tenerse sobre los jóvenes deportistas. Si el entrenador plantea como objetivo la diversión y no la superación, llegará un momento en el que el joven busque la diversión en otros ámbitos menos sacrificados y exigentes, alejándose de la práctica deportiva.

Entonces, se puede convertir en una práctica no sería diferente al de "*otras diversiones*" como, por ejemplo, ir una discoteca o a un bar a tomar unas cervezas con los amigos, o algunas otras actividades más perniciosas, lo que, en algún momento podría provocar que los chicos opten por estas últimas, menos sacrificadas.

Acerca de la exigencia excesiva.

En lo que se refiere al extremo opuesto, el deporte se convierte en una práctica lejana las posibilidades físicas y psíquicas del chico, esto origina la pérdida de confianza hacia el entrenador y hacia en sí mismo. En esas circunstancias no se compite, no existen implicaciones subjetivas, retos, objetivos ni valores.

Como resumen ilustrativo acerca de actitudes y consecuencias del perfil del entrenador sobre exigente y el permisivo se expone la tabla 1.4.

Tabla1. 4.- Algunas consecuencias y actitudes del entrenador sobre exigente y el entrenador permisivo.

CONSECUENCIAS DE LA FIGURA DEL ENTRENADOR EXCESIVAMENTE EXIGENTE	CONSECUENCIAS DE LA FIGURA DEL ENTRENADOR EXCESIVAMENTE PERMISIVO
Plantea objetivos que no están al alcance del deportista.	Los deportistas no se toman el entrenamiento en serio.
No se plantea la resistencia al entrenamiento de cada uno.	Los deportistas no se toman en serio a sí mismos ni a su entrenador.
Intenta suplir calidad de entrenamiento con cantidad.	Los deportistas soportan que su entrenador no crea en ellos.
Tiene gran desconocimiento sobre la exigencia.	No existen objetivos a superar ni meta a la que llegar.
Desconoce la singularidad del deportista.	No existen ideales ni para el entrenador ni para los deportistas.
Cae en el error creer que todos son iguales. Por ello, plantea iguales objetivos y mismas exigencias.	No se disfruta con el éxito ni con los objetivos alcanzados con esfuerzo.
Preestablece una maquinaria construida a priori, donde el niño o el joven son piezas y deben encajar en ella, de modo que si no cumplen, no sirven.	Existe un conformismo con el "todos iguales".
Se plantea una misma meta, un solo ideal y un mismo esfuerzo para todos los deportistas.	Como consecuencia del anterior, no existe una implicación por parte de nadie.
Establece tareas excesivas y agotadoras ,debiendo amoldarse a la rigidez de "cada vez más". Esto suele conducir, a la desmotivación, al agotamiento físico y a la desmotivación.	El único objetivo de la práctica es la diversión sin que nada vaya en ello.

El entrenador debe evolucionar con el joven deportista

El niño, no solamente crece y se desarrolla físicamente y biológicamente. También evoluciona psicológicamente con importantes cambios en su carácter. El entrenador debe estar atento a esas alteraciones para adaptar su tratamiento a las características de cada momento. El trato debe ser diferenciado según se trate de deportistas en edad infantil, púberes, adolescentes o jóvenes. Hay deportistas que rompen la relación con su entrenador, precisamente por el trato y por la sensación de *"mi entrenador me sigue tratando como si yo fuese un niño"*.

Lo que le pedirían los niños a su entrenador.

El formador de futuros deportistas debería tener muy presente los intereses de los niños. En este sentido, Muñiz (2015), enumera ciertos aspectos a contemplar, a los que hemos aportado algunos otros:

Aprendizaje. Los niños desean aprender habilidades nuevas y ejecutarlas correctamente.

Tiempo. Lo importante es el aprendizaje sin tener en cuenta el tiempo que se tarde en aprender las destrezas. El niño necesita seguridad de que, tarde o temprano, logrará los objetivos.

Concreción y calidad. El joven necesita seguridad acerca de los conocimientos y experiencia de su entrenador al ser determinante la percepción que tenga de su propio entrenador.

Entendimiento. El niño es quien recibe las cargas y el entrenador es quien las aplica. Esto puede producir contradicciones y ambos (entrenador y entrenando deben llegar a entenderse).

"Negociación". Un negocio es bueno si ganan ambas partes. El niño debe tener claro que el entrenador gana porque enseñando mejora su experiencia, pero también el niño debe comprender que mejorará gracias a las instrucciones de su entrenador. Por ello, ambos deben tener un acuerdo implícito sobre los objetivos a alcanzar.

El éxito futuro está sustentado por las relaciones que se establezcan entre familia, entrenador y el deportista.

El proyecto pasa por una gran comunicación del técnico con los padres. Se pretende que la familia suponga un refuerzo y no un obstáculo para el desarrollo deportivo ya que, en ocasiones, podría ser más importante la "educación hacia los padres" que la de sus propios hijos. En la interrelación entre la familia y el entrenador con el propio deportista, debe existir un circuito bien definido. En este sentido, es preciso que la relación familia-entrenador sea muy fluida y, especialmente, basada en las siguientes líneas:

- Desde el principio deben definirse los roles a desempeñar cada una de las partes.
- Deben establecerse objetivos comunes y de cada uno.
- Debe proponerse una guía de trabajo conjunta.

De no estar bien conformada la relación, las informaciones le pueden llegar al chico de forma sesgada o con contradicciones. Por todo ello, el entrenador debe ser quien las coordine para dirigirlas hacia la formación del joven, bien directamente o bien valiéndose de los padres como "cómplices".

En cualquiera de los casos la relación niño deportista – padres – entrenador debe tener unos circuitos concretos. Las informaciones sobre el aspecto deportivo y sobre los valores que debe adquirir en niño deben llegar a este por dos caminos, (figura 1.16):

- Las instrucciones técnicas deben provenir directamente del entrenador y sin interferencias.
- Las correspondientes a valores y educación provienen del entrenador a través y de acuerdo con los padres.

Figura 1. 16.- Circuitos de interacción de padres y entrenador hacia el niño deportista. Todo lo referente al entrenamiento debe provenir del entrenador y todo lo referente a valores le llega al chico, bien directamente o bien a través de los padres.

Momentos de mayor influencia de los diferentes elementos del entorno del deportista.

Hemos visto que el entorno de nuestro deportista, está compuesto por diferentes estamentos e individualidades que inciden en su formación durante sus etapas de desarrollo. Éstos inciden en su carrera deportiva y es necesario conocer si esa incidencia es o no la adecuada.

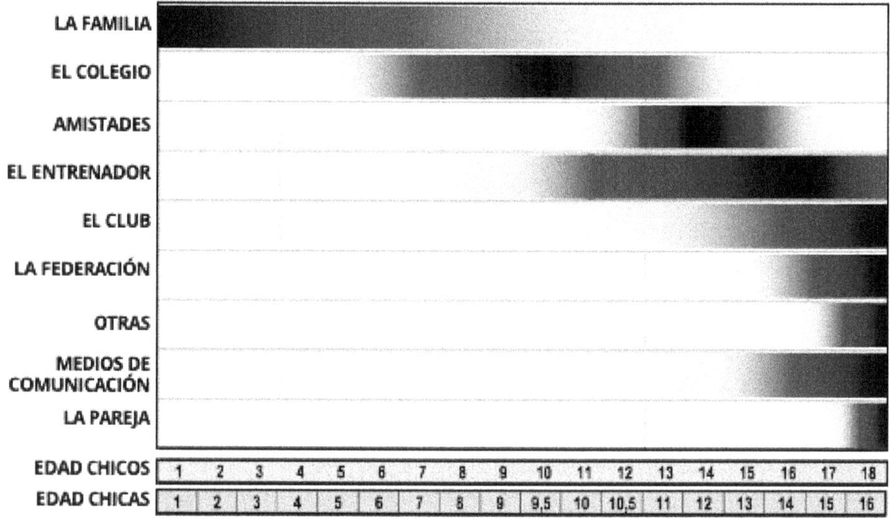

Figura 1. 17.- Elementos del entorno del joven deportista y sus momentos de mayor incidencia en su carrera deportiva. Las zonas más oscurecidas corresponden a los periodos de mayor influencia.

Este entorno va adquiriendo o perdiendo importancia a lo largo estas etapas. Cada uno tiene más o menos influencia dependiendo de la edad. Por ello, es importante que el entrenador, como director y coordinador principal del proyecto, esté atento a estas influencias para incidir en ellas, siempre dentro de sus posibilidades (figura 1.17).

1.3.3.3. El chico con talento deportivo "quiere". La actitud.

A medio y largo plazo, este requisito puede ser el más determinante para evitar el abandono y para que el joven llegue a su máximo potencial. En ocasiones se suelen escuchar comentarios del tipo de *"este chico es muy bueno, pero no quiere"*. En este sentido es mejor no engañarse ya que significa que no es tan bueno y que no se trata de un talento deportivo.

Este chico, es posible que se mantenga entrenando un tiempo, pero tarde o temprano, es muy probable que abandone, dejando al entrenador con el sentimiento de que ha estado perdiendo el tiempo con aquél, quitándoselo a los que realmente querían. El chico debe "querer" entrenar y competir. En este sentido, el joven con talento deportivo debe disponer una serie de capacidades relacionadas con aspectos psicológicos.

LA MOTIVACIÓN.

La motivación hacia la práctica deportiva, resulta una variable esencial del comportamiento del deportista. Ésta resulta el centro de interés dentro del campo de motivaciones para el deporte de rendimiento. Cuando se trata de las edades aquí tratadas, existen motivaciones especiales tales como el juego, la exploración, la curiosidad, el placer, etc. (Hann, 1988).

En general, la motivación constituye la base para el aprendizaje, y para la adquisición de habilidades. En el campo del deporte, pueden venir relacionadas las tareas y los éxitos, por lo que resulta más sencillo el su planteamiento.

Las actividades deportivas significan, para los niños que entrenan con cierta intensidad, una gran persuasión para la actividad voluntaria y duradera, siempre que se siga manteniendo el estímulo sin caer en errores (exceso de carga, el fracaso constante, etc.).

El chico con talento deportivo es una persona entusiasta y que disfruta entrenando y compitiendo. No se concibe un joven que vaya a su lugar de entrenamiento con la idea de que va a realizar un trabajo o que va a pasarlo mal. No debe olvidarse que el entrenamiento implica esfuerzo, fatiga y, en ocasiones, sufrimiento, por lo que debe estar mentalizado para soportarlo e, incluso, para disfrutarlo.

Las capacidades relacionadas con los aspectos psicológicos cada vez se presentan como más determinantes en el futuro rendimiento. Desafortunadamente, en ciertos casos, no suelen ser tenidas muy en cuenta cuando se procede en la detección de los chicos con talento. La dureza de la competición hace fracasar a quienes no tienen la fortaleza mental para superar la ansiedad y el estrés y a los que no son capaces de soportar las constantes y duras cargas de entrenamiento.

La inteligencia, la motivación, la fuerza de voluntad, el autocontrol, etc., son cualidades indispensables.

El chico con talento debe tener la capacidad para someterse a planes rigurosos de entrenamiento. Esto significa que debe ser constante y disciplinado y todo ello se encuentra hipotecado por la ilusión y la motivación. En este sentido, la práctica y el entrenamiento pueden tener efectos distintos para la motivación en el deportista:

- *Efectos positivos.* Mediante una planificación objetiva del rendimiento, con la comprensión por parte del niño que asume las actuaciones y ejecuciones como algo necesario e importante.
- *Efectos negativos.* Ante la influencia errónea de colectivos del entorno (padres, club, centro de estudios, el propio entrenador, etc.) con la manipulación interesada del éxito.

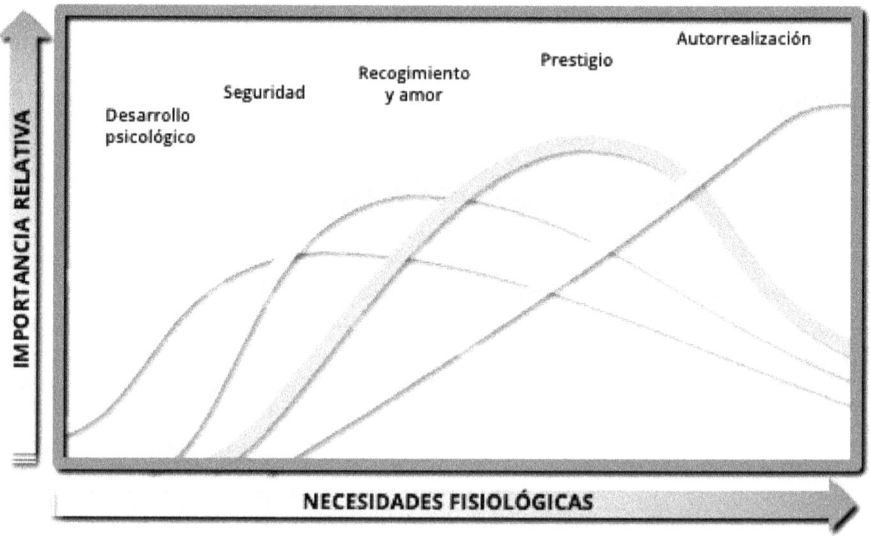

Figura 1. 18.- Importancia de motivaciones a lo largo de la evolución. Mientras no cese la anterior, no tendrá papel relevante la siguiente. El esquema refleja también el incremento de la motivación en relación con el momento de desarrollo. Fuente: (Oerter, 1970) en Hann (1988).

Algunas recomendaciones para potenciar la motivación positiva hacia la práctica deportiva en los niños.

A continuación, proponemos algunas recomendaciones que pueden ayudar al entrenador para potenciar la motivación de los jóvenes deportistas hacia la práctica del deporte.

- Dar instrucciones adecuadas a la psicología del niño y en cada momento, adaptándolas a los procesos puntuales de la evolución y desarrollo.
- Simplificar al máximo los movimientos requeridos para las tareas, haciéndolos reconocibles para el niño.
- Adaptar las comprobaciones y evaluaciones a las posibilidades de cada momento.
- Plantear las competiciones de forma que no provoquen ansiedad ni estrés.

- Plantear desafíos alcanzables, aunque no sin cierto esfuerzo por parte del niño. Para ello (Hann, 1988) recomienda que, estos retos reúnan una serie de características (Hann, 1988):
  - El grado de dificultad ha de ser mediano para que resulte asequible mediante cierto esfuerzo por parte del niño.
  - Las tareas deben ser un verdadero reto.
  - La superación debe suponer un aumento del rendimiento actual del joven.
  - Las progresiones deben ser comprobables por parte del niño.
  - Deben existir posibilidades de llegar a los mismos resultados mediante tareas diferentes.
  - Las tareas deben ser asumibles. El chico debe comprender la razón por la cuál se le sugieren los ejercicios.
  - Las tareas deben ser superables en poco tiempo para evitar la monotonía.
  - Las actividades deben originar satisfacción, tras haber sido superadas.
  - Si la tarea es asimilada mentalmente, será mejor memorizada y automatizada.

Figura 1. 19.- El niño con talento deportivo debe reunir los tres requisitos básicos: "Valer, poder y querer". Si carece de alguno de ellos no debería ser considerado como tal.

1.3.4. Algunas propuestas que podrían facilitar la identificación del posible talento deportivo.

Hemos visto que, el concepto de talento deportivo, lejos de remitirse a los resultados de una batería de tests, con unos resultados inmediatos o a unas capacidades concretas, tiende más hacia un proceso que dura años. En este sentido y siendo conscientes de los posibles márgenes de error, proponemos unas orientaciones para su detección:

- Acoger a todos los niños que se aproximen al deporte con actitud y ganas de iniciarse y practicar.
- No adoptar decisiones, al menos, hasta pasado un año, tiempo que se considera mínimo para conocer al niño en todos los aspectos que pueden incidir en su carrera deportiva.
- Una vez pasado ese periodo de tiempo, rellenar el formulario que se adjunta, con el objetivo de evaluar la posibilidad de encontrarnos ante ese talento.

El cuestionario. Una propuesta de herramienta para la identificación del niño con talento deportivo.

Transcurrido un año desde el ingreso del niño en el club o la escuela deportiva, proponemos un cuestionario que puede ayudar a conocer si se trata de un deportista que podría llegar al alto rendimiento.

La herramienta se ha elaborado contemplando los requisitos más determinantes del futuro deportista de alto rendimiento (*valer, poder y querer*).

Los ítems se han agrupado una serie de preguntas relacionadas con esos requisitos según se expone seguidamente (tabla 1.5):

Sobre el requisito "*vale*" se proponen los siguientes aspectos:

- Relacionados con el somatotipo, el estado madurez-desarrollo y capacidades funcionales.
- Relacionados con las capacidades cardio vasculares y metabólicas.
- Relacionados con las cualidades condicionales. Para este apartado se propone una batería de pruebas físicas (figura 1.20) en las que el resultado está sin cuantificar y en las que el criterio para valorarlas, será la apreciación subjetiva del técnico.
- Relacionados con la capacidad de entrenamiento y entrenabilidad.
- Relacionados con la actitud ante la competición y los resultados.

Sobre el requisito "*puede*" se proponen los siguientes aspectos:

- Relacionados con la salud.

- Relacionados con el entorno: familia, colegio, amistades, club y entrenador.
- Relacionados con la higiene y los hábitos alimenticios.

Sobre el requisito *"quiere"* se proponen los siguientes aspectos:

- Relacionados con valores de constancia ilusión y motivación.
- Relacionados con la autodisciplina.

El cuestionario consta de un total de un total de 50 preguntas relacionadas con los puntos anteriores. Para responderlo, se deben rellenar con una cruz o cualquier otra señal en la casilla con la respuesta que más se identifique, rellenando solamente una para cada una de las preguntas (tabla 1.5).

Hay que señalar que esta herramienta es solamente una orientación y está abierta a que el entrenador, basándose en su experiencia y conocimientos, pueda cambiar algunas de las cuestiones, con vistas a posteriores evaluaciones, siempre y cuándo se mantengan las mismas preguntas.

PRUEBAS PARA IDENTIFICAR LA RESISTENCIA			
DENOMINACIÓN	**PROTOCOLO**	**EVALUACIÓN**	
30 SEGUNDOS	En una pista de atletismo. A la señal, el deportista recorre la mayor distancia posible durante el tiempo prefijado. 1 intento.	Anotar la distancia recorrida en metros.	
3 MINUTOS	En una pista de atletismo. A la señal, el deportista recorre la mayor distancia posible durante el tiempo prefijado. 1 intento.	Anotar la distancia recorrida en metros.	
30 MINUTOS	En una pista de atletismo. A la señal, el deportista recorre la mayor distancia posible durante el tiempo prefijado. 1 intento.	Anotar la distancia recorrida en metros.	

PRUEBAS PARA IDENTIFICAR LA FUERZA EXPLOSIVA Y ELÁSTICA			
DENOMINACIÓN	**PROTOCOLO**	**EVALUACIÓN**	
SALTO DE LONGITUD A PIES JUNTOS	Tras una línea. Saltar lo más adelante posible. 3 intentos. Recuperación 2 minutos.	Anotar la máxima distancia alcanzada.	
SALTOS VALLAS	5 vallas de 30 cm. Separadas por 1 m. Saltar con ambos pies al mismo tiempo. Medir tiempo desde que el deportista inicia el movimiento, hasta que toma contacto con el suelo al rebasar la última valla. 5 intentos. Recuperación 2 minutos.	Anotar el total de tiempo empleado en los 5 intentos.	
SALTOS ALTERNATIVOS	Sobre una valla flexible de 20 cm. Saltos a un lado y al otro con ambos pies al mismo tiempo. Realizar la mayor cantidad de saltos posibles. 5 intentos de 30 segundos. Recuperación 2 minutos.	Anotar el total de saltos obtenido en los tres intentos.	
LANZAMIENTO BALÓN MEDICINAL	Tras una línea, lanzar, hacia adelante un balón medicinal de 3 Kg desde detrás de la cabeza (saque de banda en fútbol). Se puede salir hacia delante tras el lanzamiento. 3 intentos.	Anotar la máxima distancia alcanzada en el mejor de los intentos.	

PRUEBAS PARA IDENTIFICAR LA RAPIDEZ			
DENOMINACIÓN	**PROTOCOLO**	**EVALUACIÓN**	
VELOCIDAD FRECUENCIAL	En una distancia de 20 m. se colocan 19 señales intermedias (líneas). El deportista debe recorrer la distancia pisando siempre en los espacios y sin saltarse ninguno. La prueba comienza cuando inicia el deportista y termina al rebasar la línea de 20 m. 5 intentos. Recuperación 2 minutos.	Anotar la suma de los cinco tiempos obtenido en los 5 intentos.	

Figura 1. 20.- Pruebas físicas integradas en el formulario

Tabla 1. 5.- Cuestionario de comprobación sobre si nos encontramos ante un deportista con posibilidades de llegar al alto rendimiento. Debe realizarse tras un año de práctica.

		PREGUNTA	TA	BA	NAND	BD	TD
VALE	1	Sus padres, a la edad del deportista eran longilíneos					
	2	Se le aprecia menos desarrollado que el resto del grupo					
	3	Su frecuencia cardiaca basal y máxima son más bajas que las del resto del grupo					
	4	Tras un esfuerzo similar, su frecuencia cardiaca desciende muy rápidamente					
	5	Aprende y ejecuta nuevas habilidades con prontitud y exactitud					
	6	En la prueba de 30 segundos destaca sobre el resto del grupo					
	7	En la prueba de 3 minutos destaca sobre el resto del grupo					
	8	En la prueba de 30 minutos destaca sobre el resto del grupo					
	9	En la prueba de salto de longitud a pies junto destaca sobre el resto el grupo					
	10	En la prueba de lanzamiento del balón de 4 Kg destaca sobre el resrto del grupo					
	11	En la prueba de saltos de vallas destaca sobr el resto del grupo					
	12	En la prueba de frecuencia destaca sobre el resto del grupo					
	13	En la prueba de saltos alternativos destaca sobre el resto del grupo					
	14	En la prueba de rapidez destaca sobre el resto del grupo					
	15	Lleva los estudios con holgura y sin contratiempos					
	16	Es organizado y gestiona bien su tiempo					
	17	Su progresión es superior al resto del grupo					
	18	Tras un año de práctica mainifiesta adaptaciones superiores ante cargas similares					
	19	Carece de deficiencias físicas o funcionales (puntos débiles)					
	20	Manifiesta ganas de competir en fechas previas a la competición					
	21	Duerme bien la noche antes de la competición					
	22	Sus resultados en competición sobresalen sobre las del resto del grupo					

		PREGUNTA	TA	BA	NAND	BD	TD
PUEDE	23	Tiene acceso a revisiones de salud y vigilancia médica					
	24	Durante el último año ha faltado menos de 10 veces por enfermedad					
	25	Durante el último año ha faltado menos de 10 veces por lesión					
	26	Dispone de recursos económicos para la autofinanciación de su actividad					
	27	La familia apoya de manera positiva					
	28	La familia supone un refuerzo para las labores del entrenador					
	29	La familia no interfiere ni se inmiscuye en el desarrollo de las actividades					
	30	La familia no presiona al deportista					
	31	El deportista respeta unas normas básicas sobre alimentación					
	32	No se siente presionado en contra de la práctica por parte de sus profesores					
	33	Sus amigos forman parte del grupo de entrenamiento					
	34	Su círculo de amistades no influye negativamente en la práctica del deportista					
	35	El entrenador tiene formación pedagógica sobre el entrenamiento con niños					
	36	El entrenador tiene formación sobre fisiología del desarrollo					
	37	El entrenador conoce el itinerario que debe seguir el niño para llegar al ARD					
	38	El club o asociación donde practica plantea objetivos para niños a largo plazo					
	39	Las instalaciones donde practica reúnen las condiciones necesarias para la práctica					
	40	El acceso a las instalaciones requiere menos de 30 min de desplazamientos					

		PREGUNTA	TA	BA	NAND	BD	TD
QUIERE	41	No falta a los entrenamientos					
	42	No llega tarde a los entrenamientos					
	43	No falta a las competiciones					
	44	Asume y respeta los planes de entrenamiento					
	45	No cuestiona ni discute las instrucciones del entrenador					
	46	Ante los compañeros siempre demuestra actitud positiva en los entrenamientos					
	47	Ante cargas exigentes de entrenamiento, no cede y mantiene el esfuerzo					
	48	Ante los fracasos reacciona de forma positiva y demuestra actitud de superación					
	49	Ante los éxitos no demuestra actitud de humildad y no se vanagloria					
	50	En todo momento lucha por superarse y ser el mejor deportivamente					

TA. TOTALMENTE DE ACUERDO
BA. BASTANTE DE ACUERDO
NAND. NI DE ACUERDO NI EN DESACUERDO
BD. BASTANTE ENM DESACUERDO
TD. TOTALMENTE EN DESACUERDO

Una vez finalizado se puntúan de la siguiente forma según las respuestas:

- A la respuesta "totalmente de acuerdo" le corresponde una puntuación de 5 puntos.
- A la respuesta "bastante de acuerdo" le corresponde una puntuación de 4 puntos.
- A la respuesta "ni de acuerdo ni en desacuerdo" le corresponde una puntuación de 3 puntos.
- A la respuesta "bastante en desacuerdo" le corresponde una puntuación de 2 puntos.
- A la respuesta "totalmente en desacuerdo" le corresponde una puntuación de 1 punto.

El paso siguiente será sumar el total de los puntos y, en función de los totales obtenidos y, con vistas a largo plazo, ésta podría sugerirnos alguna de las siguientes reflexiones:

- Entre 226 y 250 ptos. Podríamos estar ante un posible talento deportivo.

- Entre 201 y 225 ptos. Si se dan todas las circunstancias favorables existen ciertas posibilidades de que el chico pueda llegar al alto rendimiento a largo plazo.
- *Para puntuaciones iguales o inferiores a 200* deberían plantearse otros objetivos distintos al de la proyección hacia el alto rendimiento ya que existen puntos débiles o carencias que posiblemente obstaculizarán la progresión.

En este caso no debe significar que el chico no pueda entrenar para rendimiento, pero tampoco sería honesto, inducirle a pensar que está dotado para llegar a la elite. Si las puntuaciones son inferiores a esos 200 puntos, cabría la posibilidad de hacerse los siguientes planteamientos:

- Chicos con alta puntuación en apartado *"vale"* (con puntuaciones superiores a 100) pero con bajas puntuaciones en el apartado *"puede"* (inferiores a 45) o en el "quiere" (inferiores a 35):

  Estaríamos ante el caso de un chico muy bien dotado físicamente pero que por otras circunstancias nos puede crear problemas. Con mucha probabilidad acabará abandonando o "contaminando" al resto del grupo.

  Este tipo de chicos pueden ser referencia en los primeros años ante otros menor dotados físicamente y que son superados por el primero. Al comprobar que no se esfuerza, que falta a los entrenamientos, llega tarde, etc. y obtiene mejores resultados puede arrastrar a otros en sentido contrario a los objetivos deportivos y formativos.

- Chicos con puntuación media o baja en el apartado "vale" (puntuaciones inferiores a 60 ptos.) pero con puntuaciones importantes en los otros dos apartados (puntuaciones superiores a los 75 ptos en el correspondiente al "puede" y a los 45 en el correspondiente al "quiere"). En este caso nos encontraríamos con chicos que consiguen ser muy positivos, que crean buen ambiente de trabajo y seriedad y que "tiran" del grupo hacia los objetivos. Éstos, muy probablemente, no llegarán al alto rendimiento, pero si se les presenta su progresión como algo positivo, pueden ser felices con el solo hecho de ver cómo se superan a sí mismos. En estos casos es importante hacerles ver que sus objetivos son, fundamentalmente, los de la propia superación.

- Caso especial para chicos que independiente de la puntuación que obtengan en los apartados "vale" y "puede" pero con puntuaciones bajas en el correspondiente al "quiere" (inferiores a 30 ptos.). Es preferible animarlos a que dejen esta actividad porque con muchas probabilidades serán elementos negativos que romperán la dinámica del grupo.

1.3.5. A quién seleccionar y a quién desechar.

Ante la dinámica existente, caben una serie de preguntas sobre los procesos de detección, selección y captación de talentos deportivos: ¿debe ser selectiva? ¿qué pasa con esos niños y niñas que quieren hacer deporte y no poseen ese talento deportivo?

Salvo las excepciones apuntadas anteriormente, la recomendación es que todos los niños y niñas deberían ser admitidos y captados, aún a sabiendas de que solo son unos pocos los dotados para llegar al alto rendimiento y que la mayoría no llegarán a esas cotas. A Matveiev se le atribuye una frase: *"solo uno de cada 10.000 niños posee talento deportivo"*.

No obstante, si a esos colectivos se le presenta el deporte, de forma correcta, lo practicarán con motivación y pueden llegar, si no el alto rendimiento deportivo, sí a *su propio máximo rendimiento individual*. Si esta forma de exposición es correcta a lo largo de sus años de formación, un gran número de estos deportistas seguirá practicando durante toda su vida y existe la posibilidad de que también sus hijos lo practiquen en algún momento.

Si se logra que muchos jóvenes sigan practicando a lo largo de los años, adquirirán una mentalidad deportiva y verán el deporte de rendimiento como algo importante (conviene diferenciar entre el deporte de rendimiento asequible a todos, y el deporte de elite al que solo puede acceder una minoría).

En consecuencia, no se debería rechazar para el deporte de rendimiento a ningún chico o chica que quiera y disponga de posibilidades para trabajar, aunque se suponga que no vayan a llegar la elite, siempre y cuando el tratamiento que reciba sea el adecuado.

ALGUNAS RAZONES PARA NO DESECHAR A NINGÚN DEPORTISTA, AUNQUE NO ESTÉN POTENCIALMENTE DOTADOS:

Pueden captar y atraer a compañeros que sí que posean talento deportivo.

El día de mañana cuando estén ejerciendo una profesión supondrán un factor multiplicador ya que pueden llegar a ser:

- Políticos deportistas, con capacidad de decisión para resolver problemas que hoy día resultan insalvables. Ellos tienen la capacidad de decisión y podrán ordenar las acciones necesarias ya que serán los que tendrán esas competencias.
- Empresarios deportistas que apuesten por el deporte mediante patrocinios, cada vez más necesarios.

- Profesionales con conocimientos deportivos (médicos, psicólogos, fisioterapeutas, podólogos, biólogos, nutricionistas, ingenieros, abogados, etc.). Todos ellos, en su parcela estarán en condiciones de ayudar al desarrollo del deporte y de favorecer con su aportación que muchos de los deportistas con talento alcancen su máximo potencial.
- Entrenadores y técnicos. Como directores técnicos del proyecto del deportista de alto rendimiento a largo plazo. Si han vivido la práctica, tendrán un añadido de experiencia que se sumará a sus conocimientos y les permitirá dar un paso más adelante en la preparación de sus deportistas.
- Árbitros o jueces deportivos que comprenderán lo que siente un deportista en los momentos de competición.
- Representantes que entenderán mejor que los deportistas no son una mercancía y que de su gestión depende en una parte importante la longevidad deportiva.

CAPÍTULO 2

EDADES, FASES Y CARACTERÍSTICAS

Desde sus primeras etapas, el ser humano sufre transformaciones que no se adaptan a una pauta regular. Hasta llegada la edad de adulto, crece a velocidades diferentes, sus órganos aumentan de tamaño, varían su funcionalidad y lo hacen de forma un tanto irregular y anómala.

Las diferencias se remarcan aún más si comparamos la evolución de las chicas con respecto de los chicos. Este proceso, tan especial, tiene lugar en lo que respecta a las cualidades físicas condicionales y perceptivo motrices, así como en aspectos afectivos y emocionales.

El conocimiento de esta dinámica evolutiva debe ser dominado por parte del entrenador - formador. Esto le permitirá tomar las decisiones adecuadas sobre el tratamiento en general y el entrenamiento deportivo, en particular, en cada momento del desarrollo de sus deportistas.

La evolución de los futuros deportistas pasa por distintas fases y cada una de éstas tiene diferentes aspectos y características a contemplar. Su conocimiento supone, a su vez, la capacidad para detectar los momentos importantes en los que se producen los cambios y sus características para poder actuar en consecuencia.

A la hora de diseñar entrenamientos en las edades de las que se ocupa este libro, es preciso, además de la posesión de conocimientos técnicos, conocer otros aspectos que pueden influir de una manera importante el éxito deportivo a largo plazo.

En este capítulo, se tratan algunas de las particularidades más determinantes en cada fase del desarrollo y sus posibilidades de identificación, diferenciando en un momento determinado, las que corresponden a los chicos o a las chicas.

Todo ello, facilitará la labor del entrenador - formador, dándole elementos útiles que le ayuden a conducir a los jóvenes por el itinerario adecuado en el proceso de su formación deportiva, así como directrices para actuar en cada momento.

2.1. DESARROLLO, CRECIMIENTO Y MADURACIÓN.

Los tres términos pueden resultar confusos, por lo que es importante acotarlos conceptualmente. Revisando la literatura, una parte importante de los autores se decantan por la idea de que el *desarrollo* resulta una idea de mayor extensión que comprende los procesos correspondientes al *crecimiento* y *maduración*. Nosotros vamos a tratar estos conceptos, de acuerdo con esta tendencia.

Los tres términos, son fenómenos simultáneos e interdependientes y tienen características comunes a todos los individuos de la misma especie, lo que los hace predecibles y, en parte, explicables. En este sentido, se aprecian importantes diferencias entre los sujetos, condicionadas por el carácter individual que tiene su origen tanto en la genética como en la influencia socio ambiental provocada por el entorno (Catani, 2003).

La información genética establece, en forma muy precisa, la secuencia y la temporalización en que deben ocurrir los procesos de evolución en cada individuo. De esta forma, si en alguno de estos periodos conocidos como críticos (Vargas, 2004) incide algún acontecimiento que impida, trastorne o retrase algo que debería ocurrir en un momento determinado, se podría producir una deficiencia que podría resultar irreversible.

Estos momentos tienen su repercusión, en individuos que se encuentran en las edades que tratamos en este libro, tanto en procesos biológicos como psicológicos. Aunque los últimos no suponen un objetivo prioritario de esta obra, no podemos obviar algunas anotaciones, ya que el tratamiento que debe darse al joven deportista viene condicionado, en una parte importante, por esas características especiales que conlleva cada etapa.

QUÉ ENTENDEMOS POR DESARROLLO.

Según Papalia et al. (2012). Se trata de "Un proceso de cambio y estabilidad que afecta a las personas". En la línea de estos autores se puede sugerir que este concepto reúne una serie de características:

- Dura toda la vida. Cada etapa recibe la influencia de la anterior y afecta a la siguiente.
- Conlleva muchas dimensiones, tanto biológicas como psicosociales, que interactúan con ritmos diferenciados y por lo que no son totalmente controlables ya que el equilibrio entre ambas resulta muy cambiante.
- Implica una gestión y redistribución de recursos tales como tiempo, energía, talento, dinero, apoyo social, etc.
- Muestra una gran plasticidad. Las diferentes cualidades (memoria, capacidades coordinativas, capacidades condicionales, etc.), mejoran a través de la praxis y el entrenamiento, hasta edades muy avanzadas. No obstante, esta posibilidad en los niños, en alguno de sus aspectos puede resultar bastante limitada en ciertos momentos.
- Está muy influenciado por el contexto histórico y cultural, tiempo y lugar.

Por todo ello, no se puede acotar, de forma tajante, el proceso de actuación ante determinadas poblaciones de niños ya que van a depender mucho de cómo aparezcan esas características especiales de cada momento de su evolución.

El desarrollo se refiere a los cambios que el ser humano sufre a lo largo de su existencia. Se considera como un término global que implica el proceso de aumento de todos los órganos y sistemas del individuo, tanto a nivel orgánico como estructural.

Hace, referencia a un proceso, pudiéndose referir al desarrollo físico, al biológico, al intelectual, etc. y lo hace, no solo respecto a la evolución de los órganos o a su aumento en tamaño y peso. También corresponde a efectos que pueden producir otros elementos externos al sujeto y que pueden repercutir en su progresión.

Por consiguiente, no depende solo de la información genética que se hereda de los padres o generaciones anteriores, existen factores externos que van a influir de manera ostensible en la evolución, tales como pueden ser los ambientales o los sociales (figura 2.1).

El desarrollo determina los procesos interdependientes de diferenciación y transformación de las formas y de los comportamientos que se van dando en relación a una secuenciación temporal.

Tiene lugar en función de la combinación de la herencia y los estímulos que provienen del entorno (Martin et al, 2004) y termina transformando las características estructurales y funcionales del futuro deportista de forma individualizada.

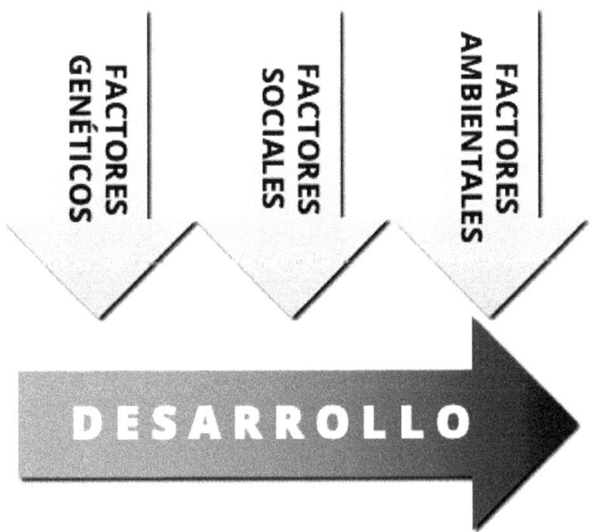

Figura 2. 1.- El desarrollo del niño se ve influenciado por diferentes factores.

Ya hemos visto que la información genética establece la secuencia y los tiempos en que deben ocurrir los procesos. También hemos visto que, si aparece alguna acción en estos períodos, impidiendo que un evento ocurra en los plazos establecidos, puede producir trastornos o alteraciones en la formación integral y deportiva del niño.

Uno de los elementos más determinantes de los cambios que se producen está regulado por las hormonas que suponen las "herramientas" que utiliza el programa genético. Éstas juegan un papel muy versátil según la etapa de que se trate o el sexo, siendo factor concluyente del crecimiento y desarrollo físico al incidir en diferentes partes del organismo.

No obstante, algunos aspectos del desarrollo, en términos generales son poco influenciables a través del entrenamiento y no se conocen evidencias fiables que demuestren lo contrario (Malina, 2003). Un chico genéticamente destinado a medir 1 m 80 cm, es muy difícil que pueda modificar esa estatura mediante actividades físicas. Esto mismo sucedería igualmente cuando se trate de ciertos órganos que ya hayan madurado.

El desarrollo hace reseña no sólo a la maduración de los órganos o a su crecimiento en tamaño y peso. También se ve influido por los efectos que pueden ejercer que otros elementos externos al sujeto. Es aquí donde el término *adaptación* (de lo que se habla en otro capítulo) toma sentido como proceso de interrelación del organismo con su medio. En este sentido, esa adaptación resulta el fenómeno que determinarán la mejoras a través del entrenamiento y de aquí la importancia de tener unas nociones amplias sobre estos procesos.

La influencia que produce el entorno depende en gran parte de la predisposición (Martin et al, 2004). Tiene que existir una acción combinada de ambos (entorno y predisposición) que van a influir sobremanera en los cambios estructurales y funcionales que se vayan produciendo a lo largo del proceso de desarrollo (figura 2.2).

Esta relación entre predisposición y entorno son origen de las adaptaciones individuales y, dado que el entrenamiento puede facilitar esos estímulos provenientes del entorno, esto nos sugiere la gran importancia del proceso para contribuir en el desarrollo de los niños en la dirección que los pueda llevar por el itinerario correcto para llegar a su máximo rendimiento deportivo a largo plazo.

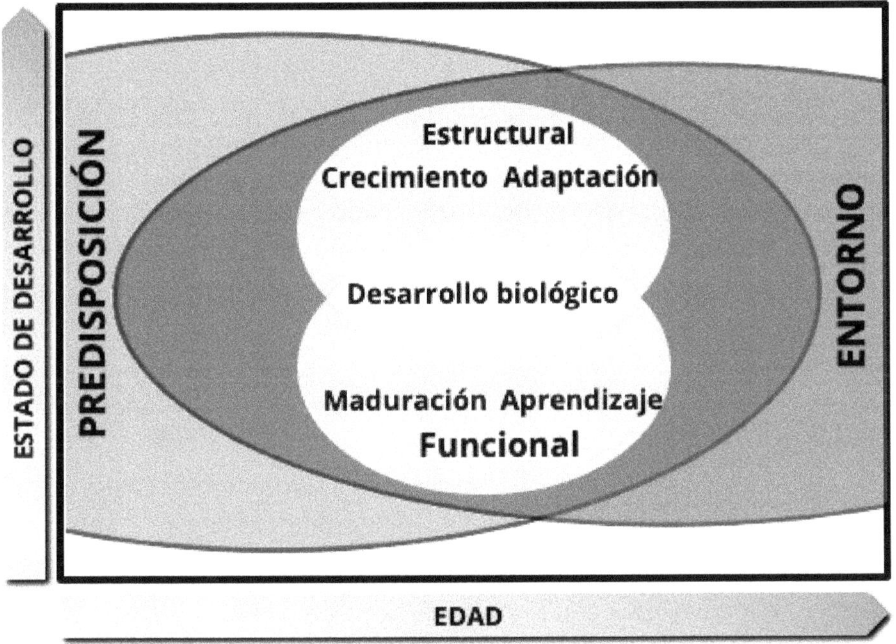

Figura 2. 2.- Modelo de relación de interdependencia del estado de desarrollo y la edad, así como la constitución del entorno y sus elementos influyentes estructurales y funcionales según propuesta de Martin et al (2004). Modificado.

Desde una perspectiva psico-social, se han desarrollado estudios encontrándose numerosos factores, de carácter psicológico, social y contextual, que contribuyen y condicionan el desarrollo del deportista.

Al respecto, Lorenzo et al (2005), indican que existen dos tendencias que han desencadenado la investigación: *La práctica deliberada y la práctica flexible.*

LA PRÁCTICA DELIBERADA.

Se refiere a distintos factores que van evolucionando a lo largo de las diferentes etapas y sirve como marco teórico para el estudio de la evolución de los deportistas. No obstante, en los últimos años, estos procesos se vienen cuestionando al profundizar más en el concepto y en sus implicaciones.

Han aparecido dudas acerca de si las diferencias entre deportistas a los que se presupone con talento deportivo, en su manera de destacar, se pueda deber a la existencia de sus potencialidades heredadas, a la cantidad de entrenamiento realzado hasta el momento o al tipo de actividades realizadas. No será lo mismo que el deportista haya entrenado de forma unidireccional hacia una especialización temprana, si ha realizado trabajos multidireccionales o si ha practicado varios deportes hasta la fecha.

LA PRÁCTICA FLEXIBLE.

Se trata de una praxis poco estructurada que desarrollan deportistas más hábiles y maleables (entendiendo por maleabilidad la capacidad de amoldarse a situaciones nuevas y cambiantes). Esta tendencia, reclama la postura acerca de transferencia positiva entre distintas disciplinas. Esto quiere decir que, tras practicar un deporte determinado y cambiar a otro, este último se puede ver beneficiado por lo realizado anteriormente.

Se puede añadir que, para ciertos deportes, este tipo de praxis, realizada en los primeros años, puede dar al niño una gama de recursos sobre diferentes aspectos (coordinación, equilibrio, capacidad de tomas de decisión, etc.) que consiguen potenciar su rendimiento en estas modalidades a largo plazo.

Como resumen ante las dos tendencias, anteriormente citadas por Lorenzo et al (2005), concluyen con las siguientes afirmaciones:

- Tanto la práctica deliberada como la práctica flexible son determinantes para el desarrollo de la creatividad.
- La práctica deliberada es importante hasta un momento determinado, en el que se puede estancar y ya no tendría más recorrido.
- La práctica flexible, y la mayor cantidad de experiencias, parecen favorecer la creatividad y la mejora del rendimiento futuro.

Con vistas a la posibilidad de incidencia en el desarrollo de los futuros deportistas, la exposición de los anteriores autores, podría sugerir un orden secuencial a lo largo de estas etapas (figura 2.3).

Figura 2. 3.- Propuesta de grados de incidencia sobre la práctica flexible y la práctica deliberada a lo largo de los años de mayor desarrollo. Puede apreciarse cómo se va anticipando la edad en las chicas en comparación con la de los chicos.

- Una primera fase en la que deberían coexistir tanto la práctica flexible como la práctica deliberada.

- Una posterior etapa en la que vaya desapareciendo, paulatinamente, la primera para ir aumentando la práctica deliberada.
- Una fase final, ya al final de la adolescencia, donde la totalidad de las actividades versen en torno a la práctica deliberada.

En resumen, de forma general, entendemos el concepto de desarrollo como el de mayor extensión ya que engloba a crecimiento y maduración (figura 2.4).

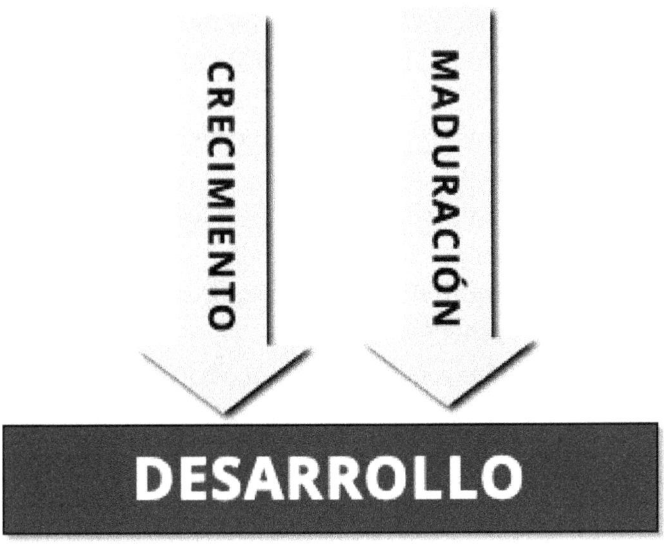

Figura 2. 4.- El desarrollo engloba los fenómenos relacionados con el crecimiento y la maduración.

QUÉ ENTENDEMOS POR CRECIMIENTO.

La palabra crecimiento proviene del latín "cresco - crescere", que supone aumento del tamaño. Es la ampliación progresiva de un organismo o de sus partes y hace referencia al aspecto cuantitativo de fenómenos físicos tales como la estatura, el peso corporal, la hipertrofia muscular, etc. (Malina, 2003).

El crecimiento limita el concepto a dos indicadores: estatura y peso corporal. Por ello, se puede entender, como el aumento de las dimensiones corporales, tanto en el sentido longitudinal como en el transversal. En este sentido, es importante matizar que estos cambios en el tamaño pueden estar o no relacionados con la maduración.

Según Muzzo (2003), el crecimiento depende de una serie de factores:

La herencia. Existe correlación entre la talla de los niños con la talla de sus padres. Los hijos de padres con tallas muy diferentes presentan tallas finales con un rango de variabilidad mucho mayor que hijos de padres con tallas similares. En este sentido, la talla de los padres influye en la velocidad de crecimiento que presenta el niño en las diferentes etapas de su vida, en la estatura final que alcanzará y también en la duración de su crecimiento. Esta última característica dependerá de la edad a la que se presentarán las transformaciones puberales (maduradores tempranos y tardíos) lo que también es un factor heredable.

El nivel socio económico y la nutrición. En la bibliografía se puede comprobar la existencia de una correlación entre el nivel socioeconómico y la estatura. Se aprecia una mayor estatura de los escolares de mayor nivel socioeconómico. Las familias con más desarrollo cultural y poder adquisitivo, están más posibilitadas para facilitar una nutrición e higiene, así como para educar (enseñar a comer correctamente) a sus hijos.

Los factores maternos. Se conoce que la talla del recién nacido correlaciona mejor con la talla de su madre que con la de su padre. Según el autor, se ha demostrado que mujeres de mayor talla tienen hijos de mayor peso que las madres de menor talla y que las madres de talla baja tienen hijos mas pequeños que las madres mas altas.

La estación del año. También se han comprobado aceleraciones en el crecimiento en épocas más cálidas que en periodos de bajas temperaturas.

La salud. Existen muchas enfermedades que alteran el crecimiento de los niños, debido a una mala alimentación durante su evolución, como consecuencia de la anorexia, por la pérdida de nutrientes, por vómitos y diarreas, por mala absorción de los alimentos, por mayores requerimientos nutricionales en los estados febriles, por pérdida de nutrientes por la orina, por procesos de diarreas, etc.

Los factores endocrinos. Las hormonas tienen gran influencia en el crecimiento, especialmente durante el "estirón" coincidente con la pubertad y principio de la adolescencia.

La estatura

El crecimiento de un individuo es un fenómeno continuo que se inicia en el momento de la concepción y culmina con el final de la juventud, período durante el cuál se alcanza el culmen en los aspectos físicos, psicosociales y reproductivos. Esta transformación involucra cambios en el tamaño, organización espacial y diferenciación funcional de tejidos y órganos. El aumento en el tamaño y masa corporal es el resultado de la multiplicación e hiperplasia celular.

Un niño sano sigue un patrón estándar en su crecimiento. No obstante, la velocidad con la que lo hace es diferente según su edad, su sexo y su proceso de maduración biológica. De todas formas, pese a estar de forma regularmente secuenciada, crece de manera individual con momentos de aceleración y desaceleración.

La velocidad de crecimiento supone el incremento de talla en diferentes períodos de tiempo, manifestando variaciones significativas. Siguiendo a Vargas (2004), dependiendo de la edad se pueden distinguir tres períodos:

- Un período de crecimiento rápido, que comprende los cuatro primeros años de vida, caracterizado por una disminución progresiva de la velocidad desde aproximadamente 25 cm. durante el primer año hasta unos 12 cm. En el segundo, 10 cm. En el tercero y 8 cm. Durante el cuarto año.
- Un período de crecimiento más lento y sostenido, desde los cuatro años hasta el inicio puberal, con una velocidad de crecimiento que varía entre 4,5 - 7,0 cm/año.
- Un nuevo período rápido durante el desarrollo puberal, en que la velocidad de crecimiento máxima puede llegar hasta 12 cm/año en el varón y 9 cm/año en la mujer.

La progresión en el crecimiento será más o menos acentuada y ubicada en el tiempo según la propia información genética. Hay niños que manifestarán un crecimiento acelerado con diferencias que podrían anticiparse o retrasarse hasta más de dos años. Igualmente, es conveniente recordar que esas alteraciones de tamaño pueden o no estar relacionadas con la maduración (Manila, 2006).

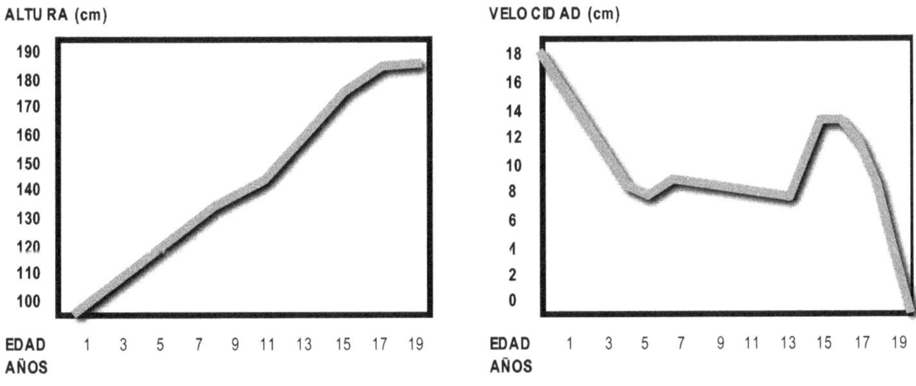

Figura 2. 5.- Ejemplo de dos curvas correspondientes al crecimiento de un niño. A la izquierda, la tendencia en la ganancia de centímetros en estatura con respecto a la edad. A la derecha, la velocidad de crecimiento en cm. (Malina, 2003). Modificado.

La responsabilidad principal sobre dichos cambios de tamaño (de origen genético) está regulado (tal y como hemos apuntado) por ciertas hormonas. Éstas juegan un papel fundamental en el crecimiento y desarrollo físico, especialmente, a través de su acción sobre el tejido óseo, muscular y cartilaginoso.

El crecimiento esquelético, tras el parto, es regulado principalmente por hormona de crecimiento (GH), somatomedinas y hormonas tiroideas principalmente, interviniendo además la hormona paratiroidea y la vitamina D en el desarrollo esquelético. Este fenómeno, además del momento de la vida, se ve influido por el sexo ya que desde el instante del nacimiento ya suelen tener más talla y peso los niños que las niñas, coincidiendo las mayores variaciones en el momento de la pubertad.

A partir de esa edad, los esteroides sexuales tienen especial importancia en este cometido. Éstas últimas (andrógenos y estrógenos), tienen además cometidos de regulación en la distribución de grasa y aumento de la masa muscular, siendo máximo el énfasis durante la pubertad y la adolescencia.

La velocidad de crecimiento también puede verse influida por las estaciones del año. Al respecto, sabemos que existen diferentes trabajos que sugieren mayor aceleración en primavera y verano con respecto a la que se puede producir en otoño e invierno.

Influencias de la práctica deportiva en el crecimiento

Es sabido que el crecimiento va incluido en el programa genético. No obstante, existen ciertas discrepancias acerca de si el ejercicio bien aplicado puede influir en este fenómeno. Está extendida la idea sobre que, por el hecho de entrenar, el chico no va ser ni más alto ni más bajo que si no se ejercitase ya que el ejercicio físico no acelera la maduración ósea. No obstante, se comprueba que los chicos que destacan en edades tempranas tienen una maduración ósea anticipada.

Sobre la influencia en el crecimiento de un niño a través de la práctica deportiva, es importante afirmar que no existe tal influencia (Malina, 2003). Esto sugiere que un niño con una nutrición correcta tiene regulada su estatura desde la genética y, sea cual sea su actividad, ésta viene marcada al llegar a la edad adulta si no se interfiere en ella con otro tipo de tratamientos (hormona de crecimiento, etc.).

No obstante, esta tendencia, si no discutible, al menos es matizable. Según Izquierdo e Ibáñez (2012), existen estudios longitudinales desarrollados con chicos de ambos sexos que practican diferentes deportes, en edades comprendidas entre 8 y 18 años que son más altos y más pesados que chicos y chicas de la misma edad y que no practican deporte. Según estos autores, el mayor peso puede deberse a al incremento de la masa muscular que aparece pasada la pubertad y, en lo que respecta al crecimiento, puede deberse al adelantamiento en la edad ósea, junto con el entrenamiento y la posible mejora de la alimentación. No obstante, cabría la duda razonable si estas diferencias apreciadas podrían deberse a un proceso de selección natural en la que podría haber influido el hecho de que los chicos que practican deporte, son generalmente más altos y más fuertes que los que no lo practican.

De todas formas, sí que parece que, mediante ciertas prácticas, se puede incidir negativamente en la estatura definitiva de los niños. Existen actuaciones o manipulaciones realizadas en algunos deportes que pudieran incidir negativamente en el crecimiento (Mc Keag, 1991), (Blimkie, 1993). Esto podría ser perceptible en algunos y algunas deportistas de especialidades tales como la gimnasia artística, saltos de trampolín, etc., en los que la estatura puede resultar un hándicap en el rendimiento. Igualmente, la estatura final puede verse influida negativamente mediante cuadros de anorexia o bien con la aplicación de cierto tipo de tratamientos.

Existen prácticas asociadas a ciertos deportes que pueden incidir en la reducción de la estatura potencial que viene incluida en los genes del niño (Izquierdo e Ibáñez, 2012):

- √ Influenciada por la pérdida de peso con un porcentaje bajo en grasas que puede derivar en anorexia. Como consecuencia, el entrenador-formador debería estar atento a los momentos de aceleración y desaceleración con el fin de adoptar las acciones más pertinentes en cada instante con la aplicación de las cargas de entrenamiento y una preocupación por el factor nutrición del o de la deportista. Un deportista en proceso de desarrollo puede verse sometido a dietas extremas con déficit de calorías y nutrientes, pudiéndose ver con problemas derivados de la disminución de peso corporal.
- √ Uso de medicamentos para mejorar el rendimiento físico. Especialmente los esteroides anabolizantes. Éstos, además de estar considerados como dopaje, son particularmente dañinos en el joven que todavía no ha completado su desarrollo, produciéndose efectos secundarios tal cual es el cierre prematuro de las epífisis (la zona donde crecen los huesos), con lo que evidentemente queda comprometido su potencial de crecimiento.

El componente graso y el peso

Se sabe que los niños deportistas tienen un menor porcentaje graso, en relación con los no deportistas. Esto sería consecuencia de un mayor gasto de energía diario y también debido a que muchos siguen una dieta determinada.

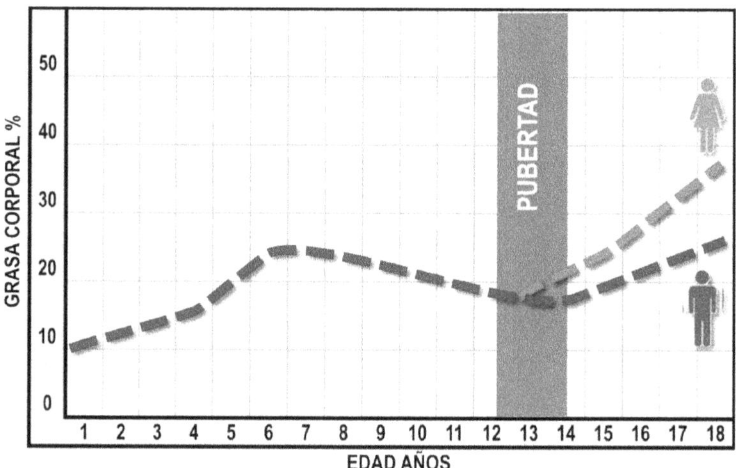

Figura 2. 6.- Evolución aproximada del porcentaje de grasa corporal en chicos y chicas.

Por sexos, en los varones deportistas y no deportistas se observa un descenso en el porcentaje graso durante la adolescencia, aunque los deportistas tienden a adquirir un porcentaje graso menor. En las chicas se aprecia un mayor componente a partir de la pubertad. No obstante, en las que son deportistas, este aumento suele ser menor, principalmente debido, igualmente, al mayor consumo energético y a otros cuidados en a alimentación.

QUÉ ENTENDEMOS POR MADURACIÓN.

La maduración consiste en un proceso de evolución biológica de los sistemas hasta que éstos llegan a su máxima potencialidad. Coincide con el momento "final" de un proceso evolutivo. En este sentido, se debe distinguir entre el proceso de maduración y la maduración en sí como el final del proceso (Figura 2.7).

Desde este punto de vista, se entiende como el conjunto de fenómenos de diferenciación celular que determinan la aparición de determinadas funciones en el organismo (Asensio, 1987). Según Le Boulch (1964), la maduración *"consiste en hacer funcionales a todas las estructuras que sólo existían a nivel potencial"*.

Este fenómeno hace referencia a una serie de aptitudes alcanzadas por el individuo a lo largo de su desarrollo, aptitudes que no se alcanzan en un momento determinado ya que se ven influidas por el mapa genético siendo éste de carácter individual.

Hay que añadir que no todas las aptitudes maduran al mismo tiempo y que tampoco lo hacen por igual según de qué sujetos se trate.

Figura 2. 7.- La maduración resulta el final del proceso.

La expresión conlleva varias concepciones según se defina desde el punto de vista de diferentes ciencias:

- Desde el punto de vista de la **biología**, hace referencia a la finalización del desarrollo de los órganos en sus diferentes sistemas. Esto sugiere que se puede hablar de maduración biológica referida al tiempo y al ritmo de los progresos hacia el estado final. Para su identificación, a menudo se utiliza maduración esquelética (edad esquelética), sexual (características sexuales secundarias) y somática (edad durante el pico de velocidad de crecimiento en altura), (Malina, 2006).
- Desde el punto de vista de la **psicología** nos referimos al momento en el que se llega a la plenitud de las capacidades mentales.

El proceso de maduración viene determinado por el ritmo y la transición de unas etapas de desarrollo a otras y resulta un tanto peculiar en cada momento, tanto en sus ritmos como en su cualificación.

La temporalización en los procesos de maduración es un tanto "caprichosa" y no se puede hablar, de manera categórica, que un individuo ha madurado en un momento determinado. Esto es debido a que se produce en diferentes partes del organismo y a diferentes edades.

Los diferentes órganos y sistemas maduran de modo un tanto "caprichoso", por lo que es importante describir algunos de ellos de manera particular. En general, la madurez de una persona se mide habitualmente usando uno o más fenómenos entre los que caben destacar *la maduración ósea, la maduración sexual y la maduración muscular.*

La maduración ósea.

Posiblemente se trata del mejor método para la valoración del estado de maduración de un niño.

El progreso de maduración del esqueleto (los huesos más estudiados tradicionalmente han sido los de la mano y muñeca izquierda) puede ser monitorizado, y su evolución puede ser evaluada mediante la estandarización de placas de rayos X. La edad ósea de un niño se relaciona siempre con su edad cronológica (tratada más adelante). Con ello se sabe si un niño tiene una maduración ósea adelantada, retrasada o está en la normalidad.

Un niño cuya edad ósea esté en más o menos un año con relación a su edad cronológica estará dentro del grupo clasificado como de madurez dentro de la media.

El desarrollo del hueso

Se sabe que la masa ósea de una persona aumenta durante la infancia y la adolescencia.

En los recién nacidos el sistema óseo se compone principalmente de cartílago, el cual, se va transformando en tejido óseo con un ritmo determinado por una serie de aspectos (Martin et al, 2004):

- Por la información genética.
- Por la nutrición que deberá llevar suficientes minerales calcio principalmente y vitaminas.
- Por el sexo.

La ganancia de masa ósea durante la niñez y la juventud puede ser determinante para el contenido en la edad adulta. Hay que tener presente que el pico de esa masa ósea está ligado a los hábitos de vida pero que, en las edades que tratamos en este libro, debería procurarse que la mineralización de los huesos de los chicos ocupara un lugar importante en su tratamiento.

Lo anterior es especialmente importante en las niñas que entran en la pubertad. Para algunos autores, una menarquia retrasada, en sí misma, no parece ser un factor de riesgo de las fracturas de estrés para algunos estudiosos del tema. Sin embargo, otros encuentran una relación entre el retraso de este fenómeno con el riesgo de sufrir fracturas de estrés.

¿INFLUYE LA PRÁCTICA DEPORTIVA EN LA MADURACIÓN ÓSEA?

Se sabe que las personas de cualquier edad que practican una actividad física regularmente tienen más masa ósea, lo que significa que tienen huesos más fuertes. También es conocido que para tener un hueso más fuerte también hay que tomar una alimentación adecuada en calcio y vitamina D, así como evitar elementos nocivos como pueden ser el tabaco y el exceso de consumo de alcohol.

Por otra parte, existen estudios con niños que entrenaban habitualmente en diferentes deportes (gimnasia, tenis, ciclismo, remo...) que indican que el proceso de maduración ósea no se ve afectado por el entrenamiento deportivo. No obstante, también existen estudios que han observado que la mineralización del hueso (su fortaleza) alcanza el máximo valor en los jóvenes con los niveles más altos de ejercicio físico.

De todas formas, parece existir un umbral, a partir del cual, el entrenamiento deportivo puede tener una influencia negativa sobre la integridad ósea, sobre todo cuando, en las chicas, se acompaña de alteraciones menstruales y una dieta insuficiente en calcio.

Aunque el caso del varón ha sido mucho menos estudiado, algunos trabajos han demostrado que, por ejemplo, cargas muy elevadas de entrenamiento de carrera continua podrían tener también un efecto negativo sobre el hueso. En este sentido, también es conveniente apuntar que otros factores tales como las dietas, errores en los entrenamientos, la superficie donde se practica, etc., también parecen estar relacionados con ciertos tipos de lesiones en los huesos.

Resumiendo, todo lo anterior induce a pensar que pudiera existir un *nivel de umbral de ejercicio* que estimularía la formación de hueso, por encima del cual, se conseguiría el efecto contrario con reducción de la masa ósea.

LA MADURACIÓN SEXUAL.

El conocimiento sobre la madurez sexual está basado en el estudio de los caracteres sexuales. Ésta puede ser observada, de forma muy aproximada, a través de los caracteres secundarios.

En las chicas.

Existen estudios longitudinales que concluyen que la edad de aparición de la menarquía en las chicas que practican ciertos deportes (por ejemplo, especialidades con componentes de resistencia) es más tardía que el resto de la población. De todas formas, esto sigue estando controvertido porque continúa sin saberse si se debe directamente al entrenamiento (Izquierdo e Ibáñez, 2012). Estos autores indican otros aspectos que pueden influir en los retrasos y que pueden sesgar las conclusiones (la delgadez que se considera adecuada para el rendimiento en ciertas especialidades, el estrés psicológico, ciertos casos extremos de fatiga o sobre entrenamiento, etc.).

En situaciones normales los caracteres aparecen por el siguiente orden:

- Desarrollo de las mamas (senos)
- Aparición de vello en el área púbica.
- Aparición de vello en las axilas.
- Aparición de la primera menstruación.

Algunas niñas pueden tener patrones distintos. Le crecen las mamas a una edad muy temprana pero no tienen ninguna otra seña de desarrollo sexual. Unas tienen vello en el pubis y en las axilas antes de mostrar otras señas de desarrollo sexual. Estos cambios en patrón usualmente no significan que exista un problema, pero sería conveniente una revisión médica para mayor seguridad.

Aunque la elevación inicial de los pechos es habitualmente el primer signo evidente de maduración sexual en chicas, la menarquia (el primer período menstrual) es el indicador de madurez más comúnmente utilizado en las mujeres púberes.

Al respecto, existe la posibilidad de ciertos retrasos en la aparición de la pubertad y que puede ser identificado mediante los ciertos síntomas:

- No se les ha desarrollado el tejido mamario a los 14 años.
- No han tenido períodos durante cinco años o más después de la primera aparición de tejido mamario.

Dependiendo de los países, generalmente asumimos que la edad media de la menarquia en una población es 13 años y que aquellas chicas, cuya edad de menarquia esté comprendida en más o menos un año de esta edad (entre los 12 y 14 años) son clasificadas como de madurez dentro de la media. Las chicas con una edad para la primera regla por debajo de los 12 años serían clasificadas como de madurez temprana, y las que estén por encima de los 14 años lo serían como de madurez tardía.

En los chicos.

En situaciones normales los caracteres aparecen por el siguiente orden:

1. Crecimiento de testículos y pene.
2. Aparición de vello en el área púbica y en las axilas.
3. Un ligero crecimiento de tejido mamario.
4. La voz se hace más grave.
5. Desarrollo muscular.
6. Aparición de vello facial y el acné.

La pubertad puede retrasarse y para la identificación de este retraso se podría observar la siguiente sintomatología:

- No se les han desarrollado los testículos a los 14 años.
- El desarrollo de los órganos masculinos no se ha completado cinco años después de que comenzaron a desarrollarse.

El estudio del desarrollo de los caracteres sexuales secundarios se resume habitualmente en 5 estadios para cada uno de ellos. El estadio 1 indica un estado prepuberal, es decir ausencia de desarrollo en ninguno de los caracteres sexuales descritos, y el estadio 5 está relacionado con el estado adulto.

Algunas observaciones sobre la influencia de la práctica deportiva en la maduración sexual.

Existen estudios que sugieren que en las chicas que realizan deporte de rendimiento, la menarquía aparece más tarde que aquellas que son más sedentarias. No obstante, también hay autores que indican que hay que ser cautos en estas afirmaciones ya que existen también muchas chicas deportistas a las cuáles se les adelantó su primera regla antes de la población no deportista. En este sentido, entendemos que habría que identificar este proceso, relacionándolo con la especialidad deportiva y el tiempo de actividad realizada.

La mayor parte de los estudios publicados sobre este asunto se refieren a la edad de aparición de la primera regla en las chicas que practican deporte, comparada con la de la población en general. Estos estudios han encontrado que el entrenamiento físico se acompaña de un retraso en el comienzo de los ciclos menstruales. Por ejemplo, la edad de la menarquia en las chicas americanas sanas es, de media, a los 12.5 años, mientras que en las deportistas la menarquia comienza a los 13.5 años o incluso más tarde (Malina, 2003).

Existe una teoría, generalmente aceptada, que relaciona la aparición de la primera regla con la existencia de un peso corporal "crítico" o de un porcentaje graso mínimo, es decir, teóricamente una chica necesitaría % graso (17%) mínimos para ser capaz de concebir y ser madre. En consecuencia, un entrenamiento físico muy exigente podría interferir en que las deportistas alcancen este umbral.

Además de las dietas y de la pérdida de peso, existen otras variables relacionadas con factores genéticos, con el estrés psicológico y con el sobre entrenamiento que también pueden contribuir a este retraso en la aparición de la primera regla.

La maduración muscular

Pese a que, en este caso, deberíamos hablar más de desarrollo, estimamos interesante contemplar aquí este contenido.

Parece ser que los efectos del entrenamiento físico sobre el tejido muscular del púber y del adolescente son similares a los observados en los adultos jóvenes y las adaptaciones son específicas dependen, en gran parte, del programa de entrenamiento.

En adolescentes se observa generalmente una hipertrofia muscular después de entrenamiento de fuerza, un aumento en la actividad de la SHD (enzima muscular que interviene en los procesos aeróbicos) con el entrenamiento de resistencia aeróbica, y un aumento de la actividad de la PFK (enzima muscular que interviene en los procesos anaeróbicos) con el entrenamiento de velocidad. En consecuencia, se producen adaptaciones musculares similares a las que se observan en el adulto.

En cambio, cuando se trata de niños en edades prepuberales (aproximadamente, antes de los 12 años en chicos y antes de los 11 en las chicas), estas adaptaciones musculares pueden no manifestarse, o manifestarse de forma menos evidente (tema que tratamos en otros capítulos).

Por otra parte, existen dudas acerca de si en un deportista de estas edades prepuberales puede modificarse la distribución del tipo de fibras (FtII, FtI y St), como resultado del entrenamiento físico.

Observaciones acerca de la maduración en general.

Tras todo lo tratado sobre este aspecto, es conveniente apuntar que los niños que se anticipan en su madurez sexual tienen ventajas a la hora de alcanzar rendimiento deportivo, sobre aquellos en los que se retrasa.

En general, el rendimiento físico del niño está relacionado con su madurez biológica. Por ejemplo, se sabe que la edad ósea predice mejor el rendimiento físico que la edad cronológica. Una madurez adelantada influye positivamente sobre diferentes variables relacionadas con la aptitud física. Se asocia a niños más altos, con una mayor masa muscular y un mayor volumen cardiaco. Todo ello ejerce un efecto positivo en el desarrollo de la potencia aeróbica, de la fuerza muscular y de la resistencia anaeróbica.

Los órganos y sistemas maduran en diferentes momentos y en diferentes etapas lo que obliga al entrenador a estar atento a esos momentos porque son determinantes para aplicar según qué cargas de entrenamiento y qué tareas o ejercicios.

2.2. EL DESFASE ENTRE SEXOS. INFLUENCIAS EN EL ENTRENAMIENTO.

Aparte de los órganos sexuales, ya desde el nacimiento, se aprecian diferencias entre lo niños y las niñas. Ya hemos visto que ellos son más grandes y pesan más que ellas. No obstante, las mayores diferencias surgen a partir de la entrada a la pubertad.

Existen divergencias referentes al desarrollo que se deben identificar ya que han de ser tenidas en cuenta como a la hora de entrenar en cada momento y en cada fase.

De forma general, a pesar de que el niño y la niña se van desarrollando existen diferenciaciones inherentes a cada sexo que van caracterizando a cada individuo. Éstas divergencias no se limitan a aspectos meramente estructurales o estéticas. Son de diferente índole (anatómicas, fisiológicas, psicológicas, etc.) y el hecho de conocerlas y comprenderlas ayudarán al entrenador-formador a tomar las decisiones que correspondan a cada momento.

De estas desigualdades tiene gran responsabilidad el sistema endocrino. Las glándulas producen diferentes tipos de hormonas, algunas de las cuales, van definiendo las características de cada género, mientras otras son encargadas de otras funciones similares para ambos sexos.

A partir de la segunda infancia, las chicas se desarrollan antes que los chicos. Las grandes diferenciaciones aparecen pasada la pubertad, pudiendo llegar el desfase hasta a ser superior a los dos años. Estas diferencias no son solamente en aspectos biológicos ya que también afectan a nivel psicológico.

Llegados a los preludios de la pubertad, empiezan a manifestarse los caracteres sexuales secundarios en la mayoría de los chicos y las chicas. Dado que ellas se adelantan en el desarrollo, consecuentemente también lo hacen sus caracteres sexuales. Algunos de estos caracteres, ya se ha visto que son observables a simple vista y pueden ayudar al técnico a tomar las decisiones a la hora de decidir el tipo de actividades adecuadas en cada momento.

Debido a esas diferenciaciones en el desarrollo, a ciertas edades, las chicas pueden superar a los chicos en especialidades en las que predominen cualidades condicionales (fuerza y velocidad principalmente). Es frecuente ver cómo a los 9 años hay chicas en el colectivo de una clase, que superan en rendimiento a los chicos. Luego, ya desde uno o dos años antes de la entrada en la pubertad, los chicos generalmente obtienen mejores resultados que las chicas (figura 2.8).

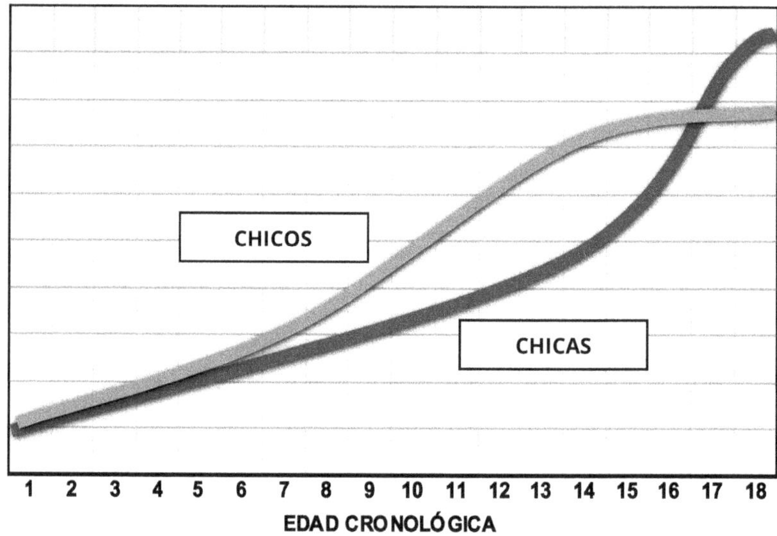

Figura 2. 8.- Diferencia aproximada en el proceso de desarrollo general entre chicos y chicas en función de la edad. Esto influye en el rendimiento deportivo.

ALGUNAS DESIGUALDADES DIGNAS DE SER TENIDAS EN CUENTA.

Las diferencias se observan fundamentalmente en edad adulta. No obstante, éstas se van mostrando a lo largo del tiempo en el que se produce el desarrollo, por lo que sería preciso prestar atención a esas manifestaciones ya que el entrenamiento puede verse afectado. En este sentido, es conveniente matizar que se habla para la generalidad, que existen excepciones y que habrá que individualizar las actividades que se vayan a programar.

Debido a esas divergencias, hay momentos en la vida deportiva en los que chicos y chicas de la misma edad deberán tener diferentes objetivos de entrenamiento y, en consecuencia, diferentes contenidos y orientaciones en las cargas a aplicar.

Entre las discrepancias más importantes que pueden influir en el entrenamiento y en el rendimiento que de deberían ser tenidas en cuenta a la hora diseñar las cargas de entrenamiento hemos considerado las que exponemos a continuación.

Diferencias morfológicas:

- *Talla*: El hombre llega a alcanzar una altura superior a la mujer entre 8 y 10 cm. Con respecto a las extremidades, también son más largas en los varones, especialmente las inferiores ya que las mujeres tienen, proporcionalmente, más largo el tronco. Esto influirá en el rendimiento deportivo ya que el hombre goza de mayores palancas.

- *Peso*: La mujer pesa alrededor de 10-15 kg menos que el hombre, al tiempo que tiene mayor porcentaje de grasa (alrededor de 5-6 Kg más).
- *Masa muscular*: Los hombres tienen más masa muscular y su músculo tiene menos porcentaje de grasa. Por ello, las mujeres tienen cierta desventaja a la hora de realizar ejercicios con implicación de fuerza o de resistencia. Por el contrario, las mujeres están más capacitadas a nivel de movilidad articular. En lo que respecta a las fibras musculares, no parece que se aprecien diferencias en los porcentajes de fibras Ft (rápidas) y St (resistentes) entre hombres y mujeres.
- *Sobre la masa ósea*. La mujer tiene alrededor de un 5% menos que el hombre y una distribución diferente. Como más palpable nos encontramos con el ensanchamiento pélvico (Mazzeo, 2009).

Diferencias hemodinámicas.

- Las mujeres tienen menor número de hematíes, menor hematocrito y menor concentración de hemoglobina (en las mujeres se obtienen concentraciones de 13,5-13,8 por 15,8 a 16,0 en hombres) (Mazzeo, 2009), por lo que su capacidad de transportar oxígeno es inferior. Además, ante las perdidas debidas a la menstruación son más propensas a sufrir anemias ferropénicas. Se aprecia una menor cantidad de glóbulos rojos (5.000.000 en los hombres por 4.500.000 en las mujeres.
- El tamaño del corazón en varones puede llegar a 750 cm^3 por 550 cm^3 para las hembras.
- La frecuencia cardiaca, tanto en reposo como para cualquier tipo de esfuerzo se aprecia ligeramente mayor en las mujeres.

Diferencias respiratorias.

- Las mujeres tienen menor caja torácica, lo que significa una menor capacidad ventilatoria que debe suplir con una mayor frecuencia respiratoria para compensar. Igualmente, su respiración es más torácica que abdominal, mientras que la del hombre que es más abdominal con mayor trabajo del músculo diafragma por lo que ellas deben forzar más los músculos respiratorios del tórax.

- Por lo general, en las chicas se aprecia un 75-80% capacidad vital con respecto de los chicos, al llegar a la adolescencia y juventud (Mazzeo, 2009).

Diferencias endocrinas.

- La producción de testosterona en las mujeres es muy inferior a la de los hombres. Dado que ésta tiene gran protagonismo en el desarrollo de la fuerza hace que, en comparación, que las chicas vean limitadas sus posibilidades con respecto de los hombres, aunque entrenen las mismas cargas proporcionalmente.
- Las mujeres, en cambio producen mayor cantidad de estrógenos, lo que puede interferir en el desarrollo muscular y contribuir a una mayor acumulación de grasa.

Diferencias metabólicas.

- El metabolismo se ve influenciado por el sistema enzimático. Con respecto a las diferencias entre este sistema, tanto en cantidad como en actividad, de las enzimas que determinan las vías metabólicas energéticas, no demuestran diferencias sustanciales entre ambos sexos. En este sentido, no parece ser este el principal aspecto que pueda diferenciar el rendimiento.
- El consumo de oxígeno (VO_2) y el consumo máximo de oxígeno (VO_2max) son inferiores (hasta un 25%) en las mujeres. Existe la posibilidad de que las causas no se deban al metabolismo sino más bien a las diferencias hemodinámicas (anteriormente tratadas).

Diferencias de termorregulación

- La mujer tiene menor capacidad para producir calor. En cambio, su mayor porcentaje de grasa le facilita mayor aislamiento. Como consecuencia, su capacidad para eliminarlo, también es menor.
- Por otra parte, la proporción entre la superficie del cuerpo y el propio peso es mayor en la mujer y como resultado, ésta puede ganar calor más rápidamente que el hombre.

Diferencias neurales.

- A nivel neuromuscular no se aprecian diferencias sustanciales entre hombres y mujeres. Por ello, en todas las cualidades y habilidades relacionadas (velocidad de reacción, frecuencia de movimientos, velocidad de acción, adquisición de habilidades, etc.) no se aprecian divergencias entre ambos sexos.

A la vista de las diferencias enumeradas y algunas otras, es fácil deducir que, en igualdad de condiciones y a medida que se van aproximando a la edad adulta, las mujeres tienen mayores limitaciones que los hombres para ejercicios que impliquen velocidad, fuerza o resistencia.

Cabe añadir con respecto a esas menores prestaciones de rendimiento en entrenamiento o en competición por parte de las chicas, que también se ve aumentada por un plus de dificultades de origen social para poder dedicarse en igualdad con los hombres. Esto sugiere la necesidad de más y mejores programas de apoyos específicos para ellas, con intervenciones diferenciadas en los distintos ámbitos tanto sociales como deportivos.

A modo de resumen, en la tabla 2.1 hemos recogido orientaciones sobre datos que refleja la bibliografía. Se trata simplemente de aproximaciones ya que pueden diferir dependiendo de muchas variables (edad cronológica-biológica, población y país, etc.). Se parte del supuesto de edades pasada la adolescencia.

CATEGORÍA		VARONES	HEMBRAS
MORFOLÓGICAS	TALLA	+	-
	PESO	+	-
	MASA MUSCULAR	+	-
	MASA GRASA	-	+
	MASA ÓSEA	+	-
HEMODINÁMICAS	HEMATÍES	+	-
	TAMAÑO CORAZÓN	+	-
	FRECUENCIA CARDÍACA	-	+
	HEMOGLOBINA	+	-

CATEGORÍA		VARONES	HEMBRAS
RESPIRATORIAS	CAPACIDAD VITAL	+	-
	FRECUENCIA RESPIRATORIA	=	=
ENDOCRINAS	ANDRÓGENOS	+	-
	ESTRÓGENOS	-	+
METABÓLICAS	ENZIMAS	=	=
	VO2 MAX	+	-
DE TERMORREGULACIÓN		+	-
NEURALES			

Tabla 2. 1.- Algunas diferencias entre parámetros entre chicos y chicas que pueden influir en el rendimiento en actividades deportivas.

La menstruación, una de las mayores diferencias.

La mujer tiene un ciclo que dura alrededor de 28 días en los que sufre una serie de alteraciones debido al proceso de menstruación. Este período puede tener influencias en el rendimiento, por lo que debería ser tenido en cuenta, especialmente durante la pubertad y en su aspecto psicológico. En esos momentos pueden aparecer dudas en las chicas y es importante que dispongan de la información correcta, eliminando tabúes y mitigando la trascendencia que, a priori, pudieran suponer. A media que avanzan en su cualificación, es importante que ellas le resten importancia a este tema, tal y como sucede con las deportistas de alto rendimiento en las que no suele alterarse el ritmo de entrenamientos.

En la figura 2.9 se expone una gráfica aproximada del rendimiento, así como la evolución que puede sufrir el peso corporal de las chicas, en función del ciclo menstrual.

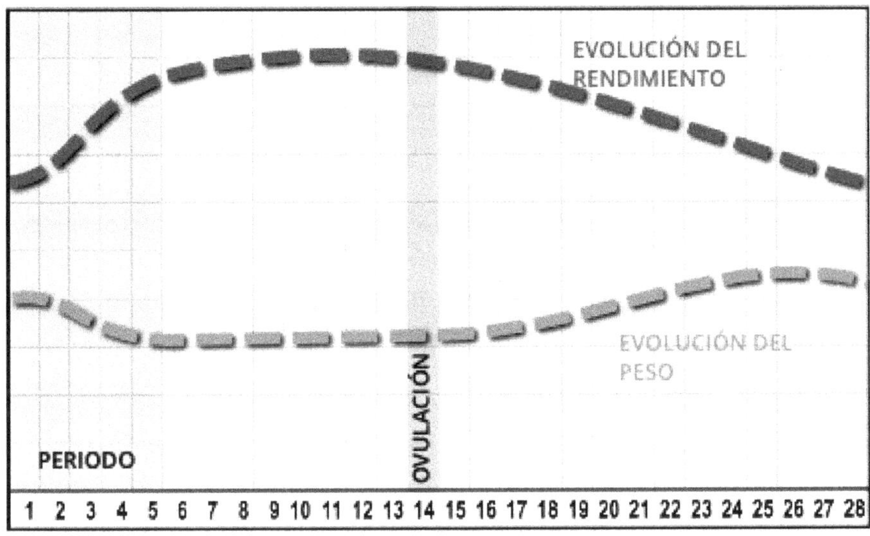

Figura 2. 9.- Dinámica aproximada del rendimiento y del peso corporal en las chicas, a lo largo de un ciclo menstrual.

2.3. EL DESFASE ENTRE EDADES. LA EDAD CRONOLÓGICA Y LA EDAD BIOLÓGICA.

Son aspectos que vienen relacionados con el desarrollo, cuyos procesos hemos visto que se desenvuelven de manera irregular, con acelerones o frenazos. Éstos dependen, en gran parte, de la información genética, pudiendo llegar a ser muy diferenciados de unos individuos a otros y sin que existan unas reglas fijas para actuar de una manera determinada.

Todo sugiere que pueden existir discrepancias sustanciales entre la edad que tiene un niño o una niña o un o una adolescente con respecto a su desarrollo real. En este sentido, estas particularidades deberían ser muy tenidas en cuenta a la hora de actuar en cada momento al aplicar unos u otros contenidos de entrenamiento

Hay algunos niños se desarrollan antes y de forma más acelerada, mientras que otros lo hacen más tarde y de forma más retardada. Pueden, incluso, aparecer desproporciones equivalentes de hasta tres años. Por consiguiente, es muy importante que el entrenador distinga entre estos los conceptos de edad cronológica y edad biológica para poder identificarlos ya que esas diferencias pueden inducir a errores que repercutirán en la aplicación de entrenamientos adecuados o inadecuados.

LA EDAD CRONOLÓGICA.

Coincide con la edad real a referida al calendario, tomada desde el nacimiento hasta el momento actual, por lo que coincide con el tiempo de vida del niño. Este concepto es el que suele prevalecer a la hora de agrupar a los deportistas por categorías, lo que induce a importantes fracasos debido a las falsas expectativas que pudiera originar en el joven deportista. Resulta frecuente encontrarse en un colectivo de niños con una misma edad cronológica en el que algunos ya han entrado en la pubertad mientras otros aún siguen con las características y rasgos de la prepubertad o de la infancia.

LA EDAD BIOLÓGICA.

Hace referencia al nivel de desarrollo (en sus dos aspectos de crecimiento y maduración) que tiene el niño, sin tener en cuenta el tiempo que lleva de vida. Esta edad es difícil de apreciar ya que, tal y como hemos visto, el desarrollo no se produce de forma lineal sino a tirones, con grandes desproporciones y por partes diferenciadas. Es posible que un niño haya desarrollado mucho a nivel muscular y se encuentre retrasado a nivel esquelético o funcional.

En un grupo de niños que han nacido en el mismo año nos podríamos encontrar muchas diferencias. En una clase en la que se encuentran 30 niños nacidos en el mismo año y con 13 años de edad, podemos hallar un grupo que se encuentra en un estado total de infancia, otro grupo que lleva un desarrollo de acuerdo a esa edad y otro grupo que ya presenta caracteres sexuales secundarios y que se encuentran totalmente inmersos en la pubertad.

Si a esos chicos se les hace algún test físico o se les hace competir en alguna especialidad en la que el rendimiento está determinado principalmente por cualidades condicionales (fuerza, velocidad o resistencia), los últimos tendrán ventaja sobre los primeros ya que hay ciertas cualidades que ya se hayan manifestado, mientras que, en los primeros, este fenómeno aún no se ha producido o lo ha hecho solo parcialmente.

¿Quiere esto decir que los últimos tienen más talento deportivo? Por supuesto, la respuesta es negativa. Lo que quiere decir es que llevan dos años o más de adelanto en su desarrollo o, lo que es lo mismo, tienen mayor edad biológica.

En ese caso, si el entrenador-formador no es consciente del problema, puede originar falsas expectativas. Si no es capaz de apreciar esas diferencias, no sabrá si se encuentra ante un chico con talento deportivo o simplemente ante un individuo que se ha anticipado algunos años en su desarrollo, con respecto al colectivo.

Con todo ello, es muy posible que caiga en el error de no identificar que aquellos que destacan, es solo debido a una aceleración en el desarrollo, ni que los que no sobresalen puede deberse simplemente a su retraso. Por otra parte, perderá la perspectiva, bastante generalizada de que, entre estos últimos, puede estar el verdadero talento en un futuro.

Esas falsas expectativas pueden hacer que provoquen confusionismo tanto en el entrenador como en los propios chicos y puede provocar decepciones y abandono de la práctica en cualquiera de los grupos. Así pues, en esos colectivos que nos podemos encontrar pueden aparecer una serie de problemas que deberán ser atajados:

- Niños o niñas con desarrollo medio, en los que existe coincidencia entre la edad cronológica y su edad biológica. Éstos, al no existir desfases, no deberían crear demasiados problemas.
- Niños o niñas con desarrollo avanzado que se anticipan hasta dos años o más en su desarrollo, también conocidos como *niños maduradores precoces*. Estos individuos pueden destacar en el rendimiento deportivo, no por sus capacidades sino porque, biológicamente, pueden haberse desarrollado antes. Este hecho puede hacer pensar a deportistas y entrenadores que se trataría de individuos dotados de un talento deportivo cuando la realidad es que se trata de cuasi "adultos compitiendo contra niños". La consecuencia deriva en la probabilidad de falsas perspectivas y de que, pasado un tiempo, estos individuos desarrollan menos y pueden estancarse deportivamente. Entonces surgirán decepciones y frustraciones que les conduzcan al abandono del deporte.
- Niños o niñas con desarrollo retrasado que posponen su desarrollo y se encuentran ante deportistas más desarrollados. Estos chicos con retraso en su desarrollo son también conocidos como *niños maduradores tardíos*. En este caso nos podemos encontrar con desmotivaciones ante el hecho de verse constantemente superados, lo que también puede conducir al abandono. *"Hay niños que se cansan de ir constantemente a perder"*.

  A veces, estos niños pueden tener talento deportivo pero sus cualidades se manifestarán más adelante. Éstos suelen ser más longevos en su carrera deportiva y durar más en el alto rendimiento. Si el entrenador fuese capaz de hacerles ver que, a medio plazo, desarrollarán lo suficiente y que los resultados pueden llegar, existe la posibilidad de que aparezca el talento deportivo, una vez que se vayan manifestando esas cualidades de desarrollo retrasado.

De acuerdo con la clasificación anterior, Izquierdo e Ibáñez (2012), proponen la principal característica que puede identificar a los niños según su desarrollo, relacionándolos con su edad ósea cuando nos referimos a los chicos:

- Chicos con desarrollo medio. Son aquellos cuya edad ósea se encuentra en ±1 año con relación a su edad cronológica.
- Chicos con desarrollo avanzado. Se refiere a aquellos cuya edad ósea sea superior a 1 año con relación a su edad cronológica.
- Chicos con desarrollo retrasado. Se trata de aquello cuya edad ósea es inferior a 1 año con relación a su edad cronológica.

Estos mismos autores, clasifican a las chicas en función de su ciclo menstrual, una vez entradas en la pubertad en las que la edad media estaría alrededor de los 13 años:

- Chicas en las que la su edad de menarquía está comprendida en ±1 año, se consideran de desarrollo medio.
- Chicas cuya edad de menarquía se anticipa en más de 1 año estarían dentro de la categoría de desarrollo avanzado.
- Chicas cuya edad de menarquía se atrasa más de 1 año, estarían dentro de la categoría de desarrollo retardado.

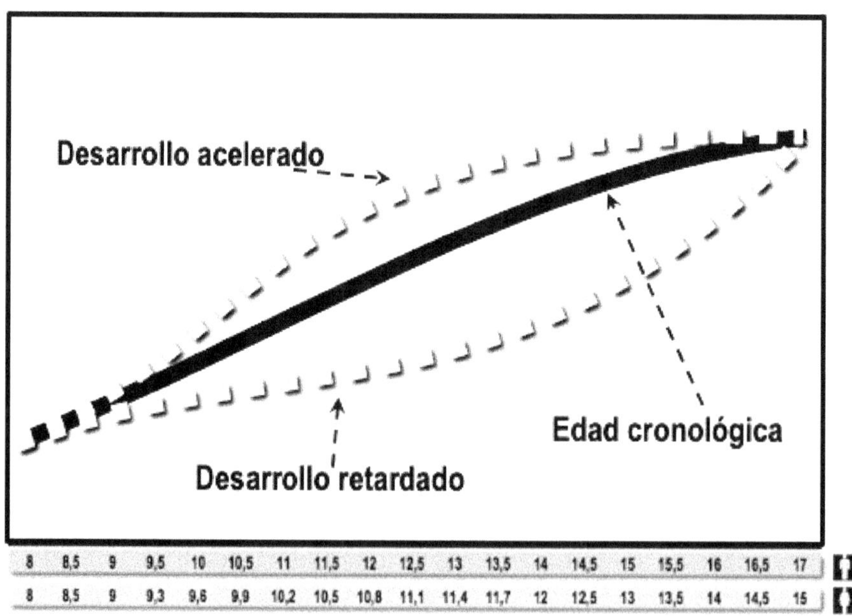

Figura 2. 10.- Posible desfase entre la edad cronológica y la edad biológica. Esta última puede conllevar diferencies tanto en cuanto a su anticipación como a su retraso en el desarrollo.

Basándonos en todo lo expuesto, es deducible que las competiciones por categorías pudieran estar mal planteadas ya que, aunque la edad cronológica de los chicos y chicas sea la misma, al existir esas posibles diferencias en la edad biológica de hasta más de dos años, esto daría mucha ventaja a aquellos chicos con desarrollo más acelerado.

Igualmente, esas diferencias deberían ser tenidas en cuenta en el entrenamiento. Tal y como se expone en capítulos más adelante, puede haber chicos con la misma edad cronológica que, debido a sus posibles diferencias en su edad biológica, deberían estar aplicando diferentes contenidos de entrenamiento.

LA HERENCIA COMO FACTOR DETERMINANTE DE LA EDAD BIOLÓGICA.

Anteriormente ya hemos hecho referencia a los factores hereditarios como uno de los aspectos más determinantes del talento deportivo.

Hay que partir de la base de que el entrenador no hace milagros. Sus posibilidades se limitan a conducir al joven para que desarrolle al máximo la potencialidad que posee por herencia. Si el deportista ha heredado una potencialidad grande y se van dando los pasos correctos en su formación deportiva, aparecerá el campeón a largo plazo. Por el contrario, si esta potencialidad no pasa de la media, solamente se podrá formar un atleta de nivel medio.

Para que el entrenador pueda llevar a un joven atleta desde que comienza su carrera deportiva hasta la elite, este último debe poseer talento, es decir, que el primero tiene que contar con una buena materia prima.

Lo hereditario y lo congénito.

Los genes contienen toda la información necesaria para la transmisión de los rasgos del progenitor. En este sentido, conviene aclarar que existen diferencias entre estos dos conceptos (Pedrosa, 1976):

Se entiende por *hereditario* todo aquello que es transmitido de padres a hijos a través de las células sexuales y se forma desde el primer momento en que se origina el cigoto.

Se entiende por *congénito* todo aquello que el hijo trae consigo al momento de nacer, bien por haberlo recibido por la herencia o bien por efecto de las influencias recibidas en su entorno intrauterino durante la gestación.

De aquí la importancia de que ya desde el proceso del embarazo, el feto vaya recibiendo estímulos auditivos, ejercicios de la madre, etc.

Los caracteres hereditarios.

La herencia consiste en la transmisión de una serie de caracteres que pasan de padres a hijos o a nietos. Estos caracteres hereditarios se pueden clasificar en dos grupos:

- Caracteres hereditarios estables. Son aquellos en los que apenas se puede incidir. Entre ellos se encuentran, por ejemplo: la velocidad de conducción nerviosa, la talla, la proporción entre fibras rápidas y resistentes, etc.
- Caracteres hereditarios lábiles. Son aquellos susceptibles de transformación en base de estímulos de diferente índole que se vayan introduciendo a lo largo del proceso de desarrollo. En este apartado se encuentran las capacidades físicas básicas y las habilidades y destrezas. Éstos suponen la potencialidad del individuo e indican hasta dónde podrá llegar si todos los estímulos que vaya recibiendo son los adecuados. En este sentido, hay que reseñar que el factor entrenabilidad también tiene un alto componente hereditario, por lo que es determinante en la progresión del joven deportista.

2.4. LAS ETAPAS DE DESARROLLO.

La vida del ser humano se desenvuelve a través de sucesivas etapas que tienen características especiales. Cada una de éstas puede ser identificada por un cúmulo de rasgos e indicadores que deberían ser conocidos para actuar en consecuencia ya que requieren tratamientos distintos, tanto en lo referente al aspecto técnico deportivo como al psicológico o pedagógico.

Existen fases o etapas distintas a lo largo del desarrollo que se rigen por normas constantes, pese a la fluctuación debida a las características individuales.

Estos periodos transitan de unos a otros de manera un tanto particular. Por ello, todo intento de generalizar resulta un tanto utópico ya que no existe un acuerdo unánime para determinar cuántas, cuáles y cómo se denominan. Tampoco se pueden acotar con exactitud en el tiempo ni decir, con exactitud, cuándo comienza y cuándo termina cada una ya que, tal y como venimos diciendo, en el desarrollo influyen diversos factores individuales, sociales y culturales.

En líneas generales se podría decir que cada ser humano tiene su propio ritmo y sus fases conllevan franjas temporales particulares. Por ello, el entrenador – formador debe saber cómo actuar en cada momento, tanto en sus acciones directas como a través de su influencia en los niños, para no descuidar todo aquello que le irá formando en las aptitudes y actitudes que necesitará para formarse, no solo deportivamente sin también como persona.

La división del proceso evolutivo en fases o etapas, se hace necesaria para poder establecer pautas aproximadas a la hora de incidir en la formación deportiva del "futuro campeón".

En la literatura abundan clasificaciones que tratan de aproximarse a los momentos en los que se producen los cambios más sustanciales en los primeros años de vida, para definir las etapas en las que se van desarrollando chicos y chicas. Según la fuente existen considerables diferencias, no solamente en cuanto a la terminología sino también en cuanto a la cronología.

Hay que reseñar que las transiciones de unas etapas a otras no deben interpretarse como departamentos estancos ya que, tanto la edad como las características que se dan en cada una, dependen de muchas variables (entorno, medio, información genética, climatología, etc.). Por ello, deberían interpretarse siempre como aproximaciones que habrá que observar de forma particular para cada caso.

Aunque entre los objetivos de este libro no se encuentra el de tratar las etapas de forma especializada, sí hemos considerado necesario tratarlas, aunque sea de manera un tanto superficial, para conocer los rasgos y características más significados en cada momento, con vistas a objetivos relacionados con la preparación y la formación deportiva.

Ante la disparidad de opiniones, relativas a la clasificación de las etapas de desarrollo hemos optado por la que va a determinar el resto de la obra y a la que haremos referencia constante para establecer actuaciones de tratamiento educativo-formativo o de aplicación de cargas de entrenamiento.

Vamos a tratar, principalmente, aquellas etapas consideradas como más trascendentales para la formación deportiva. Por ello, al referirnos a cualquiera de ellas, siempre habrá que tener en cuenta que están presentes las diferencias correspondientes al ritmo de desarrollo individual, aunque se trate de una misma etapa. En este sentido, nos centraremos prioritariamente en los períodos en los que se pueden a producir gran número de iniciaciones deportivas, al tiempo que también coinciden el mayor número de abandonos.

Para el tratado de las características *sobreentenderemos la coincidencia entre edad cronológica y biológica*. No obstante, el entrenador deberá estar atento a los cambios que se vayan causando en los niños y las niñas para diferenciar las actividades a programar.

Una vez consultadas diferentes clasificaciones, proponemos una taxonomía en la que nos basamos para el tratamiento y descripción de las características más importantes a tener en cuenta para el entrenamiento y la formación deportiva y que exponemos en la tabla 2.2. En este libro, aunque aquí se describen la totalidad, trataremos especialmente las etapas comprendidas entre la infancia la pre pubertad, la pubertad y la adolescencia ya que el resto se saldrían de nuestros objetivos.

La terminología utilizada puede estar de acuerdo con algunas tendencias y en desacuerdo con otras. No obstante, lo que debe prevalecer es la franja de edades que abarcan. De todas formas, estos periodos pueden verse anticipados, retrasados o también prolongados y acortados según las civilizaciones. Aquí se tratan de forma estándar las que se podrían aproximar a la civilización occidental (Europa, América del Norte, etc.) y debe tenerse en cuenta que, en otras civilizaciones (africanas, por ejemplo), estas etapas se pueden anticipar hasta dos o tres años, mientras que en los países nórdicos podrían retrasarse otros tantos.

Tabla 2. 2.- Propuesta de acotaciones estimativas de etapas de desarrollo, en función de la edad cronológica de chicos y chicas.

ETAPAS DE DESARROLLO	EDAD CRONOLÓGICA	
	CHICOS	CHICAS
INFANCIA	6-8	6-8
PRE PUBERTAD	9-12	9-11
PUBERTAD	13-14	12-13
ADOLESCENCIA	15-16	14-15
JUVENTUD	17-19	15-17
ADULTEZ	>19	>17

Es importante matizar que pueden existir ciertas discrepancias entre lo que se puede entender entre pubertad y adolescencia, por lo que consideramos importante aclarar a qué nos referimos en este libro. Siguiendo a Carretero (1985) concebimos la pubertad como la etapa en la que comienzan los cambios, principalmente identificados por la aparición de los caracteres sexuales. Por lo que respecta a la adolescencia, sería la etapa de desarrollo que sigue a la pubertad y en la que van a pareciendo una serie de cambios físicos y psicológicos. Por consiguiente, ésta última se aproxima más a un proceso mientras que la primera, que se anticipa, se aproximaría más a un hecho.

Las franjas de edades no dejan de ser aproximaciones. Por ello, tratamos sobre la media, debiendo ser individualizadas en función del estado de desarrollo de cada individuo. Aquí, damos algunas pinceladas sobre diferentes aspectos identificativos a resaltar en cada fase. En este capítulo se tratan rasgos referentes en la formación humana, relacionados con las actitudes y sobre las aptitudes. No obstante, las últimas son tratadas con más detalle en sucesivos capítulos, donde hablaremos de la evolución y entrenabilidad de las cualidades físicas y coordinativas.

Igualmente, tras la descripción de cada una de estas etapas, se hacen ciertas reflexiones que pueden resultar orientativas acerca de cómo actuar, en cada momento, con vistas a la construcción de un posible y futuro deportista de alto rendimiento.

El tratamiento que hacemos es de similitud en las primeras etapas ya que existen pocas diferencias con vistas al entrenamiento y actividades a desarrollar. En cambio, a partir de la entrada en la pubertad, es preciso diferenciar la evolución de los chicos y la de las chicas por la trascendencia que puede tener esta diferencia a la hora de diseñar los entrenamientos.

A grosso modo se podría decir que los niños y las niñas podrían tener un tratamiento similar en estas primeras etapas mientras que, llegada una edad en su desarrollo, es conveniente diferenciar algunas formas de actuar, tanto a nivel psicológico como a nivel de entrenamiento (figura 2.11).

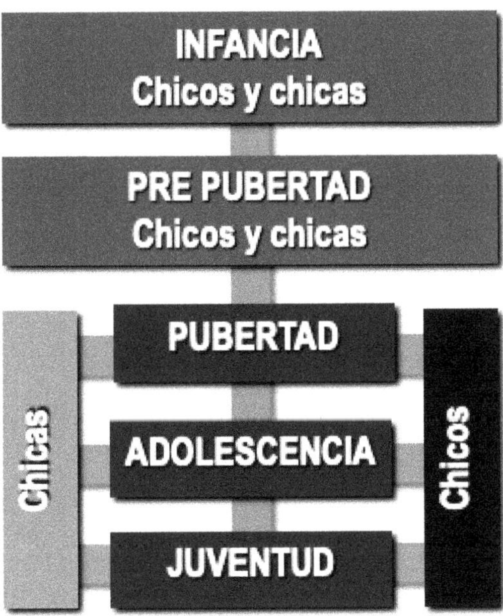

Figura 2. 11.- Esquema seguido para la descripción de las características de cada etapa. A partir de la pubertad, aparecen las mayores deferencias por lo que se hace necesario distinguir entre las chicas y los chicos.

En la figura 2.12 exponemos una aproximación acerca del desfase entre sexos a la hora de los cambios de fases de desarrollo. En ésta puede observarse la paulatina anticipación en las chicas, con respecto de los chicos.

ESFASE EN FUNCIÓN DE LA EDAD

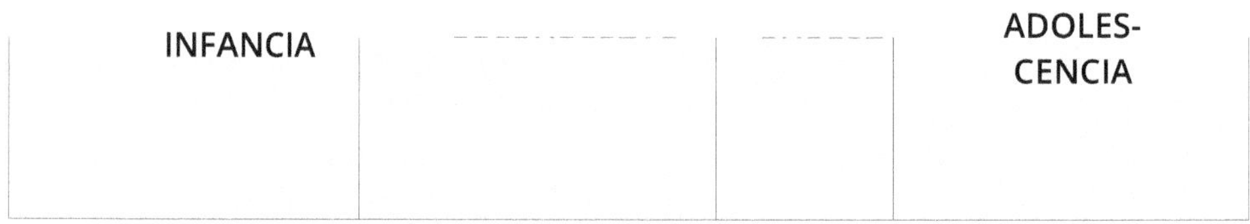

Figura 2. 12.- Diferencia entre la edad biológica y la edad cronológica entre chicos y chicas. En las chicas, los cambios de fases se van anticipando hasta llegar, al final, alrededor de 2 años o, incluso más en algunos casos.

A la hora de describir las características principales que identifican cada una de las etapas, estimamos como importante el desglose de ambos sexos, a partir de la entrada en la pubertad, ya que, como vemos más adelante, en esta etapa, comienzan a manifestarse grandes diferencias (figura 2.13).

En cada uno de los tramos de edad se han seleccionado aquellas características que se podrían considerar interesantes con vistas a la formación deportiva. Para ello, se han desglosado en tres grandes apartados:

- *Aspectos estructurales y de apariencia*. Hacen más referencia a aspectos relacionados con el crecimiento.
- *Aspectos biológicos y funcionales*. Hacen más referencia a aspectos relacionados con la maduración.
- *Aspectos psicológicos y sociales*. Hacen más referencia a aspectos actitudinales y de comportamiento.

Dado que todo lo referente al entrenamiento será tratado en capítulos posteriores, aquí hacemos énfasis, especialmente en algunas orientaciones que afectan más a las actitudes.

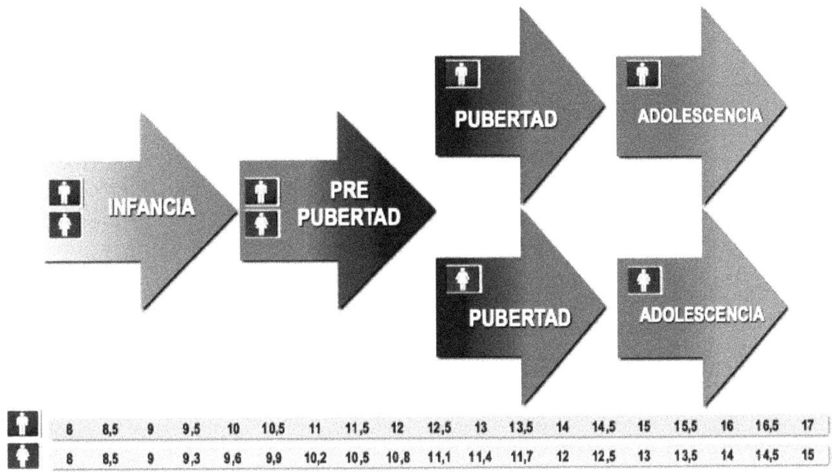

Figura 2. 13.- Mientras no llegan a la pubertad, los chicos y las chicas, con la consabida anticipación en la edad, pueden estudiarse en conjunto. A partir de la entrada en la edad puberal, debemos separar ambos sexos ya que comienzan a marcarse grandes diferencias.

2.4.1. Características de la etapa infantil que pueden influir en la formación deportiva. 6 a 8 años en chicos y chicas.

Al principio de esta etapa acontece una transformación morfológica en la que se pierde la desproporción entre la cabeza y tronco de etapas anteriores (Pedrosa, 1976). El cuerpo se va alargando con crecimiento de extremidades, al tiempo que disminuye el abultamiento del abdomen.

Sus capacidades coordinativas van aumentando (Le Boulch, 1964).

En esta etapa, se produce una ruptura con la familia al tener que pasarse muchas horas del día en el centro escolar. Esto supone que de sentirse el "centro del Universo" en su hogar pasa a ser "uno más" dentro del colectivo escolar.

Se va pasando del egocentrismo de etapas anteriores, hacia la generosidad y al sentido del grupo.

Se desarrolla una gran curiosidad por todo. Al niño le surgen constantes y nuevas preguntas, por lo que debe tratar de estimularle la curiosidad y la capacidad de observación.

En la tabla 2. 3 se han recogido, a modo de resumen, las características y rasgos que deberían ser tenidas en cuenta a la hora de actuar en pos de la formación deportiva del niño.

Tabla 2. 3.- Resumen sobre algunas características correspondientes a etapa de la niñez cuyo conocimiento puede ser de utilidad a la hora de elegir actividades.

ASPECTOS ESTRUCTURALES Y DE APARIENCIA
• Aparición del "primer estirón", con alargamiento de tronco y extremidades, así como reducción del vientre. • Epífisis relativamente grandes. • Ligero descenso de velocidad de osificación (Matin et al, 2004). • Crecimiento armónico con baja velocidad y sin desequilibrios. • Ligamentos y tendones van creciendo de forma moderada similar a los huesos. • Las metáfisis aún no se han osificado. • Las fibras musculares son similares al adulto en proporción. • Va desapareciendo la desproporción anterior entre cabeza y tronco.
ASPECTOS BIOLÓGICOS Y FUNCIONALES
• El sistema nervioso ya se encuentra en proceso de maduración avanzado (Martin et al, 2004). • Baja concentración y alta excitabilidad con generalización de reacciones ante ante diferentes estímulos. • Los procesos motores y perceptivos van mejorando, también de forma regular. • Se afianza el esquema corporal. • Todos los órganos se desarrollan a ritmo regular. • El sistema glandular sexual permanece latente y los caracteres sexuales aún no se han manifestado. • Aumenta la diferenciación entre contracción y relajación. • Aumenta la capacidad de disociación entre distintos segmentos del cuerpo. • Aumenta la consciencia de las distintas posturas corporales. • Mejora considerable del equilibrio, tanto estático como dinámico.

ASPECTOS PSICOLÓGICOS Y SOCIALES
• Adquiere conocimientos rápidamente. • Adquiere capacidad de razonar y sacar conclusiones. • Aumenta la capacidad de análisis e introspección, al tiempo que va desapareciendo el subjetivismo y el egocentrismo. • Desarrolla obediencia rígida ante la autoridad. • Al final de la etapa, comienzan a separarse los juegos entre los niños y las niñas. • Comienza la aparición de cierta responsabilidad ante las tareas. • Comienza a asumir las normas y reglas de juego, así como de comportamiento y adquisición de valores. • Puede influirle la presión de las notas académicas, tanto en lo que respecta a sí mismo como a la opinión de los padres. • En el caso de decepciones frecuentes, éstas pueden derivar en sensaciones de fracaso (Pedrosa, 1976). • Resulta muy importante la participación en grupos para la adquisición de valores. • El niño que, en etapas anteriores, se sentía más liberal, se ve sometido a reglas y es corregido por los superiores. • Pasa cada vez más tiempo fuera del ámbito familiar, dando mayor importancia al medio escolar.

Algunas recomendaciones sobre la actuación del entrenador para la formación deportiva.

- Dado que existe baja concentración y alta excitabilidad, es recomendable cambiar de actividades con mucha frecuencia y con reacciones ante diferentes estímulos.
- Introducción paulatina de ejercicios que impliquen el respeto y acatamiento de reglas y normas.
- Comenzar a introducir, sin excesiva insistencia, tareas que aduzcan a la adquisición de valores deportivos (respeto hacia el contrario, cohesión, etc.).
- Reducir las acciones represivas, potenciando los estímulos positivos.
- Procurar que las actividades deportivas se realicen dentro del ámbito escolar y en el propio colegio.

- Diseñar actividades deportivas en las que todos ganen algunas veces y que, igualmente también pierdan alguna vez.
- Introducir iniciación hacia los deportes y pre deportes, en sustitución paulatina de los juegos infantiles.

2.4.2. Características de la etapa pre puberal que pueden influir en la formación deportiva. 9 a 12 años en chicos y 9 a 11 en chicas.

En esta franja de edad, el crecimiento longitudinal mantiene un comportamiento regular al tratarse de una etapa en la que las extremidades y el tronco crecen de manera sostenida, pero sin grandes aceleraciones ni retrasos.

Los huesos, si bien son más elásticos son menos resistentes a la flexión pudiendo existir riegos de fracturas en "tallo verde" en la que los huesos del niño se astillan sin llegar a romperse (figura 2.14).

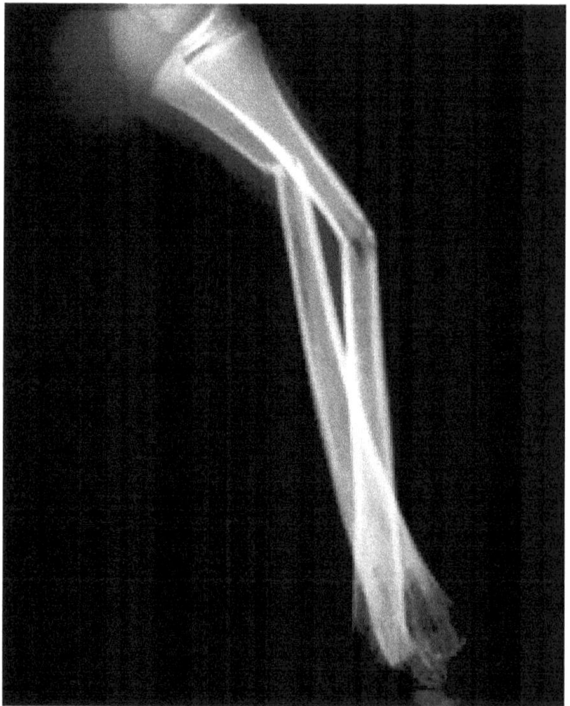

Figura 2. 14.- Radiografía de una fractura en "tallo verde".

Existe una armonía en las proporciones y es posible que al final de esta etapa, comiencen a aparecer algunos caracteres sexuales, especialmente en las chicas.

Existe un aumento de andrógenos (en las chicas) desde el principio y, sobre todo, se aprecia una importante secreción de la hormona de crecimiento.

Los chicos comienzan a socializarse a partir del grupo que se consolida a través algunos rasgos de la personalidad y afinidades, aficiones y simpatías, lo que contribuye la disminución del egocentrismo. Los grupos se forman entorno al sexo (chicos por un lado y chicas por otro). Por otra parte, aumentan considerablemente los procesos volitivos que influyen en un aumento de la voluntad.

Al final de este periodo es bastante común observar que rechacen el ser tratado como "niños pequeños". Para este momento ya se van diferenciando los caracteres, así como las formas de comportamiento masculinas y femeninas.

El niño se vuelve más objetivo y es capaz de ver la realidad tal como es. Adquiere un comportamiento más firme sobre sus realidades emocionales.

Los chicos y las chicas se sienten más seguros y aceptados por el colectivo, son capaces de hacer una gran diversidad de tareas de todo tipo, otorgándoles satisfacciones que les ayudan a superar las situaciones difíciles, desarrollando una agradable relación con los adultos y compañeros.

En cambio, son muy sensibles a las reprimendas, por lo que hay que tener cuidado en la manera de reprenderlos ante acciones que no se consideren correctas. También son muy sensibles a las críticas y a las discusiones que puedan existir en la familia, especialmente entre los padres. En este sentido, cobra suma importancia una complicidad entre éstos con el entrenador ante cómo se presenta el deporte al niño y la niña.

Igualmente, se desarrolla la memoria, que no solamente debe ser a nivel intelectual, también lo es a nivel cinestésico-motor, lo que permite afianzar gestos y habilidades que pueden llegar a hacerse duraderas en el tiempo gracias a esa capacidad de memorizar y automatizar.

Se debe potenciar en ellos la confianza en sí mismos ayudándoles a potenciar sus habilidades y favoreciendo su relación en pequeños grupos ya que el diálogo es fundamental.

En esta etapa, la capacidad de imitación es muy grande por lo que deberá aprovecharse para la adquisición de habilidades a través de la imitación. Esto, además, se ve reforzado por el afán de aprender, lo que significa que hay que ser muy minuciosos al presentarles modelos correctos ya que, con la misma facilidad que adquieren habilidades, pueden adquirir defectos que luego serán muy difíciles de corregir.

A esta edad, los niños son todavía dependientes de los adultos (padres, profesores y, en el caso que nos ocupa, del entrenador). Son también poco críticos y conformistas con las instrucciones de sus mayores. Esto les hace aprender de forma poco crítica y de manera natural (Hann, 1988). Los niños tienden a presentar grandes habilidades de motricidad gruesa. Sin embargo, puede haber grandes diferencias de unos a otros en relación con la coordinación, resistencia, equilibrio y cualidades físicas.

Tabla 2. 4.- Resumen sobre algunas características correspondientes a etapa de la pre pubertad cuyo conocimiento puede ser de utilidad a la hora de elegir actividades.

ASPECTOS ESTRUCTURALES Y DE APARIENCIA
• El crecimiento se vuelve un poco más lento que en la etapa anterior. • Aparece una desproporción con alargamiento de las extremidades. • Pueden aparecer desfases entre la edad cronológica y la edad biológica. • La diferencia de estatura y peso entre chicos y chicas aumenta.
ASPECTOS BIOLÓGICOS Y FUNCIONALES
• Gran desarrollo motor con la consiguiente facilidad para la adquisición de habilidades. • Consolidación del esquema corporal. • Gran capacidad coordinativa. • Gran capacidad para procesos perceptivos y de ajuste (Le Boulch, 1978). • Gran capacidad funcional del sistema nervioso central y periférico. • Gran capacidad para el aprendizaje motor y la imitación.

ASPECTOS PSICOLÓGICOS Y SOCIALES
• Aumento de las capacidades cognitivas. • Desarrollo de la moralidad. • Comienzo de planteamientos de la intencionalidad, priorizándola sobre la ejecución. • Fomento de la creatividad. • Gran adaptación hacia el respeto de reglas y normas. • Tendencia hacia la iniciación deportiva básica en deportes individuales. • Adaptación y respeto hacia todos los miembros el grupo. • Se produce alejamiento ente grupos de niños y niñas. • Desaparición del egocentrismo con la aceptación de los compañeros. • Admiración y aceptación de liderazgo hacia aquellos individuos que destacan por su rendimiento físico. • Aceptación de la victoria tanto como de la derrota. • Aceptación del concepto de "adversario" en lugar del de "enemigo" en el deporte. • Aceptación de patrones de conducta y normas morales, aprendidas de superiores (entrenador, padres, profesores, etc.). • Necesidad de gasto de energía a través de las actividades físicas. • Necesidad de aprobación por parte de los compañeros. • Aprendizaje de forma poco crítica y de forma natural (Hann, 1988). • Aumento de la capacidad de concentración y atención.

Algunas recomendaciones para la elección de actividades en función de las características.

- Refuerzo y consolidación de todos los aspectos trabajados en la etapa anterior
- Iniciación deportiva básica con concepto general y polideportivo.
- Iniciación a los deportes individuales, especialmente dirigidos hacia las actividades gimnásticas y atléticas.
- Iniciación a deportes colectivos con aprendizajes elementales de las técnicas y tácticas.
- Comenzar con trabajos en equipo con colaboración y cooperación.

- Aprovechar el deporte para que gasten el exceso de energías y se mantengan equilibrados en todo momento.
- Introducir deportes en áreas adecuadas, seguras y supervisadas, con un equipo apropiado y las reglas del caso.
- Es importante que el grupo de amistades se genere entorno al deporte para que exista el mayor número de elementos de cohesión.
- Introducir actividades con objetivos de aumentar la capacidad de atención y concentración dentro de las actividades de aprendizaje ya que existe una baja capacidad en este aspecto. Hay que tener presente que, en un futuro, deberán tolerar sesiones de entrenamiento de varias horas, con grandes exigencias técnicas que se pueden realizar en estado de fatiga y la capacidad para mantener la concentración será determinante. Por consiguiente, es importante cambiar la actividad frecuentemente.
- Por otra parte, niños y niñas se encuentran en un momento idóneo para inculcar valores. Por consiguiente, es conveniente introducir actividades que impliquen ganar y perder. Para el niño, es importante aprender a manejar el fracaso o la frustración sin disminuir la autoestima o desarrollar un sentido de inferioridad y respeto a las normas establecidas (reglamentos, etc.).
- Dada la diferenciación que se origina entre niños y niñas, debería tenerse cuidado en las actividades deportivas en las que intervienen ambos sexos en conjunto. De hecho, los niños de esta edad tienden a denunciar y hablar de forma negativa sobre los miembros del sexo opuesto.
- Introducir actividades de aprendizaje de habilidades, dado que es un momento ideal para crear y afianzar la técnica deportiva ya que es notoria la facilidad de aprendizaje e imitación. Esto, además, se ve reforzado por el afán de aprender.
- Dada importancia de la aceptación de los compañeros. Los comportamientos necesarios para formar parte de un grupo tienen que negociarse con los padres para que el niño pueda tener aceptación y tolerancia del grupo sin salirse de los límites de una conducta aceptable según las directrices de su propia familia.
- Dado que los grupos se forman entorno al sexo (chicos por un lado y chicas por otro). Este aspecto, pese a las controversias existentes según las tendencias educativas, debería ser tenido en cuenta por entrenadores a la hora de discernir ciertas actividades deportivas entre ambos sexos. Debería tenerse presente que, además de la tendencia a la separación por sexos, por mayor aceleración en el desarrollo de las chicas, es frecuente ver a chicas

que superan a chicos en pruebas físicas, de velocidad, fuerza o resistencia lo que puede contribuir a la frustración de los niños.

- Debe comenzarse con la introducción de elementos del entrenamiento deportivo que entra a formar parte de ese medio.
- En las chicas, también es sabido que la pérdida de porcentaje de grasa, así como las deficiencias de hierro pueden ser responsable de retrasos en la menarquía. Por lo tanto, teniendo en cuenta que el entrenamiento intenso y continuado puede producir estos efectos, el ejercicio debería estar correctamente administrado para evitar retrasos e interrupciones en ese proceso en la etapa siguiente.

2.4.3. Características de la etapa puberal que pueden influir en la formación deportiva, 13-14 años en chicos y 12 a 13 años en chicas.

El término «pubertad» hace referencia a los cambios en la maduración sexual más que a los cambios psicosociales y culturales que esto conlleva.

La pubertad corresponde al período que precede a la adolescencia, y se refiere básicamente a cambios biológicos (hormonales, corporales, fisiológicos) mientras la adolescencia alude más a cambios psicológicos (emocionales, cognitivos, conductuales). Aquí se trata de un *énfasis* en lo biológico o en lo psicológico, ya que la interacción entre ambos planos es permanente.

Se producen modificaciones y alteraciones endocrinas y fisiológicas con desequilibrios glandulares que pueden influirle en sentimientos negativos.

Esta etapa se caracteriza por grandes cambios que trasladan a la persona desde la niñez hasta la madurez física (Greene, 2005). Puede ser considerada como la edad clave en la que se van a producir mayor número de cambios y más determinantes en la transición de niño a adulto y el momento en el que se produce la mayor diferenciación entre ambos sexos.

La entrada en esta fase depende de diversos factores (genéticos, nutrición, climatología, etc.).

Chicos y chicas tienden a la emancipación de la familia. Por ello, el papel del entrenador como nueva referencia debe ser determinante para el proyecto deportivo a largo plazo.

En este periodo se inicia la maduración sexual que concluye con la plena capacidad de reproducción. En este sentido, cualquier criterio que permita identificar el comienzo de esta etapa, puede ser determinante.

A nivel estructural se comienzan a producir diferencias notables entre ambos sexos. La evolución ósea y muscular se acentúa, comenzando la mayor diferenciación esquelética. El crecimiento suele producirse de forma irregular, creciendo primero los miembros inferiores y luego el tronco. En las chicas se aprecia una tendencia hacia un aspecto "ginoide" mediante ensanchamiento de las caderas lo que provoca las piernas en "x", adoptando éstas una forma un tanto peculiar con caderas anchas y hombros estrechos. Por el contrario, en los chicos comienza a definirse la figura "androide" con ensanchamiento de hombros y pelvis estrecha (figura 2.15).

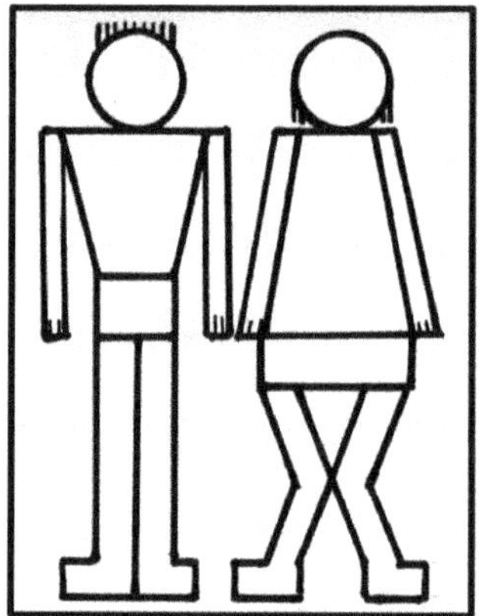

Figura 2. 15.- Diferencias anatómicas más notables entre chicos (izquierda) y chicas (derecha) en etapa puberal avanzada.

Esta etapa suele durar de dos a tres años, pero puede prolongarse más en los países más desarrollados.

En las chicas: Los ovarios aumentan la producción de estrógenos y demás hormonas, lo que da inicio al ciclo menstrual.

Pueden aparecer otros cambios cíclicos, por ejemplo, justo antes o durante el período, la niña puede sentirse de mal humor o emotiva y su cuerpo se puede sentir hinchado. Aquí debe jugar un rol importante la actitud del entrenador ya que, salvo casos excepcionales, las niñas deberán aprender a convivir con ello y poder seguir el entrenamiento sin interrupciones. Para ello se pueden poner como ejemplo las deportistas de alto rendimiento. Éstas, saben convivir con el fenómeno de la menstruación y no alteran los entrenamientos ni las programaciones en función de los ciclos.

La fase resulta crucial en el entrenamiento. Por consiguiente, es preciso conocer una serie de procesos que se van manifestando, para poder actuar en consecuencia a la hora diferenciar el tratamiento para las chicas y para los chicos.

Tabla 2. 5.- Resumen sobre algunas características correspondientes a etapa de la pubertad cuyo conocimiento puede ser de utilidad a la hora de elegir actividades.

ASPECTOS ESTRUCTURALES Y DE APARIENCIA		
COMUNES	**ESPECÍFICOS DE LAS CHICAS**	**ESPECÍFICOS DE LOS CHICOS**
Aumento muy marcado de estatura-	Mayor crecimiento del tronco.	Mayor crecimiento de las extremidades.
La musculatura se desarrolla por alargamiento de las fibras (Vélez, 2000).	Aumento del tamaño de los ovarios.	Aumento del tamaño y función de los testículos y vesículas seminales.
Crecimiento óseo con posible debilitamiento.	Aumento del tamaño de la vagina.	Aumento del tamaño del pene.
Al final de la etapa se produce cierre del sacro.	Pigmentación de la areola.	Aumento del tamaño de la próstata.
Aumento importante del peso corporal.	Aumento de los senos.	Ensanchamiento de los hombros.
Las hormonas determinan la constitución del cuerpo (alto, bajo, delgado, obeso...).	Aumenta tamaño de las trompas de Falopio.	Vello facial y corporal.
	Ensanchamiento de las caderas.	Aumenta la laringe y sobresale la nuez.
Las hormonas determinan la aparición de los caracteres sexuales secundarios.	Mayor aumento del panículo adiposo (% de grasa), por efecto de la mayor producción de estrógenos.	Mayor aumento del tejido muscular por efecto de andrógenos, en especial, la testosterona.
Cambios de la voz.		
Crecimiento aumentado del tronco.		
Aumento del vello axilar y puberal.		

ASPECTOS BIOLÓGICOS Y FUNCIONALES		
COMUNES	**ESPECÍFICOS DE LAS CHICAS**	**ESPECÍFICOS DE LOS CHICOS**
Las hormonas producen cambios corporales y el desarrollo de los caracteres sexuales.	La hormona (FSH), superior en las chicas, provoca la menstruación.	Producción de testosterona muy superior en chicos.
El crecimiento del tronco, incluye el aumento de órganos internos.	Ovulación y primera menstruación.	Primera polución.
Mayor secreción de glándulas sudoríparas.	Sensación de hinchazón antes de la menstruación.	Producción importante de esperma.
Maduración del sistema nervioso.		
ASPECTOS PSICOLÓGICOS Y SOCIALES		
COMUNES	**ESPECÍFICOS DE LAS CHICAS**	**ESPECÍFICOS DE LOS CHICOS**
Alteraciones psicológicas que pueden acarrear cambios alimenticios.	Riesgos de anorexia o bulimia. Mayores en las chicas.	Aunque existe riesgo de anorexia o bulimia es menor en los chicos.
Círculos de amistades más cerrados.	Más sedentarias y tranquilas.	Más rudos y competitivos.
Desarrollo del espíritu crítico.	Tendencia a pocas amigas pero más íntimas.	Tendencia a grupos de "mejores amigos, buenos amigos y amigos casuales".
Tendencia a la fijación de objetivos propios.	Tendencia mayor hacia la belleza y copia de modelos.	
Tendencia acentuada a la separación entre chicos y chicas.		Tendencia hacia la demostración de capacidades físicas.
Gran curiosidad sobre la sexualidad.		
Desmesuradas emociones y sentimientos.		
Desfases entre la expresión de lo que se piensa y lo que se siente.		
Cambios bruscos entre agresividad y timidez.		
Creciente emancipación la familia.		
Necesidad de valorarse y de ser valorados.		
Interés creciente por la diversión.		
Necesidad de descubrir nuevos horizontes.		

Tanto los varones como las hembras no experimentan dentro de su propio sexo los cambios de la pubertad a la misma edad, los hay que se hacen hombres o mujeres mas tempranamente que otros. En este sentido, el entrenador debe ser consciente de que existe variabilidad en el desarrollo ya que un varón que haya desarrollado sexualmente tendrá mas capacidad y fuerza para el ejercicio físico, por lo que se situará en ventaja a la hora de pedirle rendimiento.

En las niñas, en algunas especialidades deportivas, suele aparecer una bajada de rendimiento debido al aumento de tejido graso y a la acumulación de líquidos. Este efecto, puede resultar una de las causas mayores de abandono del deporte. En este momento, la intervención del entrenador también es sumamente importante ya que tendrá que convencer a la chica que la situación es pasajera y que durará dos o tres años y que, pasada la pubertad, volverá a "encontrarse con su cuerpo", volviendo a mejorar.

Algunas recomendaciones para la formación deportiva según las características.

- Esta etapa resulta crucial en el entrenamiento, por lo que es preciso conocer una serie de fenómenos que se dan para poder actuar en consecuencia a la hora de tratar a chicos y chicas.
- Existen rasgos internos que no son fácilmente detectables tales como los balances hormonales y otros, más detectables a nivel externo. Algunas pueden conllevar condicionantes éticos tales como la observación de genitales que no se encuentran dentro de los cometidos del entrenador y sí de otro personal autorizado tales como el personal sanitario. No obstante, el entrenador debería conocerlos.
- Entre los síntomas externos, existen otros que, si pueden ser percibidos por el entrenador, entre los que se encuentran varios de los caracteres sexuales secundarios (aparición de vello facial en los chicos o aumento de los senos en las chicas, que pueden orientar sobre la entrada en esta etapa.
- En esta edad aparece de forma importante la preocupación por la belleza y la estética. Una de las razones más potentes para lograr la adherencia hacia la práctica y el entrenamiento son las contribuciones hacia una mayor esbeltez con disminución del tejido graso en pos de un mayor desarrollo muscular. Esto puede contribuir sobremanera para reconducir esta problemática, ayudando a mejorar la autoestima y el bienestar de chicos y chicas.
- En esta etapa, el entrenador también debería tener en cuenta una serie de reflexiones acerca de la influencia de la práctica deportiva en las chicas.

- Ya hemos tratado que existen estudios que han encontrado que el entrenamiento físico se acompaña de un retraso en el comienzo de los ciclos menstruales. Por ejemplo, la edad de la menarquia en las chicas puede retrasarse un año o más en las deportistas con respecto a las que no practican deporte. Esto puede ser consecuencia del menor peso de las practicantes y menor componente de tejido graso.

Entre las recomendaciones más resaltables, sin entrar en entrenamientos de los que se habla más adelante, se pueden reseñar las siguientes:

√ Comenzar con trabajos de fuerza con cargas ligeras y muchas repeticiones para paliar, en lo posible, el aumento de tejido graso, especialmente en las chicas.

√ Introducir trabajos que reclamen el metabolismo láctico ya que, tal y como se verá, a esta edad se entre en una fase determinante.

√ Diferenciar el tratamiento humano según se trate de chicos o chicas. Por ejemplo, a un chico le hace menos daño psicológicamente que a una chica si se menciona el exceso de peso.

2.4.4. Características de la etapa adolescente que pueden influir en la formación deportiva, 15 a 16 años en chicos y 14 a 15 años en chicas.

Etapa comprendida entre el final de la pubertad y la juventud. Para muchos autores viene siendo la fase final de la pubertad. Es un tiempo de maduración psicológica y de comenzar a adoptar un comportamiento de adulto.

Al hablar de la adolescencia no hay que olvidar todo el bagaje de la etapa anterior, clave en la configuración del "Yo" del chico y la chica, pues marca una pauta importe en la forma en que él y ella, abordaran su adolescencia. Otro aspecto que influirá también en este proceso se refiere al marco socio-cultural. Una sociedad adulta que se tambalea, con una crisis permanente de valores y que, en general, se caracteriza por su miedo e inseguridad, no ofrece al adolescente el marco psicológico idóneo para su desarrollo.

Este adolescente es un ser muy particular en relación al adulto. Está en búsqueda casi permanente de hazañas, de originalidad, hasta de excentricidad y la identificación con "el campeón" es muy fuerte. La dualidad entre la búsqueda de una personalidad original y la referencia con los otros como punto de marca es permanente y necesita ajustes constantes en las propuestas de los entrenadores.

Durante la etapa se da un paso más allá con respecto a la pubertad, es decir, se ponen en práctica los descubrimientos anteriores, aparecen las fantasías sexuales, los genitales se definen...

Algunos jóvenes tienen ya sus primeras relaciones sexuales completas, marcando un límite muy difuso entre su comportamiento y el de los adultos (Barreda, 2005).

Antiguamente, se la asociaba a una etapa de transición desde la *"irresponsabilidad hasta la responsabilidad"*. Hoy en día estamos más cerca de creer que se trata de una época de tránsito desde la infancia hasta la edad adulta en la que los jóvenes, además de consolidar las transformaciones físicas iniciadas en la pubertad, construyen su propia personalidad. Es pues, un tiempo de cambio, de descubrimientos, en el que el pensamiento, las emociones o los sentimientos están a flor de piel.

El adolescente transita hacia la inserción en la sociedad de los adultos con la presencia de connotaciones culturales y sociales que abarcan cambios bruscos, tanto biológicos como psicológicos. En algunas ocasiones, puede sentir descontento con su propio yo. Cuando esto sucede, puede derivar en el auto rechazo y se inventa o copia un yo ideal, despreciando su realidad y disculpando los errores de esa personalidad ficticia, lo cual puede resultar un problema que no solo repercutirá en su rendimiento deportivo sino en otros ámbitos.

El joven "lucha" por la formación de su carácter como "sello personal". Existen muchos vínculos entre el advenimiento de las estructuras formales y las transformaciones de la pubertad que resultan un tanto complejas y no se presentan en un único sentido. Dichos vínculos se explican mejor si se tienen en cuenta las transformaciones del pensamiento y la transición hacia la inserción en la sociedad adulta, la cual, supone una reorganización de la personalidad.

El adolescente incomprendido por su familia evidencia un rechazo hacia ella y se recoge en su mundo interno (introversión). En este sentido trata de alejarse del medio paterno, el que toma como elemento opresor y que, en lugar de ayudarle, le confunde en su ambivalencia de lucha entre dos sentimientos (dependencia e independencia).

Los intereses son variados y cambiantes. Se aprecia cierta tendencia a la melancolía y al pesimismo, a la depresión y a la tristeza, al tedio y la desmotivación y una especie de gusto por experimentar esos sentimientos. Pueden tender a compadecerse de sí mismos y a buscar la compasión de los otros.

Los conflictos afectarán profundamente a sus elecciones futuras. Puede suceder que dirijan su energía contra todo lo que representa una autoridad o tal vez prefieran resolver las cosas de una forma fácil, adaptándose a unas normas que se ven incapaces de transfundir y que les obligan a intensificar la represión de sus impulsos internos.

Surge un interés prioritario sobre el presente, y pensamientos limitados acerca del futuro. Este es otro fenómeno a tener en cuenta porque, en muchas ocasiones, el intento de hacer reflexionar acerca del futuro deportivo de un chico en estas edades, puede no ser la táctica más correcta.

Al ser considerado como uno de los períodos más controvertidos y uno de los capítulos más estudiados dentro de la psicología evolutiva, es difícil utilizar una sola línea teórica para describirlo.

Tienen ambición por adquirir nuevas experiencias, especialmente en lo relacionado con todo tipo de actividades. Por ello, siempre que las tareas sean las adecuadas, la práctica deportiva puede ser un estímulo muy apreciado. Además, si se presentan este tipo de actividades pueden resultar excluyentes de otras nocivas tales como el alcohol, el tabaquismo, o algunas peores.

Lo que en etapas anteriores derivaba en distracción, ahora se convierte en atención. La capacidad de concentración aumenta y los chicos son capaces de prestar diligencia durante más tiempo. Por ello, la duración de las sesiones de preparación de habilidades puede ser más prolongadas.

Se trata de un momento clave, no solo en la formación y consolidación de la personalidad, sino también en la elección de la vocación. Es una etapa clave para decidir si sigue con una carrera profesional o se dedica a ser un adolescente normal (Vainstoc, 2007). En muchas ocasiones debe decidir hacia dónde debe dirigir sus estudios, si va a seguir a corto plazo hacia estudios superiores. Todo ello puede aumentar sus estados de ansiedad que pueden repercutir en la actividad deportiva.

Para formar su identidad, el adolescente adopta diferentes habilidades para adaptarse al medio.

El ego desarrolla diferentes niveles de desarrollo de habilidades (Erickson, 1965):

- Comienza a dejar de lado sus propios intereses en pos de otras actividades.
- Evalúa y considera alternativas para comprometerse.
- Alcanza su propia identidad, una vez pasado el periodo de crisis.

- En los casos en los que no llega a alcanzar su identidad puede derivar hacia la falta de compromiso y considerar otras alternativas.

En esta etapa el deportista debería comenzar a plantearse el nivel de dedicación e implicación en el deporte. En consecuencia, suelen surgir una parte importante de los abandonos de la práctica deportiva o, en el mejor de los casos, de desvíos del camino hacia el deporte de rendimiento.

Tabla 2. 6.- Resumen sobre algunas características correspondientes a etapa de la adolescencia cuyo conocimiento puede ser de utilidad a la hora de elegir actividades.

ASPECTOS ESTRUCTURALES Y DE APARIENCIA		
COMUNES	**ESPECÍFICOS DE LAS CHICAS**	**ESPECÍFICOS DE LOS CHICOS**
Crecimiento rápido con debilitamiento óseo y ligamentoso.	Menor en las chicas.	Mayor en los chicos.
Desarmonización con crecimiento.	Menor en las chicas.	Mayor en los chicos.
Consolidación de epífisis y cavidades modulares (Martin, 2004).	Llegan a su máxima estatura final.	Siguen creciendo.
Desarrollo muscular.	Menor en las chicas con mayor acumulación de tejido graso.	Mayor en los chicos con menor acumulación de tejido graso.
Esbeltez.	Menor en las chicas.	Mayor en los chicos.
Aspecto general.	Forma femenina adulta.	Forma masculina aún en evolución.
Aumento del vello.	Axilas y pubis.	Además, barba y bigote.
ASPECTOS BIOLÓGICOS Y FUNCIONALES		
COMUNES	**ESPECÍFICOS DE LAS CHICAS**	**ESPECÍFICOS DE LOS CHICOS**
Maduración total de órganos reproductores.		
Diferencias en la respiración	Más torácica	Más abdominal
Manifestaciones de cualidades condicionales	Menor en las chicas, incluso con algunos retrocesos.	Destacadas en los chicos.

ASPECTOS PSICOLÓGICOS Y SOCIALES
COMUNES
Necesidad de ser comprendidos.
Necesidad de incorporación a distintos ámbitos sociales.
Posible aparición de complejos.
Tendencia hacia el exhibicionismo.
Aceptación de imágenes con estereotipos.
Búsqueda de identidad personal (incluida la sexual) con gran interés prioritario sobre el sexo opuesto.
Comienzo de influencia de pandillas o bien ya de la pareja.
Consolidación de grupos de amistades.
Comprensión del trabajo en equipo (cooperación y solidaridad).
Tendencia a la discusión para probar su capacidad y la seguridad del adulto.
Tendencia hacia la desobediencia como una necesidad para sentirse libres.
Sentimiento de que puedan influir en su propia vida.
Ante la sensación de no comprenderse a sí mismos, necesidad de ser comprendidos por otros (amistades, principalmente).
Necesidad de independencia con tomas propias de decisiones.
Humor muy cambiante.
Aumento de la capacidad de trabajo, tanto físico como intelectual.

Como consecuencia de todo lo anterior, y con respecto a la dedicación hacia el deporte, el chico se encuentra con ciertas disyuntivas:

- Abandonar definitivamente la práctica deportiva, sucumbiendo ante presiones entre las que se encuentran las citadas anteriormente.
- Seguir practicando deporte, pero solo como parte de su ocio.
- Seguir con su carrera deportiva.
- Seguir el itinerario del alto rendimiento deportivo asumiendo valores tales como el sacrificio, renuncia, disciplina y el trabajo constante, teniendo que renunciar, en parte importante, a satisfacciones propias de su edad y a hacer lo mismo que el resto de sus compañeros. Esta última postura significa tomarse el deporte como una parte de su futura profesión.

Algunas recomendaciones para la formación deportiva según las características.

El entrenador debe ayudar a gestionar el tiempo libre ya que el deportista cada vez dispone de menos.

Dado que, a esta edad, las cualidades físicas ya se están manifestando, o bien ya han madurado, es importante ir dirigiendo el entrenamiento hacia la especialidad o grupo de especialidades para las cuales, el deportista, se encuentre más capacitado.

En este sentido, ya se puede saber si el deportista está más capacitado hacia especialidades más aeróbicas (de mayor duración) o anaeróbicas (de menor duración) y, en consecuencia, habrá que plantearse el diseño de las cargas a aplicar.

2.4.5. Características de la etapa juvenil que pueden influir en la formación deportiva, 17 a 19 años en chicos y 15 a 17 años en chicas.

Aunque esta etapa ya sobrepasa los objetivos de esta obra, dado que existe un itinerario hacia el alto rendimiento, se ha estimado importante dar unas "pinceladas" ya que supondrá el paso previo al alto rendimiento deportivo.

Aspectos estructurales y biológicos.

Etapa en la que ya se acaban consolidando tanto los aspectos anatómicos y estructurales como los biológicos. Esto significa que, a la hora de plantearse el entrenamiento, el joven puede trabajar con el mismo esquema que los adultos, siempre y cuando se respete la magnitud de las cargas de acuerdo con su estado y momento evolutivo.

En esta etapa, chicos y chicas se aproximan en todos los aspectos a lo que van a ser de adultos. Las chicas ya van definiendo su apariencia tras la acumulación de tejido graso de etapas anteriores y se vuelven más esbeltas. Por ello, aquellas que se han mantenido sin abandonar, en su mayoría, de nuevo vuelven a sentir la satisfacción de comprobar que progresan.

Los chicos, aún siguen su fase de crecimiento, pero de una manera más armónica que en etapas anteriores.

Aspectos psicológicos y sociales.

La formación de la personalidad adulta aún sigue su evolución. Aquí se presentan algunas características que pueden resultar interesantes a la hora de plantear el entrenamiento del joven.

El chico se encuentra en una fase de mayor tranquilidad con respecto a lo que fue su adolescencia, aunque todavía no ha llegado al equilibrio de la adultez.

Es capaz de orientar su vida y de ir llegando a la progresiva integración de todos los aspectos de su personalidad.

El joven es más reflexivo y analítico.

Se encuentra en una excelente época para el aprendizaje intelectual ya que el pensamiento ha ido frenando los excesos de la fantasía y es capaz de plantearse mejor la realidad, al tiempo que se van clarificando sus ideales.

Tiene tendencia a comprometerse con aquello que inicia. Por ello, aquellos que decidieron dedicarse de forma comprometida, corren menos riesgo de tomar decisiones hacia el abandono.

Asume sus actos con propia conciencia dándoles el valor moral que les corresponde, sintiendo la justicia como uno de los principales valores. En lo que respecta al deporte, respetarán las reglas, evitando las trampas. Esto será así, si desde etapas anteriores se le han ido inculcando los valores necesarios. De lo contrario, es posible que ya sea un poco tarde para reconducir al "deportista tramposo".

Puede tender hacia la autonomía volviéndose un tanto independiente. No obstante, si la formación recibida en etapas anteriores no ha sido la correcta, también puede tender hacia la dependencia, pudiendo ser arrastrado por los otros.

El joven es capaz de tomar y asumir sus propias decisiones, lo que supone una opción libre e inteligente. Por ello, es el momento en el que se define una profesión y hacia una dedicación seria y reglada. Este puede ser un factor muy favorable para aquellos que apuesten por el deporte de alto rendimiento.

No obstante, también puede tomar decisiones menos favorables, escogiendo un proyecto menos saludable, cediendo a las ofertas perniciosas que le puede ofrecer la Sociedad.

Comienza a descubrir lo que es realmente el amor. Luego de sentirse atraído por el físico, ahora necesita amar a una sola persona con quien proyectar posteriormente una comunidad de vida. Aquí surge con gran fuerza la figura de la pareja. Como consecuencia, aquí aparece otro riesgo para la práctica deportiva. Si la pareja "tira hacia el deporte" existen garantías de permanencia. Si, por el contrario, ésta arrastra en sentido contrario, existen serias posibilidades de que abandono de la práctica.

El joven va concluyendo la emancipación de la familia mientras que se abre cada vez más a múltiples relaciones sociales. Aquí también puede jugar un papel importante la figura del entrenador cualificado que pasa de ser un mero educador-formador a un consejero y amigo.

Con respecto a las relaciones con padres. Suele haber menos conflictos y mayor respeto porque los hijos ya pueden ver a sus padres con cierta empatía. Por ello, la influencia de estos en la práctica de su hijo deja de tener relevancia ya que es el entrenador quien más debe influir.

Otro de los problemas que pueden surgir es para aquellos que acceden a la universidad. Al ingresar en ésta o en un centro de estudios superiores, se encuentra con un "nuevo Mundo" que en muchos casos le pueden impedir progresar en el deporte por muy diferentes motivos (exigencia de horarios, necesidad de sacar tiempo para estudiar, ofertas de ocio, nuevas compañías, cambio de domicilio, etc.).

Como consecuencia de todo, el deporte deberá presentársele en toda su realidad. Se deben presentar los pros y los contras del deporte de alto rendimiento ya que deberá saber el alto precio de esfuerzo, sacrificio y renuncias que deberá pagar y si está dispuesto a asumirlo.

Con respecto al entrenamiento, no hay demasiado que reseñar ya que, al tratarse de un "cuasi adulto", deberá entrenar con los mismos esquemas que el experimentado, con la salvedad de guardar la debida proporción en la magnitud de las cargas y las recuperaciones.

Con respecto a los estudios, llegada esta edad, entendemos que existen ciertas tendencias en los entrenadores:

- Los que recomiendan que el deportista abandone los estudios con la intención de que se puedan dedicar en pleno al entrenamiento y la competición.
- Los que recomiendan al deportista que se tomen los estudios con cierta calma, sacando poco a poco las asignaturas para tener tiempo suficiente para entrenar, pero sin descuidar su futuro.
- Los que recomiendan que se esfuercen en los estudios y saquen la carrera lo antes posible y, una vez terminados poderse dedicar al 100%.

Nosotros, tras más de 24 años conviviendo con la elite del atletismo, nos inclinamos por la tercera opción, especialmente, cuando se trata de especialidades deportivas en las que son determinantes las cualidades físicas condicionales (velocidad, fuerza y resistencia), por las siguientes razones:

El rendimiento máximo en esas especialidades se alcanza alrededor de los 24 años y puede durar hasta cerca de los 34 o más. Como consecuencia, si el deportista, ha terminado sus estudios a los 24 años, y ha venido entrenando anteriormente, aunque con ciertas dificultades, tendrá desde los 24 hasta los 34 o más (unos 10 a 15 años) en los que se podrá dedicar al máximo.

CAPÍTULO 3

LAS LEYES DE LA FORMACIÓN INTEGRAL. LOS PRINCIPIOS EDUCATIVOS.

En líneas generales, el deportista de elite es un individuo con talento deportivo que nace con un potencial genético y que requiere un proceso muy largo y estructurado. En cada una de las etapas de su evolución, debe ir recibiendo estímulos adecuados y de forma progresiva para, llegado el momento, ser capaz de tolerar cargas de entrenamiento que podrían parecer imposibles para otros sujetos.

Pero también sufrirá cargas psicológicas en forma de presión por parte del entorno, si no se van introduciendo de forma progresiva, no será capaz de soportarlas y le harán quedarse a medio camino en su carrera deportiva.

En las primeras etapas, debe priorizarse la educación sobre el entrenamiento por lo que es necesaria la figura del entrenador-formador. Éste debe poseer en su perfil con unas importantes dotes como pedagogo, debiendo además estar respaldado por los padres y el resto del entorno del chico. Si esas primeras etapas han sido bien planteadas, el deportista dispondrá de los elementos necesarios que le puedan conducir hacia el éxito futuro o, en el peor de los casos, el de no impedírselo.

La carrera deportiva debe discurrir por un itinerario concreto que pasará por el alcance de diferentes objetivos, dependiendo de la etapa de desarrollo en la que se encuentre el futuro deportista. Partirá de una educación integral en la que se deben inculcar una serie de valores que serán extrapolables a la vida, para discurrir hacia la educación deportiva, en la que se introducirán otros valores. Seguidamente, cobrará su protagonismo el entrenamiento propiamente dicho, con las características especiales y con la incidencia en las capacidades y cualidades más susceptibles de mejora en cada momento.

En estas etapas formativas, también se debe dar cauce a la competición como un medio de auto afirmación y de comprobación de la propia progresión.

Por todo ello, a las ilustres palabras que se contemplan en los valores olímpicos, "citius, altius, fortius", cuando se trata de deportistas en proceso de formación, deberíamos añadir otras dos que nos hemos inventado: "óptimus y tardius".

La vida deportiva debe cursar por un itinerario adecuado. Para ello, todos los estímulos que deben írsele inculcando al niño deben atenerse a unas reglas o principios, tanto los que van dirigidos hacia el propio entrenamiento, como aquellos que le van a influir en su formación y personalidad. Así, una vez llegado un momento de su formación y si decide apostar por el deporte de alto rendimiento, nuestro deportista se econtrará con la preparación idónea que le permita llegar a su máximo potencial.

"Una medalla olímpica no se gana. Una medalla olímpica se construye". El futuro campeón no solamente nace. Pese a que pueda reunir unas cualidades privilegiadas, tiene que explotarlas para llegar a desarrollar su máximo potencial. Esto supone que deberá seguir, a lo largo de toda su carrera deportiva, recorriendo el itinerario correcto.

Esto conlleva mucha dificultad y, tanto el deportista como su entorno deben dar todos los pasos de forma correcta porque, cada paso mal dado u omitido, irá cercenando el camino hacia el posible alto rendimiento.

"Las cosas bien hechas son de una forma, el resto son todas mal hechas."

3.1. EL ITINERARIO HACIA EL ALTO RENDIMIENTO.

En las primeras etapas de una carrera deportiva, la formación integral debe prevalecer sobre el entrenamiento. Existen muchos deportistas que, teniendo un gran talento deportivo y habiendo entrenado correctamente durante muchos años, no llegan a alcanzar las cotas para las que estaban potencialmente dotados, motivado por deficiencias en su formación integral.

Hay deportistas que, llegando a la competición objetivo (día "D" y hora "H") se desestabilizan y sucumben ante la presión. Otros que por no haber sido educados en los valores que conlleva un deporte bien planteado, acaban desarrollando un ego que los lleva a "enfrentarse con el Mundo". Éstos, cuando llegan los momentos importantes y se aproximan al zenit de su carrera deportiva, bien por falta de una formación adecuada o bien porque se pueden haber creado "enemigos" por sus actitudes también acaban desestabilizándose, derivando hacia el fracaso en sus fines. En este sentido, no podemos obviar que el deportista de alto rendimiento, si es una persona estable tiene más garantías de éxito que aquél que no lo es.

También existe otro tipo de deportistas que, desde muy jóvenes, apostaron exclusivamente por el deporte de competición, dejando de lado su formación intelectual y sus estudios. Cuando llegan sus años de mayores posibilidades de éxito (de los 28 a los 32 años), ante la incertidumbre de su futuro cuando se agote su carrera deportiva, también sufren desestabilización. Así, en sus mejores años, no obtienen el rendimiento para el cual se han estado esforzando durante mucho tiempo.

Existen otros casos de atletas que no fueron bien formados pero que por sus cualidades y por su talento, no sintieron la necesidad de sacrificarse y de esforzarse en sus primeras etapas. Éstos también se quedan a medio camino perdiendo sus posibilidades.

Todo lo anterior sugiere que el deportista, en sus primeras etapas, requiere de algo tanto o más importante que el propio entrenamiento. En las fases que se tratan en este libro, en las que chico se encuentra más perceptivo para recibir una educación integral, debería recibirla. De lo contrario es posible que, ya en edad adulta, sea demasiado tarde.

Cuando se trata de una carrera académica, el itinerario que debe cubrir un niño, hasta que se convierte en un erudito capaz de defender una tesis o ponerse a la cabeza en un proyecto de investigación, dicha carrera, dura muchos años. Éste deberá pasar por diferentes etapas que se van cubriendo a medida que avanza su desarrollo intelectual de la persona. Deberá ir cursando los estudios correspondientes a todos los niveles de enseñanza hasta llegar a la universidad, donde deberá cursar varios años. Luego vendrá la suficiencia investigadora y algún master para pasar a la tesis. Pero los estudios no terminan ahí. Si quiere llegar a la cima del saber, deberá seguir estudiando e investigando durante toda su vida.

En los diferentes niveles que va pasando ese niño, los contenidos de estudios son distintos y cada vez más exigentes, pero siempre dependiendo de la base que se ha venido adquiriendo con anterioridad. No se estudia lo mismo en la enseñanza primaria que en los cursos o master de doctorado. No se trata de estudiar siempre lo mismo, aunque sea de forma resumida para ir aumentando los contenidos a lo largo del tiempo. Se trata de materias diferenciadas en cada momento.

Con el entrenamiento deportivo tendría que suceder lo mismo. En este sentido, aquí dejamos una pregunta: ¿resultaría lógico plantearse la idea de que un niño debería entrenar los mismos contenidos de entrenamiento que un adulto, aunque las cargas sean menores? Obviamente, la respuesta debe ser negativa. No resulta válido el razonamiento de que, si un campeón adulto realiza una tarea, por ejemplo, de 10 repeticiones de 1.000 m a una potencia equivalente a su VO_2max, pueda aplicarse a un niño de 10 años una carga basada en 3 repeticiones de 600 m a un porcentaje de su VO_2max, aunque le ampliemos las recuperaciones. En otras palabras, resulta un error pensar que con entrenar "menos y menos fuerte", puede ser el camino correcto.

El niño es distinto y, como tal, deberá tener un tratamiento diferenciado del que corresponderá a un deportista adulto que lleva varios años entrenando. Consecuentemente, los contenidos de entrenamiento y las cargas a aplicar, también deben ser distintos y con diferentes objetivos.

En relación e la idea anterior, hay muchos chicos a los que se les exigen registros de muy alto nivel, obviando que, previamente, deberían haber desarrollado ciertas capacidades y cualidades (fuerza, velocidad, capacidades de aprendizaje, capacidades psicológicas y de comportamiento, etc.). Esto no deja de ser algo similar a lo que supondría exigirle a un estudiante de 10 años que elaborase "una mini tesis" a esta edad, dejando de lado todo lo que debería precederla.

Figura 3. 1.- Igual que al niño estudiante no se le exige una "mini tesis", al niño deportista no se le debe exigir el rendimiento que correspondería a la edad adulta, aunque sea en forma reducida.

El entrenador de niños debe tener en cuenta que se está trabajando sobre un proyecto a largo plazo, compuesto por fases diferenciadas y, en cada una de ellas, el tratamiento también deberá ser diferente.

Debe partirse de la base de que este chico no es un deportista *"en versión bolsillo"*, es decir, no es un adulto en proporciones reducidas. El niño es diferente y el deporte que debe practicar también debe ser diferente y adecuado a cada una de las etapas evolutivas por las que va pasando.

Desde el nacimiento hasta que se alcanza la edad adulta, se ven modificadas tanto las cualidades físicas como las biológicas y las psicológicas. Estos fenómenos deben conocerse para proceder en consecuencia al actuar sobre ellos con cargas de entrenamiento u otras acciones dirigidas hacia los procesos formativos.

Si no se tienen presentes los cambios evolutivos, aparecerán carencias en la formación integral, lo que repercutirá en su futuro como deportista de rendimiento. Existe el riesgo de presentarle al niño un deporte de adultos que, aunque se adapte mediante una reducción de las cargas de entrenamiento, de la duración de la competición, de la adaptación de reglamentos, etc., los resultados no serán los deseados en la mayoría de los casos.

Resulta frecuente observar competiciones deportivas de niños en los que se aprecian actitudes absurdas de padres o del público, con insultos a los árbitros o reprimendas a los propios deportistas. También existen entrenadores que reprenden a los jóvenes, coartándoles sus propias iniciativas y la creatividad, cuando luego, quien marcará las diferencias será el deportista más creativo, el que toma decisiones correctas, el que se anticipa y el que realiza acciones diferentes. Es muy importante que el entrenador se plantee que un niño condicionado no intentará de nuevo una jugada inventada ante el miedo a la regañina.

Los jóvenes deportistas se ven sometidos a un estrés y exigencias de trabajo muy superiores a aquellos que desarrollan otro tipo de actividad. Estos chicos, se enfrentan a tareas excesivamente severas o estresantes, por lo que se les debe ir preparando para ello a todos los niveles.

En éstos, se dan particularidades especiales en su desarrollo físico y psicológico. La propia actividad deportiva, la rigurosidad y el alto requerimiento que implica el perfeccionamiento y mejora de todas las variables que intervienen en los rendimientos deportivos, favorecen la optimización de estos procesos.

Sin embargo, nada de todo esto debería interferir en su evolución natural. Cuando el desarrollo sufre desfases en su ritmo físico, biológico o psicológico, se producen desequilibrios que hacen que el individuo no llegue a alcanzar su máximo potencial a la edad adulta. Un buen deportista debe ir adquiriendo una formación donde el desarrollo físico, biológico y psicológico deben marchar a velocidades similares para que no se produzcan desfases (figura 3.2).

Todo lo expuesto hasta ahora nos sugiere que el régimen de vida del joven deportista es complejo a la vez que exigente. Esto, lo limita y lo excluye de las actividades necesarias y propias de su edad mientras que, desde muy pronto "padece" limitaciones (dietas especiales, menos diversión, horarios rigurosos, la separación de su seno familiar por someterse a regímenes de internado y concentraciones deportivas, etc.)

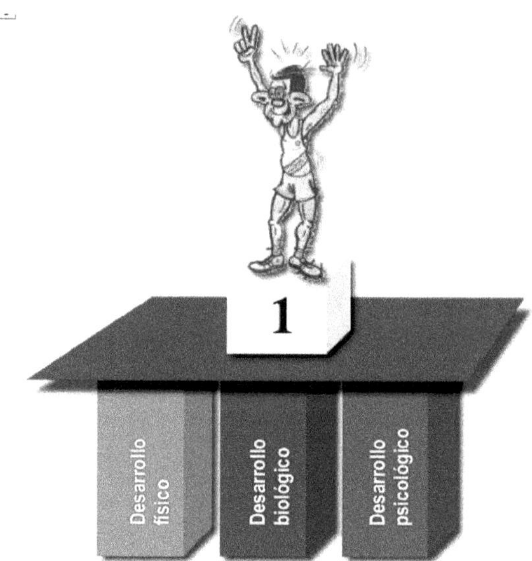

Figura 3. 2.- Los tres pilares del desarrollo, físico, biológico y psicológico, deben evolucionar de manera armónica. Si uno se precipita sobre los otros, o bien esperamos a que se reequilibren o pueden surgir problemas en el alto rendimiento a largo plazo.

3.2. EL PERFIL DEL DEPORTISTA DE ALTO RENDIMIENTO.

La experiencia, tras 24 años conviviendo con la elite, nos ha permitido apreciar que los deportistas que llegan a lo más alto, reúnen un perfil relacionado con su personalidad que les ha permitido gestionar esa cantidad de impactos provenientes desde muy diversas direcciones y que podrían incidir negativamente en su propio rendimiento. Estos impactos proceden del entorno que se va a encontrar y que difiere totalmente del que correspondería a sus etapas de formación, en otros casos.

Aquellos deportistas que no se labraron una personalidad muy fuerte y no recibieron la formación adecuada, no fueron capaces de soportar la presión y se quedaron algunos peldaños más debajo que otros que llegaron tras haber sido capaces de gestionar toda esa problemática.

La irrupción al alto rendimiento puede llegar de forma progresiva o bien surgiendo en muy poco tiempo. En cualquiera de los casos, cuando el deportista llega a la elite, comienza a recibir impactos de una gran intensidad. Si no se encuentra preparado para gestionarlos, pueden acabar frenando su propio rendimiento. De esos impactos que provienen desde muchas direcciones, aquí planteamos algunos de los que consideramos que más pueden a incidir en su progresión y que hemos creído interesante comentar (figura 3.3).

Figura 3. 3.- Llegado al alto rendimiento, el deportista debería ser lo suficientemente fuerte y equilibrado para gestionar todos los impactos que va a recibir, tanto de su entorno (externos) como propios (internos).

Los propios objetivos deportivos.

Cuando se llega a ciertos momentos en la carrera deportiva, el deportista, ya en edad adulta, frecuentemente se tiene que jugar todo a una carta (Campeonatos del Mundo, Juegos Olímpicos, etc.). En estos momentos debe "examinarse" sabiendo que, si todo sale bien, podrá resolver su vida y su futuro. De lo contrario, es posible que esté abocado al fracaso porque puede suceder que el siguiente gran campeonato acontezca varios años después, pudiéndosele haber pasado su momento.

En algunos deportes, (por ejemplo, algunos de carácter colectivo), los deportistas pueden resolver su vida durante una temporada o de varias, en las que se cobran fichas y sueldos importantes. En cambio, en otras especialidades, tiene que jugárselo todo a una carta o en muy pocas ocasiones. Esto hace que el "día D a la hora H", la presión sea máxima y si no está capacitado para utilizarla a su favor, se verá superado por aquellos más capaces.

"Si la presión se siente en la espalda, empujará al atleta. Si ésta se siente en el pecho, supondrá un freno" (idea de nuestro compañero, responsable español de marcha atlética, José Marín). Esto quiere decir que el deportista debe ser capaz de dar cauce a esa presión para lograr ese "plus" que le hace superarse en los momentos en los que la dificultad y la responsabilidad son máximas.

Los adversarios.

A los jóvenes, en sus primeras etapas del desarrollo, se les debería presentar a los adversarios como "compañeros" imprescindibles que van a ayudar a mejorar el rendimiento del chico a través de la competición. En cambio, llegados al alto rendimiento, los oponentes se convierten en individuos que van a intentar superar a nuestro deportista, arrebatándole, el éxito, la gloria y el premio del dinero, en el caso de ser profesional.

A diferencia de una competición de deportes colectivos, en la que un equipo gana y el otro pierde, en otras especialidades, por ejemplo, el atletismo, en los que la victoria es el fin casi exclusivo, prevalece la idea de que "el primero gana, el segundo pierde y los demás... participan".

La pareja.

A la larga, resulta una de las piezas clave en la carrera deportiva. Llegado al momento de la madurez y de lograr el máximo rendimiento, existe una gran influencia de la pareja. Aquí puede surgir uno de los mayores conflictos que contribuye al fracaso o estancamiento. Cuando en la pareja brotan desavenencias, bien por causa del deporte, o por cualquier otra, puede originarse un aumento de la presión que se sumará a la que lleva implícita el alto rendimiento.

Es relativamente frecuente que esta figura no acabe de comprender que el deportista debe renunciar a muchas cosas (salir por las noches, comer diferente, divertirse en general, etc.). En estas situaciones el deportista se puede sentir "culpable" y se verá afectado en su rendimiento. Por el contrario, si la pareja suma y apoya, será el elemento amortiguador ante las presiones que sufre el deportista. La pareja debería tener claro que el camino hacia el éxito solo es uno y que todo aquello que lo desvíe le alejará de los objetivos.

La Federación y el Club.

La Federación, en primer lugar y el Club, en segundo, tienen sus propios intereses que pueden o no coincidir con los propios del deportista. Éste último debe cumplir compromisos con ambos ya que su economía puede depender de las ayudas provenientes de ellos. Este acatamiento se define principalmente en la necesidad de competir en momentos que podrían estar encontradas con su propia planificación, lo que dificulta la puesta a punto en los instantes en los que debería dar el máximo. Esto, a su vez, puede acarrear algunas situaciones que el entrenador debería ayudar a gestionar, en lo posible, y que ambas pueden incidir en contra de los intereses del deportista. En este sentido, ante esos estamentos, pueden darse algunas situaciones que describimos a seguidamente:

- Que haya que modificar la planificación para cumplir con garantías esos compromisos, lo que aumenta la dificultad para alcanzar la forma deportiva en el momento más deseado.
- Que no se modifique la planificación y compita sin la forma adecuada para ese momento, lo que supondrá que no lo haga con su mejor rendimiento, corriendo el riesgo de perder las ayudas que provienen de estos organismos.

El representante.

Cuando va llegando a los más altos escalones de su vida deportiva, el deportista se ve en la necesidad evadirse de la problemática de la gestión (competiciones, logro de patrocinios, fichajes, contratos, etc.) y aquí es donde entra la figura del representante. Existen muchos que se preocupan por el deportista, tanto a nivel humano como deportivo. Éstos tratan de no explotarlo y que se mantenga en la alta competición el mayor tiempo posible. No obstante, y desafortunadamente, también aparecen otros con menos escrúpulos que influyen de forma un tanto negativa. Dado que cada vez el atleta, compite, cambia de club, etc., el representante se lleva un porcentaje del dinero ingresado, pudiendo caer en la tentación de explotar al deportista, haciéndole competir en más ocasiones de las debidas o en competiciones que solo reportan dinero pero que pueden contribuir negativamente en el logro de los objetivos. La consecuencia de estos impactos suele derivar en acortamiento de la carrera deportiva del representado. En este sentido, también juega un rol importante el entrenador que deberá ser un efecto amortiguador de las gestiones de esa figura del representante. Pero también jugará un papel determinante el carácter y la formación del atleta que, definitivamente, será quien deba tomar las decisiones correctas.

Las instituciones y los políticos.

Además de la Federación y el Club, existen otras instituciones de nivel superior como pueden ser las dependientes de los gobiernos regionales, autonómicos o del propio Estado (dependiendo del país, pueden ser el Ministerio del Deporte, el Comité Olímpico, etc.). Éstos también tienen sus propios objetivos, pero también contribuyen a la financiación del deportista, bien directamente o bien a través de las Federaciones. Sea como sea, siguen sumando presión y más obligaciones para el atleta con la inclusión de más competiciones.

Los medios de comunicación.

Llegado a la elite, el deportista comienza a ser referencia y motivo de atención de los medios de comunicación (prensa escrita, radio, televisión, redes sociales, etc.). En breve tiempo pasa del anonimato a ser una persona de la que está pendiente mucha gente para la cual, anteriormente, pasaba desapercibido. Cuando se aproxima la gran competición, una gran parte del país puede estar atento a su actuación, lo que supone un añadido de presión, responsabilidad y miedo al fracaso.

Los negocios y las inversiones.

Igualmente, cuando se va llegando al alto rendimiento, el deportista se convierte en profesional o semi profesional. Esto conlleva la adquisición de dinero, con lo que nos encontramos con un nuevo problema: ¿Qué hacer con este dinero? Hay deportistas que lo malgastan y los hay más previsores o emprendedores que invierten en algún negocio. Con ello, se suma un nuevo inconveniente al tener que atenderlo debidamente. Si las cosas van bien es un mal menor. No obstante, si aparecen dificultades (lesiones, enfermedades, problemas de cualquier otro tipo) que provoquen bajadas puntuales de rendimiento, tendrá que hacer frente a deudas que en ocasiones no podrá afrontar ya que también disminuirán los ingresos, encontrándose con que no podrá hacer frente a las deudas, añadiendo otro componente de presión que repercutirá negativamente en los resultados deportivos. Aquí puede aparecer el "círculo vicioso" de que peores resultados, suponen menos ingresos, lo que aumenta la presión que se convierte en peores resultados (figura 3.4).

Figura 3. 4.- Los problemas económicos pueden aumentar la presión del deportista. Ésta hace que disminuya el rendimiento creando mayores problemas económicos...

Los patrocinadores.

Los deportistas profesionales o semi profesionales suelen recibir otras ayudas provenientes del patrocinio privado que también tienen sus propios intereses y que no van a dar todo a cambio de nada. Éstos también imponen sus exigencias (competiciones propias, presentaciones de eventos, etc.). Sea como sea, el atleta tiene que cumplir con esos compromisos, viéndose obligado o a desplazarse, a modificar horarios de entrenamiento, a competir a destiempo, etc.

Los viajes y desplazamientos.

El que era joven deportista, poco a poco va ampliando su radio de acción. Lo que eran, en sus primeros años, unas competiciones locales o de cierta proximidad, poco a poco se van convirtiendo en largos viajes, a veces transoceánicos con estancias que pueden durar semanas. Todo ello, implica cambios de horarios, alteración del sueño, cambios de alimentación, hoteles de todo tipo, etc. En conjunto son una serie de circunstancias relacionadas con la logística que también inciden en el rendimiento. Es muy probable que las primeras veces en las que tenga que realizar esos largos viajes, no rinda de acuerdo a su preparación.

Las celebraciones.

También es frecuente que, tras la obtención de un éxito importante, aparecen las celebraciones y los actos sociales en los que se reclama al deportista. Éste se ve obligado a estar presente en actos públicos o privados, a veces en otras ciudades diferentes a las de su residencia. Todo ello también altera su rutina de horarios, entrenamientos, comidas, etc. Incluso, ante grandes éxitos, puede repercutir en ámbitos extradeportivos y dar el salto hasta convertirse en una imagen púbica, apareciendo en otros medios tales como "las revistas del corazón", programas de entretenimiento en la televisión, desfiles de modelos, etc. Hemos conocido casos en los que, tras ese gran resultado, algún deportista se ha descentrado, viéndose estancado en su progresión. Es muy importante que el sujeto tenga claro o se le haga comprender que su aparición en estos medios es consecuencia de sus resultados deportivos y que, en el momento en el que bajen dichos resultados, dejarán de llamarle. Este proceso puede acarrear un gran riesgo de convertir al deportista en un "juguete roto".

Las tentaciones.

El deporte de alto rendimiento exige física y mentalmente al máximo. Aquí están presentes las tentaciones en forma de "trampas", entre las que se encuentra el dopaje que se convierte en una lacra que tienen los deportistas que sucumben ante la posibilidad de tomar el "atajo" y obtener más rendimiento en menos tiempo, aunque sea por métodos ilegales. Esto solo es remediable con una buena formación desde muy jóvenes ya que, aparte de estar atentando contra su salud, entra de lleno en el terreno de la ética deportiva, la cual, debería haberle sido inculcada desde las primeras etapas formación.

El sufrimiento físico.

En ciertas especialidades, hay un añadido de presión tal cual es el miedo al sufrimiento. El deportista que está próximo a hacer una travesía nadando, a realizar una etapa de ciclismo de más de 200 Km. con cinco puertos de montaña, a participar en un "Ironman" o a correr un maratón, es consciente de que va a pasar varias horas en las que va a sufrir hasta límites extremos. Esto supone un añadido que puede incidir en su rendimiento, antes y durante la competición.

La incertidumbre de futuro.

Caso ya se he tratado anteriormente. Si el deportista apostó únicamente por el deporte y no se preocupó en adquirir una formación de estudios, llegando a su momento de máximo rendimiento, se puede encontrar con las dudas sobre lo que pueda suceder a corto plazo, cuando tenga que dejar la práctica en la alta competición. Estas dudas, también acaban aumentando la presión, que también podrá ir en contra del rendimiento en sus mejores años.

Existen otros elementos de presión que inciden en el rendimiento del deportista. Aquí se han presentado solamente algunos de los que, por experiencia, hemos ido viendo que frenaban las progresiones de atletas. Éstos no llegaron más alto, al haberse visto superados y por no haber sido capaces de administrarlos.

Todo ello nos lleva a la conclusión sobre la necesidad de incluir una serie de valores dentro de la formación integral del deportista, en sus primeras etapas, que le permitan ir aprendiendo a gestionar, de forma progresiva, todas esas circunstancias que se le van a presentar a lo largo de su vida deportiva. Si en los años de formación, se obvia esta faceta educativa, el solo hecho de entrenar mucho y muy bien, no será suficiente para que llegue a su máximo rendimiento, quedándose a medio camino.

Ante ese maremágnum de influencias, es imprescindible, desde las primeras fases, atenerse a un itinerario que dirija la vida deportiva por el camino correcto hacia el alto rendimiento ya que llegado el caso en que, en su día, el atleta tome la decisión apostar por el deporte de alto rendimiento, éste se encuentre capacitado para gestionar todos los impactos que le irán llegando.

3.3. LA VIDA DEPORTIVA DEBE ESTAR SOMETIDA A REGLAS.

El itinerario hacia el deporte de alto rendimiento, debe regirse por una serie de reglas. Se trata de normas básicas que determinan la influencia que pueden ejercer cierto tipo de estímulos en diferentes aspectos (fisiológico, anatómico, psicológico, pedagógico, etc.), indicando las directrices a seguir a lo largo del transcurso hacia la madurez deportiva. Éstas reglas han de ser asumidas y mantenidas por todas las personas del entorno del joven deportista y a lo largo de todo su proceso formativo. En los primeros años, su aplicación puede resultar determinante y, en el caso de no ser tenidas en cuenta, irán apareciendo trabas que interrumpirán la progresión del chico, pese a que éste cuente con un gran talento deportivo.

El deportista tiene un potencial al cual puede aproximarse a lo largo de su vida, siempre y cuando se respeten estas directrices. Cada omisión, cada realización no adecuada, cada anticipación, cada retraso, etc., irán bajando su "listón potencial", pudiendo convertirlo en un practicante mediocre.

Si todo se realiza en tiempo y forma, es posible que, con mucho esfuerzo y dedicación por parte del deportista, del entrenador y de todo su entorno, se puedan llegar a cumplir las expectativas. No debemos olvidar que el técnico no tiene la varita mágica y su rol principal es el de ayudar al atleta a alcanzar su máximo potencial, para lo que es muy importante que sus acciones estén sometidas a estas reglas o normas.

Los principios o leyes para deportistas en proceso de desarrollo.

El desarrollo del deporte en edades formativas, tanto en entrenamiento como en competición, exige un reconocimiento y respeto por una serie de normas elementales, fundamentadas en los principios de la adaptación y del rendimiento a todos los niveles.

La mayoría de los autores concuerdan en la existencia de principios, y no dudan en señalar que se trata del resultado de años de experiencia e investigación. Martin (2004) los define como *"orientaciones y directrices generales para las tareas y acciones educativas, de asesoramiento y metodológicas, que los entrenadores aplican en el proceso de entrenamiento y en la dirección de las competiciones"*.

Estos principios son la base sobre la cual se va a soportar todo el proyecto deportivo ya que el hecho de no tener en cuenta alguno, puede arrastrar al fracaso. En este sentido, esto es aplicable a cualquier tipo de deportista que se encuentre en proceso de formación y para cualquier e deporte o especialidad. El proceso del entrenamiento en estas etapas, en su conjunto, se realiza sobre la base de estos principios, reglas y proposiciones metodológicas y científicas (Pérez, 2002). Aquí "no existen límites, existen limitantes y es necesario conocer las diferencias entre ambas palabras" (Ulloa, 2001).

Dado que aquí contemplamos las diferencias que existen entre los niños y los jóvenes con respecto a los adultos, entendemos que también tienen que existir unos principios o leyes para los adultos y otros diferentes para los chicos que están evolucionando.

En todo caso, muchos de los principios que se aplican para deportistas que llegan a su madurez deberán ser reconducidos para aplicarlos a las primeras fases de su carrera deportiva, lo que nos conduce a hablar de *los principios para deportistas en proceso de desarrollo.*

En la práctica, nos encontramos con que, en el niño, debe priorizarse la formación sobre el rendimiento. Dentro de ésta se encuentran todas las actividades relacionadas con los estudios, lo que supone una reducción del tiempo disponible para dedicarse al entrenamiento. Por ello, podemos desglosar los principios en dos grandes apartados que se desarrollan en este capítulo y en los dos siguientes:

Principios formativos y pedagógicos.

Éstos van dirigidos a los procesos educativos integrales y a la educación deportiva.

Principios de la adaptación y del rendimiento.

Van encaminados a la mejora y adquisición de habilidades, así como a las cualidades que irán llevando al chico hacia el alto rendimiento. Éstos, a su vez los hemos dividido en otros dos grupos, en función de los objetivos a lograr:

- Principios o leyes del entrenamiento en las primeras etapas.
- Principios de adaptación al rendimiento.

3.4. LAS LEYES DE LA FORMACIÓN. LOS PRINCIPIOS FORMATIVOS Y PEDAGÓGICOS.

En las primeras fases de la vida deportiva, el factor educativo en general, y el factor educativo deportivo por extensión, tienen un gran peso específico en la progresión del deportista y están fundamentados en la inculcación de valores. Si el entrenamiento infantil se somete a directrices pedagógicas, puede aportar valiosas oportunidades de desarrollo a los niños. Sin embargo, la adopción prioritaria del "entrenamiento para el rendimiento ", debería condenarse rotundamente por razones pedagógicas y médicas.

Estas normas o reglas conllevan directrices generales expresadas en forma de axiomas de orientación práctica. Son una organización determinante para la actividad del entrenador-formador porque se refiere a la aplicación práctica y compleja de las leyes del proceso formativo y educativo, y porque en ellos se reflejan las experiencias generalizadas de la praxis que conlleva al éxito. (Pérez, 2002).

Estos principios educacionales cobran más importancia cuanto más joven es el deportista y, a medida que va llegando a su madurez y se vayan consolidando, irán dejando el protagonismo a los principios de la de adaptación y rendimiento que se tratan más adelante.

De los muchos principios o leyes que figuran en la literatura, hemos seleccionado los que consideramos como más relevantes a la hora de establecer actividades para los niños y púberes. En este sentido, es conveniente aclarar que estas normas pedagógicas podrían pasar de una manera tangencial sobre los objetivos de este libro ya que nos vamos a centrar más en el entrenamiento. Por ello, solo se tratan de una manera sencilla a modo meramente informativo y tendrían que ser los profesionales de la pedagogía deportiva quienes podrían profundizar en estos temas.

3.4.1. Los valores educativos también son transferibles a la vida.

Dentro del proceso de formación una gran parcela importante ha de dedicarse a la educación y esto conlleva la inclusión de una serie de valores. En este sentido, el deporte y la actividad física para los niños, representan uno de los mejores instrumentos educativos y de socialización. Igualmente son esenciales para el desarrollo de las capacidades personales que llegan a formar su educación integral.

El problema surge a la hora de plantearse un modelo a seguir que permita llevar al futuro deportista de rendimiento por el itinerario correcto, con el fin de que pueda llegar a su máxima potencialidad, si éste lo decide en su momento.

Valores, actitudes y comportamientos.

En ocasiones, la palabra valor se utiliza de manera poco precisa y es susceptible de prestarse a confusión. Según Torregrosa y Lee (2000), la diferencia entre actitudes y valores estriba en que las primeras son específicas a las situaciones y pueden ser tanto positivas como negativas. Por el contrario, los valores siempre son positivos.

El deporte, en las etapas que aquí se tratan, puede ser fuente de educación, salud, integración, cooperación, etc. No obstante, también puede ser fuente de ignorancia, enfermedad, lesiones, exclusión, violencia, etc. Por consiguiente, puede conllevar planteamientos tanto positivos como negativos lo que va a incidir en la formación que vaya recibiendo el niño desde sus comienzos en la práctica deportiva.

Puede comprobarse en según qué deportistas que se comportan de manera diferente ante las situaciones que se les presentan a lo largo de su carrera deportiva. Los hay que se muestran agresivos, que se desestabilizan ante cualquier adversidad o que ante el fracaso eluden su responsabilidad, achacándosela al entorno (a los medios de comunicación, al entrenador, a las instituciones, al público, al material, etc.). Los hay que se muestran excesivamente eufóricos ante el éxito o se deprimen ante el fracaso. También se encuentran aquellos que sienten gran ansiedad ante la competición que puede derivar en situaciones de pánico. Encontramos otros que salen a la competición totalmente agotados porque, en el momento de dar todo de sí, ya han "competido mentalmente" muchas veces durante los días anteriores al evento.

Pero también existen deportistas más "equilibrados" que se comportan de manera totalmente diferente. En general, éstos tienen un "plus" en su rendimiento ya que lejos de desestabilizarse ante un acontecimiento importante o ante las altas cargas de entrenamiento, lo acometen con total entereza y sin el gasto de energía añadido que produce la desestabilización y la ansiedad.

A lo largo de nuestros años conviviendo con la elite, hemos coincidido con el individuo inestable, alterado por los nervios antes de la competición. Este deportista protesta por todo, se siente malhumorado y refleja sus miedos mediante agresividad contra el entorno. La conclusión es que tanta energía derrochada hace que salga a la competición muy mermado en sus facultades. Por el contrario, nos encontramos con un atleta, que se proclamó campeón olímpico. Éste, en todo momento, mostraba una actitud totalmente positiva, basada en que "todo está perfecto" y que tenía claro que el mal humor, la crispación y en general la energía negativa, se volvía contra él. Por consiguiente, este último, siempre tuvo asumido que no debía dispersar su atención hacia temas negativos que le alterasen antes de la competición.

La disparidad de comportamientos y actitudes es tan grande que no se pueden citar todos los casos. Lo que sí queda patente es que, desde los primeros años, el entorno del niño debería ir introduciendo estímulos que le vayan inculcando los valores que le den las garantías del éxito futuro.

Ciertos entrenadores que trabajan con niños, aunque afirman que les interesa educar a través de la práctica deportiva, terminan repitiendo modelos clásicos debido a sus carencias a nivel pedagógico (ya se ha hablado del perfil del entrenador – formador de niños, y de su determinante rol de maestro). Así pues, la mera práctica del deporte no es suficiente para la adquisición de valores que contribuyan a la formación humana y deportiva. Uno de los principales errores que se pueden cometer es el de inculcar, desde edades tempranas, que los niños piensen exclusivamente que el deporte es un medio para alcanzar el éxito.

Cuando se trabajan valores en las primeras etapas, a la larga, surgen menos problemas entre los deportistas porque participan en las decisiones y se evitan las protestas, mejoran las relaciones con los miembros de su entorno (padres, entrenador, compañeros, etc.) y encuentran con mayor rapidez la solución de posibles problemas.

En lo que respecta a esa formación integral del chico, Latiesa et al. (2001) proponen tres opciones con las que se puede conducir al joven y que van a determinar la trayectoria social a largo y medio plazo:

- Decantarse por educar, de forma exclusiva, a través de la solidaridad, la cooperación, la igualdad de oportunidades, etc.
- Orientar hacia el modelo más difundido en la Sociedad basado en la competitividad, la lucha por el poder, el dinero, el egoísmo, la selección, la prevalencia del resultado sobre el proceso, etc.
- Decidirse por una posición neutra, a través una actitud activa, mediante la difusión de valores coherentes y actuando de forma crítica ante la realidad social.

Esta coyuntura se reproduce igualmente cuando se trata del deporte. Aquí podemos encontrarnos dos tendencias, igualmente enfrentadas:

- La establecida por las instituciones y estamentos, que presionan hacia la consecución objetivos de competición y rendimiento como causa casi exclusiva. Esta tendencia suele venir transferida mediante la presión proveniente, entre otras, de las federaciones deportivas.

Aquí prevalece el resultado sobre el proceso y la victoria sobre la participación. Como consecuencia surge la problemática que conduce a la especialización prematura y al acortamiento de las carreras deportivas.

- Por el contrario, existe la posición de maestros y pedagogos, más preocupados por el bienestar y desarrollo integral del sujeto a nivel cognitivo, motor, social o emocional, dejando en un segundo plano la obtención de resultados y la competitividad.

Ante todo esto, cabe la duda sobre cuál sería la actitud más idónea para actuar en pos de ese itinerario que pueda llevar a los individuos potencialmente más dotados (con talento deportivo) hacia su máximo rendimiento futuro.

NUESTRA PROPUESTA.

A la vista de la problemática que puede acarrear la llegada a la elite, este libro trata de dirigir a los deportistas con posible talento deportivo, por el camino que les permita llegar al alto rendimiento. Por ello, sería interesante tener en cuenta dos grupos de valores a inculcar, así como su temporalización (figura 4.6):

Valores transferibles a la vida.

El deporte formativo si bien no es suficiente para alcanzar los objetivos del alto rendimiento, sí que es necesario en los primeros años, para que el niño vaya asumiendo esa educación que va a contribuir para su formación integral y que va a precisar para "hacerse persona". La experiencia nos lleva a la conclusión que los buenos deportistas pueden tener valores y actitudes positivos o negativos. No obstante, hemos comprobado que los que llegan más alto, reúnen una gran parte de esos valores que pretendemos que se vayan introduciendo. En este sentido, aún existiendo excepciones, podríamos afirmar que los mejores deportistas también suelen ser buenas personas.

Valores transferibles al alto rendimiento.

Para llegar a lo más alto a nivel deportivo, el atleta precisa de otros valores que le permitan soportar la enorme presión que supone la competición y el entrenamiento. Igualmente deberá estar preparado para no desestabilizarse con los impactos que pueda sufrir, provenientes del entorno, tal y como se ha visto en otra parte de este capítulo. Si no es capaz de gestionar dichos impactos, es muy probable que no llegue al nivel de cualificación para el que se encontraba potencialmente dotado.

Hay que reseñar que solo unos pocos de esos niños que comienzan a practicar deporte estarán potencialmente dotados para llegar al alto rendimiento. Por consiguiente, solamente unos pocos deberían recibir la formación en esa dirección y esto, solamente debería plantearse llegada una edad que puede coincidir a partir de la salida de la adolescencia (figura 3.5).

Figura 3. 5.- En los primeros años los valores a inculcar deben ser aquellos que, aparte de ser necesarios para el deporte, también serán transferibles a la vida. Una vez se vayan consolidando, llegando al final de la adolescencia y entrando en la juventud, deberían irse infundiendo otros que serán necesarios para la formación hacia el alto rendimiento. En la figura, aparecen más oscurecidas las etapas en las que se debería aplicar mayor énfasis.

En la práctica deportiva infantil la educación en valores no sólo debería difundirse a los niños: También debería promoverse a los padres de los jóvenes deportistas. No podemos obviar, tal y como ya hemos visto, que los padres son quienes más influencia tienen en la educación de los chicos en los primeros años. Esto sugiere la necesidad de unas charlas con los padres o, incluso, un cursillo, antes de admitir a sus hijos en una escuela deportiva.

¿Cómo abordar en la actividad físico-deportiva el desarrollo de los valores? o ¿cuáles pueden ser las vías más propicias para lograr la acción educativa que deseamos? Aquí conviene apuntar que en todas las épocas cada sociedad ha utilizado métodos para hacer que los individuos adopten los valores significativos de su cultura.

He aquí algunas de las tendencias más utilizadas por algunos colectivos:

El grupo de los "**Métodos Impositivos**", muy usados en el sistema educativo conservador, donde una autoridad impone, obliga, sanciona, dirige e impide la libertad de elegir.

El grupo donde caen los "**métodos moralistas**" donde prevalece la relación "padre-hijo" representados la frase "haz lo que yo digo y no lo que yo hago". Aquí los valores se trasmiten mediante sermones, consejos, reglas preestablecidas, buscando que el individuo viva de acuerdo con los que le son impuestos de esta manera.

El grupo donde están los métodos "**Laissez faire** (dejar hacer)". Aquí la autoridad no se involucra ni se compromete, dejando al individuo en total libertad. Este método pretende que el propio individuo llegue a descubrir los valores, aplicando el proceso "ensayo-error", en función de si selecciona bien o mal su proceder ante diferentes situaciones.

El grupo de los métodos que proclaman el "**Humanismo**". Éstos se basan en el ofrecimiento no impositivo de los valores. Proponen compartir la propia experiencia, pero respetando la del otro y en franca concordancia con los que defiende.

Con vistas a la formación en los primeros años del futuro deportista, es difícil inclinarse de forma absoluta por alguna de estas tendencias. La realidad es que, para dar cauce a los chicos hacia el deporte de rendimiento futuro, habría que decantarse por un poco de cada una de ellos, cobrando mayor o menor énfasis en función de la fase de y pasando paulatinamente de las tendencias más impositivas a las menos.

Bajo nuestro punto de vista, establecemos algunas sugerencias para actuar en el fomento de valores que educativos- formativos a través de la actividad deportiva:

- Crear un ambiente, de seguridad, de comunicación y de respeto entre todos los miembros del grupo. Para ello deberíamos darnos un plazo de tiempo que permita el intercambio y la reflexión. El ambiente debe ser abierto para el diálogo donde, en vez de la crítica constante, lo que prime sea el esfuerzo de cada uno por tratar de comprender la posición o el razonamiento del otro.
- Dar espacio para un diálogo bien conducido. Esto permite a los chicos compartir necesidades, motivaciones, reflexiones, errores etc. No obstante, en todo momento, hay que respetar la capacidad que tiene el otro para valorar lo que nosotros decimos.

- Dado que los valores están muy ligados a la comunicación, ésta tiene que ser de diálogo real y propuesta e un ambiente propicio para la reflexión.
- Tener muy en cuenta afirmaciones de diferentes psicólogos del deporte que difunden la necesidad de la educación en valores en la práctica del deporte infantil y advierten de los abusos que en su nombre se pueden cometer por parte de los adultos.
- Tener presente también que muchos pedagogos del deporte piensan, frente a la crisis de valores que conlleva la Sociedad actual, que la educación deportiva constituye un excelente campo de acción para el desarrollo de esos valores personales y sociales en la población.
- Es patente que una parte destacada de los medios de comunicación ejercen mala influencia en los jóvenes. Ante aquellos que no se rigen por principios éticos surge la necesidad de instalar una ética deportiva que vaya más allá de la simple práctica o del entrenamiento. Para tratar de neutralizar aquellas influencias deben utilizarse estrategias deportivas que logren transmitir y favorecer el desarrollo de valores a través de dichas prácticas.
- La práctica deportiva representa un estilo de vida capaz de promover valores en el hombre en beneficio de su calidad de vida. Los que aporta el deporte a la Sociedad y a la vida en general, son aquellos que siempre se resaltan del mismo (cooperación, ayuda mutua, solidaridad...) éstos son, entre otros, los que podríamos considerar de alguna forma educativos y que supondrían los más interesantes en las primeras etapas del desarrollo.
- Estos valores deben ser introducidos en las primeras fases de las que versamos (niñez, pre pubertad y entrada a la pubertad). Deberán ser tratados de forma proporcionada, de acuerdo a la edad y como parte importante de las actividades en búsqueda de objetivos prioritariamente formativos.

De acuerdo con todo lo anterior, **proponemos algunos valores que se pueden transmitir a través de la práctica deportiva**, que son extrapolables a diferentes ámbitos de la vida y que se deben ir introduciendo durante los tiempos de práctica, primero en los juegos predeportivos y paulatinamente en el entrenamiento y la competición.

Amistad.

Si, desde los primeros años de práctica deportiva, se busca establecer lazos de amistad entre los componentes del grupo que practica deporte, esto puede durar toda la vida. Nuestra experiencia con atletas en fase de proyección, con vistas al futuro equipo nacional de medio fondo, nos ha permitido comprobar que mediante concentraciones periódicas a lo largo de los años se llegaron a forjar verdaderas amistades entre atletas de diferentes zonas. Incluso, llegando a formarse parejas estables y familias. Pasados los años ya en la alta competición, en la mayoría de los casos, la rivalidad fue siempre rivalidad deportiva pero exenta de agresividad o animadversión, actitudes que pueden derivar en miedo y bajadas de rendimiento.

Autoconocimiento.

El deporte ayuda a aprender a conocerse mejor a uno mismo, a conocer los propios limites, las propias habilidades y capacidades. Esto también cobra importancia a la hora de detectar algún riesgo de lesiones o a apreciar que se puede aumentar el esfuerzo porque no hay riesgo. El deportista aprende a "escuchar" a su propio cuerpo para conocer sus límites.

Autoestima.

Aprender a nadar, mejorar la velocidad corriendo o alcanzar objetivos deportivos o de condición física, hacen al individuo sentirse mejor consigo mismo, sentir más seguridad y más confianza para afrontar situaciones nuevas. También tenemos nuestra experiencia con atletas que, pasados los años tuvieron que enfrentarse a oposiciones o exámenes. Alguno nos comentaba "gracias a haberme visto sometido a desafíos importantes y constantes, poniendo mi cuerpo y mi mente en situaciones límite, a lo largo de mi vida deportiva y superarlos, ahora no me preocupa enfrentarme a nuevos retos en la vida". El logro de éstos a través del esfuerzo, también contribuyeron a un aumento de su autoestima.

Competitividad.

Saber ganar y saber perder. Una competición deportiva es un proceso que en realidad comienza mucho antes del primer encuentro. Hay que entrenar, cuidar la alimentación, las horas de sueño y prepararse mentalmente para vivir situaciones de mucho desgaste físico y mental. Aquí cabe también el concepto de *juego limpio*. ¿Qué sentido tendría una competición en la que se hicieran trampas, se lesionara a los oponentes o los árbitros favorecieran a uno de los competidores? ¿Qué sentido tiene que gane una carrera alguien que se ha dopado o aquél que se cuela en una carrera urbana, esperando que no se enteren los jueces? A nadie le gusta perder, pero no es motivo para utilizar la violencia o los malos modos. Perder no es una humillación, sino una parte más del deporte.

Compromiso individual y con el grupo.

Los deportistas lo definen como entrega, y los emprendedores como implicación. En ambos casos, los frutos del éxito final sólo se recogen tras el compromiso que se asume con el proyecto deportivo y el trabajo que ello conlleva. El deporte lleva al deber con algo o con alguien. Los niños saben que ciertos días de la semana no pueden hacer planes porque tienen que ir a practicar su deporte. Debemos insistirles en la necesidad de no pueden "fallar" a sus compañeros y tienen que asistir a los entrenamientos y competiciones a pesar de que los otros planes que surjan sean tentadores.

Comunicación.

Se trata de la habilidad para transmitir conocimientos, ideas o emociones a otras personas y de escuchar y comprender las suyas. Es el modo más fácil de que otros comprendan las propias necesidades. En el deporte es fundamental ya que, de otro modo, el chico no sería capaz de entender el plan del entrenador, ni el entrenador conocer las sensaciones del deportista o las estrategias y tácticas de la competición.

Concentración.

En los primeros años, la capacidad de concentración del niño es muy baja y muy poco duradera en tiempo. Poco a poco se deben ir introduciendo actividades que le estimulen esta capacidad ya que, en un futuro, se tendrá que pasar varias horas entrenando o compitiendo. Ante la pérdida de concentración, puede cometer errores que le lleven a pérdida de rendimiento y al fracaso. Esto también es fundamental en cualquier ámbito de la vida. Si a través del deporte conseguimos aumentarle al chico esta capacidad, estará preparado para mantener mejor la atención en las clases, de estudiar con mayar eficacia y durante más tiempo, de soportar reuniones de varias horas, etc.

Convivencia.

Durante el tiempo de práctica (en el vestuario, en los campeonatos, etc.) los niños aprenden a convivir o coexistir con sus compañeros y demás integrantes del grupo. Si ésta se lleva a cabo de una forma sana, es totalmente extrapolable al día a día. Gracias a la adquisición de este valor, se pueden paliar comportamientos malvados que surgen entre compañeros de clase (acoso, rechazo, etc.).

Cooperación y trabajo en equipo.

Lo entendemos como el hecho de trabajar junto con otras personas para lograr un fin común. No hay deporte o empresa donde un individuo llegue sólo al éxito. La confianza y el sacrificio compartido son las claves que aseguran el buen funcionamiento de un grupo. La individualidad no es demasiado positiva en estas edades y no resulta demasiado educativa. Por ello, en los primeros años es necesario fomentar las actividades en grupo. Existen las competiciones, las actividades grupales, la colaboración en los entrenamientos, etc. El trabajo cooperativo es un valor que se puede potenciar a través del deporte y es determinante a lo largo de la vida, ya que se trabajará en equipo en muchas ocasiones (académicas, laborales, familiares, etc.).

Disciplina.

Los buenos resultados no llegan por arte de magia. Detrás de un éxito, en cualquier especialidad, hay muchas horas de trabajo y preparación. En los negocios y en el deporte, la cultura del esfuerzo es un valor importante. El niño debe aprender la disciplina que debe cultivarse, aunque sin excesiva imposición, pero de forma progresiva.

Entendimiento.

Hay pocos deportistas "cerrados de mente". Un atleta tiene que estar atento a las situaciones y a las personas que le rodean. Debe adaptarse a ellas o fracasará en sus objetivos. Por ejemplo, al escalar una montaña es necesario tener un plan inicial, pero si no escuchamos a los compañeros, si no prestamos atención a los cambios del tiempo o si no respetamos nuestros propios límites, podemos ponernos en serio peligro.

Generosidad y saber compartir.

Antes de la primera etapa aquí estudiada, etapa de la niñez, el chico es egoísta por naturaleza, aunque esto se vaya corrigiendo en etapas posteriores. En este sentido, desde el deporte se puede ayudar a reconducir esas actitudes, llevándole hacia la generosidad. Para practicar la natación en una piscina pública es preciso compartir el espacio con otros nadadores o para realizar un entrenamiento, de la especialidad que sea, es preciso compartir un material determinado .

Honradez, integridad, justicia...

Se tiende hacia la rectitud de ánimo y la sinceridad en el obrar. Quien posee estos valores se muestra como una persona recta y justa, que se guía por aquello considerado como correcto y adecuado a nivel social. Estas actitudes positivas también pueden ser potenciadas desde el ámbito deportivo ya que se pueden relacionar con el respeto a reglas y normas y, sobre todo, a la actitud de no hacer nunca trampas para sacar beneficios ilícitos.

Intuición.

Implica la capacidad para detectar situaciones oportunas y adoptar las decisiones adecuadas en el momento justo. Un empresario emprendedor puede sacar adelante su empresa si es capaz de tomarlas en un momento determinado, pero también debe tener la valentía para ponerlas en práctica. Esto es fácil comprobarlo en diferentes circunstancias que se dan en el deporte de competición. Por ejemplo, el momento en el que un corredor de fondo o un ciclista, tras observar la situación de los adversarios, decide hacer una aceleración de su ritmo para sorprenderlos o, en caso contrario, cuando alguno de éstos observa que el ritmo es excesivo y decide quedarse atrás a esperar que los demás bajen su velocidad cuando les llegue la fatiga y entonces superarlos. En este sentido, los deportes colectivos aportan este valor, de forma importante ya que el deportista capaz de intuir, tiene un bagaje importante de éxito en lo que se refiere a su capacidad de anticipación.

Motivación.

De esto ya se habla en otro capítulo. El deporte, en los primeros años, debe presentarse de forma jugada ya que es el sustituto de la diversión, desde el momento en que el niño apenas hay tiempo para ambos. Por ello, tanto el entrenamiento como la competición deben presentárseles como algo atractivo, divertido y, en consecuencia, motivante.

Obediencia.

Hay que cumplir las instrucciones de entrenador al tiempo que se respetan normas y reglas que ayudan a integrar el valor de la obediencia en los chicos.

Optimismo.

Puede parecer un absurdo, pero ningún valor tiene sentido sin optimismo. El primer paso para el éxito, es creérselo, y para ello uno debe afrontar los retos con una sonrisa. "Si crees que puedes ganar, ganas o pierdes, si no crees que puedes ganar es mucho más probable que pierdas".

Preocupación, confianza y respeto hacia los demás.

El deporte fortalece ciertas relaciones con otras personas y hace estar cerca de ellas. El esfuerzo común, los éxitos, los fracasos, el aprendizaje, etc., ayudan a comprender a la gente en general y no sólo a aquellos que practican junto al deportista. En la práctica deportiva todo rival es importante y cualquier compañero de juego puede ser decisivo para ganar. Gracias al deporte se aprende a valorar y respetar a los demás por sí mismos y a no menospreciar a quienes compiten con nosotros o contra nosotros. A la larga, esto acaba derivando en respeto por los adversarios.

Respeto a las normas y reglas.

Es importante reconocer que en deporte es uno de los pocos campos en el que el respeto a las reglas está regulado. Al niño que hace trampas, se le descalifica o sanciona. Para ello, existe la figura del árbitro, del juez deportivo, de los comités de disciplina y de los reglamentos de competición. Todos los deportes tienen reglas que se tienen que respetar para que puedan practicarse. La vida también tiene reglas, como las instrucciones de uso, las normas de seguridad, las normas de tráfico o las leyes. Hay personas que ignoran estas normas de convivencia, causando daño a sí mismas o a los demás. En este sentido, el deporte puede enseñar hasta qué punto el respeto a unas normas previamente pactadas son beneficiosas para todos.

Responsabilidad.

La pertenencia a un grupo determinado y con el compromiso con una situación que involucra a todos, es de suma importancia para el buen funcionamiento de la dinámica del conjunto. Por ejemplo, preparar la mochila, recoger el material, etc., resulta un aprendizaje que no tiene que ser visto como una carga. El niño tiene que tener responsabilidades desde pequeño, siempre acorde a su edad.

Reto.

Antes de iniciar una competición o un negocio se parte con un objetivo. Terminar la carrera o subir al podio, consolidar la empresa o internacionalizarla, etc. Los objetivos de cada equipo son diferentes, pero siempre se definen para poder alcanzar los resultados. El hecho de divertirse en el deporte no es suficiente para crear adherencia al niño en la práctica y que no abandone. Es preciso sugerirle retos asequibles, pero no exentos de esfuerzo. Cuando los alcanzan, se crea satisfacción que puede evitar su abandono prematuro de la práctica deportiva.

Solidaridad.

Podría entenderse como la implicación de priorizar las necesidades de otro, buscando satisfacerlas aún cuando en ese momento no satisfagan las propias. A la larga supone un valor que beneficia a todos puesto que se vive en un mundo interdependiente. La solidaridad en el deporte, en los primeros años, hace que los niños comprendan mejor a sus compañeros y traten de ayudarles cuando se encuentran con algún problema, tanto si es en el ámbito deportivo como si es fuera del deporte.

Solución de problemas.

Al competir con otros adversarios se aprende a desarrollar estrategias que, dentro de los límites establecidos por las normas, permiten lograr los objetivos. Estas destrezas agudizan el ingenio del niño y pueden ser aplicadas en diferentes situaciones ajenas al deporte.

Tolerancia.

Podríamos poner este valor en uno de los lugares preferentes. Supone respeto hacia las ideas, creencias o prácticas cuando son diferentes o contrarias a las propias y/o a las reglas morales. En deporte, el niño aprende a tolerar a los compañeros con ideas diferentes. Hoy día se utiliza el deporte como un elemento integrador. Es fácil ver a niños de diferentes características (de raza, religión, etc.) corriendo o nadando o jugando en un mismo equipo y alegrándose cuando cualquiera de ellos alcanza éxitos o puntuaciones que van en beneficio de todo el grupo. Los niños que han vivido estas experiencias, serán más tolerantes en cualquier faceta de la vida.

Trabajo en equipo.

Trabajando en equipo se aprende a que se conseguirán mejores resultados en colaboración con todos y que, en estos casos, "el todo es la suma de las partes". Ya hemos tratado la importancia de potenciar entrenamientos en grupo y realizar actividades igualmente en conjunto. Esto es importante potenciarlo, incluso, en aquellos deportes de carácter individual.

3.4.2. Los valores transferibles al alto rendimiento futuro.

Con la consolidación de los valores con objetivos formativos en las primeras etapas se puede incidir en aquellos que irán reforzando el carácter del deportista, a medida que éste, si así lo decide, vaya optando por dirigirse hacia el alto rendimiento.

En este sentido, existe una serie de valores que podrían ser prolongación de anteriores, y otros que irán en dirección del entrenamiento y la competición. Éstos se deberían ir incluyendo en la formación, de forma paulatina. Entre los que hemos considerado como más interesantes sugerimos los siguientes:

Abnegación.

Como el sacrificio o renuncia de los deseos e intereses en pos de un afán de superación.

Ambición y deseo de ser el primero.

Coincide con el deseo intenso de alcanzar un objetivo difícil de lograr. En el caso que nos ocupa, el deportista de alto rendimiento debería tener ese valor que le estimule a ser siempre el número uno. Lo primero es creer, si no se cree es muy difícil alcanzar el objetivo.

Autocontrol y autodominio.

El deportista que aspira a ser el mejor debe tener la capacidad de no entusiasmarse en exceso ante los éxitos y de no de "hundirse" ante los fracasos. Debe ser un individuo estable y objetivo ("lineal"), capaz de relativizar y de gestionar correctamente sus propias emociones.

Exigencia.

No basta con cumplir con los retos. El deportista de alto rendimiento debe ser competitivo por naturaleza. Debe siempre buscar mejorar resultados, ya sea respecto una competición exigente y, a modo prioritario, superarse a si mismo. Tras un fracaso, se caracteriza por el saber reaccionar, superar los obstáculos y alcanzar de nuevo el éxito.

Excelencia.

En lo que respecta al ámbito del rendimiento deportivo, puede entenderse como la capacidad de alcanzar la perfección o el máximo posible en aquello que se proponga el deportista.

Gestión.

Hace referencia al conjunto de operaciones que se realizan para dirigir y administrar una empresa. En el caso del rendimiento deportivo, guarda relación con la estrategia y conlleva las actuaciones que permitan adecuar horarios, descansos, nutrición y otros aspectos tales como desplazamientos, cambios de régimen de comidas, cambios horarios por viajes, etc.

Logro (éxito triunfo).

Supone una búsqueda constante del éxito. El deportista debe ser un tanto inconformista y debe pensar siempre que el éxito es un escalón que se ha subido pero que "quedan siempre pisos por subir".

Perseverancia y constancia.

Dedicación y firmeza en las actitudes e ideas en pos del alcance de objetivos. El atleta debe ser "obstinado" y perseguir sus objetivos, haciendo frente a cualquier adversidad que se le presente. La actitud debe ser la de verse más fuerte cada vez que aparecen los obstáculos.

Profesionalidad.

Debe entenderse, independientemente del dinero que pueda ganar, como la actitud de dedicación en todo momento. El deportista de elite lo es las 24 horas del día y es consciente de las renuncias y del precio que debe pagar si quiere ser el mejor. De no ser así, estará en desventaja ante otros individuos más profesionales que se lo toman de esta manera.

Renuncia.

Como prolongación del anterior. Un profesional en el sentido extenso de la palabra, entrena, se alimenta correctamente, descansa y acude a fisioterapia. Por ello se ve abocado a renunciar a otras ocupaciones de ocio, etc., que puede tener un individuo que no se dedica al cien por cien.

Sacrificio.

Está relacionado en parte con la anterior. Supone otras facetas tales como la capacidad de tolerar el sufrimiento y el dolor. En ciertos deportes, el sufrimiento y la fatiga llegan a límites que solo algunos son capaces de tolerar y convivir con ellos, tanto en el entrenamiento cotidiano como en la competición.

Recompensas.

Éstas deben dirigirse preferiblemente hacia la interiorización. Deben ser intrínsecas (la satisfacción por el deber cumplido, la seguridad de que se ha hecho todo lo posible y se han puesto todos los medios, etc.). Si el deportista solamente actúa en función de lo que puede obtener, corre el riesgo de dedicarse en función de las contraprestaciones que recibe. Esto le puede hacer caer en la actitud de tomarse el entrenamiento como un mero trabajo, lo que le puede arrastrar a perder esa ambición que le puede catapultar hacia el éxito.

Reto personal.

Existen diferentes tipos de desafíos. Aquellos que se impone el propio deportista, suelen ser los que más le van a comprometer. En este sentido, ha de asumir las programaciones y los objetivos como propios.

Riesgo.

El deportista debe ser consciente de que existen ciertos peligros. Si los conoce, será más capaz de asumirlos y de no rebasarlos. Van, desde la tentación a caer en prácticas peligrosas, además de prohibidas, hasta conocer hasta dónde puede forzar en un momento determinado para no caer deterioros de la salud (sobre entrenamiento, lesiones, etc.).

3.5. LOS PRINCIPIOS EDUCATIVOS.

Los valores anteriormente tratados, según nuestro entender, el entrenador debería tener presentes una serie de circunstancias que deberían tenerse en cuenta en la mayor parte de las tareas y actividades, cuando se pretenda alcanzar objetivos de rendimiento. De acuerdo con todo esto, proponemos una serie de aspectos y circunstancias que debería tener en cuenta el entrenador a la hora de diseñar y desarrollar las actividades y tareas de entrenamiento para los chicos y chicas en las edades que aquí tratamos y que podemos englobar en una serie *de principios educativos.*

3.5.1. La participación activa y consciente.

El hombre es alma, conciencia, pensamiento y racionalidad, a diferencia de otros animales que actúan por instinto y automatismos inconscientes.

El joven deportista debe ser consciente de lo que está haciendo, cómo lo está haciendo y para qué lo está haciendo. Por ello, tiene que pensar y discurrir sobre su especialidad deportiva. Los automatismos (de los que hablamos en otro capítulo) se formarán mejor y con mayor facilidad si existe concienciación de una habilidad o de una tarea. En caso contrario pueden no llegar a producirse, o en el mejor de los casos, producirse con defectos que resultarán limitantes.

El principio de lo consciente cobra vital importancia para alcanzar el éxito. Esto es aplicable, tanto a los deportes colectivos como en los individuales. Donde más trascendencia alcanza es en el ámbito educativo del deporte, ya que es aquí donde es determinante que los niños conozcan porqué y para qué actúan.

El feedback o conocimiento de los resultados es necesario durante el aprendizaje, pero también durante los entrenamientos. Si el deportista no compara los resultados de su actividad con sus propias sensaciones, no podrá saber cuáles son sus errores y no logrará perfeccionar sus gestos técnicos (Conte y Espinosa, 1997).

Este principio mantiene su importancia en el ámbito de rendimiento ya que los deportistas necesitan tener un buen conocimiento de su cuerpo y qué estilos de vida pueden perjudicar su rendimiento para poder participar activamente.

A pesar de que se recomienda la participación activa de los atletas en la planificación del entrenamiento, esta situación ideal, a veces no es habitual encontrarla en el deporte de rendimiento, pero debe ser prioritaria cuando se trata de los deportistas jóvenes.

3.5.2. La responsabilidad y la asistencia.

El deportista debe adquirir el compromiso de asistencia. Cuando se inscribe en un club o en una escuela de deportiva, es muy importante que no falte a las sesiones de trabajo. Esto cobra importancia, tanto si se trata de las sesiones de entrenamiento como si se trata de las competiciones.

En este sentido juega un papel importante la familia que le debe inculcar esa responsabilidad. En nuestra experiencia entrenando niños hemos podido comprobar la existencia de padres que, ante cualquier excusa (que si un día llueve, que si el niño ha tenido que ir de compras con sus padres, que si había el cumpleaños de un amigo, etc.) han decidido que el chico no asista a entrenar.

Igualmente puede suceder con las competiciones. Por ejemplo, una competición de campo a través en la que solo hay 6 chicos en el equipo y se necesitan los 6 para puntuar. El hecho de que falte uno, significará que se ve perjudicado todo el colectivo ya que no puntuará como tal. Lo mismo sucede, por ejemplo, con un equipo de fútbol en el que por cualquier circunstancia, algunos jugadores no han acudido al partido, dejando al equipo diezmado.

Desde la parcela de los padres o del entrenador debe inculcársele o, incluso, exigírsele al joven la idea de que hay personas que se están dedicando a su formación y que merecen todo el respeto por lo que es prácticamente obligatoria su asistencia y deben respetar los compromisos adquiridos.

Acerca de la importancia del entrenador. El entrenador M. Pereira (portugués) que fue referencia mundial de especialidades de fondo en los años 80, decía que tanto si llueve como si hace frío, el entrenador debería estar el primero en la instalación si quería que los jóvenes fuesen responsables.

3.5.3. El aspecto lúdico y la alegría del entrenamiento.

Durante la infancia se modifica considerablemente la forma de atención (el niño se interesa siempre por el estímulo más atractivo). En este sentido, el trabajo debe enfocarse hacia un tipo de organización en el que se introduzcan juegos dentro de las actividades cotidianas. Por ello, el entrenador deberá ingeniárselas para diseñar tareas que permitan alcanzar los objetivos, pero de forma jugada.

Anteriormente se ha tratado sobre la falta de tiempo que tiene el niño para jugar. Su horario apenas le da tiempo para el ocio, por lo que las actividades de entrenamiento no deberían resultar una prolongación del trabajo (colegio, deberes para casa, etc.). Si para su formación, el niño tiene la necesidad de jugar y no tiene tiempo para entrenar y jugar, ya hemos visto que la solución pasa por un entrenamiento que cubra esas necesidades de juego y diversión.

De todas formas, la diversión, no puede convertirse en el objetivo de la sesión sino en una consecuencia. El objetivo deberá seguir siendo el de adquirir habilidades o bien mejorar cualidades condicionales.

En un artículo publicado por *futbolpasoapaso.com* encontramos algunas citas interesantes que pueden afirmar la importancia del juego en las sesiones de entrenamiento:

La Athletic Footwear Association en USA (1987) patrocinó un estudio con 10.000 estudiantes entre los 10 a 18 años de edad, investigando sus sentimientos sobre la participación deportiva. Los estudiantes respondieron a preguntas tales como: ¿porque participaban?, ¿por qué abandonaban la práctica deportiva?, ¿que cambios quisieran hacer para regresar al deporte que practicaban?

En ese trabajo se concluyó que, incluso para los deportistas más competitivos, las respuestas más significativas fueron las de "divertirse y adquirir nuevas habilidades".

La Dra. Martha E. Ewing y el Dr. Vern Seefeld del Youth Sports Institute de Michigan State University, (Trifoni, 2017) contribuyeron con interpretaciones psicológicas y conclusiones del estudio entre las que propusieron, entre otras, las siguientes aseveraciones acerca de los chicos que practican deporte:

- "La diversión es esencial. Si no está presente la gente joven no practicará deporte o lo abandonará".
- "El desarrollo de habilidades es un aspecto crucial de la diversión y es más importante que ganar, aún entre los mejores atletas".

Al respecto vamos a poner un ejemplo consistente en una actividad en la que se pretende mejorar la capacidad de resistencia en un grupo de 10 niños. Esto se puede plantear de diferentes maneras:

- Realizando un trabajo interválico de 10 repeticiones de carrera de 2 minutos de esfuerzo con 2 minutos de recuperación.
- Realizando la siguiente tarea: En una sala con cuatro paredes en las que el balón no pueda salirse para que no existan interrupciones, manteniendo los tiempos de esfuerzo, realizar esas mismas 10 repeticiones de 2 minutos con pausas (obligatorias) de 2 minutos, pero jugando al futbol 5 contra 5.

Tal y como se aprecia en la figura 3.6, el efecto fisiológico sería similar pero la motivación sería distinta.

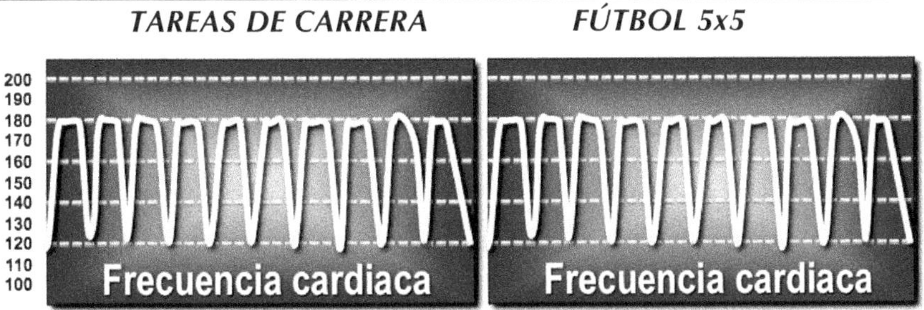

Figura 3. 6.- Ejemplo de dos tareas consistentes en un trabajo interválico de 10 repeticiones de 2 minutos de esfuerzo con 2 minutos de pausa. A la izquierda tareas de carrera. A la derecha juego de fútbol 5 contra 5. En ambas el efecto es similar (carga interna) y la diferencia estriba en la motivación que prevalece en la segunda sobre la primera, al ser de manera jugada.

3.5.4. El respeto a los derechos del niño.

Los jóvenes deportistas no son máquinas, tienen sentimientos, necesidades y sus propios intereses. Todo esto sugiere que se les debe un respeto que se basa en sus propios derechos.

El niño que practica deporte tiene que hacerlo en las mejores condiciones. Para ello, utilizamos como referencia la *"Declaración de los derechos del niño en el deporte"*. Éste recoge una serie de derechos que debería tener todo niño que accede a la práctica deportiva. Fue firmada en Ginebra en 1988 y consta de 11 apartados (ADA, 2010) a los que hemos añadido algún comentario para complementarlos. En consecuencia, **el niño tiene derecho a lo siguiente:**

- *A practicar deporte*. Sea cual sea su potencialidad o habilidades, corresponderá al club y al entrenador ofrecer actividades a la medida de sus posibilidades.
- *A divertirse y a jugar como un niño*. En las primeras etapas, antes de la pubertad, el deporte debe plantearse en forma lúdica. Ya hemos hablado sobre la necesidad de jugar.

- *A disfrutar de un ambiente sano.* Aunque sea de forma muy rudimentaria, hay que irle preparando para un deporte sano, fomentando buenos hábitos de descanso, nutrición, etc.
- *A recibir un trato digno.* El niño es "digno de relación". Ciertos datos reunidos en Alemania indican que sólo el 33 % de los niños deportistas consideran que es posible dialogar con sus entrenadores. (ADA,2010).
- *A recibir un entrenamiento y a estar rodeado de personas competentes.* Aquí entra de lleno la figura del entrenador – formador cualificado, del cual ya se ha hablado otro capítulo.
- *A recibir entrenamientos que se adapten a su ritmo individual.* Se hace referencia a las etapas del desarrollo. El entrenamiento debe adaptarse a las características individuales del deportista y en cada momento de su evolución.
- *A competir con compañeros con similares posibilidades de éxito.* Con excesiva frecuencia los niños se ven en la situación de tener que competir con adversarios claramente superiores o netamente inferiores. Si se repite con demasiada frecuencia la victoria, puede derivar en una excesiva autoestima. Por el contrario, si lo que se repite sistemáticamente es la derrota, esto derivará en e abandono ya que es niño puede cansarse de perder sistemáticamente.
- *A participar en competiciones adaptadas.* La actitud competitiva está presente en el desarrollo del niño desde edades tempranas. Por ello, no consideramos correcto estar en contra de la competición (tratada más adelante) sino de darle el cauce necesario para sacar a relucir los valores positivos y evitando los negativos ya que ambos van implícitos en ésta.
- *A practicar deporte en condiciones de seguridad.* Las instalaciones, el material de entrenamiento y competición, incluso, los reglamentos y normas, deben estar adaptados a sus posibilidades. De esta forma la sensación de seguridad aumentará, con lo que también aumentará la adquisición de habilidades y adaptaciones.
- *A disponer de tiempo de descanso.* Entre el tiempo de estudio y el de entrenamiento, sobre todo cuando este último es excesivamente intenso y precoz, al chico apenas le queda tiempo para descansar. Incluso, es frecuente que los padres dediquen las vacaciones a campus, concentraciones etc. El chico tiene necesidad de "desconectar" y cambiar de actividades para no verse saturado.
- *A ser campeón o a no ser campeón.* Si así lo desea y si tiene el talento necesario, a partir de cierta edad el joven deportista podrá decidirse por

intensificar la práctica deportiva. No obstante, también podrá decidir seguir practicando su deporte por el placer que le reporta y por la satisfacción de estar con los demás. Al respecto, nos viene a la mente una frase que decía: *"si quieres un campeón en la familia, practica deporte y deja a tu hijo que sea feliz"*.

3.5.5. El respeto a la formación integral.

En la práctica se pueden generar actitudes contrarias a los principios educativos, especialmente nos referimos a la presión que se ejerce en algunos niños en cuanto a su rendimiento deportivo y a la discriminación que se produce entre unos niños y otros.

El entrenamiento no puede basarse exclusivamente a la dosificación de cargas. La llegada al alto rendimiento en un futuro ya hemos tratado que está soportada por una formación integral en las primeras etapas, sustentada por "pilares" que deben estar presentes en todas las actividades realizadas en estas etapas. Siguiendo a Arufe et al. (2007) se proponen 4 pilares a los que les hemos añadido algunas características.

Motor.

Con el objetivo de desarrollar cualidades coordinativas, agilidad, equilibrio, etc., así como cualidades condicionales (velocidad, fuerza, resistencia y flexibilidad).

Cognitivo.

Basado en que toda respuesta del organismo está sustentada por el sistema nervioso. A éste le llega información por diferentes vías mediante los procesos de percepción: interna o propiocepción y externa o exterocepción que proviene a través de los sentidos.

Afectivo.

Centrada en el factor educativo. Aquí entra la aplicación de todos los valores educativos de los que tratamos anteriormente.

Social.

Debe prestarse especial atención en la socialización en las primeras etapas. Es determinante que en estas fases se sienta como parte de un grupo. De aquí la importancia que tienen los juegos colectivos en las primeras fases de la vida deportiva.

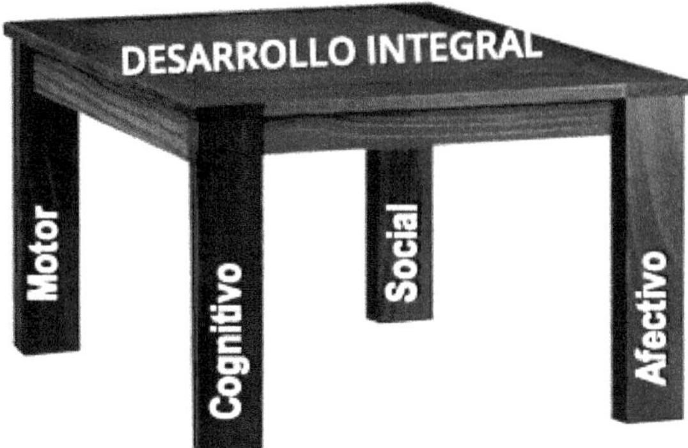

Figura 3. 7.- Para una vida deportiva de éxito es precisa una formación integral. Ésta podría compararse con una mesa de 4 patas. Si una de éstas es más corta o se rompe, la mesa terminará desequilibrándose.

3.5.6. El reconocimiento del esfuerzo.

La Sociedad avanza a velocidad creciente y hay tareas que cada vez requieren menos esfuerzo. Esto, pese a suponerse algo positivo, no debería sugerir al niño que todo puede conseguirse sin esforzarse. Existen atletas capaces de correr la distancia de 1.500 m. en 3 minutos y 30 segundos o de terminar un maratón en (actualmente en menos 2 horas). Éstos, además de disponer de una dotación genética excepcional, han tenido que esforzarse mucho y a lo largo de muchos años para llegar a estos niveles.

Disponer de unas buenas condiciones físicas no es suficiente para triunfar, así como el hecho de ser inteligente tampoco basta para sacar buenas notas.

La actitud ayudará a desarrollar la capacidad de esfuerzo físico que según Fröhner (2003) es "una característica compleja del organismo que permite asimilar las cargas que el cuerpo puede ejecutar, de forma activa y a tolerar, en forma pasiva, sin que aparezcan trastornos para la salud".

En el proceso de formación, el reconocimiento al esfuerzo, debe cobrar un lugar prioritario en todas las sesiones de entrenamiento, así como en la competición. Por ello, las actitudes reforzantes por parte del entorno (padres y entrenador principalmente) cobran vital importancia.

Día a día, los niños aprenden en el entrenamiento que hay que esforzarse para conseguir objetivos y esto acaba transfiriéndose a otros ámbitos como puede ser el educativo o el profesional, llegado el momento. Estos valores están muy relacionados con la *persistencia y perseverancia*. Los niños, gracias a la práctica deportiva, aprenden que no pueden renunciar nunca y que tienen que insistir hasta conseguir lo que se proponen.

3.5.7. La creatividad.

La actividad deportiva debe fomentar la participación activa de los niños, incentivando sus acciones espontáneas y naturales. Éstos encuentran en sus juegos, nuevas habilidades y destrezas que se ajustan a sus capacidades crecientes.

El concepto creatividad se entiende como "una actividad descubridora (comportamiento de solucionar problemas) que alcanza formas nuevas y de otro tipo, reestructurando modelos conductuales conocidos o reestructurando destrezas aprendidas" (Hann, 1989).

Es preciso el planteamiento de tareas que dejen libertad al niño para expresarse libremente y resolverlas por si mismo, entre otros procedimientos, mediante el "ensayo-error".

En la metodología de la Educación Física existen métodos de enseñanza, algunos más apropiados que otros, cuando se trata de fomentar la creatividad que se tratan en el capítulo correspondiente al aprendizaje de habilidades.

A la vista esos métodos, al referirlos al deporte y con la intención de fomentar la creatividad, habría que inclinarse por los métodos de resolución de problemas y descubrimiento guiado ya que son los que mejor se adaptan a las necesidades.

En este sentido, nos cabe una idea que debería hacernos reflexionar: En muchas ocasiones, los deportistas que destacan por su creatividad en algunos deportes, especialmente en los colectivos, no han pasado por una escuela deportiva. Se han formado en la calle, ejecutando de forma intuitiva totalmente libre y espontánea. Existen numerosos ejemplos que pueden reforzar esta idea. Se trata de deportistas que hacen cosas diferentes que no se enseñan y que marcan diferencias porque realizan acciones sorprendentes y distintas. Luego, tras su éxito, aparecen los estudiosos que las justifican y sistematizan para poderlas incorporar a los contenidos del entrenamiento.

3.5.8. La protección y potenciación de la salud.

En el alto rendimiento, está muy controvertida la idea de si éste perjudica o no la salud. En este sentido, tendemos que primero habría delimitar sobre qué deporte se trata ya que no es lo mismo un deporte colectivo como podría ser el fútbol, u otros individuales como el boxeo, las carreras de maratón, el automovilismo o el ajedrez y no corren todos los mismos riesgos para la salud. Por consiguiente, habría acotar el deporte o la especialidad antes de hacer ciertas afirmaciones.

Sin entrar en este debate, hay algo que no parece ser discutible: cuando se deteriora la salud, desaparece o disminuye el rendimiento. Por lo tanto, el deportista y su entorno deben estar muy pendientes de reforzarla y preservarla para que sirva de soporte y permita tolerar las ingentes cargas en entrenamiento y competición.

Pero cuando se trata de primeras etapas, aquí no deberían existir debates. El deporte en el niño debe no solo proteger su salud sino potenciarla. El entrenamiento debe ser un respaldo para ésta y no desarrollarse a costa del correcto funcionamiento del organismo. Por consiguiente, las actividades a desenvolver en estas edades, no deben llevar cargas que pudieran interferirla.

Numerosos autores han diferenciado los componentes del entrenamiento dirigidos al rendimiento de niños y púberes que intentan mejorar o mantener la salud. En esta línea, pensamos que las cualidades que deben ser objeto de desarrollo en estas edades son, además de las capacidades coordinativas, aquellas que tienen por finalidad el fomento de esa salud.

Las actividades deben estar asociadas, entre otros objetivos, a un bajo riesgo de desarrollar prematuramente enfermedades derivadas del sedentarismo (obesidad, diabetes, enfermedades cardiovasculares, etc.).

Todo ello sugiere la necesidad de incluir tareas de fortalecimiento general, de desarrollo de la flexibilidad, desarrollo de las capacidades aeróbicas, etc., pero igualmente sugiere que las cargas no conlleven la exigencia, bien sea en cantidad o en potencia (gasto energía/tiempo) que pueden acarrear situaciones de fatiga y sobre entrenamiento o aquellas específicas que conlleven la especialización precoz. Igualmente habrá que respetar los ritmos y tiempos de recuperación y regeneración, etc.

Una de las mayores precauciones a adoptar es la prevención de la fatiga crónica o del sobre entrenamiento. De todas formas, hay que reseñar que, afortunadamente, el niño dispone de unos mecanismos de defensa e inhibitorios que le protegen ante las sobrecargas, tal y como se contempla más adelante. En este sentido, el entrenador deberá ser prudente y estar atento para detectar posibles síntomas que pudieran sugerir que se están rozando ciertos límites. Para ayudar al entrenador, en la tabla 3.1, se recogen algunos síntomas que pueden identificar el riesgo con el fin de prevenirlo.

Tabla 3. 1.- Algunos síntomas producidos en el sistema simpático y parasimpático que pueden sugerir sobre entrenamiento y que debe observar el entrenador. (García-Verdugo, 2007).

SINTOMATOLOGÍA DEL SISTEMA SIMPÁTICO	SINTOMATOLOGÍA DEL SISTEMA PARASIMPÁTICO
Aumento de la frecuencia cardiaca basal.	Bajada de la frecuencia cardiaca basal.
Aumento de la presión sanguínea basal.	Bajada de la tensión arterial basal.
Ligera propensión a la fatiga.	Ligera propensión a la fatiga.
Alteraciones del sueño.	Sueño normal.
Disminución de niveles máximos de lactatemia.	Bajo nivel de lactatemia ante esfuerzos intensos máximos.
Disminución del apetito.	Apetito normal
Disminución del peso corporal.	Peso corporal constante.
Propensión al dolor de cabeza.	Cabeza despejada.
Aumento del metabolismo basal.	Metabolismo basal normal.
Ligero aumento de la temperatura corporal.	Temperatura corporal normal.
Alteraciones de la coordinación.	Secuencias motrices descoordinadas con elevada intensidad.
Retraso de la recuperación tras el esfuerzo.	Capacidad de recuperación buena.
Intranquilidad y ligera excitabilidad.	Estado anímico normal.
Sudoración nocturna.	Retorno rápido a frecuencia cardiaca basal tras el esfuerzo.
Palpitaciones, pinchazos y presión en el corazón.	Aumento de la presión sistólica durante y tras la carga.
Ojeras.	Anemia.
Hipersensibilidad ante estímulos sensoriales	Problemas digestivos.
Temblores.	Baja reactividad.
Aumento de riesgo de infecciones por deterioro del sist. inmunológico.	Hipoglucemia.

La educación para la salud implica acciones por parte del entrenador, de los padres y del resto del entorno del chico. Supone centrarse en diversos aspectos educativos que forman parte del "entrenamiento invisible". De ellos se han seleccionado algunos que pudieran ser considerados como más trascendentes:

Prevención con una condición física adecuada.

Un organismo fuerte, es capaz defenderse ante las agresiones, tanto externas (virus, bacterias, etc.) como de las internas (el propio entrenamiento). Igualmente le protege mejor ante lesiones o enfermedades.

Los jóvenes deben ir adquiriendo esa condición física, a lo largo de los años. Volvemos a insistir en que carece de importancia que un niño bata un récord en categorías anteriores a los 16-17 años. Lo importante será darle la base que le permita algún día, por ejemplo, ser capaz de asimilar y tolerar cargas que puedan superar los 200 Km semanales corriendo a ritmos altísimos, tolerar carreras ciclistas de más de 15 etapas o mover más de 40 toneladas en una sesión de fuerza.

Cuidado de la nutrición y la hidratación.

"Somos lo que comemos". En parte esta frase no deja de ser una gran verdad. Es muy importante que el joven deportista vaya aprendiendo a comer de forma correcta. En este sentido, una buena educación en la que el niño vaya conociendo las propiedades de cada alimento y lo que consume prioritariamente en el entrenamiento para luego reponerlo. Esto le va a ayudar a entrenar más y mejor a lo largo de toda su vida deportiva. Es importante que conozca los beneficios de una buena alimentación y que se deben reponer los nutrientes que se pierden con el ejercicio.

La explicación de las propiedades de los alimentos y el conocimiento de los que no son beneficiosos o perjudiciales, hará que vayan adquiriendo hábitos alimenticios correctos. Ni qué decir tiene que esto debe ser asumido por la familia ya que es en ese ámbito donde le van a servir las comidas.

Por otra parte, la hidratación tiene vital importancia. El chico también debe conocer qué bebidas son las mejores y cuales las que debería evitar, así como la cantidad de líquido que debe ingerir diariamente. También es importante que aprenda a beber durante el esfuerzo. Los maratonianos, esquiadores de fondo, triatletas, etc., deben ingerir litros de líquido durante la competición y el entrenamiento y esto debe entrenarse. Por ejemplo, beber corriendo requiere una habilidad que debe ser aprendida y automatizada para evitar que el individuo se atragante.

Figura 3. 8.- Al niño deben írsele enseñando las propiedades de los alimentos, así como sus beneficios y perjuicios.

Saber gestionar adecuadamente los descansos.

El joven deportista debe ser consciente que no se entrena en la instalación (pista, piscina, carretera, etc.). En estos sitios, lo que se produce, es simplemente, una "agresión a su organismo". El entrenamiento real tiene lugar una vez terminado el esfuerzo, momento en el que todos los sistemas se reajustan, se adaptan y se supercompensan para estar preparados ante otra posible "agresión más fuerte" que pueda aparecer. En otras palabras, podríamos decir que *se entrena realmente durante el descanso*. Consecuentemente, la gestión de los descansos tras el esfuerzo es la responsable y la diferenciadora, en muchos casos entre dos deportistas que entrenan igual pero que descansan de forma diferente.

El niño debe asumir que las horas de sueño son fundamentales. Esto es muy importante que venga aceptado desde edades tempranas porque llegada la pubertad y la adolescencia, las salidas nocturnas, máxime si van acompañadas de sustancias como alcohol o tabaco, se convierten en un bloqueo para que se produzcan los efectos beneficiosos del entrenamiento.

Educar sobre la elección del material deportivo.

"Cuidado con las modas y el márquetin". Enseñemos desde pequeños que lo más promocionado no tiene por qué ser lo mejor y que en el precio que pagamos por unas zapatillas, lleva incluido el precio de las zapatillas que le han regalado a tal o cual deportista considerado como referencia (icono). El material debe ser el necesario, pero resulta negativo comprar siempre lo último y lo mas caro para nuestros hijos, aunque nos lo podamos permitir. Luego no valorarán los esfuerzos que hacen los clubes u otros organismos para dotar de material a estos deportistas.

Saber gestionar la presión y la ansiedad.

Si al niño se le plantea la actividad, tanto de entrenamiento como de competición, con modelos similares a los del adulto, puede inducir a consecuencias negativas.

Ya hemos visto que el alto rendimiento deportivo conlleva un gran aumento de la presión. Esta es una de las razones más poderosas que pueden inducir al fracaso. El deportista debe enfrentarse a situaciones hostiles con presiones externas como la atención de los medios y otras internas cuando en un tiempo reducido sabe que se puede jugar todo su porvenir. La preparación psicológica, por consiguiente, juega un papel relevante en estos momentos, no solamente para afrontar la competición. También la necesita para soportar las cargas de entrenamiento que rayan el límite de la tolerancia tanto física y psicológica. En este sentido, conocemos casos de niños que no duermen antes de una competición y en los que la presión y la ansiedad pueden resultarles tan insoportables que acaban somatizando el problema y, en casos extremos, lesionarse o enfermar.

3.5.9. La prioridad a los estudios.

La educación conlleva una faceta intelectual que debe ser prioritaria en estas edades. El rendimiento deportivo se alcanza una vez se llega a la madurez, tanto física como psicológica. Esto, suele coincidir cuando muchos deportistas se aproximan a los 26-28 años. Aquí nos encontramos de nuevo con la importancia de la formación integral. El practicante, para rendir al máximo, debe tener estabilidad emocional, lo que implica entre otras cosas, que debe ver claro su futuro.

Esta es una razón que le obliga a irse labrando un porvenir. Si al llegar a la edad de madurez deportiva, se encuentra respaldado por unos estudios terminados y una titulación. En el caso de no obtener los resultados, bien por una inoportuna lesión o por cualquier otra circunstancia, sabrá que no se va a encontrar en la calle o, en el peor de los casos, que va a tener más oportunidades de las que tendría si no tuviese esa titulación. Esto le permite afrontar su carrera deportiva con "plus de optimismo" y con la liberación de un cierto grado de presión.

Por el contrario, si en sus primeras etapas se ha dedicado exclusivamente al deporte, sin preocuparse de su aspecto formativo, la incertidumbre referente a qué le pueda pasar cuando termine su carrera deportiva se puede volver contra él y desestabilizarle emocionalmente. Esta situación, en muchos casos, provoca que el individuo no alcance los objetivos deportivos.

Salvo en algunos deportes y para algunos privilegiados, es muy difícil que el deportista gane suficiente dinero como para asegurarse su vida futura. Así pues, si llegando a esa fase en el que debería sacar todo su rendimiento, comienza a plantearse "qué va a suceder cuando deje el deporte", esto puede acarrear una presión añadida, que afecte a su rendimiento en el mejor momento.

Por todo ello, en las edades que aquí tratamos, nuestra idea se opone a la de algunos entrenadores que anteponen la práctica deportiva a la formación. En la figura 3.9 se expone la importancia que se debería dar en cada momento a la formación intelectual y a la formación deportiva.

Figura 3.9.- Una propuesta sobre la proporción gradual entre la prioridad entre la formación intelectual y el deporte a lo largo de la vida deportiva del deportista.

3.5.10. Labrándose la imagen futura.

Cuando llega a lo más alto, el deportista se convierte en un "icono" para grandes colectivos de la población. Por consiguiente, debe cuidarla con esmero ya que se va a encontrar a los medios de comunicación, las redes sociales, etc., haciéndole un severo seguimiento. Si es capaz de gestionar bien estas circunstancias, se puede ir abriendo puertas para un futuro cuando vaya a dejar la actividad deportiva de alto rendimiento.

Uno de sus objetivos debe ser el de mantenerse en la elite el mayor tiempo posible. Durante este tiempo, insistiendo en los resultados de una buena educación previa, debe tener claro que, junto con su formación intelectual, el deporte le debe servir para irse abriendo esas puertas para cuando comience el declive deportivo. Esas actitudes necesarias deben ser fijadas desde edades jóvenes ya que es muy difícil modificarlas cuando el deportista ya es adulto.

Es frecuente encontrarse con individuos que aprovechan los momentos de aparición en los medios para reivindicarse, de forma un tanto agresiva, e ir contra personajes públicos o contra instituciones, demostrando la mala formación e inmadurez. En algunos casos, entra en el juego de convertirse en "arma arrojadiza" para reivindicar frustraciones o arrebatos de algunas de las personas de su entorno (entrenador, representante, etc.). Esto, suele volverse contra el propio deportista que no alcanza a comprender que, posiblemente y pasado un tiempo, tendrá que llamar a esas puertas que se ha ido cerrando por sus intervenciones, para solicitar un apoyo o una salida laboral.

El atleta debería cuidar su imagen porque los posibles patrocinadores no suelen apostar por deportistas conflictivos, sino que lo hacen sobre otros más mediáticos y que dan un buen perfil público.

Este aspecto es de vital importancia de cara al futuro y presente del deportista de alto rendimiento y no puede improvisarse en edad adulta. En este sentido, todo aquello que vaya en la dirección de la sensatez y la buena imagen debe venir inculcado de forma progresiva y adecuada desde edades tempranas por aquellas personas responsables de la formación humana y deportiva (padres, profesores y, especialmente, el entrenador).

El deportista de élite es una referencia hacia los jóvenes que comienzan. Todo niño que empieza suele tener su "ídolo" al que intenta imitar en lo más fácil, sus gestos, sus actitudes, etc. ya que su rendimiento es cosa de muchos años.

Por ello, nuestro deportista, debe tener un comportamiento ejemplarizante. Si se muestra irresponsable, se vanagloria de hacer trampas, aparece en público trasnochando, ingiriendo sustancias nocivas, fumando o dando una imagen antideportiva, puede influir muy negativamente en los que se están formando.

Si bien es cierto que la Sociedad adquiere unas obligaciones con el deportista, no lo es menos que éste adquiere unas obligaciones ante la Sociedad. Tengamos en cuenta que un buen negocio lo es cuando todas las partes obtienen beneficios y que la relación deportista-sociedad, debe suponer "un negocio para ambos" por lo que ambos deberían salir beneficiados.

El atleta que ha dedicado años muy importantes de su existencia, sacrificándose y renunciando a muchas facetas de la vida para, entre tras cosas, ser embajador deportivo de un país, debe recibir una contraprestación por parte de las instituciones. Esas contraprestaciones, tanto de deportista como de la sociedad deberían derivar en dos direcciones: obligaciones a contraer por la Sociedad y contraprestaciones por parte del deportista.

OBLIGACIONES QUE DEBERÍA CONTRAER LA SOCIEDAD CON EL DEPORTISTA.

Ésta debe apoyarle en aquello que le permita irse abriendo camino en su progresión, facilitándole medios y recursos.

- En primer lugar, a través de prestaciones de tipo económico mediante becas o contratos que le permitan autofinanciarse para poderse dedicar de lleno a la práctica, sin tener que preocuparse de un trabajo.
- En segundo lugar, con vistas a su reintegración en la Sociedad, las instituciones deberían prever, que el deportista debe tener salidas para cuando llegue el ocaso de su rendimiento deportivo.

CONTRAPRESTACIONES QUE DEBERÍA CONTRAER EL DEPORTISTA HACIA LA SOCIEDAD.

Las obligaciones no solamente pueden ir en una orientación. El campeón debe saber representar, de forma digna, a las instituciones que le apoyan y que le ayudarán más adelante. Debe prestarse a las peticiones de todo tipo que se le hacen y, para ello, debe estar dispuesto a colaborar en campañas promocionales con fines benéficos, en representatividad, en apariciones en público, etc.

Estas actitudes también deben irse inculcando en las etapas en las que el deportista comienza a destacar ya que el riesgo al endiosamiento puede hacer que, esas colaboraciones pudieran convertirse en otras reacciones de animadversión o rechazo que, tal y como hemos apuntado, a la larga pueden volverse en su contra.

Para concluir debemos tener en cuenta que, en estas edades en proceso de formación, la faceta educativa deportiva no se puede aislar de la correspondiente al entrenamiento. Ambas forman un todo y como tal, al tiempo que se va educando, se deben ir desarrollando las capacidades y cualidades que serán necesarias para alcanzar el alto rendimiento a largo plazo. Consecuentemente, existen unas prioridades en este enfoque, según la etapa de desarrollo en la que se encuentre el deportista. En la figura 3.10 se presenta una propuesta sobre la incidencia en los aspectos educativos en función de la edad del deportista.

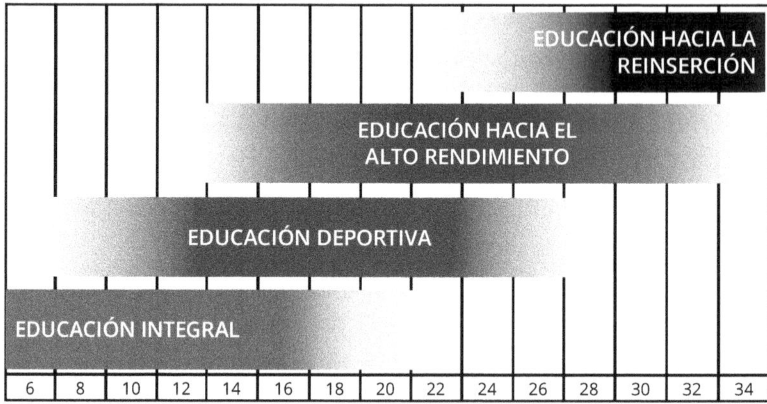

Figura 3. 10.- Una propuesta de los momentos recomendados de mayor énfasis sobre el proceso de educación y sus objetivos a lo largo de una vida deportiva.

CAPÍTULO 4

LAS LEYES DEL ENTRENAMIENTO A LARGO PLAZO. LOS PRINCIPIOS DEL ENTRENAMIENTO APLICADOS A EDADES EN PROCESO DE DESARROLLO.

Desde el nacimiento, se producen en el niño una serie de aceleraciones en su desarrollo, un tanto irregulares en sus dos parámetros (crecimiento y maduración). Estas alteraciones tienen el añadido de las diferencias entre la edad biológica y la edad cronológica.

Durante el tiempo en el que se va produciendo el desarrollo existen diferentes etapas. Cada una de ellas con unas características determinadas que el entrenador debe conocer para poder actuar en consecuencia en cada momento. Para ello, deberá incidir en los puntos fuertes y más influenciables (fases sensibles) evitando otras en los que el individuo es menos estimulable.

A la hora de acometer el entrenamiento, existen leyes o principios que deben ser tenidos en cuenta para conducir al joven deportista por el itinerario correcto y deben ser respetados a lo largo de todo el proceso evolutivo.

Estas reglas o leyes se denominan de muy diversas formas, pero en esta obra y para distinguirlos de otros, se han denominado como "los principios de la adaptación al entrenamiento y del rendimiento en etapas de desarrollo".

En este capítulo se tratan los que se consideran como más determinantes del entrenamiento en las primeras fases de la carrera deportiva y serán los que asienten las bases de todo aquello que suponga mejora y desarrollo de cualidades y capacidades del niño, a los que tendremos que hacer referencia en capítulos sucesivos.

El rendimiento se debe alcanzar a través de unos objetivos concretos que pasan por un planteamiento a muy largo plazo. En este sentido, el entrenamiento y la competición deben organizarse de manera distinta a la del adulto ya que el rendimiento no debe estar dirigido hacia la obtención de resultados en la competición sino hacia el proceso más que en la meta. Debe dirigirse hacia la adquisición de habilidades y al desarrollo de las cualidades, tanto coordinativas como condicionales, pero atendiendo a las características especiales en cada momento o etapa.

El entrenamiento no debe tener por objetivo la performance puntual sino la de ir formando al niño para que, progresivamente, vaya adquiriendo capacidades, de acuerdo con su evolución y que, al llegar a su madurez, esté en condiciones de tolerar las grandes, de todo tipo, cargas que deberá asimilar para llegar al máximo rendimiento.

En cuanto a la competición, su planteamiento también debe ser diferente a la del adulto. Su planteamiento, más que hacia la victoria sobre los otros, debe dirigirse hacia la propia superación y el esfuerzo, desdramatizándola, atenuando la presión y el consiguiente estrés y dirigiéndola hacia una comprobación de la propia superación.

4.1. EL ENTRENAMIENTO DURANTE LAS ETAPAS DE DESARROLLO.

En el capítulo anterior, hemos tratado prioritariamente el aspecto educativo y formativo que se debe dar a los chicos durante los primeros años de su carrera deportiva. Ahora toca tratar del proceso de entrenamiento, el cual, debe cobrar un protagonismo creciente, con objetivos prioritarios de formación deportiva, donde trataremos la educación para el entrenamiento.

El entrenamiento deportivo, en ocasiones, ha sido algo desvalorizado por ciertos colectivos (pedagogos, médicos, psicólogos, entrenadores, etc.). Hasta hace unas décadas, los deportistas se sometían a una preparación menos rigurosa en las primeras edades. Pero hoy día, observamos un alto rendimiento deportivo ya desde edades muy tempranas.

En función de ese rendimiento prematuro, las metodologías de trabajo han evolucionado hacia el incremento de las cargas para elevar el resultado en los deportistas, lo que está conduciendo a los entrenadores a buscar metas que requieren de una rápida progresión de las capacidades fisiológicas, físicas y mentales en edades en las que se debería estar trabajando en otra dirección.

El organismo del ser humano podría parecer no tener límites para adaptarse a ciertas condiciones de trabajo. Esto es una tendencia en la que los científicos del deporte parecen prestar especial atención.

El aspecto del entrenamiento viene muy influenciado por las características y fenómenos que se dan en cada una de las etapas de desarrollo. El entrenador debe estar muy pendiente ante la evolución, para actuar de una manera correcta en cada momento. Existen instantes en el desarrollo en los que ciertos tipos de trabajo son más asimilables que otros, pero también hay otras fases en las que hay estímulos que no son tan asimilables, que no producen adaptaciones o, incluso, que pueden ser perjudiciales para el deportista con vistas a un alto rendimiento futuro y, lo que es más importante, para su salud.

Otra cuestión en el entrenamiento en estas edades versa en dónde se encuentran los límites. De momento, resulta difícil trazar una frontera entre el entrenamiento saludable y el entrenamiento perjudicial para la salud del niño. En este sentido y mientras esa línea no esté bien definida, sería conveniente utilizar nuestro *sentido común* como uno de los métodos de entrenamiento más adecuados ya que, hasta el momento, no se dispone de orientaciones científicamente fundadas, para la dinámica de las cargas en niños y púberes. Si bien está aceptado que la magnitud debe ir aumentando con el paso del tiempo, no es menos cierto que las reservas de adaptación actual (margen de mejora que tiene el niño o joven en un momento determinado) tiene unos límites que no se deberían sobrepasar y que sería preferible quedarse cortos a arriesgarse a sobrepasar dichos límites saludables.

Los deportistas jóvenes aplican cada vez más tiempo a entrenar. Esto conlleva un desafío ante la necesidad de optimizar los estímulos para obtener el máximo beneficio con el menor trabajo (Marques, 2006).

El entrenamiento, en sí, está fundamentado en la adaptación que es el resultado de un proceso complejo, condicionado por factores biológicos, psicológicos y sociales que interaccionan entre sí para equilibrarse con el medio. En este sentido, hay entrenadores que dan prioridad al proceso estímulo-adaptación, referida de forma preferente a los sistemas bioenergéticos, lo que tiene su lógica desde el momento que el deporte tiene un alto componente biológico. Algunos se inclinan por comenzar cada vez antes con el entrenamiento, si bien no especializado, sí al menos dirigido.

En nuestra opinión, eso podría ser válido especialmente para deportes en los que el factor predominante del rendimiento está basado en capacidades coordinativas. Por el contrario, en aquellas en las que el elemento preponderante depende de las cualidades físicas condicionales (velocidad, fuerza o resistencia), tiene que existir un amplio trabajo de base durante los primeros años de formación deportiva. Igualmente, el aumento de esos estímulos debe venir condicionado por las adaptaciones ya consolidadas previamente y por el factor de entrenabilidad del joven deportista.

Si observamos la bibliografía, comprobamos que existen criterios opuestos sobre cómo debe estructurarse la preparación deportiva y de formación en las edades de iniciación. Hay entrenadores que, con el propósito de conseguir de forma precipitada rendimientos al máximo nivel, aceleran y anticipan el proceso de entrenamiento en detrimento de algunas necesidades básicas de los jóvenes. Este posicionamiento suele repercutir desfavorablemente en etapas futuras, tanto en el desarrollo psíquico como en el anatómico y fisiológico y, en consecuencia, en el rendimiento deportivo.

Otros colectivos consideran que el organismo de los niños cuenta con recursos de adaptación suficientes para asimilar altas cargas de trabajo y que, por las exigencias que supone la actividad competitiva, es necesario preparar desde edades tempranas, "la mente y el carácter del futuro campeón, a partir de altas exigencias en el entrenamiento".

Siguiendo las recomendaciones que contempla la *Carta de los derechos del Niño en el Deporte* (citada en otro capítulo), allí se mencionan algunas directrices que estimamos pueden resultar recomendables, una vez adaptadas a las necesidades del entrenamiento:

- Ampliar la experiencia motriz a través de la práctica de varios deportes.
- Adaptar la organización de las competiciones sin imitar las competiciones de los adultos.
- Respetar los tiempos personales de adquisición de habilidades y destrezas, sin apresurar su preparación.
- Tener en cuenta los cambios fundamentales en cada fase del desarrollo, que frecuentemente pueden llevar a aumentos o disminuciones, un tanto irregulares de las cualidades, tanto coordinativas como condicionales.

La problemática obliga al entrenador - formador a desarrollar un sistema de entrenamiento que priorice la progresión racional en un marco realista y realizable, dando preferencia a un aumento de la eficacia. "*Si se quiere reducir al mínimo el conflicto inevitable de los objetivos de las exigencias de las dos carreras (curricular y deportiva), el aumento en la eficacia y eficiencia en la utilización del tiempo que se dispone, representa un antecedente fundamental para la programación de las cargas de entrenamiento en un contexto global*" (Martin, 2004).

En este sentido, hay que recalcar que el entrenamiento puede resultar en el niño una fuente generadora de ansiedad ante diferentes circunstancias:

- Cuando éste resulta un tanto pesado, produciendo sobrecarga.
- Cuando el ambiente físico resulta inadecuado.
- Cuando las relaciones interpersonales son pobres.
- Cuanto resulta aburrido y monótono.
- Cuando se aplica el modelo de los adultos (ya tratado anteriormente) aunque se reduzca la magnitud de las cargas. Ya hemos visto que no se puede considerar al niño como un adulto en miniatura sino como un individuo distinto y que requiere un procedimiento también diferenciado.
- Cuando carece del elemento lúdico y no conlleva cierta diversión. Existen entrenadores que consideran erróneos los entrenamientos

alegres y divertidos ya que, según ellos, un buen entrenamiento es solo en el que el deportista sufre.

- Cuando se inicia a edades excesivamente tempranas.
- Cuando se producen constantes fracasos. Los niños que tienen experiencias positivas tienen menor ansiedad que los niños que tienen experiencias negativas.

"El entrenamiento durante las etapas de desarrollo, si es aplicado adecuadamente puede multiplicar el grado de libertad del ser humano, ya que busca nuevas posibilidades y explora el ámbito de los límites de las capacidades humanas" (Martin, 2004). Esto sugiere que debería ser incluido en el desarrollo del individuo en estas fases pero respetando un código que nos aleja de la búsqueda del éxito deportivo y del resultadismo per se.

Sobre la problemática planteada entre la especialización, bien sea temprana o tardía, se podría concluir que el entrenamiento depende mucho de la especialidad deportiva para definirse por una especialización temprana o una especialización tardía. Al respecto, Navarro (2006) propone las siguientes fases que se contemplan en la figura 4.1.

MODELO DE ESPECIALIZACIÓN TEMPRANA	MODELO DE ESPECIALIZACIÓN TARDÍA
Entrenamiento para entrenar	Entrenamiento fundamental
Entrenamiento para competir	Entrenamiento para entrenar
Entrenamiento para ganar	Entrenamiento para competir
Retirada y retención	Entrenamiento para ganar
	Retirada y retención

Figura 4. 1.- Diferenciación entre fases en función de una especialización temprana y una especialización tardía según Navarro (2005). Modificado.

LOS COMETIDOS DEL ENTRENAMIENTO.

El entrenamiento no puede limitarse al aspecto físico ya que existen diferentes aspectos a tratar dentro de éste (figura 4.2):

- *Entrenamiento físico.* Referido a las cargas que provocan las adaptaciones funcionales y estructurales.
- *Entrenamiento técnico.* Referido a la adquisición y mejora de las habilidades necesarias para la especialidad.
- *Entrenamiento táctico.* Referido a las decisiones que se deben tomar especialmente durante la competición.

- *Entrenamiento psicológico.* Referido a las actitudes y adquisición de valores.
- *Entrenamiento invisible.* Referido a todas aquellas situaciones y acciones que ayudan a recuperarse rápidamente y a la adquisición de las adaptaciones, lo más acentuadas posibles y en el menor tiempo. Aquí entran todos los métodos de recuperación y rehabilitación, así como la nutrición y el descanso.
- Igualmente, cuando se trata de categorías menores, existen otros aspectos de los que ya se han hablado y que cobran similar o mayor importancia tales como son todos los procesos formativos y educativos.

Figura 4. 2.- Diferentes direcciones que debe tomar el entrenamiento. Cuando se trata de deportistas en proceso de desarrollo, el aspecto formativo cobra especial importancia y debe priorizarse.

4.1.1. Los objetivos del entrenamiento en las etapas de desarrollo.

La sistemática y el entrenamiento para el rendimiento en los niños comenzó en los años 50. Desde entonces se ha venido pasando de una fase meramente descriptiva hasta llegar, en la actualidad, a una preocupación por explicar los fenómenos y procesos que lo ocupan.

La estructura y los contenidos del entrenamiento en etapas formativas aún no están bien estructurados. En este sentido, muchos de los estudios están basados en una mayor importancia de la preparación general y en que la preparación específica y ésta última, debe postergarse hasta etapas más avanzadas. (Marques, 2014).

También existen entrenadores que no son tan partidarios de la secuencia anterior y plantean argumentos para justificar una especialización progresiva ya desde edades tempranas. Es muy posible que esta tendencia dependa de ciertas especialidades ya que aquellas en las que predominan las capacidades coordinativas deben anticiparse en su especialización debido a que el sistema nervioso madura al llegar a la pubertad y luego resulta más dificultoso (o ¿imposible?) adquirir ciertas habilidades.

Mientras el niño se encuentra en proceso de desarrollo, el entrenamiento debe cubrir una serie de objetivos que distan de los que se deben buscarse en edad adulta. En las edades que aquí tratamos, cobran la misma importancia aquellos que inciden en la formación integral y los que buscan la mejora del rendimiento. No obstante, tenemos que insistir en que el rendimiento debe ser el adecuado a cada momento evolutivo y que para lograrlo se requiere del tratamiento idóneo. Todo ello implica una elección de tareas óptimas en cada fase y en consecuencia, el entrenamiento debe cubrir una serie de objetivos:

- *Aumentar un desarrollo físico multilateral* que aporte una base que permita tolerar las altas cargas de entrenamiento futuras que permitirán, en su día, alcanzar el alto rendimiento.
- *Realizar y perfeccionar la técnica de la especialidad concreta*. La técnica debe ser específica y diferenciada para cada especialidad. Una vez haya adquirido los recursos necesarios de capacidades coordinativas, estará en condiciones de asimilar y adquirir habilidades específicas.
- *Desarrollar y mejorar las cualidades volitivas*. Con incidencia en la preparación psicológica y todos sus valores. Por ello, es importante ir llevando una preparación progresiva, tanto en entrenamientos como en las competiciones.
- *Favorecer y potenciar salud del deportista* para impedir que se pierdan las mejoras producidas por el entrenamiento, entorpeciendo la continuidad del proceso. Aquí cobra protagonismo la prevención de lesiones y sobrecargas.
- *Mejorar los conocimientos teóricos del deportista*. A medida que el niño va caminando hacia su madurez, es muy posible que no le sirvan solamente las instrucciones del entrenador y será preciso llegar a su convencimiento progresivo para que asuma las tareas. Si el chico posee los conocimientos necesarios que le permitan comprender los motivos por los cuales se le encomiendan las tareas, tendremos un gran camino andado para provocar actitudes

con mejores resultados en los aprendizajes o en la adquisición de la condición física.

4.2. LOS PRINCIPIOS DE LA ADAPTACIÓN AL ENTRENAMIENTO EN LAS ETAPAS DE DESARROLLO.

Igual que sucede con la parcela formativa educativa, la progresión en el entrenamiento debe ajustarse a unas normas o reglas básicas. Existe un eje del que, si nos desviamos, es más que posible que los beneficios del ejercicio no aparezcan o, en el mejor de los casos, aparezcan en menor medida en la lo harían si estas normas se hubiesen respetado.

En la literatura especializada se encuentran diversas directrices que pueden tomarse como reglas, normas o principios de entrenamiento, las cuáles, deben cumplirse a cualquier edad. No obstante, cuando se trata de niños y púberes, deben incluirse algunas diferentes a las que rigen para el entrenamiento de los adultos o, cuando menos, muchas de aquellas, deberían ser adaptadas a las circunstancias del joven deportista.

Antes de tratarlas, es importante plantearse dos preguntas:

¿Se puede hablar de rendimiento en los niños?

La respuesta es afirmativa, siempre que se trate de aquello que *haga mejorar las capacidades entrenables del niño.* Para ello es precisa la aplicación de cargas adecuadas a la edad y su momento de desarrollo (más adelante tratamos todo aquello que es entrenable en cada momento).

¿Los niños pueden realizar entrenamientos específicos?

La Real Academia de la Lengua define el adjetivo *"específico"* como aquello *"que es propio de algo y lo caracteriza y distingue de otras cosas"*. Según esto debe existir un entrenamiento propio y que lo distinga del adulto, es decir, *específico para niños*. Por consiguiente, la respuesta a la pregunta, también es afirmativa, siempre y cuando se trate de entrenamientos adaptados al momento evolutivo y que provoquen mejoras en sus capacidades o cualidades básicas.

El problema surge cuando se extrapola el rendimiento y el entrenamiento específico de los adultos a los niños. Es con esta filosofía cuando se cae en el error de entrenar al niño como si fuese el adulto con la ingenuidad de reducir las cargas (menos tiempo de esfuerzo, menos potencia o intensidad o mayor recuperación).

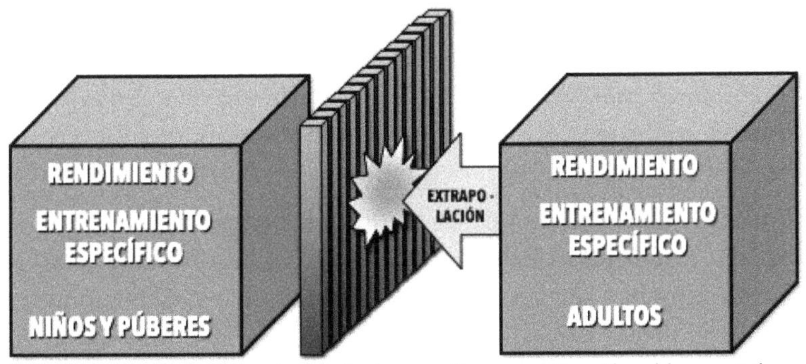

Figura 4. 3.- Existe rendimiento y entrenamiento específico para niños. El problema estriba cuando se confunde este concepto y se trata de traspasar el muro, extrapolando a los niños cargas correspondientes a los adultos, aunque sea con reducción de la magnitud de las cargas.

Para evitar errores y lograr que las actividades que se desarrollan en estas edades sean para mejorar el rendimiento en etapas en proceso de desarrollo, mediante la aplicación de cargas específicas para niños y que ambas direcciones le vayan llevando hacia el rendimiento futuro con todas las garantías, seguidamente, tratamos *las leyes* o *principios de la adaptación al entrenamiento en etapas de desarrollo.*

4.2.1. La energía.

En general, todo movimiento requiere un gasto de energía. Igual que un vehículo a motor precisa de combustible para desplazarse. Los niños cuando realizan ejercicio también consumen energía y la tienen que regenerar para poder seguirla utilizando. Estos procesos, están determinados por el metabolismo, tanto en lo referente al consumo (*catabolismo*) como a la obtención (*anabolismo*).

El metabolismo en los niños y jóvenes tiene diferencias importantes. Éste reúne características un tanto particulares en cada una de las etapas de desarrollo pero, dada su importancia, las tratamos con detalle en otro capítulo.

4.2.2. La adaptación y la súper compensación.

A lo largo de la Historia, el ser humano se ha visto constantemente sometido a las agresiones del medio. Ha tenido que resolver situaciones de hambre, de peligro, etc., lo que ha provocado una selección natural en la que los menos fuertes no sobrevivieron, subsistiendo solamente los más fuertes.

En la actualidad aparecen situaciones en las que el hombre se ve sometido a exigencias constantes que llegan al límite de sus posibilidades. Se pueden poner muchos ejemplos de la vida cotidiana (los mineros que se pasan horas picando a cientos de metros de profundidad, los buceadores que se ven sometidos a presiones que harían literalmente reventarle los pulmones a otros menos adaptados, los astronautas que para poder sobrevivir en el espacio y se ven sometidos a entrenamientos que rayan todos los límites, etc.

El deporte de rendimiento no es una excepción. Los entrenamientos a los que se ven sometidos los deportistas, llegan a términos que sobrepasan la tolerancia de aquellos que no están suficientemente dotados para estas exigencias. Su organismo se ve sometido a agresiones que cuando se encuentra con las condiciones necesarias, le permiten volver a su estado de equilibrio tras un proceso de descanso.

Pero la Naturaleza y la Biología "son muy sabias", de modo que, tras un esfuerzo y el consiguiente descanso, el organismo se encontrará en una nueva situación, diferente a la que se encontraba con anterioridad. De esta forma, si se repite aquella agresión, ya no le producirá efectos al estar preparado para ello. De alguna manera, podríamos decir que se ha "vacunado" ante agresiones similares. Este proceso mediante el cual, el organismo se encuentra a un nivel superior que le hace inmune a la agresión anterior, se le conoce con el nombre de *"adaptación o súper compensación"*.

La adaptación fue definida por Manno (1991) como *"la cualidad de los organismos vivientes que a través de su desarrollo corporal, formas funcionales, rendimiento, comportamientos y exigencias diversas, pueden estabilizar sus condiciones de existencia"*.

Siguiendo a este autor, la adaptación en el deporte, pasa por una serie de fases que pueden determinar el éxito del entrenamiento de resistencia:

- Mayor tolerancia al frío y al calor.
- Mayor capacidad para soportar falta de oxígeno.
- Mayor capacidad de defensa frente a infecciones.
- Mayor capacidad de resistencia frente a toxinas.
- Mayor estabilidad psíquica.

El proceso de adaptación implica que el organismo irá aumentando resistencia a las "agresiones". Por ello, para que los estímulos sigan produciendo efectos adaptativos, deberán ir aumentando también en su exigencia (más trabajo, con mayor exigencia energía/tiempo o con menos tiempo de recuperación (figura 4.4).

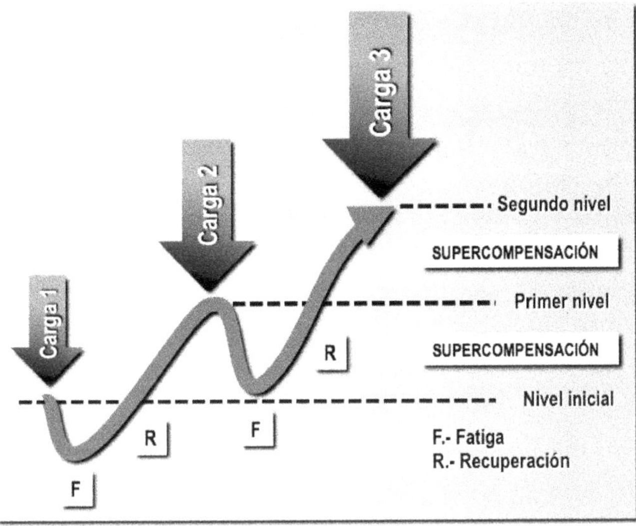

Figura 4. 4.- Representación del proceso de adaptación o súper compensación. Las cargas deben ser cada vez más exigentes para provocar la desestabilización y la fatiga y continuar provocando adaptaciones y la progresión en el rendimiento. (F).- Estado de fatiga; (R).- Proceso de recuperación.

La adaptación depende de una serie de aspectos que varían según el enfoque que le pueden dar diferentes autores:

- *Del nivel del estrés.* El estrés es el resultado de la agresión (*estímulo o estresor*) que, en el caso del entrenamiento, viene presentada en forma de ejercicio.
- *De la capacidad individual para soportarlo y del nivel del estresor.* Si éste es excesivamente exigente, no se producirá la adaptación. En cambio, si no llega sobrepasar ciertos límites, se producirán las reacciones de resistencia (Gª. Manso, Navarro y Ruiz, 1996).
- *De la tendencia a mantener el estado de equilibrio con el medio* (homeostasis): Si se rompe el equilibrio con el medio, el organismo reacciona para restaurar la situación alterada, llevándolo a nivel superior.
- *De la movilización de las reservas energéticas* (aspecto catabólico).
- *Activación de las síntesis proteicas* (aspecto anabólico).
- *Activación de las defensas del organismo* (aspecto inmunológico).
- *Del efecto del entrenamiento sobre el organismo.*
- *Del potencial o reserva de adaptación.* Es fundamentalmente de componente genético y es tratado más adelante y de forma específica en otro principio del entrenamiento.

Condiciones que se deben cumplir

Para que se produzcan los efectos de adaptación y súper compensación es preciso que se den unas circunstancias. En este sentido, cobra especial protagonismo la adecuada alternancia entre esfuerzos óptimos y recuperaciones óptimas. Pero puede suceder que no se produzcan los efectos buscados o, al menos, que no resulten todo lo importantes se desearía. En este sentido Weineck (1988) indica una serie de puntos que pueden ser responsables de deterioros en los procesos de adaptación o súper compensación, a los cuáles hemos añadido alguno más que consideramos de cierta importancia. Así pues, la adaptación puede sufrir interrupciones en los siguientes casos:

- Tras interrupciones del entrenamiento.
- Tras intervalos de descanso excesivamente largos.
- A través de un entrenamiento irregular.
- Mediante entrenamientos monótonos y poco variados.
- Mediante la reducción drástica y prolongada de la potencia o intensidad de las cargas.
- Tras la continuidad excesiva de estímulos, sin haber alternado periódicamente con periodos de descanso.

Tipos de adaptación y súper compensación.

La literatura suele dividir la adaptación en tres tipos, en función de su aparición y su duración (figura 5.5):

Adaptación aguda:

- Se produce en muy poco tiempo (horas-días).
- Está relacionada, fundamentalmente, con procesos tales como los energéticos, que tras verse deplecionados sus depósitos, son rápidamente restituidos.
- Si no se suceden los estímulos, tiende a desaparecer en corto plazo.

Adaptación sub aguda:

- Se produce en un tiempo intermedio (semanas).
- Se produce mediante la suma sucesiva de cargas.
- Es muy utilizada en la programación, cuando se trata de lograr adaptaciones en periodos intermedios, (mesociclos).

Adaptación crónica:

La adaptación a largo plazo o crónica está considerada como una alternancia cíclica e ininterrumpida, mediante sucesos que están relacionados con el agotamiento y la recuperación de las reservas funcionales del organismo (Mora y col. 1995). Está basada en la estimulación, de forma repetitiva de adaptaciones agudas y sub agudas. Ésta debe ser el objetivo del entrenamiento del deportista y reúne las siguientes características:

- Se considera como casi permanente.
- Se provoca con acumulación de sucesiva de adaptaciones agudas y sub agudas.
- Se produce por repetición con aumento progresivo de las cargas.
- Se provoca por aumento de la necesidad de elementos plásticos (proteínas).
- La repetición de sucesivas adaptaciones compensatorias serían las que conllevarían a lo largo de un tiempo determinado a una mejora morfológica y funcional con carácter de estabilidad en el tiempo.

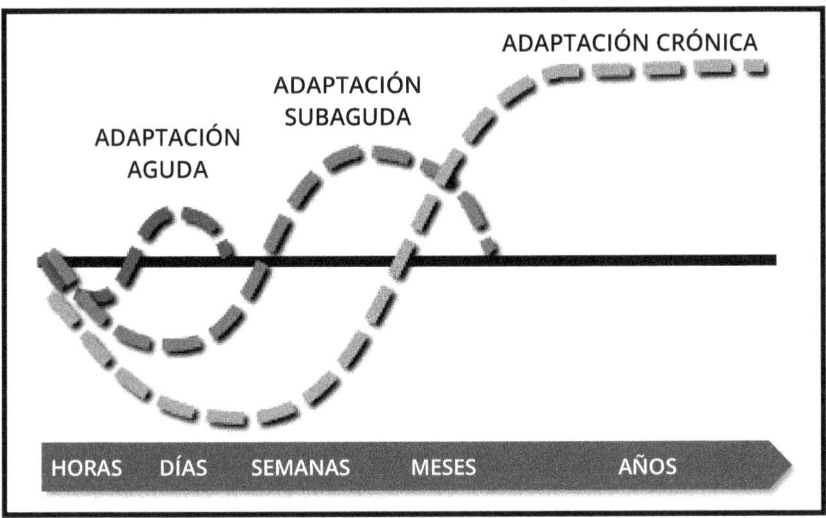

Figura 4. 5.- Representación aproximada de los tres tipos de adaptación, su aparición y duración a lo largo del tiempo.

4.2.3. El estímulo eficaz.

Para que el entrenamiento resulte, como tal, es necesario considerar los principios vistos hasta ahora. El entrenador debe conocer y saber aplicar los distintos métodos de trabajo, así como una perfecta programación, organización y control del entrenamiento. Debe conocer el qué, el cómo, el cuánto y el cuándo de la aplicación de las tareas.

Igualmente se deben conocer los contenidos del entrenamiento y si fomentan las posibilidades del deportista, capacitándolo para que tenga un buen nivel de rendimiento.

Para que resulte eficaz y que logre los objetivos propuestos, deben aplicarse los esfuerzos de forma adecuada y oportuna y el trabajo a realizar debe ser óptimo. En caso contrario, puede ocasionar un estancamiento o descenso del nivel de rendimiento. En otras palabras, para que el entrenamiento resulte eficaz, también tiene que serlo las cargas que se aplican.

La carga eficaz.

Se entiende como carga eficaz el estímulo o estresor que produce efectos de desestabilización de uno o varios de los sistemas del organismo. De esta forma, una vez interrumpido dicho estímulo, éste se ve obligado a reaccionar, produciendo las adaptaciones y súper compensaciones correspondientes.

La aplicación de varias cargas eficaces hace que se eleve el estado de forma a través ese fenómeno súper compensatorio. No obstante, la carga eficaz tiene sus límites de esfuerzo, de modo que si éstos se sobrepasan, puede suceder o que el esfuerzo resulte inútil o bien que rebase la estimulación y ya no produzca lo efectos deseados originando únicamente fatiga y gasto de energía.

Según la ley de Arnold-Shulz, que trata del umbral del estímulo, existe un límite individual, por debajo del cual, no se produce adaptación ya que previamente no se produce una desadaptación previa. Con respecto al estímulo o carga, existen dos límites:

- Umbral de excitación. Por debajo del cual el estímulo no produce efectos adaptativos en el organismo, al estar previamente adaptado a la carga que se aplica.
- Límite de la tolerancia. Nivel, por encima del cual, existen riesgos para la salud y en la mayoría de los casos tampoco se produce dicha adaptación.

En función de estos dos límites se deben tener algunas consideraciones (Gª-Verdugo y Leibar, 1997)

1. Estímulos o cargas que no llegan al umbral de excitación, no producen adaptación.
2. Estímulos que llegan y no superan el umbral de excitación no suelen producir adaptación, pero pueden producir efectos de mantenimiento.

3. Estímulos o cargas que no llegan al umbral de excitación pueden llegar a producir adaptaciones, siempre que se repitan determinado número de veces. Por ejemplo, correr durante 20 minutos a ritmo de 4 minutos cada K, no supone adaptación para corredor de resistencia de tipo medio, pero si el esfuerzo se mantiene más de 60 minutos, sí que podría suponer adaptación.
4. Estímulos comprendidos entre el umbral de excitación y la máxima tolerancia, son óptimos y producen adaptación.
5. Estímulos que se encuentran comprendidos entre el umbral de excitación o la máxima tolerancia pueden llegar a ser perjudiciales si se mantienen o repiten en exceso.
6. Estímulos que llegan a la máxima tolerancia pueden resultar óptimos si son lo suficientemente espaciados y son seguidos de procesos adecuados de regeneración.
7. Estímulos que sobrepasan la máxima tolerancia, pueden, no solo no producir adaptación, sino que pueden provocar efectos perjudiciales para la salud.

Sobre este principio, cuando se trata de las edades que tratamos aquí, hay que resaltar que solamente deberían ser aplicables estímulos que no sobrepasen la línea media entre el umbral de excitación y la máxima tolerancia. Es decir que se debe dejar un margen importante a estos límites (figura 4.6).

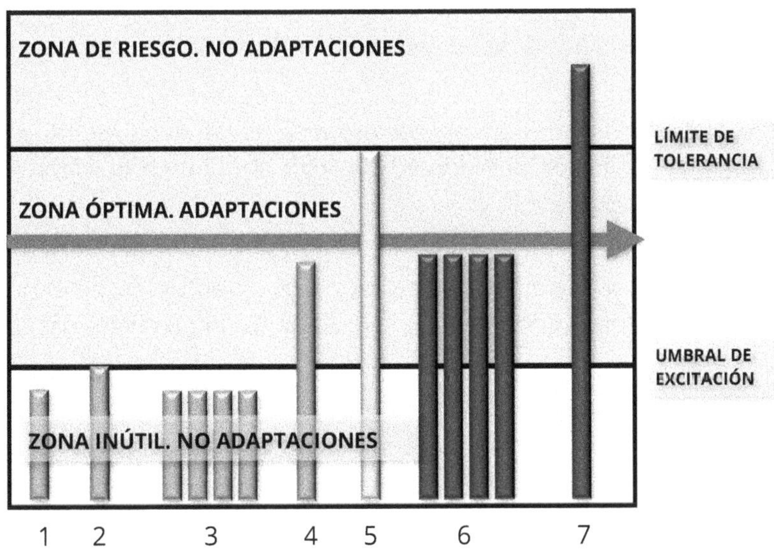

Figura 4. 6.- Tipos de estímulos en función de los límites de umbral de excitación y máxima tolerancia. Puede apreciarse el límite recomendable de carga eficaz para edades en proceso de desarrollo.

4.2.4. La unidad funcional.

El organismo funciona como un todo indisoluble (Pérez, 2002) y todos los sistemas están interrelacionados, de tal forma que si uno falla se vería perjudicada la continuación del esfuerzo. En este sentido, el entrenamiento debe contemplar el desarrollo de todos ellos, como así también la manera en que se relacionan.

A esto cabe añadir este fenómeno es superior en los niños y púberes teniendo en cuenta la permeabilidad a todo tipo de estímulos en todos sus sistemas y a su mayor reserva potencial de adaptación (tratada más adelante).

Cuando un niño realiza un trabajo de fuerza, el efecto también está incidiendo en su resistencia, en su velocidad, etc., o cuando realizando un trabajo de velocidad, también está estimulando la fuerza y la resistencia.

Es necesario prestar atención a la evolución y desarrollo de las propiedades morfológicas y funcionales de todos y cada uno de los sistemas del chico (circulatorio, endocrino, locomotor, etc.), partiendo siempre del criterio de que el desarrollo de cualidades no se debe hacer de forma aislada o sucesiva. Debe hacerse de forma simultánea con el único matiz de una mayor o menor incidencia dependiendo del momento y de la capacidad de asimilación. En este sentido, hay que tener presente que la aplicación de una carga o trabajo concreto puede estar incidiendo positivamente en un sistema pero podría también estar haciéndolo de forma negativa en otro.

4.2.5. La multilateralidad, la variedad y la alternancia.

La multilateralidad, responde al concepto de que en el entrenamiento, junto con el desarrollo de contenidos específicos, se debe incluir aquellos que abarcan otras actividades deportivas, con el objetivo de desarrollar el acondicionamiento general.

Esto ocupa el lado opuesto a la especialización ya que ésta significaría una limitación de las condiciones de desarrollo. Por ello, desde el punto de vista del entrenamiento para jóvenes, el trabajo multilateral resulta determinante.

Una preparación multilateral se apoya en el principio de la unidad funcional. Se sabe que con una preparación multidirigida, a largo plazo, se obtienen mejores resultados, debido a que el deportista habrá adquirido mayor cantidad de recursos sobre los que construir nuevas habilidades, desarrollar nuevas tareas y asimilar mejores entrenamientos sucesivos.

Por el contrario, con una preparación unidireccional, que incida insistentemente sobre un sistema u órgano concreto, mientras se progresa en una dirección, se puede estar retrocediendo en otra. En este caso es mucho más probable caer en el error de estimular el condicionamiento.

La multilateralidad es el camino hacia objetivos de soporte, basado en un gran número de medios y ejercicios variados. Por el contrario, cuando se dirige en una dirección concreta, se trataría de una preparación unidireccional que acaba derivando en la especialización. Ésta, tal y como se expone en diferentes partes de este libro, debe ser retardada en el tiempo ya que es la que puede dar rendimiento para adultos pero acortar la vida deportiva del joven.

En la figura 4.7 se representan dos itinerarios distintos:

- √ *Arriba. Itinerario correcto.* basado en un trabajo en las primeras edades en las que se estimula en todas direcciones (la figura aumenta de forma equilibrada). Se trataría de la preparación multilateral polideportiva. Una vez se haya producido un gran desarrollo, se trabajaría en las direcciones que darán base para un grupo de especialidades. Y es solamente a partir de ahí, cuando se entraría en la preparación unidireccional o especialización. Esto supone el éxito a largo plazo.
- √ *Abajo. Itinerario incorrecto.* Desde el principio se trabaja de forma unidireccional, logrando un éxito efímero pero con estancamiento o abandono por esa misma causa.

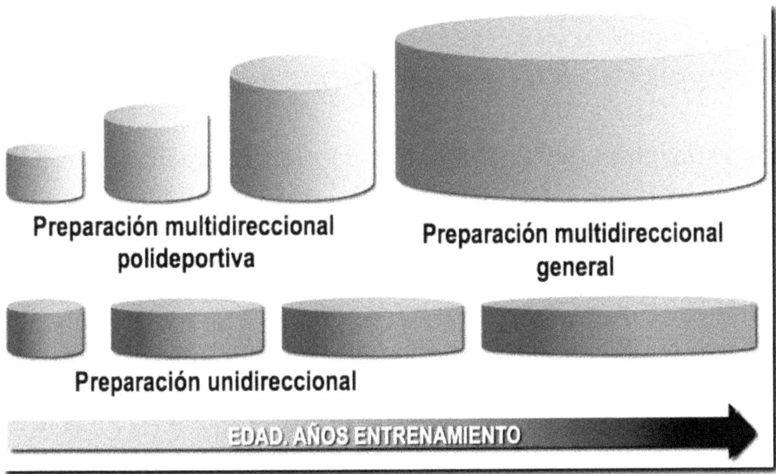

Figura 4. 7.- Representación de dos itinerarios de entrenamiento. Arriba, el correcto, basado en una preparación multilateral, con éxito a largo plazo. Abajo, el incorrecto, basado en preparación con éxito efímero y estancamiento a corto plazo.

Cuando ya buscamos rendimiento, el chico se ve sometido a importantes cargas. El desarrollo de la condición física requiere muchas horas de entrenamiento que, en ocasiones, pueden resultar tediosas. Para paliar este problema y mejorar la adaptación se deben emplear diversos medios de trabajo, alternándolos periódicamente y eligiendo los más adecuados en función de las características del deportista, así como de las necesidades y los fines individuales.

Si nos centramos en los niños, el trabajo debe contener una alta motivación para que produzca los efectos deseados. Cuando falta ésta, el deportista entrena con poca implicación con lo que las cargas pueden no llegar a los niveles deseados, convirtiendo la labor en un "entrenamiento descafeinado" con pérdida de efectos.

El ejercicio debe estar cargado de afectividad (Le Boulch, 1978), por lo que chico debe estar muy motivado para realizar "la última repetición". Es esa que, ante el estado de fatiga le induce a realizarla con ímpetu atenuado y solo si existe un gran estímulo, le permite realizarla con el mismo énfasis que las anteriores.

Está comprobado que ciertas variaciones en los contenidos del entrenamiento son necesarias para una mejor y más rápida adaptación. Cuando se incide excesivamente sobre un sistema, sobre una vía metabólica o cualquier contenido de entrenamiento, puede aparecer una saturación que haga inviable la continuidad sobre ese trabajo, disminuyendo los efectos adaptativos. Por consiguiente, las cargas deben variarse para evitar la disminución de los efectos.

Las variaciones de las cargas, palían un agotamiento excesivo en los niños. Al mismo tiempo nos dan la posibilidad de incidir positivamente en las adaptaciones necesarias para un incremento de los niveles físicos.

"La variedad de las cargas se entiende como un medio para afrontar ese aburrimiento y monotonía y así aumentar el rendimiento", (Grosser, 1988). En este sentido, se puede afirmar que siempre que se respete este principio de variación es posible mantener o aumentar la motivación y, por consiguiente, contribuir a la mejora del rendimiento.

En los niños la alternancia y la variabilidad es fundamental por una serie de motivos:

- Mantiene o aumenta su motivación.
- Aumenta sus recursos físicos y motores.

- Les permite adquirir más cantidad de habilidades automáticas que le serán necesarias para ejecutar de forma más eficaz a la vez que más eficiente.

Los cambios y variaciones no deben basarse solamente en modificar la magnitud de las cargas (potencia-intensidad, volumen-cantidad o frecuencia-densidad). Es preciso variar los contenidos y las tareas, la mecánica del movimiento, la estructura de los descansos, los métodos de entrenamiento o las modalidades de práctica e, incluso, el cambio de lugares de entrenamiento.

La alternancia podemos aplicarla bajo varios aspectos, según los objetivos que nos marquemos. Se pueden variar ejercicios técnicos dentro de una misma sesión de entrenamiento, igualmente se pueden modificar las incidencias sobre distintas vías metabólicas, etc.

Si se trata de la alternancia en la incidencia sobre las vías metabólicas, la secuencialización de incidencias dentro de una sesión de entrenamiento o en días sucesivos, se puede sustituir con secuencias diferentes. Según se incida en una u otra dirección y en una misma o en sesiones muy próximas, dependiendo de ese orden, pueden producir los siguientes efectos (Gª-Verdugo y Leibar, 1997):

– *Efectos potenciadores*. Cuando un tipo de esfuerzo potencia la adaptación del trabajo precedente.
– *Efectos nulos*. Cuando un tipo de esfuerzo ni potencia ni interfiere la adaptación del trabajo precedente.
– *Efectos negativos*. Cuando un tipo de esfuerzo retarda o impide la adaptación del trabajo precedente.

Es necesario que el entrenador disponga de una gama de variantes a un tipo de entrenamiento determinado para que el joven deportista se sienta motivado. Si, por ejemplo, se están realizando entrenamientos con objetivos de mejora del umbral anaeróbico (tratado más adelante) puede realizar diversas variantes jugando con distancias, tiempos, recuperaciones etc., aunque sea con una misma finalidad.

La variación de las cargas puede hacerse a través de diferentes procedimientos (Gª-Verdugo y Leibar , 1997):

- *Variación del tipo de cargas*. Por ejemplo, uniformes o de choque (Navarro 1993).
- *Variando los métodos de entrenamiento*. Por ejemplo, método continuo y método interválico.
- *Variando la metodología*. series, repeticiones, pausas, etc.
- *Variando los ejercicios*. Por ejemplo, bicicleta, carrera etc.

- *Variando el entorno*. Por ejemplo, cambiando de circuitos, cambiando de lugar, etc.

Igual que un coche puede tomar distintos caminos para llegar a una meta, el entrenador debe buscar tareas alternativas para alcanzar un mismo objetivo.

4.2.6. La continuidad.

El entrenamiento, tiene que mantener una alternancia coherente entre las cargas y las recuperaciones. Este principio se basa en la necesidad de estas sucesiones ya que solamente la repetición garantiza que las huellas que se obtienen mediante el entrenamiento, se conviertan en duraderas (adaptación crónica).

El organismo tiende a estar en equilibrio con el medio, adaptándose a las situaciones que éste le pueden provocar. Si estas situaciones son en forma de agresión mediante estímulos de movimiento, reaccionará mediante la adaptación. Por el contrario, si no se suceden o se interrumpen durante un tiempo, se adaptará de nuevo al estado de reposo y se perderán los efectos.

Las mejoras suelen ser perdurables durante un tiempo, pero si se deja de estimular, ante descansos excesivamente prolongados, los efectos adaptativos se van perdiendo ya que el si el medio es en forma de inactividad, acaba adaptándose a ésta y, consecuentemente, desadaptándose al esfuerzo (figura 4.8).

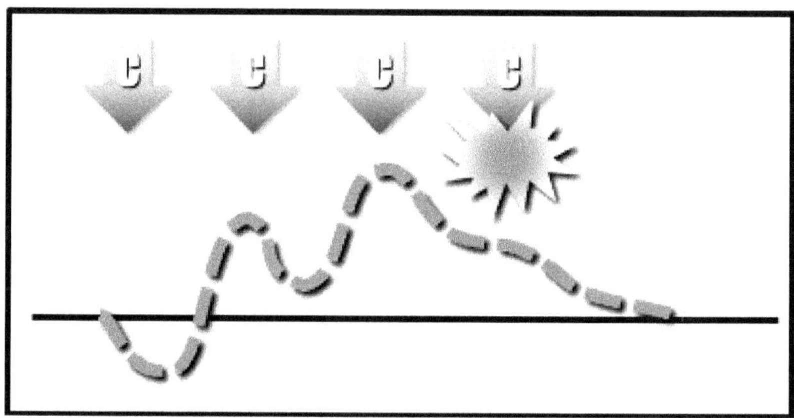

Figura 4. 8.- Representación del efecto de vuelta al estado inicial (desadaptación) tras la desaparición de la carga correspondiente.

Si nos centramos en las adaptaciones metabólicas, éstas se producen no solamente cuando se restablecen los substratos energéticos, también se originan con la adaptación de otros elementos tales como los procesos enzimáticos y hormonales, junto con otras del sistema nervioso, encargado de regular esos mecanismos. También se producen súper compensaciones en otros sistemas tales como como el de transporte (circulatorio), etc.

Se sabe que las adaptaciones del metabolismo son más rápidas (2 a 3 semanas), en cambio las adaptaciones morfológicas son más tardías (4 a 6 semanas) y las estructuras reguladoras del sistema nervioso central necesitan un tiempo bastante más largo de adaptación (Grosser, 1988).

Así pues, cuando por cualquier motivo (lesiones enfermedades, etc.) aparecen periodos de tiempo en los que se interrumpe la sucesión de estímulos, se produce un descenso del rendimiento y se comienzan a perder efectos adaptativos, especialmente en los procesos metabólicos.

La continuidad de entrenamiento exige también que se observe tanto la asiduidad en la aplicación de las cargas como de los intervalos de recuperación, cuya finalidad es asegurar que se puedan volver a aplicar las primeras. Mientras no se haya recuperado el organismo, no estará en condiciones de repetir el esfuerzo.

La continuidad de las cargas pasa por una serie de directrices:

- Evitar las interrupciones en el entrenamiento.
- Consolidar continuamente la forma deportiva una vez obtenida.
- SI se da alguna circunstancia que impida el mantenimiento de las cargas, buscar trabajos alternativos para atenuar al máximo las posibles pérdidas de efectos.
- Dar constante énfasis al concepto de repetición.

Pero esta continuidad tiene un límite en el tiempo ya que una vez superado se llega a una saturación. Por ello, en ese caso, incidir en la misma dirección ya no producirá efectos. Llegado este momento es preciso cambiar objetivos y contenidos para proceder a estimular de nuevo.

El progreso suele ser muy veloz al comienzo del entrenamiento, pero la progresión decrece cuando el deportista se acerca a su potencial máximo del momento.

La mejora no avanza siempre en una curva ascendente. Tiende a un efecto de "meseta" con saltos repentinos, separados por períodos de estancamiento. Incluso, por períodos de retroceso aparente (el avance no es rectilíneo sino ondulado). El atleta tiene que trabajar a través de estos períodos de no aparente mejora, aguardando el próximo "salto". (figura 4.9).

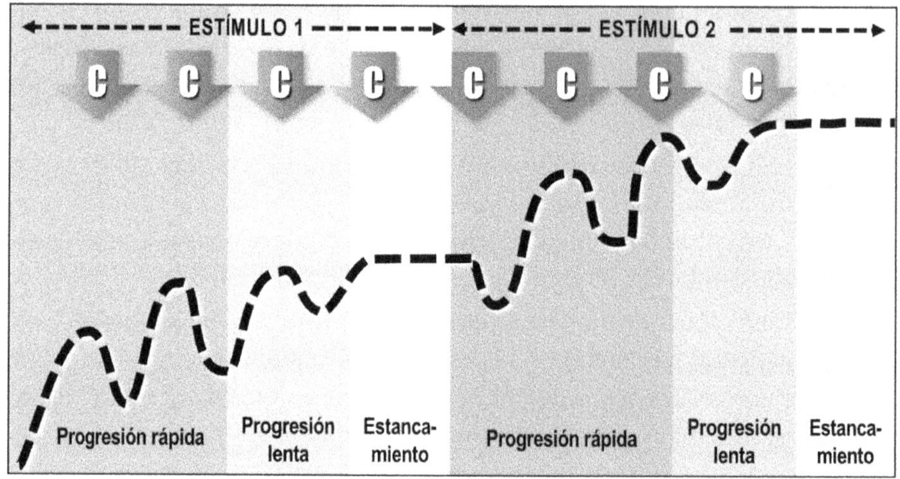

Figura 4. 9.- Tras sucesivas cargas con un objetivo, se produce estancamiento ("meseta"). En ese momento, es preciso cambiarlas para proseguir con la progresión.

4.2.7. La progresión.

El organismo cuenta con la capacidad de tolerar y adaptarse progresivamente a esfuerzos cada vez más exigentes. Para que realmente se pueda conseguir un aumento del nivel de condición física o técnica es necesario acrecentar de manera gradual el ejercicio físico. De esa manera, se tienen que encadenar con el tiempo todas las adaptaciones producidas y así alcanzar una adaptación duradera (crónica).

A medida que el organismo va mejorando una cualidad y se va adaptando a esfuerzos cada vez más exigentes, estos deberán seguir creciendo en alguna dirección.

Según Zhelyazkov (2001), *la carga* puede considerarse *"como la influencia global de los medios y métodos de entrenamiento sobre el organismo del individuo"*. Este autor, al hablar de la influencia, se refiere a la carga interna, especialmente al efecto que ese estímulo produce en el organismo. No obstante, entendemos que sería importante distinguir entre dos tipos de carga: carga externa y caga interna:

- Entendemos como *carga externa* la tarea que se encarga al deportista y que éste debe realizar. Ésta es concreta y conocida.
- La *carga interna,* hace referencia al efecto que se produce en el organismo al ejecutar la carga externa. Este efecto, no solo es individual ya que depende de las características del deportista (edad, grado de entrenamiento, situación anímica, estado de fatiga, etc.). También depende del momento en que la realiza. En este sentido,

resulta un tanto aventurado averiguar cómo afecta la carga externa ya que solamente se pueden comprobar algunos indicadores que aparecen y que no explican fielmente lo qué está sucediendo en los diferentes sistemas del organismo.

Al respecto, Sánchez Bañuelos (2003) compara el entrenamiento como un sistema informático en *"caja negra"*. Éste consta una entrada *"Input "* consistente en la carga externa (la cual es conocida), una vez dentro del sistema (el organismo del deportista) se producen una serie de procesos y transformaciones, (una gran parte desconocidas) y salen unos resultados *"output"*, a modo de indicadores con los que intentamos averiguar que ha sucedido dentro del sistema.

En la figura 4.10 se expone una comparación entre un sistema informático en "caja negra" de ese autor y el entrenamiento. En la parte superior aparece el sistema informático con una información de entrada (*Input*) a través del teclado; la CPU donde se producen los procesos y una salida (*Output*) con los resultados que salen en algún periférico (pantalla, impresora, etc.). En la parte inferior encontramos la representación del entrenamiento con *"Input"* consistente en las tareas que debe realizar el deportista; su organismo, donde se producen los procesos y transformaciones y una salida (*Output*) con la aparición de una serie de indicadores (frecuencia cardiaca, concentración del lactato, etc.) que ayudan a interpretar, de forma indirecta, una pequeña parte de lo que ocurrió o está ocurriendo en el organismo.

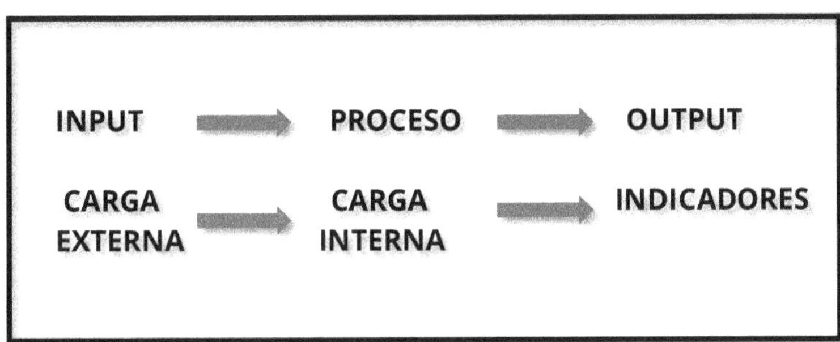

Figura 4. 10.- Comparación entre un sistema informático y el entrenamiento. En ambos modelos existe una entrada (Input), un sistema propiamente dicho y una salida (Output).

LA MAGNITUD DE LAS CARGAS Y LAS DIRECCIONES DE ENTRENAMIENTO.

La carga se puede hacer más o menos exigente, en función de su magnitud. Ésta se entiende como el grado de impacto que puede producir en el organismo y depende, a su vez, de las siguientes variables que permiten establecer la dirección sobre la que queremos buscar la progresión del entrenamiento (figura 4.11):

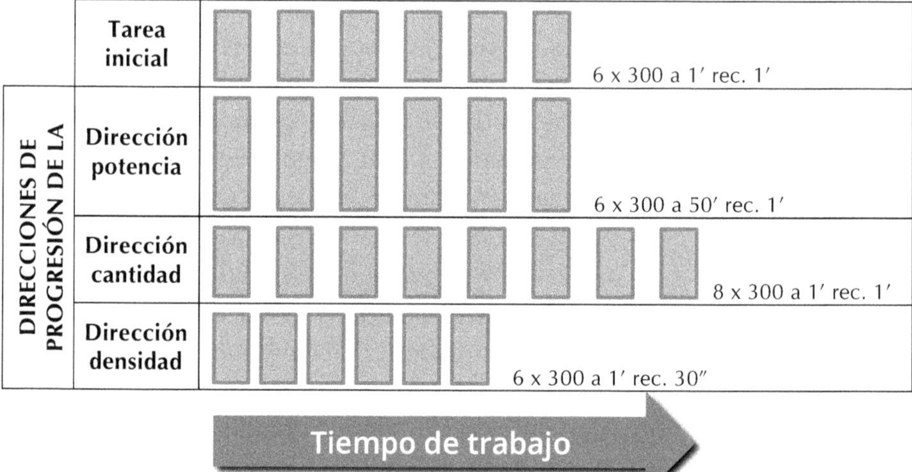

Figura 4. 11.- Ejemplo de tres direcciones para la progresión en la magnitud de las cargas a partir de una tarea inicial de 6 repeticiones de 300 m recorridos en un tiempo de 1 min., con 1 min. de recuperación.

- *Potencia:* Una parte de la literatura la identifica con la intensidad. Viene referida a la cantidad de ATP que se utiliza en unidad de tiempo (energía/tiempo). Por ejemplo, un mismo ejercicio como puede ser una carrera de 80 m, recorrida en 10 seg., necesitará más ATP/Tiempo (potencia) que si se realiza en 12 seg.

  La dirección para la mejora, sería aumentando la cantidad de ATP tiempo para una misma tarea.

  Como aclaración hay que hacer constar que el concepto intensidad, entendemos que conlleva otros aspectos actitudinales, tales como la concentración, atención, estado de agresividad, etc. Por ello, cuando solo nos referimos al empleo de energía en unidad de tiempo, nos estamos refiriendo al concepto potencia.

- *Cantidad:* Se refiere al total de trabajo realizado, sin tener en cuenta la potencia con la que se ejecuta. Por ejemplo, será una carga de mayor cantidad un total de 50 Km recorridos a lo largo de una semana, que un total de 80 Km en ese mismo periodo.

  La dirección para la mejora sería la de aumentar el total de trabajo, sin tener en cuenta el gasto energético.

– *Densidad:* Hace referencia al tiempo en el que se realiza un trabajo. Por ejemplo, un trabajo de 10 repeticiones de 10 seg. de esfuerzo, con pausas de 1 min., tendrá una duración total de 10 min. y 40 seg. Si reducimos las pausas a 30 seg., el total del trabajo habrá durado 6 min y 10 seg. Esto significa que el segundo trabajo conlleva mayor densidad.

La dirección para mejorar en este sentido, sería la de reducción de las pausas para una misma tarea.

Si no se produce el incremento de las cargas, en cualquiera de las tres direcciones y dependiendo de si se mantienen, descienden o se suprimen, se acaban produciendo los siguientes efectos, (figura 4.12):

- *Si se mantienen.* Se puede producir estancamiento con un efecto de mantenimiento.
- *Si disminuyen.* Se origina un descenso del rendimiento que puede ser proporcional a ese descenso.
- *Si se suprimen.* Se irán perdiendo los efectos adaptativos, volviéndose al nivel inicial.

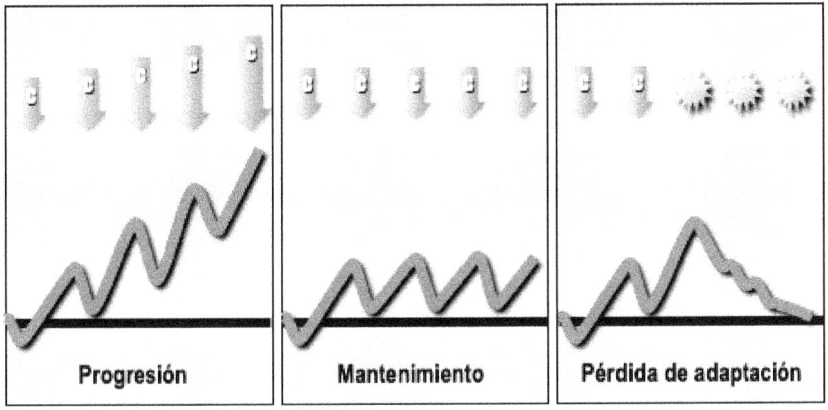

Figura 4. 12.- Evolución del rendimiento de acuerdo con la progresión de las cargas. A la izquierda con progresión de la magnitud. En el centro, con mantenimiento de la magnitud. A la derecha, con supresión de las cargas.

Grosser, et al. (1988), consideran que el aumento del rendimiento no es gradual, por lo que en la práctica es necesaria la combinación de diferentes tipos de esfuerzos (gradualmente crecientes, irregulares y variables). Por ello, ya hemos visto la necesidad de evitar la monotonía de las tareas, especialmente cuando tratamos de niños y púberes.

La orientación de las cargas.

Existe otra característica de las cargas que debemos considerar y que también determina la progresión. Se trata de la orientación de las cargas. Ésta viene definida por el objetivo a la que es dirigida, sea cual sea el plano en el que actúa (funcional, fisiológico, psicológico, etc.). La aplicación puede tener dos orientaciones: selectividad y complejidad, (Figuras 4.13 y 4.14).

La selectividad.

Se entiende que una carga es selectiva cuando se dirige a un sistema funcional determinado. Por ejemplo, una carga selectiva (simple) sería aquella dirigida a mejorar la resistencia aeróbica, con objetivo únicamente de mejorar los procesos metabólicos relacionados con la oxidación.

La complejidad.

La carga introducida en un entrenamiento se orienta hacia varios sistemas y capacidades al unísono. En este caso las adaptaciones se producirán en varias direcciones. Cuando se trata de entrenamiento para adultos, es posible que esta dispersión no llegue a desestabilizar los diferentes sistemas y, por consiguiente, puede no logrará objetivos adaptativos. En cambio, cuando se trata de niños o jóvenes, dada la permeabilidad al entrenamiento, este tipo de cargas producirán adaptaciones suficientes ya que tienen mucha más reserva de adaptación (tratada más adelante). Consecuentemente, esta orientación sería la mas recomendable de acuerdo con el principio de la multilateralidad.

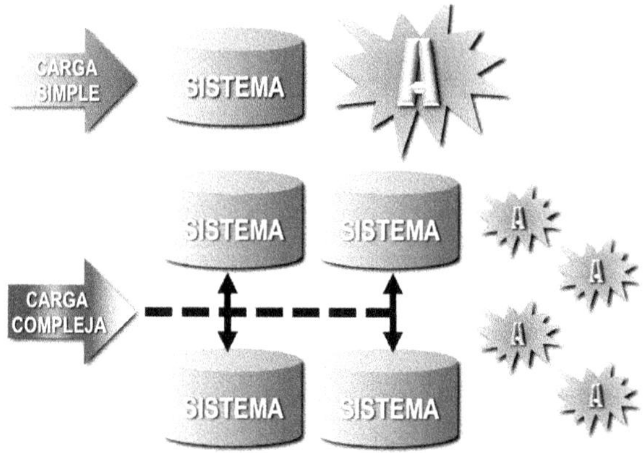

Figura 4. 13.- Para los adultos, cuando se orientan las cargas hacia un solo sistema, se obtienen mayores adaptaciones que si se orientan hacia diversos sistemas, la dispersión puede provocar que no se produzcan adaptaciones. Por el contrario, cuando se trata de niños, la orientación compleja, es la más idónea ya que produce adaptaciones en varios sistemas al mismo tiempo.

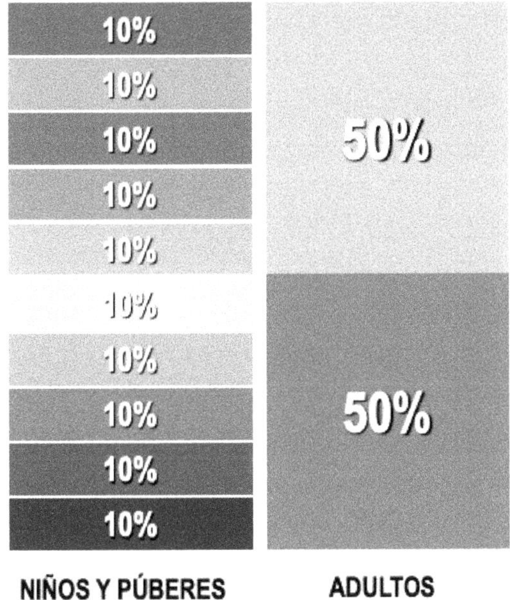

Figura 4. 14.- Cuando se trata de mejorar cualidades condicionales, en los jóvenes, es más recomendable el trabajo con cargas complejas. Por el contrario, los adultos entrenados, obtienen mayores beneficios utilizando cargas selectivas.

LA ORIENTACIÓN EN LA PROGRESIÓN PARA LAS HABILIDADES

En primeras edades, el trabajo aprendizaje de habilidades y destrezas, debe desarrollarse sin demasiadas exigencias, dadas las condiciones y la disposición del niño a las tareas donde debe dedicar una gran atención (Hornillos y Lera, 2007).

Hay que tener presente la baja capacidad de atención y concentración que existe en edades pre púberes. Por este motivo, en los niños se debe partir de situaciones sencillas y, una vez dominadas, se pueden ir incorporando otras con mayor dificultad de ejecución. En este caso, se debería partir de cargas selectivas para ir pasando a cargas más complejas. En estos casos, cuando se trata de la adquisición de habilidades o destrezas, tendríamos la orientación en la progresión de las cargas: *"de lo simple a lo complejo"*.

Sea cual sea la dirección de progresión de las cargas que se elija, sobre todo cuando se trata de edades iniciales, debe cumplir una serie de pautas:

- Debe ajustarse según el mejoramiento de las aptitudes coordinativas y condicionales.
- Deben pasar de lo general a lo específico.

- Debe ser cíclica con alternancias entre el trabajo y el consiguiente descanso.
- Debe respetar, en todo momento, el nivel de rendimiento del deportista.
- Debe ser sistemática. Lo que implica llevar un orden y una serie de características:
    - Pasar de lo poco a lo mucho.
    - Pasar de lo fraccionado a lo continuo. Esto es válido siempre que se trate de potencias asequibles y adaptadas a cada edad.
    - Pasar de lo simple a lo complejo.
    - Pasar de lo conocido a lo desconocido.

La progresión no solo se basa en el entrenamiento.

La Ciencia aún no ha sido capaz de aclarar qué porcentaje de las mejoras de los chicos y chicas, a lo largo de su desarrollo, corresponde al propio entrenamiento o bien al propio desarrollo.

También se sabe que una gran parte de estas posibilidades de mejora (reserva de adaptación) está condicionada por el factor genético. Por todo ello, no debería obviarse que, en una parte importante, el niño puede mejorar su rendimiento a lo largo de su evolución "a pesar de su entrenador", sobre todo, si a esto, le sumamos la dificultad, aún no resuelta totalmente, para saber qué porcentaje de la mejora de chico es debida al propio entrenamiento y cuál se debe simplemente al propio desarrollo.

Pese a que esto último ya fue tratado en capítulo anterior, creemos interesante recordarlo, para lo que hemos incluido la figura 4.15.

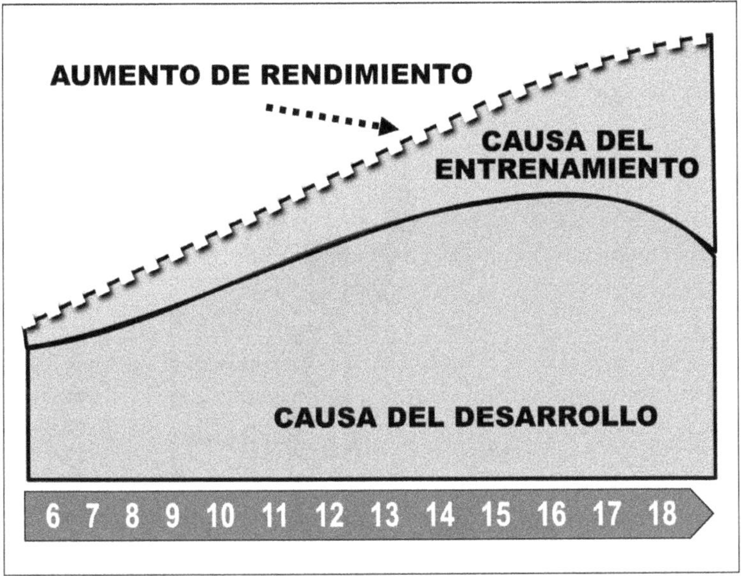

Figura 4. 15.- Es importante tener presente que, a día de hoy, no está claro el porcentaje de la mejora de rendimiento causado por el desarrollo y el producido por el propio entrenamiento.

El problema se complica si se tiene en cuenta que, durante el desarrollo y en cada etapa hay contenidos de entrenamiento más susceptibles de ser más entrenados y otros que lo son menos. Luego, pasado un tiempo y, ya en otras etapas, esto puede haber cambiado y aspectos que antes eran menos entrenables pasan a serlo más mientras que los anteriores se muestran más refractarios a la asimilación de cargas.

4.2.8. La transición de lo general a lo específico.

El cuerpo humano está preparado para ser entrenado a cualquier edad, aunque lo haga con diferentes objetivos (Nadori, 1987). En ocasiones, el temor del entrenador a "pasarse" puede situarle en situación de excesiva precaución, lo que le induzca a asignar tareas que no superen el umbral de excitación y no produzcan efectos positivos en el entrenamiento. De esta forma se imposibilita el aprovechamiento de las potencialidades de sus deportistas a largo plazo, expresando una conducta de extrema cautela a la hora de solicitar los esfuerzos apropiados (Hornillos y Lera 2007).

En este sentido, ya se ha tratado que la precipitación en alcanzar el rendimiento deportivo en algunas especialidades y durante las etapas de desarrollo, conlleva la imposibilidad de alcanzar el máximo rendimiento y alcanzar las reservas de adaptación potenciales.

Una buena formación deportiva implica un proceso gradual, programado y progresivo del niño en el deporte que deberá ser el desarrollo multilateral sobre la que se desarrolle la futura especialización (entrenamiento dirigido).

Figura 4. 16.- El entrenamiento en niños se puede comparar a una construcción. Mientras uno "construye hacia arriba" (sin apenas cimientos) obtiene un rendimiento prematuro pero escaso. El que pasa varios años construyendo una amplia base, "construyendo hacia abajo", a largo plazo, alcanza el máximo rendimiento potencial.

En el deporte y el entrenamiento sucede algo similar. Para ello se exponen dos ejemplos:

- Un chico busca rápidamente el rendimiento. Para ello deberá entrenar contenidos que están reservados al adulto.
- Otro joven deportista se pasa varios años trabajando base y desarrollando capacidades que le permitirán, a largo plazo, tolerar y asimilar cargas altamente exigentes.

En los dos ejemplos, el deportista que entrena más especifico en edades tempranas alcanzará una *"especialización precoz"* que dura muy pocos años y acorta su vida deportiva. Por el contrario, aquel que entrena con vistas a largo plazo, con objetivos de alcanzar esa base amplia, logrará prolongar su vida deportiva, alcanzará el más alto rendimiento a largo plazo y será capaz de tolerar y asimilar las altas cargas que son las que le llevarán al alto rendimiento.

Esa especialización precoz debe ser evitada si no queremos acortar la vida deportiva o convertir al talento en un deportista que destaca en los primeros años, en un atleta mediocre. Esa especialización prematura conlleva una serie de conflictos, todos ellos en la línea de acortar la vida deportiva e impedir que el joven alcance su máximo rendimiento potencial. En este sentido, refiriéndose a la especialización precoz, Hann (1988) expone un conjunto de riesgos que hacen referencia al peligro del sobreentrenamiento y que afectan a diferentes sistemas:

- *Al sistema metabólico.* A través de desequilibrios hormonales, disminución del peso corporal, trastornos menstruales en las niñas, etc.
- *Al sistema inmunológico.* Con reducción de las defensas del organismo frente a las infecciones, o enfermedades de otro tipo.
- *Al sistema locomotor.* Con posibles trasformaciones consistentes en micro traumatismos repetidos que pueden causar lesiones óseas (fracturas por estrés, Osgood-Schlater, etc.).
- *Al sistema cardiovascular.* Con disminución de la cantidad de hemoglobina, hipertrofias cardiacas, etc.
- *Al nivel psicológico.* En el sentido que una excesiva solicitación del psiquismo infantil hacia el resultado, lo que influye negativamente en su personalidad.
- *Al nivel sociológico.* El entrenamiento puede resultar ser anti educativo y anti social, premiando en el niño su afirmación sobre los demás o penalizándole ante los fracasos.

En la figura 4.17 se exponen algunas de las diferencias existentes entre el entrenamiento multilateral y básico ajustado al momento evolutivo, con objetivos básicos y la especialización precoz.

Resumiendo, en los primeros años el entrenamiento debe realizarse de una manera general tratado de un fortalecimiento global y con atención especial hacia las partes débiles que son las que van a poner límites al aumento progresivo de las cargas, al tiempo que creamos una amplia base que permita soportar las futuras cargas de trabajo específico.

La especialización temprana en deportistas está poco investigada a día de hoy. De todas formas, hay que tener muy en cuenta el desarrollo del deportista a la hora de comenzar a planteársela. Hay autores que recomiendan no trabajar en estas condiciones antes de la pubertad (Tschieine, 1988). No obstante, también hay otros que hablan del entrenamiento orientado o del entrenamiento dirigido ya en edades muy tempranas.

ENTRENAMIENTO MULTILATERAL	ESPECIALIZACIÓN TEMPRANA
Mejora del rendimiento más lenta.	Mejora del rendimiento.
Mejor rendimiento a partir de los 18 años, edad de madurez psicológica y fisiológica.	Mejor rendimiento alcanzado a los 15-16 años, debido a adaptaciones rápidas.
Consistencia en el rendimiento en competición.	Insistencia en el rendimiento en competiciones.
Vida deportiva más larga.	A la edad de 18 años muchos deportistas se estancan y abandonan.
Pocas lesiones.	Propensión a lesiones debido a una adaptación forzada.

Figura 4. 17.- Algunas diferencias entre el entrenamiento multilateral y la especialización precoz según (Hornillos y Lera, 2007). Modificado.

El entrenamiento puede asemejarse a una construcción. Una chabola se construye en pocos días y se puede habitar muy pronto al precisar apenas de cimientos. No obstante, sobre esos cimientos no se puede construir un edificio mayor porque se derrumbaría. Para construir un rascacielos es preciso construir unos cimientos muy profundos que sean capaces de soportar la carga que supone un gran número de pisos (figura 4.16).

En este sentido, entendemos que deben existir importantes influencias en esos criterios dependiendo de la especialidad deportiva ya que los deportes en los que prevalecen los elementos coordinativos (gimnasia artística, gimnasia rítmica, algunos deportes colectivos, etc.) deberían especializarse con anterioridad ya que el sistema nervioso madura coincidiendo con la pubertad y, a partir de esta edad, resulta más dificultoso mejorar ciertas habilidades. En cambio, para otras modalidades, donde prevalecen cualidades condicionales, la especialización debería postergarse hasta pasada la pubertad ya que hay capacidades que aún no se han manifestado anteriormente o, en el mejor de los casos, lo han hecho en muy pequeña proporción.

Sea como sea, debe existir una transición desde lo general hacia lo específico. En este sentido, Navarro, (2006) habla de un *"entrenamiento multilateral orientado"* como previo a la especialización.

La especialización debe ser gradual e irse aplicando de manera justa y creciente, debiendo atenerse, en todo momento, al ritmo individual, al estado de desarrollo del deportista y a su grado de entrenamiento.

LA ESPECIALIZACIÓN GRADUAL.

La entrada en la especialización debe ser gradual. Ésta, además de un nivel específico para un deporte determinado, encarna el aprovechamiento de las potencialidades de la adaptación, teniendo muy presente que, durante las etapas aquí tratadas, se presentan momentos del desarrollo particularmente favorables para su estimulación.

Los incrementos de la carga no pueden relacionarse simplemente con un aumento de la cantidad de entrenamiento, sino con un aumento de su calidad y un costo eficiente de trabajo físico (Martin et al, 2004). Esto significa que las variables habituales de la carga (volumen, potencia, densidad, etc.), se van incrementando en pos de la calidad del entrenamiento. En este sentido, con vistas al continuo aumento de esa calidad, deberíamos considerar una serie de puntos:

- El continuo incremento del grado de dificultad de las coordinaciones y de los aprendizajes requeridos.
- La aplicación de la mayor concentración posible.
- El mejoramiento continuo de la coordinación intra e inter muscular para el aumento de la velocidad en las expresiones de fuerza, con escasa resistencia externa. Aquí se contempla el entrenamiento en todos los niveles de preparación (orgánica, muscular, técnica, táctica, competitiva, psicológica, etc.) que tienen una finalidad común: el aumento de la capacidad de velocidad del deportista y su más eficiente utilización competitiva (Verkoshanski, 2002),

En la actualidad, por motivos profesionales y por mejores planteamientos, las carreras deportivas tienen tendencia a prolongarse. No obstante, no es preciso retrasar la especialización en comparación a lo que se hacía hace unas décadas ya que la especialización debe iniciarse en su momento justo. Cuando se comienza a plantearla se pone acento sobre la búsqueda del rendimiento, teniendo en cuenta que existe un orden secuencial y unos fines prioritarios en cuatro niveles sucesivos (figura 4.18):

NIVEL DE INICIACIÓN DEPORTIVA.

Los niños no son especialistas, ya que la edad infantil tiene una función de preparación para la vida futura y ésta carece de especificidad, por lo que utiliza formas variadas de movimiento y juego, ateniéndose unas características:

- Se trata de un proceso formativo, pedagógico y pre deportivo, mediante el que se efectúa una extensa enseñanza de las habilidades motrices, evitando los estereotipos propios de una sola modalidad deportiva.

- Tiene por objeto mejorar las habilidades básicas de movimiento, logrando una formación motriz de base (Molnar, 1994). Si el entrenamiento de alto nivel se caracteriza por una sucesión alternada de cargas de diferente potencia, podemos afirmar que las actividades de los niños deben caracterizarse únicamente por el conjunto de gestos que la determinan. Las habilidades del propio deporte pueden permitir una iniciación que respete el principio de multilateralidad. Como consecuencia de estas afirmaciones, se recomienda, aún siguiendo el principio de la multilateralidad, insistir en la adquisición de las habilidades propias del deporte o especialidad deportiva.
- Debe estar unido a un proyecto pedagógico y social, buscando el desarrollo integral de los chicos, ubicando al deporte como medio para potencializar los valores educativos (ya tratados anteriormente).
- No supone la incorporación al rendimiento deportivo.
- Incide en la formación educativa - deportiva, convirtiéndola en un instrumento propicio para el desarrollo y complementación de la Educación Física extra escolar. De ahí la importancia de ser impartido por personas cualificadas. Aquí el participante en la escuela es inducido a la práctica por un interés familiar, social o voluntario. Las edades más indicadas, dependiendo de los deportes, oscilarán entre los 6 y los 12 años.

NIVEL DE ORIENTACIÓN DEPORTIVA.

- Se propone una transición hacia un grupo de especialidades afines.
- Marca el encuentro de los participantes en la escuela hacia una preparación física inicial, técnica y táctica, de acuerdo sus aptitudes e intereses.
- Se consolida la fundamentación técnica del deporte. Se establecen las modalidades y especialidades que el joven desarrollaría con mayor propiedad, conciencia y autonomía. Las edades de los participantes, dependen de los deportes, pero pueden coincidir hacia el final de la pubertad, momento en se están manifestando ciertas capacidades y cualidades o ya lo han hecho definitivamente. Aquí ya se puede comenzar a intuir hacia aquello que estará más dotado el deportista.
- El objetivo especifico es el derivar hacia la preparación que servirá de soporte para unas disciplinas concretas que requieran capacidades afines, garantizando, la adquisición de los fundamentos que les permitan acceder a niveles superiores de rendimiento.

NIVEL DE ESPECIALIZACIÓN DEPORTIVA.

- En esta fase, ya se conoce la especialidad para la que está más dotado el chico y se comienza a entrenar decididamente hacia el rendimiento.
- La edad ideal para comenzar la especialización puede variar, dependiendo de la especialidad. Concretamente cuando se trata de especialidades con predominancia de cualidades físicas, debería ser no antes de los 16-17 años para los chicos y 14-15 años para las chicas (siempre teniendo en cuenta las características de su edad biológica).
- En este nivel, ya se podría considerar al joven como un "deportista en miniatura" de modo que el esquema de entrenamiento ya puede mantener misma organización, dirección y contenidos del adulto, pero siempre cuidando la proporción en la magnitud de las cargas, así como sus tiempos de recuperación.
- La reproductibilidad es una de las bases sobre la que se sustenta la especialización. En los entrenamientos se busca copiar las circunstancias que se dan en competición.
- Aquí comienzan a cobrar importancia las competiciones de cierto nivel. Por ello, la preparación va dirigida en una gran parte a alcanzar el rendimiento en esos momentos.
- Como consecuencia de todo lo anterior, la programación y la periodización comienzan a cubrir un rol importante.

NIVEL DE PERFECCIONAMIENTO DEPORTIVO.

- Supone la llegada al alto rendimiento.
- El entrenamiento se dirige hacia una gran exigencia con alta magnitud de las cargas.
- El objetivo principal es el de alcanzar el máximo rendimiento en una especialidad concreta, incidiendo sobremanera en las capacidades que implican el máximo rendimiento en esa especialidad, pero sin perder (manteniendo) las adquiridas en etapas anteriores.
- La competición de alto nivel cobra un lugar prioritario y todo el trabajo se dirige hacia ésta.
- En especialidades donde predominan las cualidades condicionales la edad de comienzo de estas directrices deberá ser a partir (aproximadamente) de los 18-19 años en chicos y de 16-17 en chicas.
- La programación, así como el control exhaustivo del entrenamiento son determinantes para que el deportista alcance su máximo rendimiento en el momento deseado.

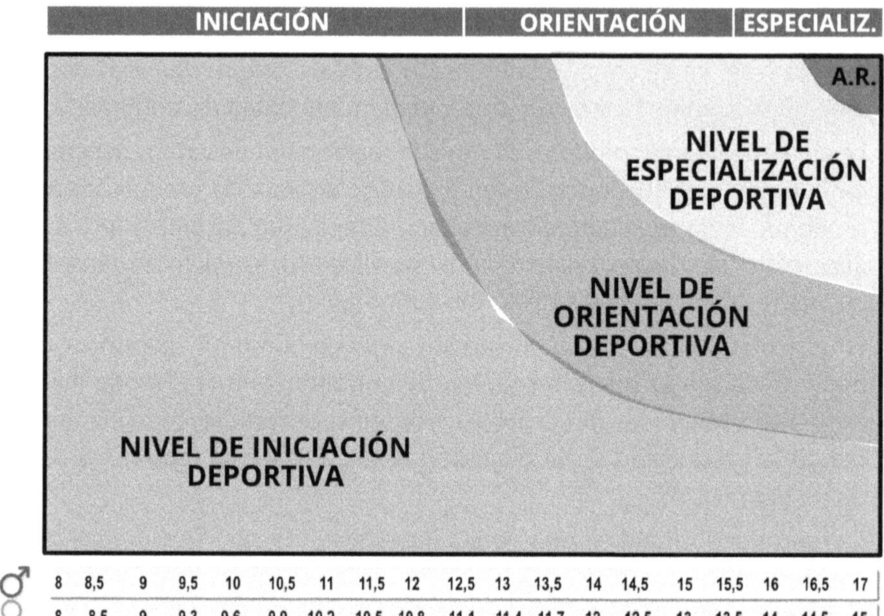

Figura 4. 18.- Fases aproximadas de la especialización progresiva. En las edades de formación prevalecen actividades de nivel de iniciación deportiva. A medida que avanza el desarrollo y se va alcanzando la madurez, va siendo sustituido por niveles de orientación deportiva para ir pasando a la especialización deportiva hasta llegar al alto rendimiento que prácticamente se quedaría en el límite de edades correspondientes a las que abarca este libro.

Como ejemplo sobre los cuatro niveles, ponemos el de un corredor especialista en 800 m. (figura 4.19). Se trata de un ejemplo en el que se puede ver el itinerario a largo plazo. En esta figura aparecen los siguientes niveles:

- *Nivel de iniciación*. En donde el chico practica y entrena, sobre todo habilidades y compite en el mayor número de especialidades atléticas.
- *Nivel de orientación*. Durante la pubertad, se van manifestando una serie de capacidades por lo que ya se le puede dirigir hacia las especialidades de resistencia, manteniendo lo adquirido anteriormente.
- *Nivel de especialización*. Pasada la adolescencia, ya se considera un "adulto en versión reducida" donde vale el mismo esquema que el de atletas más maduros, aunque con reducción de las cargas. Aquí ya entrenaría como mediofondista, compitiendo específicamente en especialidades de medio fondo.
- *Nivel de perfeccionamiento o alta especialización*. Por último, ya al final de la categoría junior y entrando en la categoría sub 23 ya

se le considera un especialista en 800 m. donde debe llegar a su máximo rendimiento.

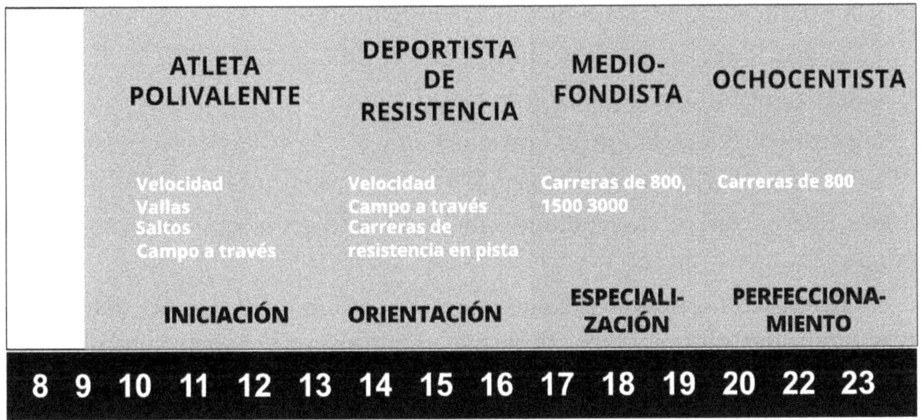

Figura 4. 19.- Un ejemplo de representación de 4 niveles para un especialista futuro de 800 metros lisos.

4.2.9. La recuperación y la regeneración.

Un entrenamiento eficaz, no debe conformarse con la continuidad o la progresión de las cargas. Éstas, por sí solas, no son suficientes para conseguir efectos óptimos. Una vez que aparece la fase de agotamiento en cualquier tarea, es necesario interrumpir o atenuar el ejercicio para permitir que se produzca un restablecimiento de los sistemas y la consiguiente súper compensación.

En todo entrenamiento existen dos parámetros esenciales: la carga o estímulo y la pausa o recuperación. Como hemos visto, la carga produce desajuste de los sistemas y seguidamente es precisa la recuperación como compensación a ese desajuste, para permitir la súper compensación.

Como puede suponerse, esa recuperación requiere su tiempo de reposo o bajada importante de la carga para que se produzcan todos los efectos deseados.

No podemos obviar la mayoría de los fenómenos de reconstrucción plástica se dan durante este proceso. Durante el ejercicio, se rompen fibras musculares mientras que durante el tiempo de recuperación se sanean y se agrega más material estructural para fortalecer aquellas zonas que más fueron demandadas.

La recuperación, por consiguiente, puede considerarse como un proceso, mediante el cual, el organismo, que ha sido sometido a una situación de estrés provocado por el ejercicio, tiende a volver al estado de equilibrio en el que se encontraba previamente. Ésta cubre una serie de papeles en el proceso restablecimiento:

- Normalización de las funciones del organismo.
- Rellenado de las reservas energéticas, disminuidas durante la actividad.
- Recuperación del equilibrio homeostático.
- Reconstrucción de estructuras plásticas.

El transcurso tiene dos fases que cobran similar importancia y con funciones diferenciadas, dependiendo del momento en el que se están produciendo.

Durante la sesión se producen descansos o pausas que pueden ser activas (con ejercicios livianos) o pasivas (parados) que tienen como función permitir la repetición de esfuerzos. Aquí se pueden distinguir los siguientes tipos de recuperación (figura 4.19):

- *Micro pausas*. Son los periodos cortos que es establecen entre repeticiones.
- *Macro pausas*. Periodos más prolongados que se introducen entre series (grupos).
- *Vuelta a la calma*. Tienen lugar en la parte final de la sesión de entrenamiento. Suelen ser activas (mediante ejercicios de muy poca exigencia). Entre otros, tiene como objetivo el de movilizar el torrente sanguíneo para favorecer la evacuación los productos de desecho motivados por el ejercicio.

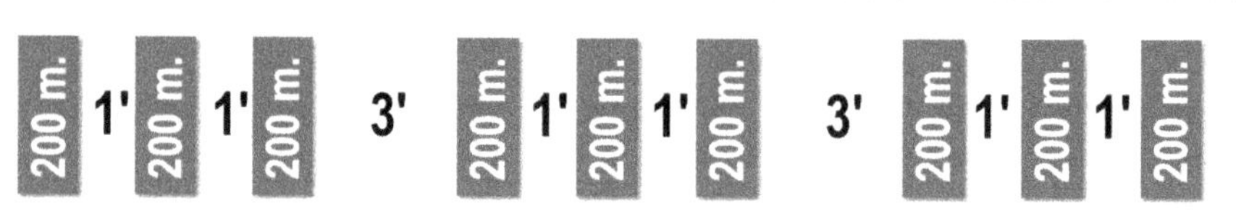

Figura 4. 20.- Ejemplo de una tarea compuesta por tres series de tres repeticiones de 200 m con micro pausas de 1 minuto y macro pausas de 3 minutos.

Después de la sesión. Aquí se hace referencia a apartados que ya han sido expuestos en el principio de protección y potenciación de la salud entre los que figuran especialmente el descanso, el sueño, la nutrición, la hidratación y la higiene personal. Todo ello, permitirá que el deportista se encuentre en condiciones de asumir cargas en las sesiones siguientes.

4.2.10. La accesibilidad.

El niño se desarrolla a través de la actividad física. Ese desarrollo es generado por las exigencias de un rendimiento proporcionado y de la conducta que sólo podrán satisfacerse con su propio esfuerzo.

Al joven deportista deben planteársele objetivos acordes con sus posibilidades de respuesta, pero con exigencias de esfuerzo, aunque siempre de acuerdo a sus posibilidades en cada momento. Esto significa que los retos que se le planteen deben ser asequibles a través de sus propias posibilidades.

Si los objetivos que se le plantean son excesivamente fáciles de lograr, el niño puede perder motivación. Pero si esos retos, aún con un gran esfuerzo y sacrificio, el chico puede considerarlos inasequibles, también derivará en la desmotivación. Consecuentemente, deben evitarse tanto las bajas exigencias como las sobre exigencias.

Los requerimientos de trabajo que pueda encarar positivamente, mientras intenta dominarlos, deberá movilizar la mayor parte de sus potenciales de rendimiento (físicos, psíquicos e intelectuales).

Cuando el chico supera los retos con su esfuerzo, se produce un grado de satisfacción que contribuye a la continuidad en la práctica deportiva y la posibilidad de ir introduciendo nuevos desafíos más exigentes.

En síntesis, las tareas propuestas han de ser alcanzables para el niño en todos los planos (condicional, coordinativo, técnico, etc.) y han de poderse llevar a cabo mediante propuestas simples que le hagan conscientes de la accesibilidad, al tiempo que les suponga cierto esfuerzo (figura 4.21).

Figura 4. 21.- Para que el niño siga motivado, los retos deben ser asequibles, pero con la aportación de su esfuerzo personal. Al superarlos, aumenta su motivación, lo que da la posibilidad de plantearle nuevos desafíos.

4.2.11.La adaptación a los niveles evolutivos.

Ante la diferencia en los ritmos individuales en el desarrollo y la maduración biológica, el entrenamiento no debería plantearse exclusivamente desde el punto de vista cronológico.

Resulta imposible considerar que la mejora de las cualidades condicionales o coordinativas pueda tener la misma eficacia en todas las edades, teniendo en cuenta que ninguna cualidad es entrenable en la misma medida, a lo largo de todo el proceso evolutivo.

LAS FASES SENSIBLES Y SU APROVECHAMIENTO.

Se sabe que el organismo es receptivo a influencias del medio durante períodos muy breves y limitados con precisión en el tiempo. Antes y después de ese período, el organismo es menos sensible a esas cargas y no reacciona de manera tan positiva. Por lo tanto, si en un momento determinado del desarrollo no inciden ciertos estímulos, se puede originar un déficit que podría llegar a ser irreversible.

Por otra parte, si el medio incide prematuramente en alguno de los sistemas, las estructuras aún no se encuentran suficientemente receptivas y no pueden crearse por efecto del entrenamiento pero, si el ambiente plantea sus exigencias demasiado tarde, dichas estructuras pueden haber degenerado y tampoco se producirían los efectos deseados.

En el desarrollo de un deportista existen ciertos periodos, durante los que el organismo está más receptivo, produciendo mayores efectos ante cierto tipo de cargas. No obstante, esto conlleva ritmos distintos según se trata de diferentes cualidades (velocidad, fuerza, resistencia, flexibilidad o técnica). Esos momentos favorables para el reforzamiento de factores determinantes del rendimiento deportivo, se conocen como *fases sensibles o críticas* y su conocimiento es de vital importancia para entrenar las capacidades de los niños y los jóvenes.

El desarrollo está determinado por factores genéticos y ambientales, que tienen expresiones cuantitativas y cualitativas. Conlleva cambios mecánicos y dinámicos y suponen en el niño, en el curso del tiempo, una serie de transformaciones (biomecánicas, fisiológicas, psicológicas, socioculturales, etc.). De acuerdo a estos cambios, deporte y entrenamiento deben respetar estos periodos. En este sentido, hay que tener en cuenta la evolución, por lo que objetivos, actividades, contenidos, medios y métodos, deben ajustarse al estado de desarrollo puntual. Igualmente, deben responder a las necesidades e intereses, y reconocer sus características y posibilidades reales.

Por otra parte, se sabe que resulta más fácil influir sobre funciones y capacidades que están en proceso de maduración que sobre aquellas que ya lo han hecho y más aún que sobre aquellas que aún no han comenzado a manifestarse o madurar.

Aquí juegan un papel determinante las fases sensibles. Si se aprovechan esos momentos, cada una de las capacidades darán un salto cualitativo y cuantitativo. En cambio, si se dejan pasar, se habrán perdido posibilidades de mejora que no volverán a presentarse.

La teoría de las fases sensibles de los componentes del rendimiento infantil fue propuesta por R. Winter y D. Martin a principios de la década de los 80. (Vargas, 2004). Esta teoría plantea problemas importantes en la programación de la actividad motriz y su estudio debe considerarse un intento de contribución a un posterior mejoramiento de la eficacia y la calidad del entrenamiento en estas edades.

Sobre esta base se intenta esbozar una línea de orientación pedagógica y metodológica, sobre un conocimiento más exacto del desarrollo de las distintas variables biológicas, fisiológicas y antropométricas del chico.

Las fases sensibles han sido definidas por diferentes autores de las que se exponen algunas de las que hemos considerado interesantes para delimitar el concepto.

- "Periodos delimitados del desarrollo, durante los cuales los seres humanos reaccionan de modo más intenso que en otros periodos ante determinados estímulos externos, dando lugar a los correspondientes efectos." (R. Winter).
- "Fases donde hay una sensibilidad particular hacia determinado estímulo externo, de acuerdo con los períodos de ontogénesis individual" (D. Martin).
- "Períodos de la vida en los cuales se adquieren muy rápidamente modelos específicos de comportamiento, vinculados con el ambiente, en los cuales se evidencia una elevada sensibilidad del organismo hacia determinadas experiencias." (J. Baur).
- "La ley del tren perdido" (Mölnar).
- "Etapas de mayor entrenabilidad, es decir, de mejor adaptación para las capacidades de condición física y coordinación" (Weineck).

En función de las circunstancias que produce la Naturaleza en diferentes momentos, el entrenador debería estar muy atento para detectar cuándo el joven deportista se encuentra en una fase sensible y, en consecuencia, qué tipo de estímulos son los más adecuados para provocar esas adaptaciones acentuadas (figura 4.22). No obstante, deberá tener presente que la utilización de los métodos de entrenamiento que servirán para explotar los principios de las fases sensibles, deberán contar con la individualidad y el proceso de desarrollo, lo que obliga a ser muy prudentes sobre la concepción de estas fases desde el punto de vista cronológico.

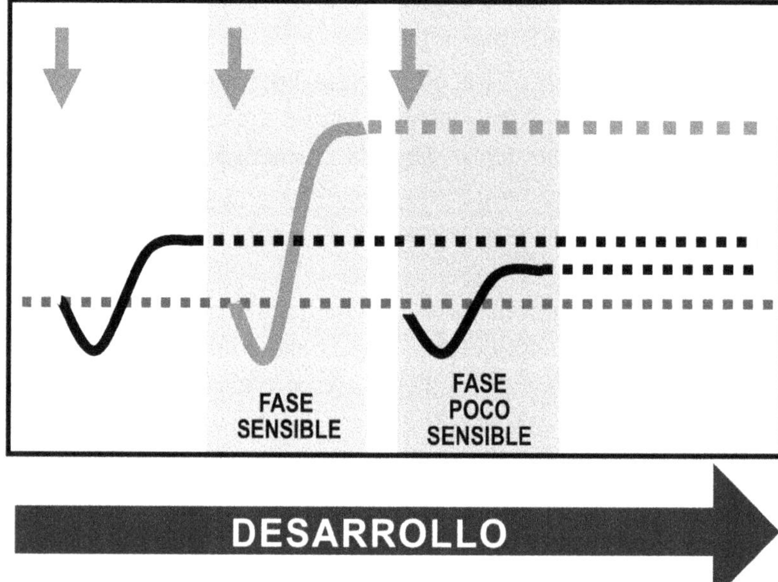

Figura 4. 22.- Diferentes adaptaciones ante un mismo estímulo aplicados en diferentes momentos del desarrollo de un deportista. En la fase sensible, el mismo estímulo produce mayor adaptación.

Aunque en capítulos siguientes se tratan los momentos óptimos para incidir con estímulos dirigidos a ciertas capacidades y cualidades, en la figura 4.23 se muestra una aproximación sobre los más idóneos para incidir con mayor énfasis algunas de las cualidades. Estas directrices deben tomarse como orientaciones generales ya que no sólo debe considerarse la edad cronológica, sino sobre todo la edad biológica, así como también otros elementos como los socioambientales.

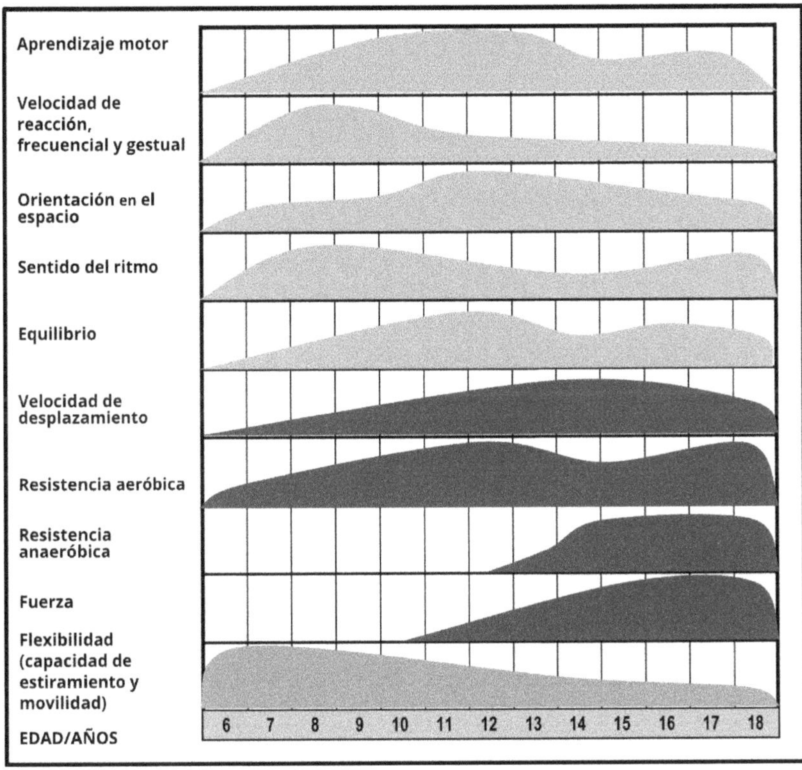

Figura 4. 23.- Orientaciones aproximadas sobre momentos óptimos en los chicos, en los que resulta más efectiva la incidencia en entrenamiento sobre diferentes capacidades y cualidades. Adaptado de Martin (1982) en Hann, (1988). Hay que tener presente que, en las chicas, los tiempos se van anticipando has 2 años o más a partir de la pubertad.

TAMBIÉN EXISTEN FASES POCO SENSIBLES.

La noción de período sensible significa que le organismo es receptivo a ciertas características del medio durante períodos muy breves y limitados con precisión en el tiempo. Antes y después de ese período, el organismo es menos sensible a esos hechos y no reacciona ante ellos o lo hace de manera muy atenuada.

Hay autores que hablan de la "Ley del tren perdido" (Mölnar 2005), para referirse a que el tiempo no aprovechado en un período sensible de una capacidad motriz, no siempre se recupera y que "perdido el tren" no podemos tomarnos el siguiente, esperando el mismo efecto adaptativo. En este caso podríamos catalogar esos momentos en los que se ha perdido el tren como *fases poco sensibles* (ver figura 4.22).

Figura 4. 24.- La teoría del "tren perdido". Éste pasa una vez y el entrenador deberá estar muy atento para subir a su joven deportista (momento de fase sensible). De lo contrario, ese tren no volverá a pasar, quedándose con las fases poco sensibles e impidiéndole alcanzar altas adaptaciones.

NO TODAS LAS MEJORAS SON EFECTOS DEL ENTRENAMIENTO

Existe el riesgo de caer en la idea simplista sobre todas las mejoras en las capacidades de los niños son fruto de una buena programación y aplicación de las cargas de entrenamiento. Puede haber entrenadores que piensen que esas mejoras se deben exclusivamente a "su buen hacer". Esta idea debe ponerse en su término justo desde el momento en que, aún sin entrenar, el chico va a ir mejorando sus cualidades y capacidades solamente por el hecho de que se está desarrollando, por lo que es muy aventurado responsabilizar solo al entrenamiento sobre los saltos en la progresión en el rendimiento. Dada esa dificultad, es difícil o ¿imposible? saber qué porcentaje de mejoras le corresponde al propio desarrollo y cuál al entrenamiento, por lo que deberíamos ser cautos a la hora de hacer afirmaciones al respecto.

En este sentido, es lógico pensar que, en las primeras etapas, se le puede asignar mayor porcentaje de las mejoras al desarrollo y a medida que éste va llegando a su fin, será el entrenamiento el que cobrará mayor protagonismo (figura 4.25). De todo lo anterior se deduce la importancia que cobra la aproximación al conocimiento del momento de desarrollo biológico del chico (Navarro, 2003).

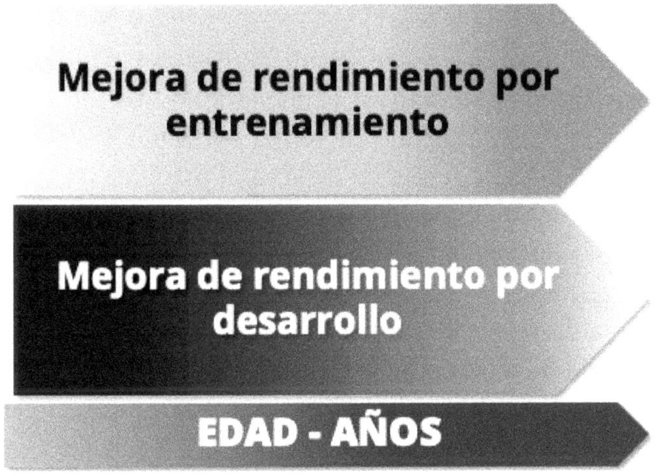

Figura 4. 25.- Influencia teórica del desarrollo y del entrenamiento en función de la edad. A medida que avanza ésta, el mayor porcentaje de mejora de las capacidades va cediendo protagonismo al porcentaje correspondiente al entrenamiento. El oscurecimiento de las flechas indica los momentos de mayor incidencia.

LA ANSIEDAD Y LA PRESIÓN ANTE EL ENTRENAMIENTO.

Otro de los aspectos a tener en cuenta, es el de la ansiedad que puede provocar el entrenamiento. En este sentido, con la intención de que el entrenador conozca las situaciones que la provocan y las pueda gestionar adecuadamente para mitigarlas podemos citar las siguientes:

- Cuando existe un entrenamiento monótono o pesado. Ante sobrecargas excesivas, con presión desproporcionada y con actividades poco motivantes.
- Cuando no se logran los resultados pretendidos.
- Cuando se produce un cambio de entrenador y se tiene que abrir un nuevo proceso de adaptación bilateral con la incertidumbre correspondiente.
- Cuando el ambiente no es el adecuado (exceso de frío o de calor, lluvia, terrenos irregulares o peligrosos, etc.).
- Ante una mala relación del chico con el entrenador u otros miembros del grupo de entrenamiento.
- Cuando los objetivos no son realistas y el niño detecta que por mucho esfuerzo que realice, no va a lograrlos (tema ya tratado anteriormente).
- Cuando se enfatiza excesivamente en el entrenamiento, no dejando tiempo para otras actividades.
- Ante ritmos de progresión mal planteados.

4.2.12.La integración.

Está basado en el desarrollo simultáneo de todas las capacidades de forma progresiva pero equilibrada. Las dimensiones, físicas, las cognitivas y afectivas deben irse consolidando de forma equitativa y sin desequilibrios. Solamente de esta manera se puede llegar a la madurez en las condiciones idóneas para alcanzar objetivos de alto rendimiento deportivo.

El concepto de *integración* del entrenamiento viene apoyado en los principios de la multilateralidad y de la unidad funcional (ya tratados). Cuando se habla de desarrollar una capacidad en edades evolutivas es muy difícil desarrollarla de forma aislada por diferentes razones.

- Por la mayor facilidad que tiene el niño para asimilar ciertos tipos de cargas en una gran parte de sus sistemas.
- Por la menor disponibilidad de tiempo para entrenar que tiene el niño (2-3 días por semana). Por ello, habrá que entrenar en varias direcciones en cada sesión si se quiere estimular todos los sistemas.
- Por su mayor reserva de adaptación puntual o potencial.

LA RESERVA DE ADAPTACIÓN.

El éxito en deporte de alto rendimiento no solamente es consecuencia del entrenamiento que se realiza en un momento de terminado. Se debe en una gran proporción al entrenamiento realizado desde mucho tiempo atrás. Este entrenamiento origina efectos diferentes dependiendo de las posibilidades potenciales que tiene el deportista. Los hay que tienen un margen para mejorar superior a otros y éste, en una parte importante, es de origen genético por lo que vienen heredadas desde generaciones atrás y en este sentido, es preciso tratar el tema de la reserva de adaptación.

Se entiende como *reserva de adaptación*, la posibilidad de mejora potencial que tiene el deportista a partir de su estado actual.

El niño tiene una gran reserva de adaptación en muchos de sus sistemas si la comparamos con la de un adulto (figura 4.26). Por este motivo todo tipo de trabajos va a incidir de una manera diversificada y afectará a la mayoría e sus sistemas que, al estar menos entrenados, necesitarán menos estímulo que el que necesita el adulto para producir mejoras.

Sobre la reserva de adaptación se pueden distinguir dos tipos:

- *Reserva de adaptación actual.* Se refiere a la posibilidad de mejora en un momento determinado. Por ejemplo, hasta dónde se puede mejorar con una sesión de entrenamiento.

– *Reserva de adaptación total*. Resulta el margen de mejora potencial o la diferencia existente entre la situación del momento y la máxima a la que podrá llegar el deportista a lo largo de toda su vida, presuponiendo que todo el proceso de entrenamiento esté correctamente planteado.

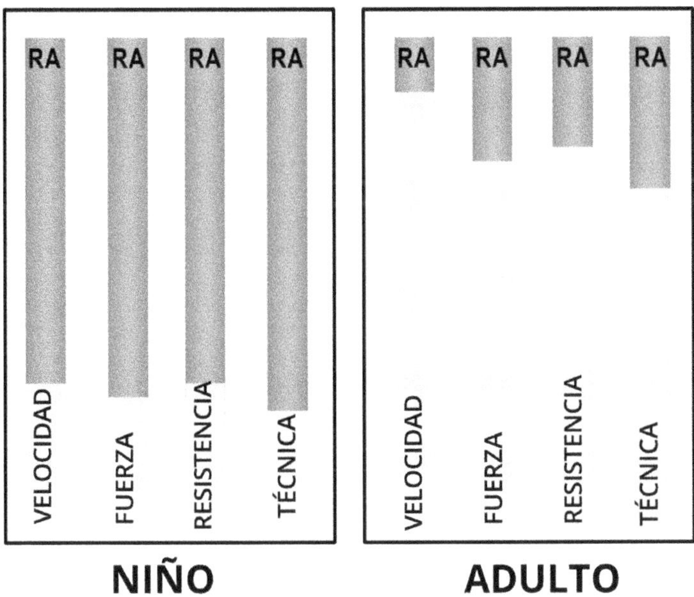

Figura 4. 26.- Los niños tienen mucha más reserva de adaptación total para las cualidades condicionales que la que disponen los adultos entrenados. RA.- Reserva de adaptación.

Como consecuencia a este planteamiento y como aclaración, aunque en este libro se habla de forma estanca de la evolución y desarrollo de las cualidades, lo hacemos con el fin de su mejor comprensión por parte del lector ya que *lo más apropiado sería hablar de mayor o menor grado incidencia en función del sistema al que se dirijan los estímulos de manera preferente*.

La reserva de adaptación también es individual y determina la reserva de entrenamiento.

La reserva de adaptación tiene un componente de individualidad que tiene un gran componente genético. Es frecuente comprobar cómo deportistas de un mismo nivel de cualificación inicial, a lo largo de los años se van diferenciando en su rendimiento. Esto significa que algunos tienen mas reservas de adaptación que los otros. Ésta también determina, en una parte, la asimilación a lo largo de otro fenómeno que podemos denominar como *reserva de entrenamiento*.

La reserva de entrenamiento. Supone la cantidad potencial de trabajo que podrá tolerar el chico, a lo largo de su vida, y que se ve influenciada por una serie de circunstancias:

- Del entrenamiento con objetivos básicos realizados durante sus etapas de desarrollo.
- De su reserva de adaptación total.
- De su actitud hacia el esfuerzo y tolerancia al trabajo.

En la figura 4.27 se expone la idea de diferencias individuales de la reserva de entrenamiento. Al tener mayor reserva el deportista (B), a largo plazo logrará mejores resultados que el deportista (A).

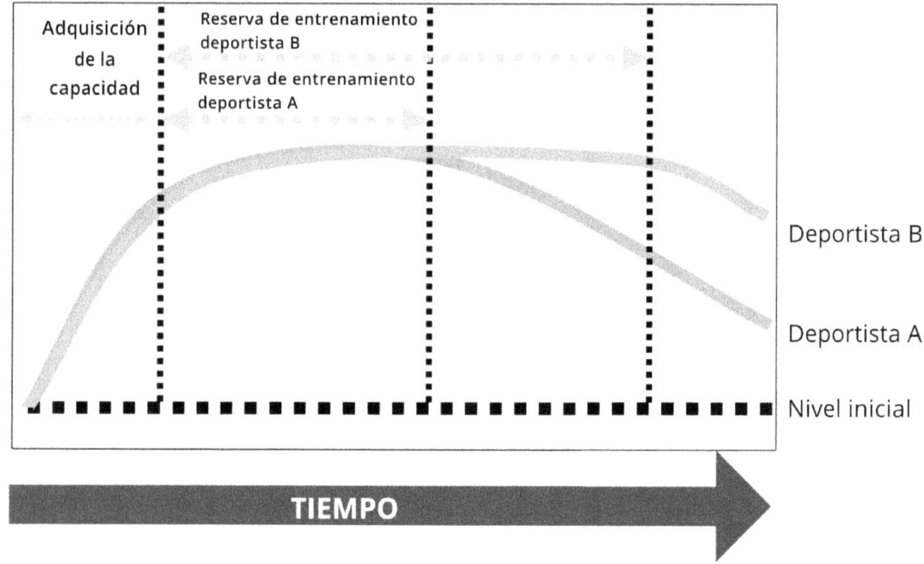

Figura 4. 27.- La reserva de adaptación también es individual e influye positivamente en la reserva de entrenamiento.

4.2.13. La reversibilidad y la memoria en las adaptaciones.

Cuando se interrumpe el entrenamiento, se produce una recesión de los efectos adaptativos que se han ido obteniendo a lo largo de un tiempo. Esto sugiere que dichos efectos son reversibles, al menos en una parte.

En líneas generales, sabemos que todo parámetro fisiológico, que se gana lentamente y en un lapso prolongado, se mantiene con mas facilidad y se pierde con mas lentitud que las aptitudes ganadas con rapidez y en un tiempo menor.

Las huellas o adaptaciones que dejan los diferentes entrenamientos, tienen mayor o menor duración, según el sistema objetivo principal, hacia el que vayan dirigidas las cargas.

Las adaptaciones inmediatas (agudas) son las que primero se pierden. Por el contrario, son las producidas a largo plazo (crónicas) las que se pierden con mayor dificultad y son más duraderas.

Así como los ritmos de obtención de adaptación son distintos, igualmente sucede con las pérdidas. Las adaptaciones más permanentes en el tiempo son las referidas al sistema neuromuscular, es decir las coordinaciones, equilibrios, etc. Un niño aprende a andar en bicicleta a los 8 años y si no vuelve a subirse hasta los 50, seguirá siendo capaz de utilizar dicho vehículo.

Tal como podemos apreciar en la figura 4.28, las menos duraderas son las referidas a los procesos metabólicos de obtención de energía, los que deben ser reclamados frecuentemente para que no se produzcan descensos apreciables en poco tiempo. Esto ya debería hacernos reflexionar sobre aquello que es prioritario en cada momento y qué contenidos deberían postergarse en el tiempo para ser entrenados.

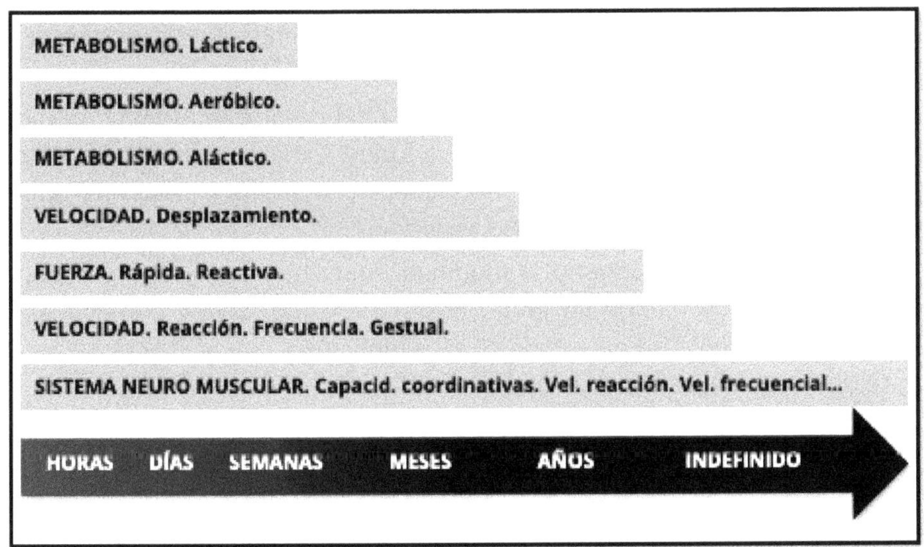

Figura 4. 28.- Estimación aproximada sobre la permanencia en el tiempo de algunas adaptaciones tras la interrupción del entrenamiento.

En lo que se refiere a las cualidades o capacidades condicionales, la de resistencia de fuerza y resistencia son las más rápidas en perderse, mientras que las capacidades de fuerza máxima y de fuerza explosiva son más duraderas (Navarro 1993).

4.2.14.La individualidad.

El ser humano es algo más que la suma de sus partes. Cada persona es única e irrepetible, bien sea en lo que respecta a sus características morfológicas, fisiológicas o psicológicas. En este sentido, caeríamos en un error si esperásemos reacciones similares entre dos individuos que realizan un mismo trabajo.

Las respuestas de los deportistas pueden sufrir considerables variaciones, lo que sugiere que no se trataría simplemente de repetir o de copiar trabajos. Cada chico es un mundo, lo que implica que el entrenamiento que se diseñe debe ser para éste y no necesariamente para otro y que las actividades deben adaptarse para adecuarlas a sus propias características.

Por supuesto que lo anterior no quiere decir que, en las etapas aquí estudiadas, no hay que programar tareas en grupo, tal y como ya hemos tratado anteriormente. Trabajar en grupo es prioritario en estas edades. Lo que se pretende es que, a medida que avanzan los niveles que llevan hacia la especialización el entrenamiento debe llevar igualmente una trayectoria gradual hacia las tareas adaptadas a la individualidad (figura 4.29).

En este sentido y, llegado un momento del desarrollo, no hay un plan o programa de entrenamiento adaptable a todos. Cada programa debe adaptarse a las costumbres, los gustos, necesidades, aptitudes y metas de quien los usa a fin de obtener los máximos beneficios.

A partir de un momento determinado que puede ser ya en la etapa infantil, aunque se trabaje en grupo prioritariamente, deben contemplarse programas diferenciados para cada uno los individuos con la idea de reforzar las partes más débiles antes de mejorar las fuertes.

INDIVIDUALIZACIÓN

ACTIVIDADES GRUPALES

CARRERA DEPORTIVA

Figura 4. 29.- En los primeros años de una carrera deportiva es importante que prevalezcan las actividades grupales. A medida que el deportista avanza en su desarrollo, se debe incidir más en la individualización.

Todo nos lleva a la necesidad de un conocimiento exhaustivo del deportista en todas sus dimensiones (humana, física, fisiológica, conocimiento de su entorno, etc.) y esto acarrea la necesidad de una continuidad en el tiempo del binomio entrenador-deportista. Esto significa que, cuanto más joven es el deportista, más impacto negativo pueden provocar los cambios de entrenador.

Existen muchos casos de chicos que, desde muy jóvenes cambian de entrenador, bien aleccionados por sus padres o bien por iniciativa propia. Esto, en numerosas ocasiones deriva hacia el fracaso. Por muy cualificado que esté el entrenador, precisará de un tiempo para conocer a su deportista y esto no se soluciona a muy corto plazo, por lo que, el primer año, es posible que aplique un entrenamiento estándar. Será, pasado un tiempo y tras haber comprobado las reacciones y respuestas a las diferentes cargas de entrenamiento, cuando se encuentre en disposición de aplicar cargas individualizadas y que realmente beneficien el proyecto.

Lo prioritario será comprobar cómo responde el joven a los estímulos de entrenamiento, si soporta la carga física sin esfuerzo excesivo o si el cuerpo pierde lentamente su capacidad para adaptarse y, en consecuencia, el trabajo deberá irse priorizando hacia la individualización. En este sentido, el seguir, a rajatabla, cualquier programa escrito es una imprudencia ya que el entrenamiento deberá ser *"cortado a medida"*.

Cuando, en otro capítulo, hemos hablado del talento deportivo, una de sus características principales tratadas ha sido la de su entrenabilidad y que no todos los niños están igualmente dotados de esta capacidad.

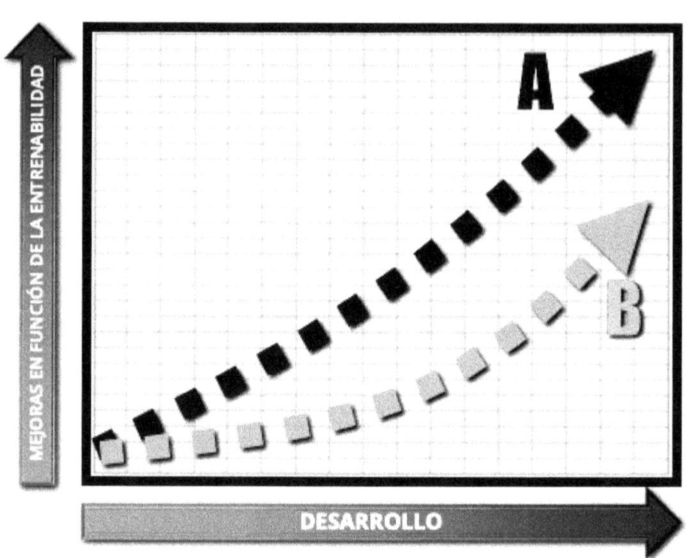

Figura 4. 30.- Diferencias de mejora de las capacidades entre dos chicos que realizan la misma actividad física, en función de su entrenabilidad. A.- Deportista con mayor entrenabilidad; B.- Deportista con menor entrenabilidad.

Resulta sencillo comprobar en un grupo de chicos, aunque sean un tanto homogéneos en desarrollo, que encontramos algunos que, con idénticas cargas, manifiestan unas progresiones mayores que otros (figura 4,30). Esto es debido a esa capacidad de entrenamiento o entrenabilidad. Ésta se podría hacer coincidir, en parte, con el concepto de capacidad de esfuerzo físico (CEF) que Fröhner (2003) define como "la aptitud del organismo para tolerar esfuerzos sin sufrir trastornos de la salud", lo que conlleva el efecto de súper compensación y mejora de alguna o varias cualidades

Esta capacidad de entrenabilidad o capacidad de esfuerzo físico (CEF) puede resultar distinta en función de las respuestas adaptativas.

- *Entrenabilidad general*. Que afecta de una manera global a todo el organismo o a la mayor parte de él.
- *Entrenabilidad específica*. Cuando la respuesta es más concreta, con manifestaciones de adaptación más centradas en algunos sistemas y que produce efectos de rendimiento mayores en alguna especialidad concreta.

La entrenabilidad, depende, a su vez de distintos factores:

- De la actitud o disposición anímica del deportista.

- De la sensación de bienestar que manifieste el chico, pese a la exigencia de las cargas.
- De la capacidad de asimilar dichas cargas, y del tipo de respuestas anatómicas, funcionales y psicológicas.
- De la capacidad de recuperación ante los esfuerzos. Hay chicos que se recuperan en menos tiempo que otros, lo que les permite asimilar antes y mejor los esfuerzos subsiguientes.
- De la capacidad de respuesta de los órganos más débiles al ser los que ponen el límite por muy capacitados que se encuentren los demás.

En la figura 4.31 se puede apreciar la diferencia en la trayectoria adaptativa entre dos chicos con diferente factor de entrenabilidad. Observamos que, tras comenzar ambos con una carga externa similar, el más dotado, se recupera antes y produce adaptaciones mayores. Esto significa que la progresión de las cargas puede y debe ser superior a la del menos dotado, con un factor de entrenabilidad menor.

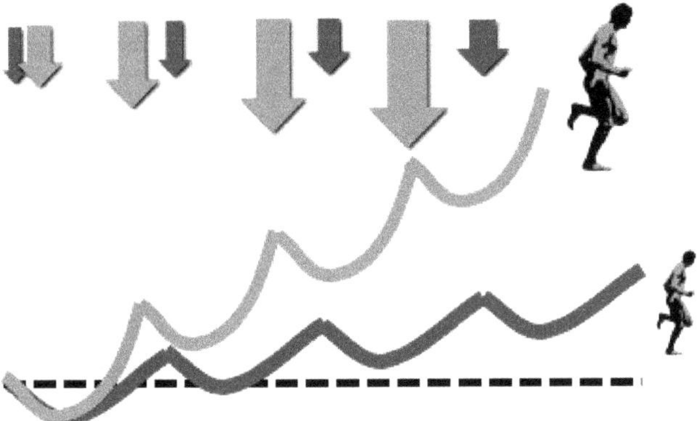

Figura 4. 31.- Diferencia entre las trayectorias adaptativas entre dos chicos con diferente factor de entrenabilidad. El chico con mayor factor, necesita una progresión superior en la magnitud de las cargas.

Todo ello, nos sugiere que, aunque exista un programa preestablecido, éste deberá ser lo suficientemente flexible para adaptarlo a cada deportista, debiendo atender a una serie de características (Gª-Verdugo y Leibar, 1997):

- *Factores hereditarios*. Estatura, el biotipo, el tamaño del corazón, etc.
- *Grado de maduración*. Atletas que ya han madurado, responden mejor al esfuerzo y toleran cargas más altas que aquellos que están en proceso de desarrollo. Pero también es cierto que mientras están

en proceso de maduración, producirán mayores adaptaciones (fases sensibles).

- *Alimentación*. Chicos que no están bien alimentados, tienen mayores dificultades de adaptación y recuperación que otros que tienen la posibilidad de restituir mejor las pérdidas producidas por el entrenamiento.
- *Actividad diaria*. Aquellos que solamente se dedican a entrenar y a descansar, están más posibilitados para asimilar cargas más altas que aquellos que estudian o trabajan y tienen el día más ocupado. En este apartado hay que contemplar también las horas de descanso y sueño que son vitales para permitir y acelerar los procesos adaptativos y regenerativos. Conviene resaltar las dificultades aumentadas que puede tener un niño que se pasa 6 horas en el colegio, luego tiene que realizar las tareas que le encargaron (deberes), tiene que desplazarse y tiene que entrenar... Todo ello suma un gasto de energía cotidiano que debe ser tenido en cuenta (figura 4.32).

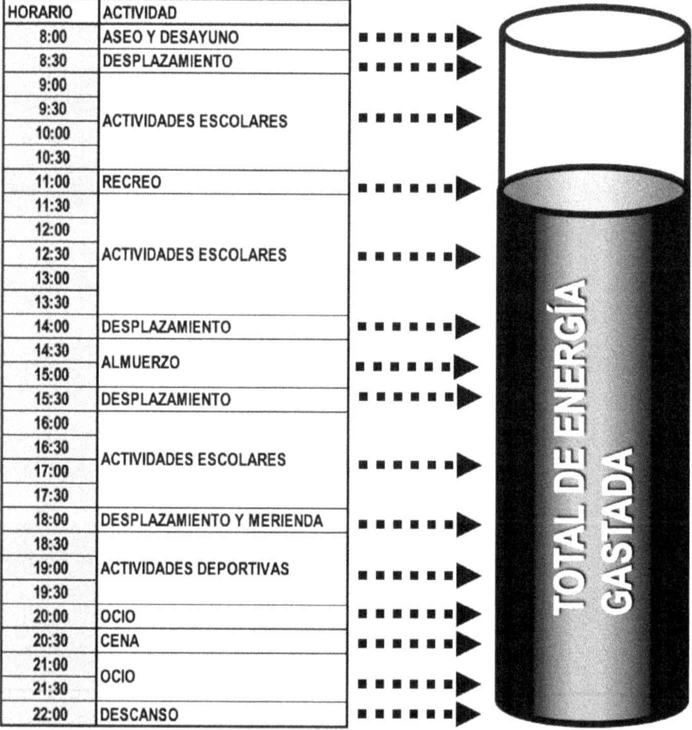

HORARIO	ACTIVIDAD
8:00	ASEO Y DESAYUNO
8:30	DESPLAZAMIENTO
9:00	ACTIVIDADES ESCOLARES
9:30	
10:00	
10:30	
11:00	RECREO
11:30	ACTIVIDADES ESCOLARES
12:00	
12:30	
13:00	
13:30	
14:00	DESPLAZAMIENTO
14:30	ALMUERZO
15:00	
15:30	DESPLAZAMIENTO
16:00	ACTIVIDADES ESCOLARES
16:30	
17:00	
17:30	
18:00	DESPLAZAMIENTO Y MERIENDA
18:30	ACTIVIDADES DEPORTIVAS
19:00	
19:30	
20:00	OCIO
20:30	CENA
21:00	OCIO
21:30	
22:00	DESCANSO

Figura 4. 32.- El entrenador debe ser consciente de que, a lo largo de toda la jornada, el niño tiene que gastar un total de energía y que para el entrenamiento solamente dispone de una cantidad que debe optimizar.

- *La capacidad de entrenamiento.* Resulta una característica fundamental ya que hay deportistas que obtienen grandes adaptaciones en los entrenamientos. Pero existen otros que, pese tener una gran clase, son más frágiles y tienen mayores dificultades para poder realizar los volúmenes de trabajo con la exigencia que requiere el deporte de competición. A la larga y a pesar de la menor clase de los primeros, suelen llegar más lejos por la posibilidad de acumulación de trabajo.
- *Capacidad competitiva.* Fundamentalmente se debe a cuestiones psicológicas. Llevado a extremos podemos decir que existe "el deportista de entrenamiento" y "el deportista de competición". Lo ideal es ambos perfiles puedan coincidir en el mismo individuo, es decir, el que rinde en ambas situaciones.
- *Motivación en general.* La motivación es la que hace que el sacrificio que puede suponer el entrenamiento se mitigue. Esto permite realizar más cantidad de trabajo o soportar cargas más altas.
- *Estado de salud.* El entrenamiento debe estar sustentado sobre una salud sólida (ver principio de potenciación de la salud). Desde el momento en que esta desciende, nos veremos obligados a bajar la exigencia del entrenamiento puesto que no se haría asimilable.
- *Edad.* Los atletas adultos responden ante cargas similares de forma distinta que los jóvenes y que los niños, por lo que hay que tener claros los efectos que puede producir una carga en función de la edad y momento de desarrollo.
- *Sexo.* Dadas las características diferenciales entre el hombre y la mujer, hay que tener presente que existen diferencias de adaptación con las que hay que contar. No obstante, a nivel de entrenamiento apenas existen diferencias siempre que se tenga presente que para ciertas especialidades, el tiempo invertido por la mujer es superior y por lo tanto a nivel energético y sobre todo de las vías metabólicas implicadas pueden existir algunas diferencias que se deberán trasladar al entrenamiento. Por ejemplo, si se trata de una especialidad atlética de 10.000 m, las chicas tardan en completarla aproximadamente 3 a 4 minutos más que los chicos. Esto debe ser tenido en cuenta porque la duración de la competición determinará el planteamiento del entrenamiento.

4.2.15.La transferencia.

Siempre que se realiza un ejercicio, si se encuentre entre los límites del umbral de excitación y el límite de la tolerancia, se producen unos efectos de adaptación que afectan a diferentes sistemas o habilidades. De todas formas, este fenómeno, se pueden producir de formas distintas.

Al elegir los ejercicios, hay que tener presente si van a alcanzar los objetivos y si lo hacen hasta el punto de producir mejoras. A esa influencia que pueden tener los ejercicios con el objetivo de entrenamiento, se conoce como transferencia.

La transferencia en deporte se entiende como "*un efecto de transmisión de una acción a otra*" (Pérez, 2002). Ésta puede venir referida tanto a las habilidades como a las cualidades condicionales. En este sentido, cobra gran importancia la proximidad en el tiempo entre los ejercicios con objetivos distintos.

Con respecto a las habilidades, el aprendizaje de ciertos gestos se ve facilitado o perjudicado a través de la adquisición de otros y si nos referimos a las cualidades condicionales, la adquisición de ciertas adaptaciones también puede influir en otras.

La transferencia, en función de si los efectos de un ejercicio hacia otro pueden ser de tres tipos: positiva, negativa o neutra.

Transferencia positiva.

Se dice que un ejercicio produce transferencia positiva hacia otro cuando la mejora del primero origina la mejora de otro. Habrá una mejora o influencia positiva siempre y cuando la actividad que se realice tenga una relación con los gestos de la especialidad. Así, se habla de transferencia positiva cuando todos los ejercicios y cargas específicas de un deporte (técnicas) han de corresponder a las particularidades (sobre todo, las características de adaptación) biomecánica, morfológicas y funcionales.

Como ejemplo de transferencia positiva correspondiente a habilidades, la mejora del ritmo de aproximación hará mejorar el salto de altura. Con respecto a las cualidades condicionales, un trabajo de fuerza rápida, como pueden ser los multisaltos, harán mejorar la velocidad.

Transferencia neutra.

Se entiende que un ejercicio tiene transferencia neutra cuando su mejora no hace variar ni para bien ni para mal al otro. Cuando se trata de habilidades, suele suceder en el caso de que existen grandes diferencias en el gesto. Por ejemplo, un lanzamiento de jabalina no debería repercutir ni positiva ni negativamente con un salto de longitud. Con respecto a las cualidades condicionales, es más complicado discernir ya que existen problemas tales como los de gasto de energía o implicación de diferentes tipos de fibras que hacen que las transferencias siempre tengan influencias de unos ejercicios a otros, por lo que es más dificultoso que exista esa neutralidad.

Transferencia negativa.

Existe transferencia negativa cuando la mejora de un factor empeora la del otro. Si nos centramos en el desarrollo de habilidad, es frecuente que aparezca ante gestos similares, aunque no idénticos. Por ejemplo, el lanzamiento de pelota de baseball puede provocar transferencias negativas con el lanzamiento de jabalina. El gesto es muy parecido pero la articulación del codo se mueve un poco diferente. En este caso, el resultado puede no ser tan efectivo y puede acabar produciendo lesiones. Si hablamos de las cualidades condicionales, podemos poner un ejemplo: existe transferencia negativa entre un trabajo de fuerza máxima y otro de potencia aeróbica máxima, cuando se realizan con cierta proximidad (González Badillo, 2007). En este caso, habrá que distanciar en el tiempo ambos tipos de cargas hasta que se hayan producido las súper compensaciones correspondientes.

Conviene recalcar que las transferencias en los niños, sobre todo, las neutras y negativas tienen menor incidencia ya todas las cualidades están totalmente permeables a la adquisición de habilidades y de capacidades, al contrario que los adultos entrenados con quienes habría que ser mucho más selectivo a la hora de aproximar diferentes cargas de entrenamiento.

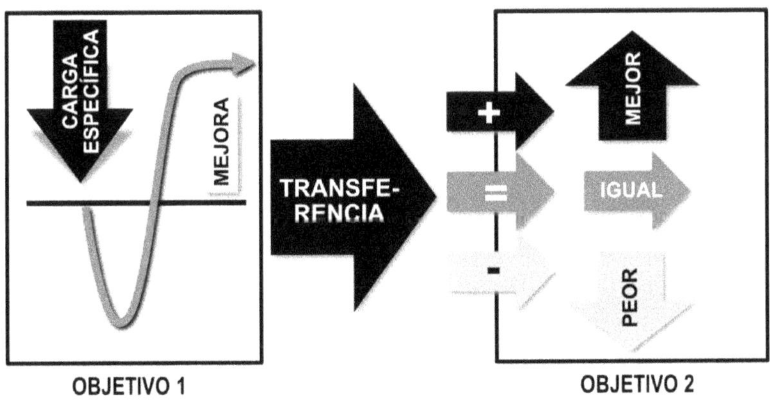

Figura 4. 33.- Ante la mejora por súper compensación de una habilidad o cualidad condicional se pueden producir tres tipos de transferencia hacia otra: Positiva (+), neutra (=) o negativa (--).

4.2.16. La preparación progresiva para la competición.

En la actualidad existe una la dicotomía acerca de si la competición es o no aconsejable en las edades aquí tratadas y sobre si se puede sumar en la formación deportiva. En teoría, la respuesta de la mayoría suele ser afirmativa. El problema aparece en la práctica, donde se suele caer en la contradicción.

Existe la corriente académica y pedagógica que siempre encuentra razonamientos para ponerla en cuestión y, por otra parte, están los entrenadores con la idea de que la búsqueda exclusiva de resultados en los jóvenes no es más que una consecuencia de su proceso formativo, con lo que ven justificada esa tendencia.

Sobre el efecto de la competición en los niños no existen suficientes estudios que permitan llegar a conclusiones (Marques, 2014). Lo que si va quedando más claro en los estudios existentes es la idea de que los resultados en edades jóvenes, no predicen resultados en la edad adulta.

En la actualidad, el niño compite cada vez más, lo que implica que la competición viene formando parte del proceso del entrenamiento. No obstante, estas competiciones no deben presentarse como prioridad y deben proponerse de forma proporcionada. Si se procede de esta forma, las competiciones pueden resultar muy positivas desde el momento que rompen la monotonía del entrenamiento e incentivan la motivación de los chicos.

En la Sociedad actual, existen tendencias en las que se ensalza el éxito fácil y sin esfuerzo (Guillén, 2002). Esta disposición se extrapola a la competición (más cuanto mayor es el nivel). En este sentido, también repercute en la competición de los niños, lo que lleva implícito un excesivo énfasis en los resultados.

El "resultadismo" ha sido incentivado por los medios, consciente o inconscientemente, a padres, entrenadores, técnicos y a los propios niños, lo que ha derivado en que las competiciones en edades en proceso de formación lleguen a ser un tanto estresantes y desproporcionadas. Esos planteamientos sobre la competición infantil pueden llevar en muchos casos al abandono ante lo mal que lo pasan los niños.

De acuerdo con lo anterior, la sociedad actual ha venido tomando unos derroteros en los que se enfatizan fundamentalmente los resultados (ganar por encima de todo, ser el mejor, ser el primero, etc.) lo que también se refleja en la competición deportiva de alto nivel. Esto no sería un problema, de no ser la tendencia se ha trasladado a los niveles y categorías escolares.

Actualmente la práctica deportiva de los niños y jóvenes se viene caracterizando también por un excesivo énfasis en los resultados, cuando lo que deberá prevalecer es la preocupación por el proceso, centrándose más en el propio esfuerzo por la mejora y superación y la ilusión por participar.

Por lo general, la competición supone un bajo porcentaje de la actividad deportiva. Por el contrario, el entrenamiento es el que ocupa la mayor parte del tiempo. Estas diferencias aún son mayores a favor del entrenamiento, cuando se trata de deportes individuales (atletismo, natación, triatlón, etc.). De todas formas, en este pequeño porcentaje dentro del total del trabajo, la competición cobra gran importancia, dado que será el objetivo o meta hacia los que se dirige todo el proyecto del futuro deportista de alto rendimiento.

Pero existen muchos autores, a los que nos sumamos, que afirman que la competición no es mala y que los que la conciben como mala son quienes hacen mal uso en sus planteamientos. Entendemos que se trata de un evento sano y una excelente herramienta para inculcar muchos valores que luego son extrapolables a otros ámbitos en la vida.

La competición se encuentra presente en muy diversos ámbitos de la vida por lo que no es posible ni lógico obviarla. Para muchos autores el ser humano, como animal que es (racional, pero animal al fin y al cabo), desde que nace compite por ser mejor que alguien o que él mismo. Esta tendencia es innata y está arraigada en su propia naturaleza (Mölnar, 2002).

En los primeros años debemos ser conscientes de que el niño debe aprender jugando y disfrutar de lo que hace ya que éste vive el deporte, vive su evolución personal y se siente motivado para seguir adelante. *Por ello, un modelo de competición adecuado puede jugar un papel importante en su propio desarrollo.*

La competición es probablemente la manifestación deportiva más importante en los niños a partir de los 9 - 10 años. Por ello, tratar de evitarla podría ir en contra de su propia naturaleza. El problema entonces, no gravita en eliminarla sino en darle el cauce adecuado, aprovechando los valores formativos y educativos que puede aportar. Para esto es preciso hacerse planteamientos en los que estén presentes ciertas características que diferencian notablemente la competición del propio entrenamiento.

Diferencias entre la competición y el entrenamiento.

Existen diferencias sustanciales que sugieren tratamientos distintos según se trata del entrenamiento y la competición. Según Añó (1997) la competición reúne una serie de características que la diferencian de las situaciones que se producen en el entrenamiento:

- Se da en una situación de estrés que no debería existir en los entrenamientos durante las etapas de formación.
- Existe la figura del adversario que tampoco existe en el entrenamiento. Al menos no debería existir, aunque en ciertos deportes, como pueden ser los deportes colectivos, el hecho de tener que disputarse un puesto puede contemplar esta figura también durante el entrenamiento si no se presentan las actividades de forma correcta. En edad adulta, esto se acrecentará ya que los propios compañeros pueden llegar a ser verdaderos adversarios en el entrenamiento.
- Se pretende que durante la competición el comportamiento del joven sea lo más estable posible. Al respecto, el autor antes citado añade que también se intenta que el adversario entre en estado de desestabilidad. Entendemos que aunque el hecho de buscar esa desestabilización del adversario, pudiera resultar determinante del éxito en la edad adulta, cuando se trata de edades formativas, esto no debería ser un objetivo.
- El entrenador da instrucciones desde el exterior y generalmente cortas. No obstante, también somos de la idea de que el joven deportista debería ir teniendo su propia autonomía. No se puede obviar que, en muchas ocasiones y en algunas especialidades, el deportista tendrá que competir solo, lejos de su entrenador y deberá ser él mismo quien deba tomar sus propias decisiones. Por el contrario, en el entrenamiento es importante la presencia del entrenador ya que deberá estar dando instrucciones y correcciones frecuentemente.
- Existe una limitación temporal por lo que la toma de decisiones debe darse durante el tiempo que dura la competición. Por el contrario, en el entrenamiento no existe este límite y se pueden realizar todo tipo de repeticiones e interrupciones cuando se considere necesario.

La competición conlleva un grado de agresividad. Por ello, según de qué autores se trate, se pueden delimitar dos tendencias acerca de esa agresividad:

- Existen autores que defienden que la agresividad es innata y la competición puede canalizarla.
- Por el contrario, existe otra tendencia que sugiere que la agresividad es algo aprendido y que la competición contribuye a potenciarla.

En ese sentido, nos inclinamos por la primera tendencia ya que se puede comprobar que el niño, desde sus primeros años, muestra ciertos grados de agresividad y sobre todo que, a partir de alrededor de los 9 años tiende a medirse consigo mismo y con los demás.

En la figura 4.34 presentamos una propuesta conjunta acerca la importancia del entrenamiento y la competición, en función de la edad.

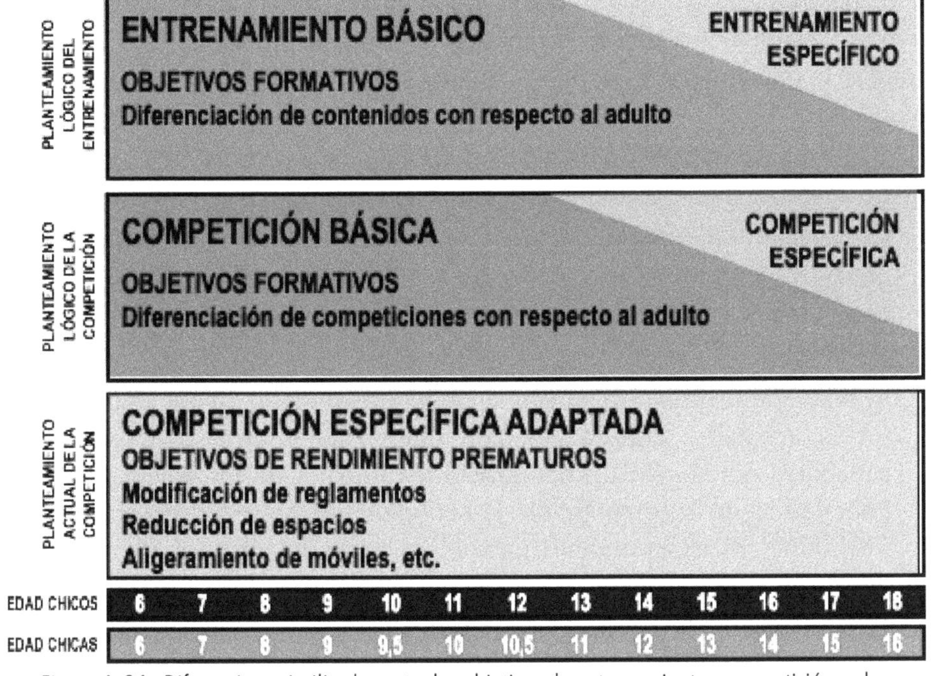

Figura 4. 34.- Diferencias y similitudes entre los objetivos de entrenamiento y competición en las edades en proceso de desarrollo. En la actualidad, si bien existe cierta la tendencia de adecuar el entrenamiento, aún se está lejos de hacerlo con las competiciones.

La competición, *si está bien propuesta*, permite al joven adquirir una parte importante de los valores que se han citado en otro capítulo (solidaridad, respeto a las reglas, respeto a los compañeros y a los adversarios, autoconocimiento, etc.) y que son transferibles a la vida, contribuyendo a hacer mejores personas. A saber, por lo general no se hacen controles antidopaje en unas oposiciones ni se penaliza con la suficiente efectividad a quienes superan a otros en la vida laboral a base de "poner zancadillas" a compañeros. En cambio, en la competición deportiva se puede educar para evitar esos comportamientos tramposos. Ya que siempre habrá un árbitro, un comité de competición, etc., que penalice estas actitudes.

Cada nivel de competición a su debido tiempo.

Hoy día se está llevando la alta competición a edades cada vez más tempranas. Ya se han "inventado" la Olimpiada Juvenil donde chicos y chicas de 15 a 17 años ya se ven involucrados en campeonatos que deberían reservarse exclusivamente para los adultos. Estas competiciones conllevan sobre estímulos desfasados y la necesidad de una preparación desproporcionada para estas edades por el solo hecho de intentar realizar las marcas mínimas de participación. Tras haber competido en unos Juegos Olímpicos juveniles ¿qué se le puede ofrecer después a un chico que ya ha pasado por esas situaciones?

En este sentido, Vasalo (2001), propone que la competición va más allá de un suceso puntual ya que implica una serie de fases (figura 4.35):

- *La situación competitiva objetiva*. Hace referencia al desafío de propiamente dicho, implicando el elemento comparativo, bien sea del propio rendimiento, comparándolo con actuaciones anteriores o bien con otros individuos.
- *La situación competitiva subjetiva*. Se refiere al modo en que el deportista recibe, acepta y valora la situación anterior. El autor la relaciona con la capacidad percibida, la importancia y categoría de los adversarios y la importancia de la competición. El hecho de una correcta gestión de estas situaciones es determinante para el comportamiento del deportista al afrontar este reto.
- *La respuesta:* Es la manera con la que el deportista afronta la competición, tras haber evaluado las fases anteriores. De esta forma, decidirá si participar o no, repercutiendo esta respuesta en diferentes niveles (fisiológicos, psicológicos y de conducta).
- *Las consecuencias*. En función de cómo han resultado las tres fases anteriores, las consecuencias pueden ser positivas o negativas, pudiéndose relacionar con el éxito o el fracaso. Aquí el entorno del chico (entrenador, familia, profesores, amistades, club, medios de comunicación, etc.) suelen ejercer una gran influencia en su percepción y, según actúen, pueden convertirla, en un exagerado éxito o en un estrepitoso fracaso.

Figura 4. 35.- Fases de la competición en categorías escolares según Vasalo (2001). Modificado.

La propuesta de la competición.

Sobre cómo se le propone la competición a los niños y jóvenes, la figura del entrenador-formador debe jugar un rol determínate en su manera de actuar ya que un buen planteamiento de la percepción subjetiva y de las consecuencias, pueden ir educando al niño hacia la competición en niveles de exigencia progresivos.

Pongamos el ejemplo de dos tipos de propuestas opuestas;

- Plantear al chico la necesidad de ganar, inculcándole "animadversión" hacia sus oponentes, con consignas del tipo "a ese hay que ganarle como sea", puede originar el efecto contrario haciendo que derive en miedo, con los problemas de ansiedad que esto acarrea y que harán mermar el rendimiento del joven.
- Otra propuesta sería (tal y como hemos visto en otro capítulo) presentarle a los adversarios como compañeros necesarios para que mejore su propio rendimiento.

La competición debe supeditarse a la edad y la inteligencia del joven. Aquí aparecen divergencias entre esta afirmación y la realidad. En muchos casos, surgen las imposiciones de los estamentos organizativas que no adecuan las competiciones a estas circunstancias, convirtiéndolas en eventos de adultos con reglas similares y con la simple reducción de espacios, tiempo y aparataje.

La competición debe tener un momento para iniciarse que debería ser como mínimo a partir de los 9 años. Es casi imposible hacerle comprender el sentido de la competición a un niño de 7 años que apenas distingue los conceptos de esfuerzo o capacidad. Si se le plantea la competición a esa edad tan temprana puede caer en el reduccionismo de pensar que ganar es igual a esfuerzo y que perder es la consecuencia de no haberlo intentado. Más adelante, ya será consciente de que esa relación causa-efecto no es siempre así ya se puede ganar sin ese esfuerzo y se puede perder tras haber intentado ganar con todas sus fuerzas.

Por ello a partir de eso 9-10 años (siempre en el supuesto de coincidencia de la edad cronológica y la edad biológica) los niños comienzan a distinguir las diferentes causas que han provocado un resultado y están en condiciones de valorar su capacidad. En consecuencia, ya estarán más capacitados para competir de forma proporcionada.

Es a partir de aquí cuando puede acarrear un descubrimiento excitante o traumático. A partir de este momento la meta de competición deportiva va desarrollándose y el ganar y perder se convierten en los principales criterios para evaluar la propia habilidad y capacidad.

Esa percepción afecta de una forma clara la conducta y el grado de diversión del niño. En este sentido, para que el resultado de la competición y los comentarios del entrenador no se conviertan en los indicadores de la valía de los deportistas, es importante que éste último haga todo lo que esté de su mano por quitar importancia tanto al resultado como al criterio de éxito.

Volviendo al dilema de si la competición es aconsejable o no, deberá ser bien presentada por todos los estamentos ya que si se presenta como un evento para adultos (caso muy frecuente) puede resultar negativa para la educación integral. Si está bien estructurada para los niños es una forma natural de medirse con los demás y de comprobar sus propias posibilidades. Supone, por consiguiente, una excelente herramienta para el auto conocimiento, un estímulo para la propia superación y una motivación para entablar nuevas amistades.

"La competición en el ámbito escolar es el lugar donde enseñamos a nuestros jóvenes a tener capacidad de superación, pero con mucha atención a la tolerancia, al respeto y a la grandeza de las relaciones sociales, en una sociedad plural y cambiante que nos ha tocado vivir" (Pérez Turpin, 2009).

¿Están bien planteadas las competiciones en función de las categorías?

Hoy en día, los niveles de competición están divididos por categorías basadas en la edad cronológica, agrupando a veces a chicos y chicas hasta tres años o más. Esta circunstancia crea falsas expectativas ya que los resultados que se obtienen suelen marcar desigualdades entre los niños con desarrollo acelerado y los de desarrollo retardado, incluso, entre chicos y chicas con un similar desarrollo biológico, ya que, en ocasiones, el abanico de edades es excesivamente amplio (es lógico pensar que si existe una categoría en la que se engloban chicos de 12 a 14 años, los de 14 siempre tendrán ventajas sobre los de 12). En este sentido, existe una necesidad real que, aunque a priori pudiera resultar un tanto utópica, de agrupar las categorías en función del grado de desarrollo biológico, por todos los problemas que conllevan los desfases en el desarrollo.

La consecuencia de un planteamiento erróneo de las competiciones, condiciona el proceso de entrenamiento a largo plazo. Al respecto Hann (1988) afirma que, *"puesto que el entrenamiento tiene principalmente sentido si es para la competición, cuando se trata de los niños, dicho entrenamiento es muy difícil plantearlo de forma correcta mientras las federaciones no establezcan las competiciones adecuadas a la edad de los chicos"*.

El estrés y la ansiedad competitiva.

Uno de los principales riesgos que conlleva la competición en los jóvenes y que debe ser controlado se trata del estrés competitivo.

Aunque nuestra especialidad no es la psicología, creemos que se debe tratar este tema, aunque sea de una manera un tanto simple ya que viene íntimamente relacionado con la competición. Ésta suele generar una sensación de miedo en algunos chicos y es importante detectar las circunstancias que les conducen a esta situación.

Lo primero que deberíamos hacer es delimitar el concepto de estrés y de estrés competitivo. Posada y Ballesteros (2004) definen el término estrés como *"el desequilibrio sustancial entre la capacidad de demanda física y/o psicológica, y la capacidad de repuesta en situaciones de posible fracaso haciéndonos sentir cansados, agotados, agobiados etc."*

Viene siendo una respuesta automática del organismo a cualquier cambio ambiental que predispone para hacer frente a las posibles demandas que se originan como consecuencia de la nueva situación.

Como consecuencia, el organismo responde con una mayor activación (fisiológica y psicológica), pudiendo percibir mejor dicha situación, decidir más rápidamente cuál debe ser la nueva conducta a llevar a cabo y realizarla de la forma más eficaz y eficiente. No obstante, en otros casos, la consecuencia ante este nuevo escenario deriva en la inhibición de las funciones con la consiguiente disminución del rendimiento en cualquier actividad.

El estrés puede estar provocado por desencadenantes generales o propios de la actividad deportiva que aparecen antes, durante y/o después de la competición. También pueden estar originados por cuestiones situacionales de la práctica deportiva y/o características personales de los deportistas. En este sentido, sería interesante una reflexión en la que, quizás, no sea la competición en sí misma el origen del estrés sino cómo se presenta ésta a los niños.

Algunos efectos que puede producir el estrés en los niños.

- Disminuye la predisposición y la concentración en la tarea. Esto, a su vez, puede provocar bloqueo y agarrotamiento muscular.
- Puede producir sensaciones de miedo con efectos negativos para el rendimiento y falta de refuerzo en la obtención de aprendizajes al almacenarse en la memoria una situación insuperada (Hann, 1988).

En función de cómo lo gestione el chico, el estrés competitivo puede tener diferentes repercusiones:

- *Positiva*. Donde el joven interacciona con su estresor con la mente abierta y creativa, preparando cuerpo y mente para una función óptima.
- *Negativa*. Cuando el estresor resulta perjudicial o desagradable y lleva a un desequilibrio fisiológico o psicológico, pudiendo desembocar en una reducción del rendimiento. Éste, a su vez, puede tener diferentes manifestaciones entre las que destaca la ansiedad como un estado de estrés reducido en intensidad, duración y consecuencias. Estas situaciones pueden conllevar la tendencia a reaccionar de forma ansiosa, percibiéndolas como amenazas.

Los factores o circunstancias que predisponen al estrés en el plano deportivo pueden ser múltiples. Aquí se relacionan algunas situaciones significativas y que se deberían tratar de controlar:

- Variables negativas que rodean el contexto (competiciones, horas de entrenamiento, disciplina del mismo, etc.).
- Relación negativa con el entrenador.
- Excesiva importancia del deporte en la vida del deportista.
- Mala tolerancia en las relaciones sociales que se establecen en este ámbito, etc.
- El tipo de deporte. Por ejemplo, en ciertos deportes individuales, en los que el niño se encuentra solo y sin el apoyo colectivo. Cuando se pertenece a un grupo, la responsabilidad queda diluida entre sus miembros. Cuando el sujeto afronta por sí solo una situación determinada, la responsabilidad asumida se ve aumentada.
- Ampliando el punto anterior, el estrés puede aumentar en ciertas especialidades en las que el chico sabe que va a sufrir y pasar un mal

rato, tal cuales pueden ser algunas especialidades de resistencia o de combate.
- Situaciones en las que existe incertidumbre (resultado de la competición, etc.), o en otras desconocidas (desconocimiento del lugar de competición, de los adversarios, cambios de categoría, etc.).
- Situaciones que resultan apremiantes (por ejemplo, proximidad de una competición importante, necesidad de clasificarse, etc.).
- Escasez de información (nivel de cualificación de los adversarios, etc.).
- Exceso o sobrecarga de información (por ejemplo, información simultánea del entrenador, de los padres, de los compañeros, etc.).
- Falta de conductas para hacer frente y manejar la situación como pueden ser instrucciones previas muy estrictas que quitan iniciativa al deportista (por ejemplo en una carrera de medio fondo tener que seguir a un deportista concreto).
- Competiciones que se prioricen sobre el programa.
- Competiciones en situaciones que no son suficientemente dominadas.
- El no respetar los procesos evolutivos y/o de edades cronológicas o biológicas.
- Introducción de la competición a niños o niñas con adultos.
- Que se marquen objetivos imposibles.
- Que los objetivos beneficien a otras personas más que a los propios deportistas.
- Que se aceleren procesos debido a algunas presiones sociales, políticas, deportivas, etc.

El estrés, cuando es bien gestionado, permite un mayor aporte de energía ("*plus competitivo*") que marca diferencias en la propia competición entre quienes lo utilizan de forma positiva y aquellos a los que les produce el efecto inhibitorio.

La mayoría de los chicos no suelen mostrar estados de ansiedad ante la competición. No obstante, y dado que se trata de un componente de la personalidad, es importante detectar si la competición puede ejercer alguna influencia negativa. De ser así, podría hacerse más resistente y estable a lo largo de toda la vida. Este efecto parece tener mayor influencia en chicos con baja autoestima.

Por el contrario, cuando el perder o ganar está controlado, el chico percibe más diversión y experimenta menor grado de ansiedad (Gould, 2006).

Para un mejor enfoque de la competición de menores y con el fin de mejorar la gestión su ansiedad previa a la competición, el autor antes citado propone una serie de recomendaciones que debería tener presentes el entrenador, a las que hemos añadido algunas que, según nuestra propia experiencia, hemos considerado importantes:

- Debe ser consciente de las situaciones de estrés competitivo y del agotamiento que pueden provocar.
- Pese a que son minoría los chicos que se ven afectados por el estrés competitivo, es preciso hacer lo posible para identificar a aquellos que lo experimentan. Para ello, ha de saber que estos jóvenes reflejan, entre otros, los siguientes síntomas:
- Se encuentran presionados por el ambiente provocado por el entorno (padres, amistades, medios de comunicación, del propio entrenador, etc.).
- Tienen incertidumbre ante el reconocimiento social que le puede originar el resultado de la competición.
- Le dan excesiva importancia por parte del entorno hacia el éxito en la competición.
- Pueden estar siendo sometidos a excesivas cargas de entrenamiento.
- Pueden estar siendo sometidos a excesivas expectativas de rendimiento.
- Pueden estar sometidos a excesivas exigencias de tiempo y dedicación a la práctica deportiva.
- Puede tratarse de chicos perfeccionistas.

Por todo lo anterior, el entrenador debería plantearse una serie de circunstancias:

- Debe ser consciente de que el agotamiento y el abandono del chico puede ser producido por un prolongado proceso de estrés con efectos crónicos y no por elevados niveles de ansiedad puntuales.
- Debe prestar especial atención en las pruebas en las que inscribe a sus deportistas, procurando que aquéllas estén al alcance de sus posibilidades.
- Debe enseñar a los chicos a gestionar esos estados de estrés desde edades tempranas pero de forma progresiva, adecuándola a su estado de madurez.

- En el transcurso de las competiciones debe manifestar el sentimiento de equipo. Entrenador y otros deportistas deben alentar esta idea a sus compañeros en el momento de participar, incluso, cuando se trate de deportes o especialidades de carácter individual.
- Debe suministrar el correspondiente feedback después de la participación de sus deportistas, tratando de hacer las correcciones pertinentes de manera positiva, así como alabando aquello que se ha hecho bien. Para estas actitudes correctivas, es preferible que espere un tiempo que permita bajar la tensión post competitiva y no actuar de inmediato.

El planteamiento de la competición en las etapas aquí tratadas, entendemos que se deberían plantear de manera que se rebaje la importancia de los resultados, primando con recompensas, tanto internas como o externas sobre el esfuerzo y otros valores.

Dado que pueden aparecer rasgos diferentes, para una mejor comprensión del fenómeno del estrés competitivo, lo desglosamos en tres fases: antes, durante y después de la competición.

Algunas observaciones sobre el estrés antes de la competición.

Que el deporte produce niveles elevados de estrés está más que comprobado (Posadas y Ballesteros, 2004). Algunos niños se motivan con el estrés precompetitivo ya que sienten que la competición les da la oportunidad de demostrar sus habilidades y capacidades. Por el contrario, otros se sienten ansiosos e incómodos, llegando, incluso a sufrir alteraciones, tanto físicas como psicológicas (estreñimiento, diarrea, insomnio, alteraciones de la frecuencia cardiaca, gasto añadido de energía, etc.), pudiendo existir diferencias entre la incidencia que pueden producir unas especialidades u otras.

Sobre el estado de ansiedad que repercute en el tiempo previo a la competición, se ha detectado que, a medida que se acerca el momento del evento, aumenta la ansiedad de algunos individuos. Este fenómeno se produce en el plano deportivo o en diferentes ámbitos. El efecto es más acentuado en los niños, en los que se debería tratar de atenuar ya que les restará energía el día de la competición.

Dependiendo de diferentes tipos de deporte, múltiples estudios parecen indicar que los de características individuales generan más estrés que los deportes de equipo (Guillén, 2004). Como consecuencia, pueden resultar más motivantes el fútbol, el baloncesto, etc., que otras especialidades que pueden aumentar el estrés como son los deportes individuales. Esto se debe a circunstancias ya citadas tales como son la soledad, el sufrimiento y la fatiga. Con ello, nuestra recomendación sería que, en las primeras etapas, aún tratándose de deportes individuales, habría que alternar esas competiciones con otras colectivas, lo cual reforzaría la idea de evita la especialización temprana.

En el estrés, juega un papel importante, la autoestima del niño. Aquel que se siente más seguro de sus posibilidades, suele notar menos presión que aquel que se nota inseguro. Estamos de acuerdo en que, si dirigimos la actividad hacia perfeccionar una habilidad deportiva o hacia la superación personal con la mera participación, restando importancia de vencer a los demás, se alcanzan mejor las metas al percibir menor estrés antes de la competición.

Posadas y Ballesteros (2004), realizaron un estudio con un grupo de 21 niños nadadores (9 chicas y 12 varones), que competían a diferentes niveles de competición (en su propio club o externas contra otros clubes). A éstos se les sometió a un test en el que debían valorar una serie de preguntas en relación con la competición, entre las cuales seleccionaron aquellas que llegaban a una puntuación de 5 o superior, obteniendo los resultados que se exponen en la figura 4.36.

A	Me preocupa que pensarán mis padres	5,09
B	Me preocupa lesionarme o herirme	6,27
C	Me preocupa cometer errores	5,27
D	Me preocupa no nadar bien	5,00
E	Me preocupa mi estado físico antes de la competición	5,00
F	Me preocupo por no encontrarme bien	5,00
G	Me preocupa perder mi forma física	5,18
H	Me preocupa sentirme débil	5,45
I	Me preocupa tener mala suerte -estar gafado-	5,36

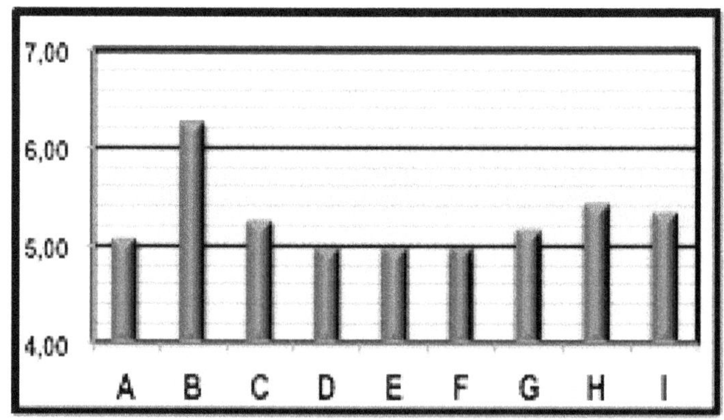

Figura 4. 36.- Aspectos que pueden aumentar el estrés precompetitivo en los chicos.
Fuente: Posadas y Ballesteros (2004).

A los ítems que figuran en la figura 4.36 cabría añadir algunos otros que consideramos que tienen influencia en el estrés precompetitivo:

- Incertidumbre sobre el resultado a alcanzar.
- Desconocimiento de la cualificación de los adversarios. Sería bueno dar cierta información a los chicos para que tuvieran una idea más clara sobre aquello a lo que se van a enfrentar. La información debería ser la justa ya que, de lo contrario, podría aumentar el estrés tanto si es por defecto como si es excesiva.
- La aproximación al momento de la competición. Basta observar el comportamiento de un chico, desde unas horas antes para ver su evolución a medida que se aproxima el momento de competir.

Algunas observaciones sobre el estrés durante la competición.

- Existen estudios que afirman que cuanto más importante es la competición, mayor es el estado de ansiedad que provoca en los deportistas. (Lowe y McGrath, 1971), (Feltz y Albrecht, 1986).
- Al igual que sucede en días previos, el estado de ansiedad durante el evento puede aumentar proporcionalmente en los niños. Ya hemos visto que una competición escolar puede conllevar, proporcionalmente, similar presión a un niño que la que le puede producir a un adulto una competición del máximo nivel. Esto, además, lleva el agravante de la falta de madurez del chico, por lo que puede aumentar su efecto estresante.
- En ciertos deportes, otros autores resaltan como determinantes durante el transcurso del torneo otra serie de circunstancias estresantes (lo crítico o complicado del juego, las situaciones particulares de un momento del juego, ciertas tareas específicas, una actividad que se está ejecutando, la función que está desempeñando, el esfuerzo y sufrimiento, etc.). Todos estos aspectos parecen incrementar los niveles de ansiedad de los deportistas.
- Cuando se trata de algunos deportes individuales, podríamos centrar el estrés en un elemento trascendental tal cual es la percepción de la fatiga. Es sabido que cuando el atleta se centra en sus propias sensaciones (percepción interna), percibe más la propia fatiga que cuando se centra en el exterior (actitud de los adversarios, circunstancias del medio, etc.). Esto debería orientar al entrenador hacia las consignas a dar al joven deportista, tratando de inculcarle que durante la competición, se centre más en lo que sucede a su alrededor que a sus propias sensaciones.

Algunas observaciones sobre el estrés tras la competición.

El resultado de una competición o cualquier otra actividad se convierte en un aspecto clave generador de ansiedad, siempre que los resultados sean negativos o no sean los apetecidos. En este sentido, encontramos que los resultados negativos dan lugar a una mayor ansiedad, en mayor forma cuando se trata de "perdedores " (Guillén, 2004).

Es muy frecuente que luego de asistir a un evento deportivo, al regresar a su casa, el niño recibe la rigurosa pregunta de sus padres :¿*"ganaste"?*, Cuando la pregunta debería ser : "¿Como te fue, disfrutaste?", "¿lo pasaste bien?" "¿te has esforzado"? "¿has hecho todo lo que has podido?"...

Algunas observaciones tras la victoria

Si el niño ganó y fue proclamado como "el gran campeón", existen cuestiones que no pueden obviarse:

¿Estaba preparado psicológicamente para ello?, ¿serán estos resultados producto de un desarrollo físico precoz?

Cuando el joven fue animado antes de la competición por su formador debería fijarse en pocas metas concretas, encaminadas a la mejora de sus habilidades y capacidades, dejar al lado el resultado de la competición y cambiar su criterio de éxito. *Tener éxito no equivale entonces a ganar, sino a conseguir los objetivos de esfuerzo, adquisición de habilidades, superación personal, etc.*

Cada deportista dirá que es más divertido ganar que perder. Pero el entrenador, debe recordarle al chico que se debe *"ganar con clase"* que lo importante no es la victoria sino cómo se espera que gane. Esto significa no vanagloriarse ni humillar a los oponentes. En el caso de que así fuese, deberían adoptarse medidas que eviten esas actitudes.

Algunas orientaciones tras la derrota.

En muchas ocasiones, especialmente al tratarse de niños, una derrota puede venir acompañada con lágrimas y desazón. El entrenador, debe entender que una derrota es para muchos niños, una experiencia dolorosa y deberá consolarle, buscar el lado positivo y felicitar por el esfuerzo realizado. La actitud del entrenador es dar consignas en la siguiente dirección: *"hoy no fue el día", "participaste bien, pero los otros han sido un poco mejores"*. Esos son los tipos de consejos que el joven deportista debe escuchar.

Se le debe explicar al niño que él no ha perdido, sino que le ha vencido otro que, en este momento estaba mejor que él y que lo que hay que hacer es seguir trabajando para superarse a sí mismo, lo que conllevará superar también a los adversarios.

Lo que no deberá hacer el entrenador, es reprender o ridiculizar tras el fracaso o la derrota y debe tener en cuenta que, en la mayoría de los casos, los niños tienden a recuperarse rápidamente de las derrotas.

Resumiendo, la competición es un medio, no un fin.

La competición en edades en proceso de formación no debe ser un fin sino un medio. Si la hacemos asumir como el objetivo final, se puede convertir un gran error porque no todos los chicos van a poder competir en condiciones similares. Los que tengan menos habilidades jamás podrán mejorarlas, simplemente porque no podrán participar, bien porque no se les permite si no tienen unas marcas mínimas o porque ellos mismos se inhiben, lo que supone una aberración en el ámbito formativo deportivo.

En los primeros años, la competición puede ser utilizada como elemento didáctico si nos centramos en los siguientes puntos:

- Intentar que el niño se conozca a sí mismo.
- Utilizar la competición para irle preparando para la vida en la que se la irá encontrando de forma constante en cualquier ámbito.
- Inculcarle el respeto por las normas y reglas que luego le serán, igualmente, útiles para toda su vida.
- La competición no debe presentarse con objetivos de resultado sino a la ejecución.
- Orientar hacia el esfuerzo por conseguir los objetivos y hacia la satisfacción por el esfuerzo en lugar de la victoria o la derrota.
- Plantear la competición como un desafío o reto para alcanzar objetivos progresivamente.
- El entorno del niño debe asumir, cada uno su rol. Padres y entrenador deben trabajar en función de la ejecución mucho más que en los resultados obtenidos, para no encontrarse con un deportista frustrado.
- A medida que avanza en el desarrollo, la competición debe ir incorporando presión, de forma lenta pero progresiva. No se puede obviar que, a largo y medio plazo, el deportista se tendrá que encontrar con situaciones de estrés "¿cuasi sobre humano?" y debemos irle preparando para cuando le llegue el momento en el que, si así lo decide, tendrá que enfrentarse a estas situaciones.

En la figura 4.37 se expone una propuesta del nivel de las competiciones de acuerdo con las categorías y la edad.

CATEGORÍA	EDAD	TIPO DE COMPETICIÓN	PRESIÓN
Pre Benjamín	7-8	Sin competición	
Benjamín	9-10	Jugada dentro del centro	
Alevín	11-12	Inter escolar	✱
Infantil	13-14	Provincial o regional	✱✱
Cadete	15-16	Regional o estatal	✱✱✱
Juvenil	17-18	Regional o estatal	✱✱✱✱
Júnior	19-20	Estatal o internacional	✱✱✱✱✱
Promesa	21-22	Alta competición	✱✱✱✱✱✱
Sénior	>22	Alta competición	✱✱✱✱✱✱

Figura 4. 37.- Niveles de competición para especialidades en aquellas en que son determinantes las cualidades condicionales (fuerza, velocidad y resistencia) en función de la categoría, edad y grado de presión progresiva.

En función de la edad y de la fase de desarrollo, la competición debería secuenciarse, a lo largo de las diferentes etapas, tal y como proponemos en la figura 4.38).

Figura 4. 38.- Una propuesta sobre actividades relacionadas con la competición en función de la edad.

4.2.17. La evaluación y el control del entrenamiento.

Para que el proceso de entrenamiento alcance los objetivos, una de las premisas es que debe ser bien controlado y evaluado. En este sentido, Siguiendo a Hornillos y Lera (2007) podemos englobar la evaluación en tres campos: clínico, técnico y de condición física.

Evaluación clínica.

En las edades en desarrollo, debería ser prioritaria. Desafortunadamente resulta complicado que los niños tengan acceso a pruebas médicas en profundidad y un seguimiento que permita el entrenamiento sin riesgos. El problema se plantea fundamentalmente de un tema económico. Es más difícil encontrar altruismo en los profesionales de la medicina que en el de los entrenadores. En este sentido, si no participan en mayor medida las instituciones, el problema seguirá permanente.

Evaluación técnica.

Es importante detectar los posibles errores técnicos que pueda tener un joven para aprovechar las fases sensibles del aprendizaje y poder corregirlos o minimizarlos al máximo. El entrenador deberá estar capacitado para detectar las incorrecciones, para lo que debe conocer bien el modelo técnico. No obstante, debe ser consciente de la dificultad para adaptar ese modelo técnico del adulto, a las cualidades físicas, psicológicas y biológicas del chico en cada momento. Para ello, puede valerse de la existencia actual de medios que permiten evaluar los gestos técnicos que facilitarán una enseñanza y corrección de las habilidades.

Valoración de la condición física.

Hay entrenadores que sostienen que "el mejor test para un atleta es competir en su prueba". Nosotros pensamos que, cuando se trata de niños, la evaluación debe ser en los entrenamientos ya que la competición, en éstos, tiene menos importancia.

En los primeros capítulos se ha hablado de test y se ha dejado claro que algunos no se recomiendan para seleccionar o detectar. Por el contrario, estas pruebas pueden servir para comparar a los atletas consigo mismos, permitiendo comprobar la evolución de sus propias cualidades condicionales.

En general, la evaluación debería cumplir una serie de puntos debiendo ser:

- *Sistemática*. Mediante un proceso de planificación y desarrollo, que permita reajustes o correcciones.

- *Continua*. Debe realizarse a través de diferentes controles periódicos, a lo largo de todo el proceso de entrenamiento.
- *Evaluar aquello que se pretende* comprobar. En el sentido de observar el logro de objetivos correspondientes a las adaptaciones deseadas.
- *Incluirse dentro del proceso del entrenamiento y no interrumpirlo*. Si se realiza un control, lo ideal es que sea sustituto de un entrenamiento, de modo que además de la evaluación cumpla objetivos de preparación.
- *Individualizada y longitudinal*. Debe comprobar los parámetros de cada individuo, independientemente de los resultados obtenidos por otros.
- *Variada*. Evitando la monotonía en base a diferentes actividades que impidan la caída en la rutina.
- *Compuesta por un punto de partida y un punto final* en cada periodo de tiempo, mediante una evaluación inicial y una evaluación final.
- *Realizada en diferentes momentos*. Basada en evaluaciones parciales.
- *Cuantificable*. Si somos capaces de traducir a números la cantidad y la calidad del entrenamiento programado y podemos compararlo con el realizado, estaremos en condiciones de modificar las cargas para poder llevar una progresión. La cuantificación, a su vez, debería ser desglosada en zonas o niveles de exigencia del entrenamiento (tema que se trata más adelante (figura 4.39).
- *Planificada*. La planificación debe tener cuantificado el trabajo para luego poder comprobar si se ha realizado correctamente.

REALIZADO	REGENERATIVO	AERÓBICO EXT.	AERÓBICO INT.	MIXTO	LÁCTICO EXT.	LÁCTICO INT.	ALÁCTICO	RES. FZA. AERÓ.	RES. FZA. MIXTA	RES. FZA. LÁCT.	RES. FZA. ALÁC.	FZA. GENERAL.	Sesiones	Microciclos	Media Km./ Mic.	Media F.R./Mic.	Media Ses. /Mic.
M1		164,1			3,2				04:32		02:00		26	4	41,8	01:38	6,5
M2		172,4	32,0	6,3		4,4	56,0		01:13				35	4	67,8	00:18	8,8
M3	52,2	161,1		86,5	9,9		12,4		01:00		02:40		31	4	80,5	00:55	7,8
M4	47,1	123,6	51,7		6,0	5,8	4,4			00:36		00:45	27	4	59,6	00:20	6,8
M5	4,0	137,9		12,7		7,8	3,3		00:32				24	3	55,2	00:10	8,0
M6	38,0	105,0	31,2	6,3		6,4	5,9						36	4	48,2		9,0
M7		160,6							01:15	00:17	04:10	01:04	20	3	53,5	02:15	6,7
M8	19,6	163,3	13,8	56,5	5,6	0,6	13,1		00:45		02:00		27	4	68,1	00:41	6,8
M9	108,0	93,6	20,7	7,5		6,0	13,4			00:08			33	4	62,3	00:02	8,3
M10	168,7	78,4			0,8	5,1	9,4						42	4	65,6		10,5
M11	124,4	38,4	61,3	13,9	6,8	5,5	30,0			00:04		00:02	43	4	70,1	00:01	10,8
M12		158,8		6,3		1,6	1,6						23	3	56,1		7,7
M13																	
M14																	
T	562	1.557	211	196	32	43	149		09:17	01:06	10:50	01:51	367	45	61,1	00:30	8,2

TOTAL KM. CARRERA	2.751
TOTAL TIEMPO F.R. ESPECÍFICA	21:13
TOTAL F.GENERAL	01:51

RESUMEN REALIZADO

PROGRAMADO	REGENERATIVO	AERÓBICO EXT.	AERÓBICO INT.	MIXTO	LÁCTICO EXT.	LÁCTICO INT.	ALÁCTICO	RES. FZA. AERÓ.	RES. FZA. MIXTA	RES. FZA. LÁCT.	RES. FZA. ALÁC.	FZA. GENERAL.	Sesiones	Microciclos	Media Km/ Mic.	Media F.R./Mic.	Media Ses. /Mic.
M1		184,3							05:00		02:00		24	4	46,1	01:45	6,0
M2		164,6	32,0	6,3		4,4	56,0		01:15				36	4	65,8	00:18	9,0
M3	26,2	186,9	15,3	57,7	9,9		17,4		01:00		02:40		31	4	78,4	00:55	7,8
M4	51,4	148,3	53,0		7,0	7,0	7,4			00:41		00:40	32	4	68,5	00:20	8,0
M5	4,0	150,4		12,8		9,7	5,5		00:32				28	3	60,8	00:10	9,3
M6	38,0	105,0	31,2	6,3		6,4	5,7						36	4	48,1		9,0
M7		146,6							01:15	00:17	04:10	01:04	18	3	48,9	02:15	6,0
M8	26,2	186,9	19,9	57,0	12,0		17,5		01:00		02:40		28	7	45,6	00:31	4,0
M9	141,3	93,6	20,7	9,9	1,8	1,6	13,5			00:11			39	4	70,6	00:02	9,8
M10	162,0	78,4			0,8	12,3	16,6						44	4	67,5		11,0
M11	128,9	38,4	61,3	17,7	6,8	5,5	30,0			00:04		00:02	45	4	72,1	00:01	11,3
M12		185,0		2,5		2,4	2,4						29	3	64,1		9,7
M13																	
M14																	
T	578	1.668	233	170	38	49	172		10:02	01:14	11:30	01:46	390	48	60,6	00:30	8,1

TOTAL KM. CARRERA	2.909
TOTAL TIEMPO F.R. ESPECÍFICA	22:46
TOTAL F.GENERAL	01:46

RESUMEN PROGRAMADO

Figura 4. 39.- Un ejemplo de cuantificación del trabajo a lo largo de una temporada de un corredor adulto especialista en 1500 m. Arriba entrenamiento realizado y abajo el entrenamiento programado.

En lo que se refiere a deportistas en etapas de desarrollo, la evaluación puede simplificarse. Para ello, nuestra propuesta es la de que el entrenador se haga con una batería de tests que evalúen, de forma continuada y sistemática, las cualidades y capacidades que se van manifestando a lo largo de las diferentes etapas y de las que se trata en capítulos más adelante.

4.2.18.La visión de futuro.

La organización del entrenamiento, cuando se trata de etapas iniciales, resulta más simple que la del adulto. El diseño por temporadas (tratadas más adelante) pierde importancia, debiendo prevalecer una visión a muy largo plazo (vida deportiva) que no va más allá del día a día y de un guion o itinerario con estructuras más simplificadas.

En estas edades, el objetivo prioritario versa en la formación, por lo que la mayor parte del trabajo estriba en ir mejorando paulatinamente las cualidades motrices, condicionales y psicológicas, aplicando cargas proporcionadas y haciendo énfasis en el aprovechamiento de las fases sensibles.

El entrenamiento debe plantearse a muy largo plazo ya que se trata de llegar más lejos y no antes. Lo que interesa, tal y como se ha apuntado no es que el chico gane la competición próxima, sino que se forme para tolerar la presión y las cargas que le irán llegando. Si no logramos que el deportista sea capaz de tolerar las agresiones de todo tipo que le van a llegar, tendrá limitaciones para incorporarse a la elite. Todo ello sugiere una visión de futuro y una trayectoria que debe durar toda una vida deportiva.

El planteamiento del entrenamiento en los primeros años se limita a una declaración de intenciones con un horizonte lejano de alto rendimiento (tema que tratamos en el volumen II, donde se habla sobre la planificación). Sus estructuras se acotan a la organización del entrenamiento a lo largo de los microciclos o las sesiones y su desarrollo se centra en función de los objetivos del momento. A medida que avanzan las etapas, las estructuras se van haciendo más complejas hasta llegar a la edad de la adolescencia en la que se pueden contemplar la mayoría.

La educación física de base. El principio y la base del itinerario hacia el alto rendimiento.

La visión de futuro debe contemplar el seguimiento del itinerario que debe ir cubriendo las etapas adecuadas. Esto implica que se deben ir planteando y cumpliendo objetivos puntuales a lo largo del proceso de desarrollo.

El camino a cubrir debería ser responsabilidad de educadores y entrenadores cualificados. En las primeras etapas, deberá ser la educación física de base la que debe priorizarse. Si ésta ya acarrea deficiencias, se irán arrastrando durante todo el proceso y se irá acortando la vida deportiva y el éxito futuro.

Para mayor aclaración, hemos incluido la figura 4.40. En ella se exponen dos itinerarios:

- A la izquierda un itinerario correcto, con una buena educación física de base. Esto permitirá adquirir las habilidades necesarias que permitirán alcanzar el rendimiento llegada la edad de madurez.
- Por el contrario, a la derecha, una educación física de base deficiente, acarreará que, al comienzo del entrenamiento, haya que tratar de reeducar. No obstante, posiblemente ya hayan pasado los momentos de mayor beneficio (fases sensibles) y la adquisición de las habilidades necesarias también se alcanzará de forma deficiente, provocando dificultades o impedimentos para llegar al alto rendimiento.

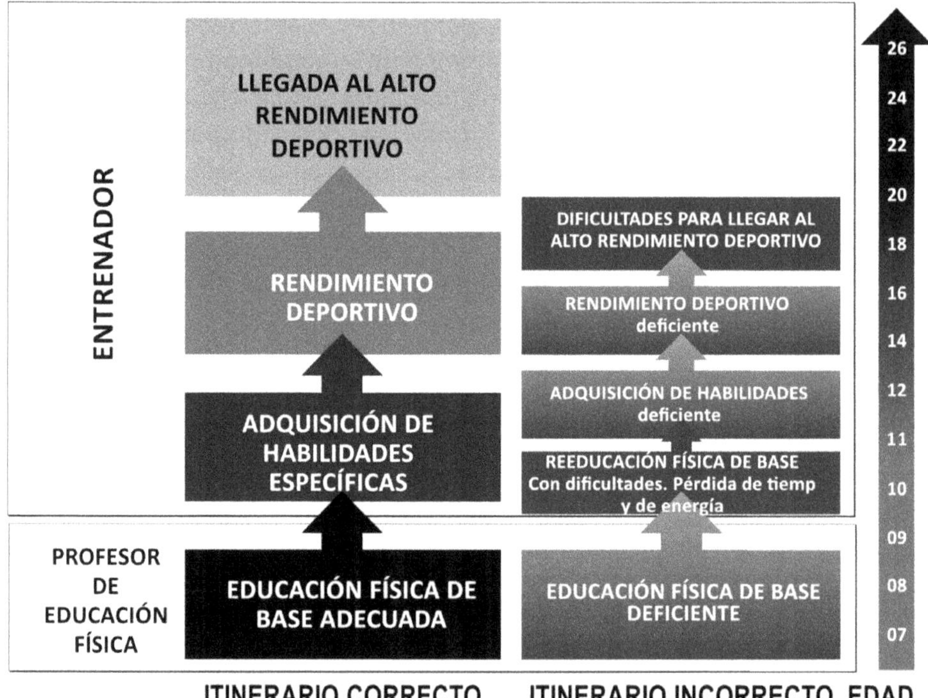

Figura 4. 40.- Diferencias de itinerarios de acuerdo con las directrices a seguir en una visión de futuro para deportistas con talento deportivo y que puedan y decidan, en su día, llegar al alto rendimiento.

CAPÍTULO 5

CONCEPTOS BÁSICOS A DOMINAR PARA EL PLANTEAMIENTO DEL ENTRENAMIENTO EN EDADES EN PROCESO DE DESARROLLO

Para comprender el entrenamiento con los chicos que se encuentran en proceso de desarrollo, hemos considerado la necesidad de tratar una serie de conceptos básicos sobre aspectos que influyen en las mejoras a lo largo de su evolución.

De forma general, en este capítulo se tratan estos conceptos, para una vez asimilados, poder adaptarlos a las necesidades y características de cada una de las diferentes etapas que se tratan en capítulos posteriores.

Las cargas de trabajo, afectan de manera diferente a la diversidad de sistemas y aparatos del organismo. Aquí se tratan de manera un tanto sencilla ya que no es objetivo de este libro, la musculatura, el aparato cardio circulatorio, la respiración y el metabolismo.

De manera aproximada, estos sistemas pueden ser monitorizados y calibrados en escalas indicadoras del esfuerzo (frecuencia cardiaca, concentración de lactato en sangre, etc.).

Basándonos en estos parámetros, proponemos diferentes niveles o estadios de desarrollo del entrenamiento (entrenables y no entrenables). De éstos, se deben potenciar los primeros y tratar de evitar los segundos, lo cual es aplicable para todas las cualidades, tanto para las coordinativas como para las condicionales.

En general, este capítulo se facilitan unas bases para, en capítulos siguientes, nos permita estructurar y optimizar el entrenamiento de los niños, púberes y adolescentes ya que será concluyente conocer cómo evolucionan, a lo largo del desarrollo de los chicos.

Es por todo ello que recomendamos al entrenador, que lea cuidadosamente este capítulo ya que de su comprensión va a depender en gran parte la evolución y el diseño y desarrollo de las cargas de entrenamiento más aplicables y las más evitables para cada etapa evolutiva.

Las adaptaciones producidas por el entrenamiento afectan a diferentes sistemas y funciones del organismo humano. El conocimiento básico de estos sistemas y su funcionalidad, puede ayudar al entrenador a alcanzar objetivos y a diseñar las cargas adecuadas en cada momento.

5.1. EL APARATO MUSCULAR Y SU RELACIÓN CON EL ENTRENAMIENTO.

Un movimiento, activa una serie de músculos que se contraen provocándolo. Cada uno de éstos está compuesto de una estructura formada por tejidos y otros elementos (células musculares, tejido conjuntivo, tejido nervioso, sangre, etc.).

LA CONTRACCIÓN MUSCULAR, ORIGEN DEL MOVIMIENTO Y DEL EJERCICIO.

Si observamos un músculo (figura 5.1), vemos que se encuentra formado por una parte elástica (el tendón) y una parte contráctil (el vientre muscular). Este último, si lo vamos ampliando sucesivamente, encontramos que está compuesto por una serie de elementos (haces primarios, cada uno de éstos, compuesto por haces secundarios que, a su vez, están formados por haces terciarios. Al aumentar estos últimos, vemos que contemplan las fibras musculares.

Las fibras musculares, comprenden estructuras más pequeñas denominadas miofibrillas.

Cada una de estas miofibrillas se encuentra dividida, por elementos más básicos que se conocen con el nombre de sarcómeros, los cuales, que están separados por las "bandas Zeta".

Si aumentamos uno de estos sarcómeros, vemos que, en su interior existen filamentos de Actina y Miosina. Éstos al interactuar entre ellos, producen el acercamiento de las bandas Zeta con el consiguiente acortamiento. Cuando se producen estos acortamientos, se produce el achique de las miofibrillas que repercute en el acortamiento de la fibra y, en consecuencia, del músculo en general.

Este fenómeno de contracción precisa de una serie de mecanismos:

- Un estímulo, orden o "motor de encendido", si lo comparamos con la puesta en marcha del vehículo. En el caso del músculo, dicho estímulo proviene del sistema nervioso.

- La gasolina o combustible, siguiendo el ejemplo del coche, en el caso de músculo será el adenosín trifosfato o trifosfato de adenosina (ATP).

Así pues es este ATP el que aporta al músculo la energía que precisa para contraerse y provocar movimiento o generar tensión y la responsabilidad de que se consuma o se aporte este ATP recae en el metabolismo.

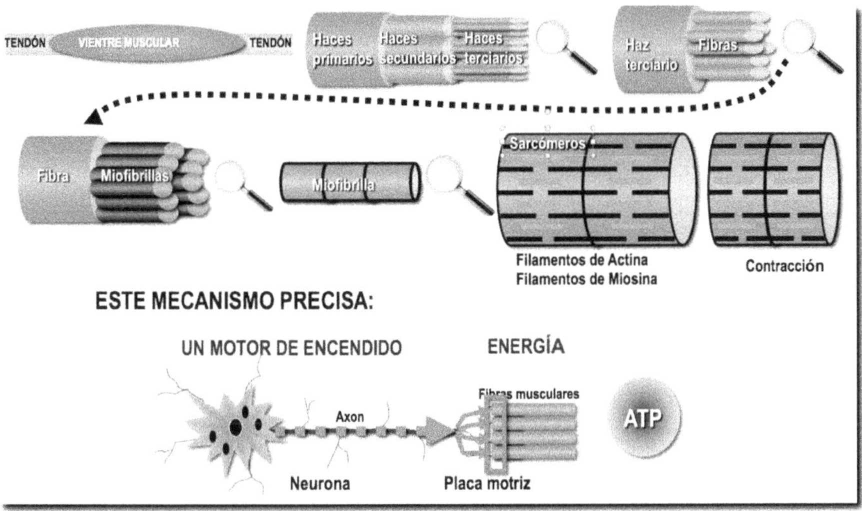

Figura 5. 1.- Esquema representativo de la composición del músculo y del mecanismo de contracción.

5.1.1. Las fibras musculares. Clasificación y características.

En el músculo esquelético humano se aprecian diferentes tipos de fibras. Éstas son clasificadas en la literatura por sus características bioquímicas así como la fuerza que pueden generar. En dicha clasificación se contemplan tres tipos (Billat, 2002): *Fibras de contracción rápida (Ft II), fibras intermedias (Ft I) fibras de contracción lenta (St)* (figura 5.2).

La mayoría de los músculos contienen los tres tipos. Su proporción viene determinada por la herencia y puede variar entre individuos pero también puede diferenciarse su porcentaje entre los propios músculos de un mismo individuo.

Esa proporción, al venir condicionada por la genética, sugiere que ya desde el nacimiento, el niño viene más predispuesto hacia unas especialidades deportivas u otras. Individuos con mayor porcentaje de fibras Ft II estarán más predispuestos hacia especialidades explosivas (saltos, lanzamientos, velocidad, etc.), mientras que los individuos con mayor porcentaje de fibras St estarán más capacitados para especialidades de resistencia (carreras de fondo, ciclismo, triatlón, etc.).

Esto es algo que debe ser muy tenido en cuenta por parte del entrenador ya que un chico con un alto porcentaje de fibras St, no será nunca un gran velocista por mucho que se le entrene en esta dirección, de la misma forma que un joven con alto porcentaje de fibras Ft II nunca será un gran triatleta o un gran maratoniano.

En la figura 8.2 se expone, de forma orientativa las características principales de los tres tipos de fibras.

CARACTERÍSTICAS	FIBRAS RÁPIDAS (Ft II)	FIBRAS INTERMEDIAS (Ft I)	FIBRAS LENTAS (St)
DIÁMETRO			
CONTENIDO GLUCÓGENO			
CONTENIDO DE FOSFÁGENOS			
RESISTENCIA A LA FATIGA			
VELOCIDAD DE CONTRACCIÓN			
CAPILARES POR FRIBRA			
INERVACIÓN			
EXCITABILIDAD			
CONTENIDO DE MIOGLOBINA			
ACTIVIDAD ATPasa			
ACTIV.ENZIMAS GLUCOLÍTICAS			
ACTIV.ENZIMAS AERÓBICAS			
VÍA ENERGÉTICA AERÓBICA			
VÍA ENERGÉTICA AN. LÁCTICA			
VÍA ENERGÉTICA AN. ALÁCTICA			

Figura 5. 2.- Representación aproximada sobre características de los distintos tipos de fibras.

Las fibras son maleables.

Al ser de origen genético la proporción se mantiene a lo largo de la evolución del individuo. No obstante, otra característica de todas las fibras es que si bien no son muy convertibles en su estructura sí que se pueden dirigir hacia una especialización. Una fibra St, no se convertirá en una fibra Ft I o Ft II pero lo que sí puede es especializarse (en parte) a través del entrenamiento. Una fibra de contracción rápida, mediante trabajos aeróbicos, acaba haciéndose más resistente (más aeróbica) pero a costa de perder explosividad y rapidez de contracción. Lo que nunca podrá ser es equiparable a una fibra de contracción lenta, con la misma capacidad de resistencia.

Igualmente, una fibra de contracción lenta, a base de trabajos de velocidad o explosivos puede hacerse más rápida, pero tampoco llegará a prestaciones similares a las de una fibra Ft II.

En este sentido, hay que reseñar que, en lo que respecta a la especialización a través del entrenamiento, parecen existir más dificultades en la especialización de las fibras resistentes hacia la velocidad que de las fibras rápidas a hacia la resistencia (figura 5.3). Esto sugiere y lo consideramos de vital importancia que si se especializan previamente las fibras rápidas hacia la resistencia, posteriormente existirán más dificultades para volver a especializarlas hacia la velocidad o explosividad en un futuro.

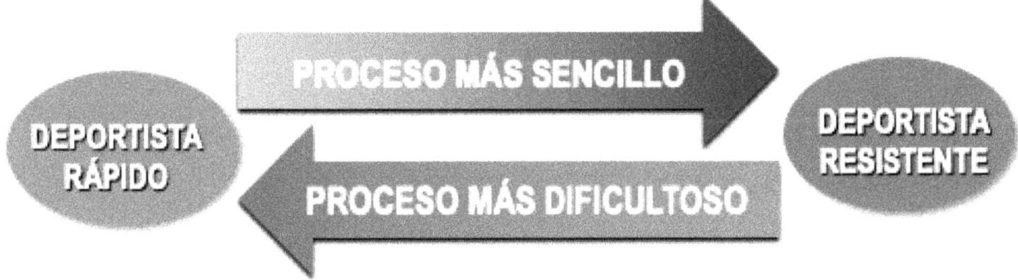

Figura 5. 3.- Las fibras son más fáciles de especializar hacia la resistencia que hacia la velocidad.

Esto último, implica una prioridad en la preparación a la hora de plantearse el entrenamiento en chicos en etapas de desarrollo, al menos antes de pasar la pubertad ya que habrá que priorizar la preparación en una parte importante, hacia la explosividad por una serie de razones:

- La explosividad depende en una parte importante de los estímulos nerviosos que recibe la fibra, en base a su intensidad, a su frecuencia y a la velocidad de conducción del estímulo nervioso. Por ello, deberemos tener muy presente que si el sistema nervioso, como veremos más adelante, madura a la llegada a la pubertad, estos componentes neurales habrá que estimularlos antes de llegar a esa etapa.
- Dado que es más fácil volver más resistentes a las fibras que volverlas más rápidas, la lógica nos sugiere que primero habrá que estimularlas hacia la velocidad y luego hacia la resistencia y no al contrario.

Ante estos escenarios, sea cual vaya a ser la especialidad de futuro del deportista, cuando se trata de incidir en esa especialización de las fibras en edades en proceso de desarrollo, nuestra recomendación pasaría por las siguientes directrices del entrenamiento ya que, de no tenerlas en cuenta se podrá *"haber perdido el tren"*.

- **Estimular las fibras rápidas a través de la explosividad** en base a ejercicios de velocidad de reacción de todo tipo y cuanto más variados mejor (diferentes estímulos y diferentes ejecuciones).

- **Estimular las fibras rápidas a través de la frecuencia de movimientos** de carácter cíclico, igualmente con todo tipo de gestos sencillos y fácilmente ejecutables para permitir su rápida ejecución.
- **Estimular las fibras resistentes a través de ejercicios de baja potencia** que no hagan recurrir al VO2max del chico y que incidan en el metabolismo aeróbico de las grasas.

Estas directrices son tratadas, en mayor amplitud, en capítulos correspondientes al desarrollo de las cualidades condicionales para cada una de las diferentes etapas.

5.2. EL APARATO CARDIOVASCULAR. CARACTERÍSTICAS Y EVOLUCIÓN.

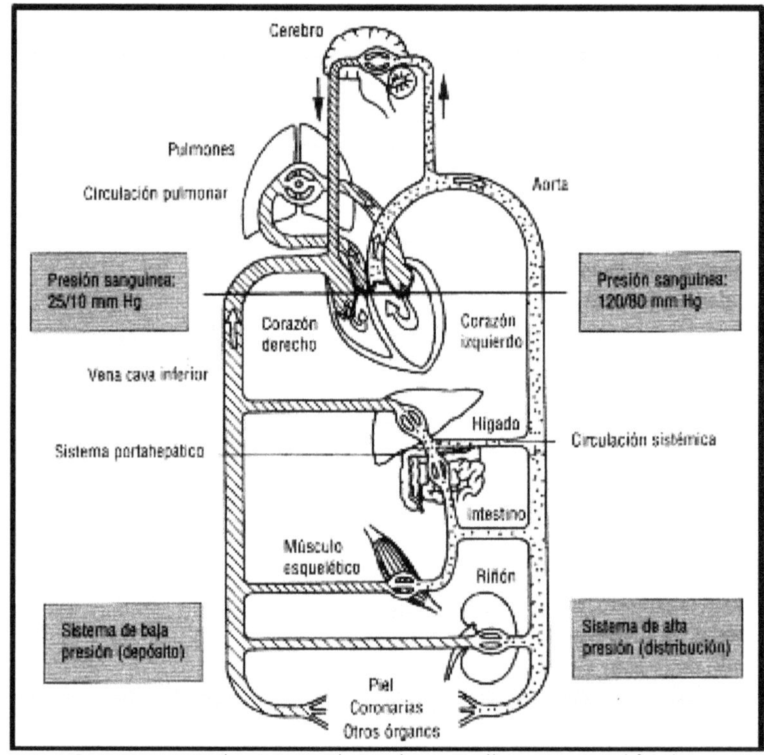

Figura 5. 4.- Los dos circuitos de circulación. (Billat, 2002). Modificado.

En el entrenamiento, tanto la respiración como el torrente sanguíneo son los responsables de que le lleguen a la musculatura los elementos para que éstos puedan producir y consumir la energía necesaria. Pero también son los encargados de transportar y eliminar todos los productos nocivos y de deshecho que se producen. En estos sistemas se encuentran parámetros que sirven como indicadores que permiten monitorizar el esfuerzo del deportista. En la figura 5.4 se representa un esquema de los circuitos que componen el aparato cardiovascular.

El débito cardiaco.

Viene siendo la cantidad de sangre que sale a la arteria aorta en un minuto y depende la cantidad de sangre que sale en cada contracción cardiaca ("sístole") y el nº de latidos por minuto ("frecuencia cardiaca"). Éste viene expresado por la siguiente fórmula:

DC (ml/min)= FC (Latidos/min) x VS (ml/latido).

De donde DC= Débito cardiaco; FC= Frecuencia cardiaca; VS= Volumen sistólico.

El Volumen sistólico (VS).

En una persona sedentaria saludable se encuentra alrededor de 60 a 90 ml/latido, pero en deportistas entrenados puede son frecuentes volúmenes de 125 ml/latido Éste aumenta con la potencia del ejercicio hasta que llega al 40-60% del consumo máximo de oxígeno (VO_2max). Por consiguiente, su aumento, a partir de aquí se debe al aumento de la frecuencia cardiaca que aumenta de forma paralela al incremento de la potencia (Billat, 2002).

La frecuencia cardiaca (FC).

Es medida en pulsaciones por minuto (P/min). En función de lo anterior y dado que a partir de ese porcentaje del VO_2max el volumen sistólico se estanca, el aumento de la circulación depende directamente del que pueda facilitar el incremento de la frecuencia cardiaca. Por consiguiente, este parámetro resulta un indicador muy válido para el control del entrenamiento, siempre que la potencia no supere la correspondiente a dicho VO_2max.

Esto significa que el conocimiento de la frecuencia cardiaca máxima (FCmax) supone un aspecto muy importante que el entrenador debe conocer. Al respecto, existen fórmulas como, por ejemplo, la fórmula de "220-edad" para calcularla. No obstante esta fórmula, se ha demostrado que, sobre todo cuando se trata de deportistas de alto rendimiento, no resulta útil.

En este sentido, García-Verdugo (2013) en un estudio realizado con 232 corredores de nivel medio alto, especializados en medio fondo y fondo, a los que se realizó el test DIPER (test en el que se alcanza este dato), obtuvo correlaciones entre la fórmula 220- edad y la frecuencia cardiaca máxima que alcanzaron todos los atletas testados. Los resultados se exponen en figura 5.5.

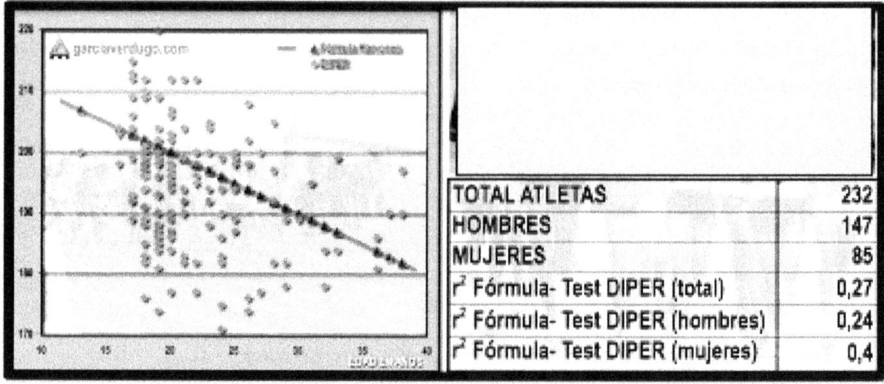

TOTAL ATLETAS	232
HOMBRES	147
MUJERES	85
r^2 Fórmula- Test DIPER (total)	0,27
r^2 Fórmula- Test DIPER (hombres)	0,24
r^2 Fórmula- Test DIPER (mujeres)	0,4

Figura 5. 5.- Relación entre la fórmula "220-edad"y FCmax obtenida en 232 corredores de resistencia entre edades de 18 y 25 años. A la izquierda: gráfico de dispersión con puntos correspondientes a los 232 test realizados y, sobre la línea, las frecuencias cardiacas máximas resultantes al aplicar la fórmula. A la derecha: Tabla de correlaciones en las que se comprueba la baja correlación entre la fórmula y los casos reales.

Dada la escasa fiabilidad de la fórmula, nuestra propuesta para averiguar la FCmax de un deportista, sería con dos procedimientos:

- Mediante un test incremental en el que se llegue a la potencia máxima posible.
- Con la toma de la frecuencia en un esfuerzo, igualmente máximo, de una duración entre 6 y 8 minutos.

5.3. EL APARATO RESPIRATORIO Y LA VENTILACIÓN. CARACTERÍSTICAS Y EVOLUCIÓN.

Hace referencia al movimiento de gases hacia interior y exterior de los pulmones.

A nivel mecánico, se debe a los movimientos de la caja torácica que provocan la entrada y salida de los gases en los pulmones, mediante movimientos de inspiración y espiración.

En la inspiración se produce una ampliación de la caja debido el aumento de los diferentes diámetros:

- El diámetro vertical aumenta por descenso del músculo diafragma.
- El diámetro anteroposterior lo hace por la proyección del esternón hacia adelante que es arrastrado por la elevación de las costillas.
- El diámetro transversal se modifica, igualmente, por la elevación de las costillas.

Estos mecanismos de inspiración se deben a acción de la musculatura:

- La inspiración normal se debe, principalmente a la contracción del músculo diafragma.
- En una inspiración forzada entran en función los músculos esternocleidomastoideos, los intercostales y los escalenos.

Con respecto a la espiración, ésta se produce como consecuencia de los siguientes procesos:

- La espiración normal se debe fundamentalmente a un fenómeno pasivo mediante la relajación del diafragma. En función de su elasticidad, los pulmones vuelven sobre sí mismos, expulsando el aire.
- La espiración forzada se debe a un hecho activo que hace bajar las costillas debido a la acción de los músculos abdominales.

EL VOLUMEN PULMONAR.

El volumen pulmonar es comprobable, de forma muy precisa, mediante la técnica llamada espirometría. A través de ésta puede comprobarse la cantidad de gas que se puede llegar a almacenar en los pulmones.

Siguiendo la clasificación que propone Billat (Billat, 2002), el volumen total de aire que se puede acumular dentro de los pulmones, está compuesto por una serie de volúmenes que corresponderían a un individuo de mediana estatura, sentado y en estado de reposo (figura 5.6):

- *El volumen corriente (VC)*: Constituyente el gas inspirado o espirado durante un ciclo respiratorio corriente. Éste oscila aproximadamente entre 0,5 y 1 litro de aire.
- *El volumen inspiratorio de reserva (VIR)*: Comprende el aire inhalado en una inspiración forzada. La cantidad de aire, puede fluctuar alrededor de 1 a 3 litros de aire.
- *El volumen espiratorio de reserva (VER)*. Representa la cantidad suplementaria de aire que podemos expulsar mediante una espiración forzada. Puede abarcar entre 1 y 2 litros.
- *El volumen de aire residual (VAR)*. Al final de una respiración forzada siempre queda una cantidad de aire en los pulmones. Esta cantidad que queda se conoce como *aire residual* y que es de 1 a 1,5 litros de aire.

En función de lo anterior, existen diferentes capacidades, dependiendo de los volúmenes comprendidos:

- *La capacidad pulmonar total (CPT)*. Comprende la totalidad de los volúmenes.

- *La capacidad vital (CV).* Es la cantidad máxima de aire que una persona puede expulsar de los pulmones tras una inspiración máxima. Está compuesta por los siguientes volúmenes: VC+ VIR + VER. Su conocimiento es importante para comprender mejor las modificaciones respiratorias en el momento del trabajo muscular. Esta cantidad puede oscilar entre los 3 hasta los 7 litros de aire. Depende, entre otros aspectos, de las dimensiones de los pulmones y del grado de entrenamiento.
- *La capacidad residual funcional (CRF).* Supone la cantidad de aire que queda en los pulmones tras una espiración normal. Abarca los siguientes volúmenes: VER + VAR.

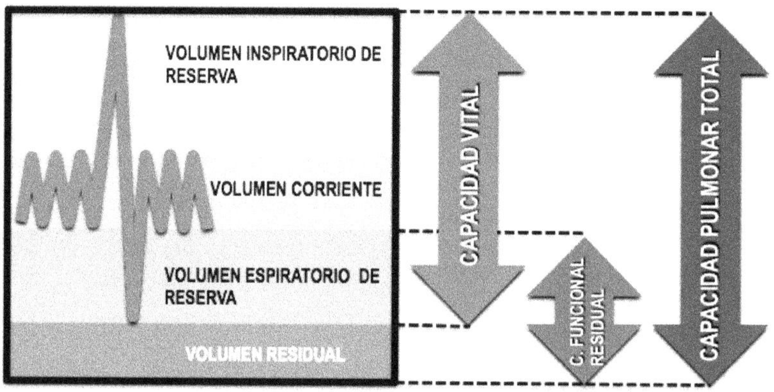

Figura 5. 6.- La cantidad total de aire que se puede almacenar en los pulmones está compuesto por la capacidad vital compuesta, a su vez por el aire corriente, el aire complementario y el aire de reserva. A esto hay que sumarle el aire residual.

El volumen respiratorio (VR).

Supone la cantidad de gas que se mueve en los pulmones en cada respiración. Éste depende de la situación de estrés o de fatiga. Dependiendo de estas circunstancias, se reclaman diferentes volúmenes a excepción del volumen de aire residual. Por consiguiente, puede reclamar, como máximo a la capacidad vital, pudiendo variar considerablemente entre 1 y 6-7 litros.

La frecuencia respiratoria (FR).

La frecuencia respiratoria viene referida al número de respiraciones que efectúa el individuo en un lapso de tiempo específico (suele expresarse en respiraciones por minuto). Un adulto puede respirar, estando en reposo, alrededor de 15 a 20 respiraciones por minuto hasta aproximarse a las 80 en caso des esfuerzos próximos al VO_2max.

EL DÉBITO RESPIRATORIO.

Se puede establecer una analogía con el débito cardiaco en el sentido de que la cantidad de aire movido también depende de dos factores: El volumen de aire expulsado en cada respiración y la cantidad de respiraciones realizadas en 1 minuto y responde a la siguiente fórmula:

DR (ml/min)= FR (respiraciones/minuto) x VR (litros/respiración).

De donde DR= Débito respiratorio; FR= Frecuencia respiratoria; VR= Volumen respiratorio.

5.4. EL METABOLISMO. CARACTERÍSTICAS Y EVOLUCIÓN.

Los procesos metabólicos merecen un tratamiento especial ya que suponen, tal vez, el fenómeno más determinante de los niveles del esfuerzo.

Las necesidades metabólicas de un ejercicio de potencia máxima y duración no superior a 5 seg (un salto, por ejemplo) son relativamente diferentes a las que precisa a un sprint más largo (superior a 10 seg.) o a una carrera de 100 m ya que los procesos de obtención y gasto de energía que se producen dentro del músculo dependen directamente de las características del ejercicio.

Desde el punto de vista bioquímico, la resistencia viene dada por la "relación entre reservas de energía y la velocidad de su consumo" (Gª Manso et al,1996). Este fenómeno de consumo (energía/tiempo), junto con el gesto deportivo, suponen los dos componentes más importantes del rendimiento. Para que se produzca movimiento provocado por contracciones, los músculos precisan de esa energía que se transforma en calor y trabajo (energía calórica y energía mecánica). Dicha energía se consume en tiempo muy breve, por lo que debe ser generada constantemente para permitir que prosiga el ejercicio. Esta producción es responsabilidad de diferentes procesos que están regulados por el metabolismo.

Los músculos no pueden utilizar directamente la energía que almacenan los alimentos. La especie animal dispone de un intermediario entre la energía liberada por éstos y la necesaria para la actividad muscular. Se trata del adenosín trifosfato o trifosfato de adenosina (ATP).

El ATP o sus derivados (ADP y AMP), suponen la única posibilidad de utilización de energía por parte del músculo, de modo que si no existiera en una mínima cantidad en la fibra muscular, ésta sería incapaz de contraerse.

El consumo de ATP es mayor cuando más elevada es la exigencia de energía en relación al tiempo (ATP/Tiempo) lo que viene coincidiendo con el concepto de potencia (Billat, 2002), (McArdle et al, 2004). Igualmente, se sabe que para que este ATP se pueda seguir sintetizando a la misma velocidad que se destruye, la función anabolizante del metabolismo precisa de los substratos provenientes de los alimentos (figura 5.7).

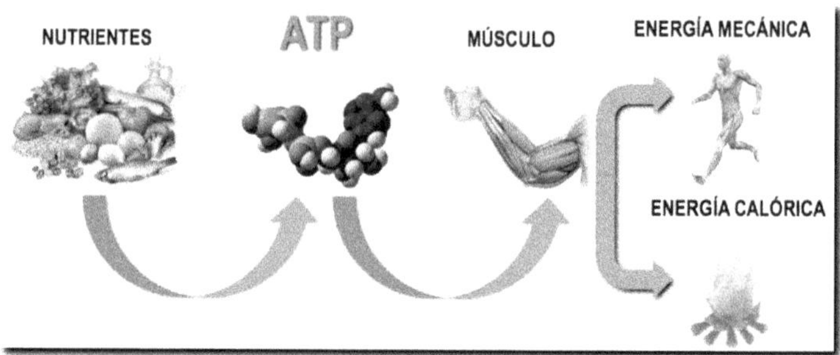

Figura 5. 7.- Representación simplificada del proceso de obtención y consumo de energía durante el movimiento.

La molécula de ATP que se encuentra libre en muy pequeña cantidad en la fibra muscular, va rompiendo paulatinamente sus enlaces de fosfórico (enlaces que almacenan energía y que se libera al romperse). Este efecto es debido a la electrólisis y la acción de la miosinATPasa, con lo que se produce:

- Por una parte, energía mecánica.
- Por otra parte (la de mayor proporción), energía calórica, (figura 5.8).

El ATP es originado a partir de "la materia prima" consistente en los substratos alimenticios. Estos son clasificados por la bibliografía, en tres grandes grupos: hidratos de carbono, grasas y proteínas. El responsable de esta fabricación es el metabolismo muscular en su función anabólica y tienen lugar mereced a las vías de obtención de energía o de obtención de ATP.

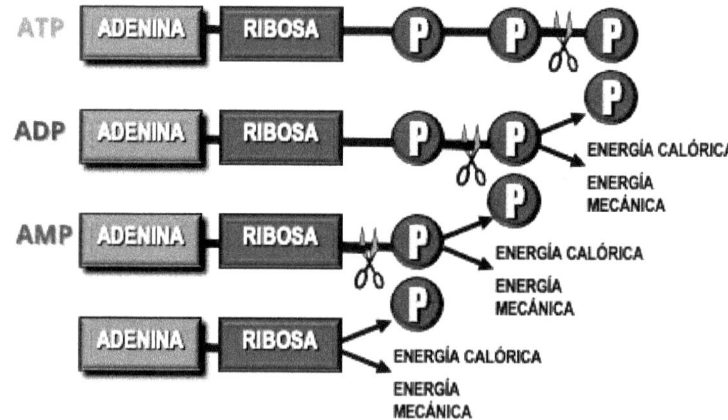

Figura 5. 8.- Proceso de producción de energía a partir de la descomposición del ATP.

La literatura, en general, nos habla de tres vías o procesos metabólicos. No obstante, *consideramos que se deberían contemplar un total de 5* (dos vías anaeróbicas y tres vías aeróbicas). Esto lo estimamos con cierta relevancia porque, más adelante, cuando se hable del desarrollo de las cualidades condicionales, se va a hacer frecuente referencia a estas vías ya que para ciertos esfuerzos, los niños y púberes las van a reclamar en mayor o menor medida dependiendo del momento de su desarrollo (figura 5.9).

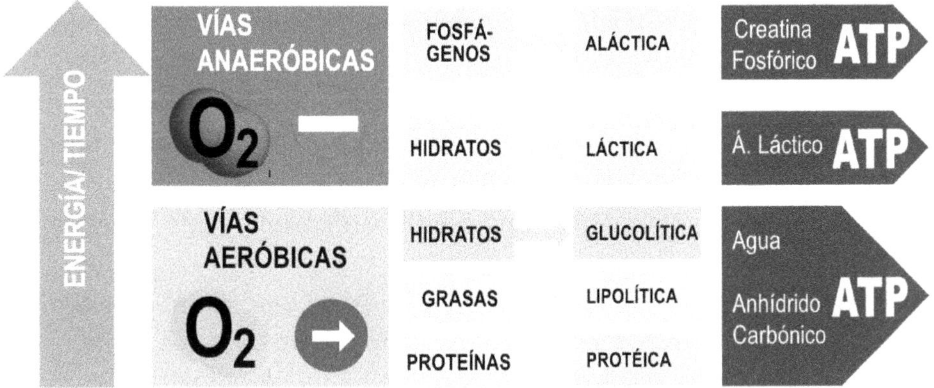

Figura 5. 9.- Propuesta sobre la conceptualización de las cinco vías metabólicas para la obtención de ATP que serán utilizada como referencia a la hora de tratar del entrenamiento de las cualidades condicionales en niños y jóvenes.

Sobre el funcionamiento de estas vías, sabemos que todas funcionan simultáneamente. Pero es dependiendo de las exigencias de la potencia del ejercicio, que accionan más unas que las otras. Por tanto, es la potencia del ejercicio (ATP/Tiempo) la que condiciona la mayor incidencia sobre una vía metabólica y, así mismo, es ésta potencia, la que condiciona el substrato energético reclamado de forma prioritaria (figura 5.10).

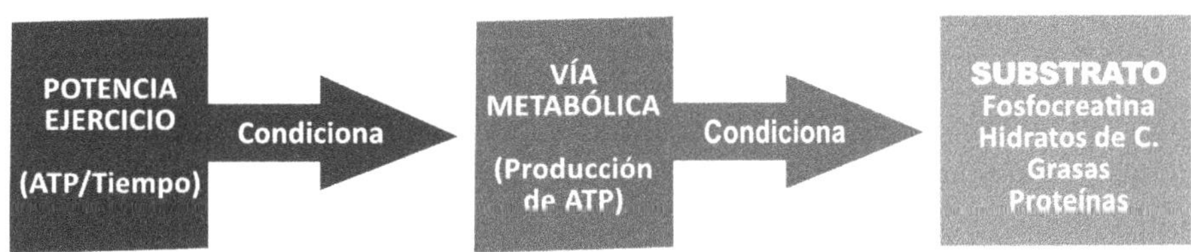

Figura 5. 10.- Representación esquemática acerca del protagonismo de las vías metabólicas y su correspondiente reclamo de substratos energéticos en función de la potencia del ejercicio.

Sobre estas vías, de obtención de ATP, no es intención de este libro profundizar en conceptos fisiológicos. Aquí se describen sus características más importantes y de forma un tanto simplificada, con la intención de hacerlas comprensibles a todos los colectivos interesados en el entrenamiento en edades jóvenes.

5.4.1. Los procesos aeróbicos.

Resultan los más económicas ya que, sea cual sea el substrato utilizado, es descompuesto hasta dos elementos finales (CO_2 y H_2O), aprovechando la totalidad de la energía. En el proceso, las moléculas han ido escindiéndose hasta el final, rompiendo todos los enlaces y, desprendiendo la totalidad de la energía almacenada.

La característica común es que *o utilizan el oxígeno*. Pueden utilizar diferentes substratos. Y es en función del substrato utilizado que se produce mayor o menor cantidad de ATP/tiempo.

El funcionamiento de las vías aeróbicas depende, entre otros, de los siguientes factores:

- *De la capacidad de suministro de oxígeno a los tejidos* cuya responsabilidad depende del sistema de transporte (aparato cardiocirculatorio).
- *De la capacidad de utilización de dicho oxígeno*. Ésta a su vez, depende de la cantidad de este elemento que puede llegar a las mitocondrias de la fibra muscular y, al mismo tiempo, de la cantidad y capacidad oxidativa de éstas.
- *De la capilarización*. El hecho de que llegue rápidamente y en cantidad suficiente el O_2 a la fibra muscular depende de la cantidad y volumen de los capilares que la rodean. Una fibra poco irrigada se encuentra con más dificultades para producir ATP por el mecanismo oxidativo, ya que no le llegará el oxígeno en las cantidades que precisa.

El metabolismo aeróbico utiliza todos los substratos energéticos (ver figura 5.11). Éstos, mediante la acción de enzimas especializadas, desembocan en una sustancia única: el AcetilCoA o acético activado que es oxidado dentro de la mitocondria de la fibra para producir el ATP. Para ello necesita el oxígeno proveniente de la respiración que ha sido transportado a través del torrente sanguíneo (figura 5.11).

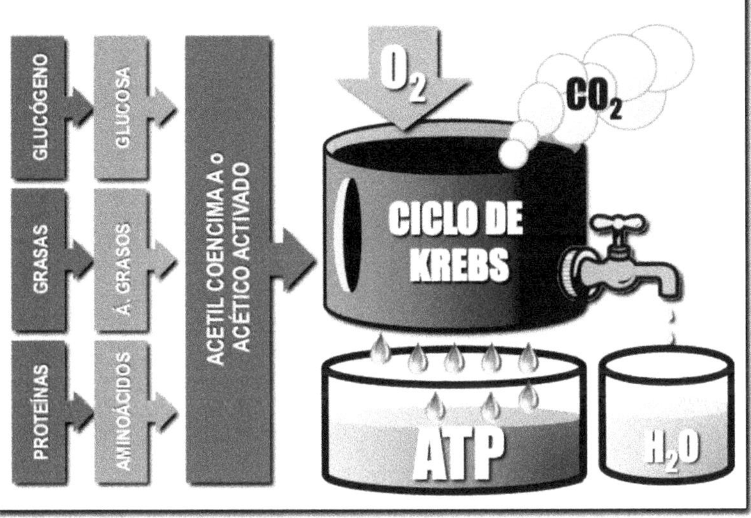

Figura 5. 11.- Representación esquemática de las tres vías aeróbicas de producción de energía (ATP) a partir de los diferentes substratos energéticos.

Las vías aeróbicas tienen aspectos positivos y negativos.

Aspectos positivos:

- Utilizan todos los substratos energéticos.
- Resultan las más rentables en cuanto a costo energético.
- Aprovechan por completo los substratos, por lo que no se desperdicia nada de ellos.
- Sus productos de desecho no son nocivos ya que el CO_2 es un elemento importante en la regulación de la acidez (grado de pH) y, además, es eliminable a través de la respiración. Por otra parte, el agua es de nuevo reutilizable por el organismo.

Aspectos negativos:

- Para que lleguen a ponerse en funcionamiento es preciso que transcurra un tiempo relativamente largo y las reacciones, a su vez, precisan más cantidad de energía.
- Debe asegurarse una cantidad suficiente de O_2 y de substratos energéticos directamente utilizables (glucosa, ácidos grasos o aminoácidos).

En función de la substancia utilizada distinguimos tres vías: glucolítica, lipolítica y proteica. Cada una de ellas parte de un substrato distinto aunque tras una serie de reacciones distintas, los tres derivan en ese componente común, ya citado, la AcetilCoA o acético activado que es la puerta de entrada a un nuevo ciclo de reacciones que conocemos como *ciclo de Krebs*, en cuyas reacciones interviene el oxígeno y se van liberando moléculas de ATP, agua y anhídrido carbónico.

La vía aeróbica glucolítica y sus características.

- Funciona merced a los Hidratos de Carbono. Éstos se almacenen en forma de glucógeno, principalmente en el hígado (100 gr aprox.) y tejido muscular (200-300 gr. aproximadamente).
- Su reserva total representa unas 1.500-2.000 Kcal en personas adultas (Metral, 2000).
- Poseen baja cantidad de energía. 1 gr. de glucógeno solo aporta 1,06 Kcal.
- Se convierte rápidamente a combustible oxidable.
- La glucosa que proviene de la ruptura de las moléculas de glucógeno, tras un proceso de reacciones, acaba derivando al Ácido Pirúvico. Éste tiene dos caminos: Hacia la glucólisis rápida o anaeróbica, con productos finales de Lactato e iones Hidrógeno (H^+) (vía anaeróbica láctica) o hacia la Glucólisis lenta, oxidándose y entrando en el ciclo de Krebs dentro de la mitocondria.
- De las vías aeróbicas es la que permite producir más cantidad de ATP/tiempo, lo que significa que se puede aplicar más potencia que con otras vías aeróbicas. Un atleta que corre utilizando prioritariamente el glucógeno, podrá desplazarse a más velocidad que uno que lo haga merced a las grasas.

La vía aeróbica lipolítica y sus características.

- Funciona a expensas de las grasas. Éstas mediante diferentes ciertos procesos acaban derivando en los ácidos grasos que son oxidables.
- Constituye la base para esfuerzos largos.
- En una persona adulta, la reserva de ácidos grasos es de unas 90.000 a 110.000 Kcal. (Metral, 2003).
- Su oxidación es más lenta ya que lo es su conversión a combustible oxidable.
- No se producen alteraciones metabólicas en su oxidación. En su totalidad también producen como substancias terminales H2O y CO2.

- Se puede decir que su posibilidad de generar energía, realmente no suele tener límites ya que serán otros fenómenos los que hagan interrumpir el ejercicio antes de que se agote este substrato (exceso de calor, sobrecargas musculares, microtraumatismos, etc.).
- No permite potencias tan altas como las que permite la oxidación de los HC. La explicación es que aunque una molécula de grasa almacena, aproximadamente, el doble de energía que una molécula de glucosa, para oxidarse ambas, las grasas necesitan más cantidad de oxígeno que los hidratos. Dado que la cantidad disponible de este elemento es la misma, con los hidratos se generará más ATP/tiempo, lo que permitirá realizar esfuerzos más potentes.

Un maratoniano que dosifica mal su esfuerzo y transcurre la primera parte del maratón a una velocidad superior a sus posibilidades, su musculatura irá reclamando prioritariamente el glucógeno y éste no le durará durante toda la carrera. En consecuencia, la segunda parte tendrá que generar energía en base a las grasas, viéndose obligado a disminuir su velocidad.

La vía aeróbica proteica y sus características.

El ser humano no dispone de un depósito energético proteico ya que las proteínas cumplen principalmente la función plástica y estructural. No obstante, pueden oxidarse y producir energía (aprox. 4,6 Kcal).

Su aporte suele llegar al 10% del total de energía. De todas formas, ante esfuerzos muy prolongados, cuando se van agotando las reservas de otros substratos, pueden aportar energía creciente, a base de destrucción de proteínas.

El consumo de oxígeno (VO_2) y el consumo máximo de oxígeno (VO_2max).

Ya hemos visto que uno de los procesos para obtención ATP necesario que se produzca la contracción muscular depende de utilización del oxígeno o consumo.

Las cargas, además de afectar al músculo, afectan también al sistema cardiocirculatorio y pulmonar, que son los encargados de abastecer al músculo de ese elemento. Estos sistemas se llegan a implicar de forma coordinada ya que, la posibilidad de que llegue suficiente O_2, viene determinada por la contingencia de que se pueda realizar ejercicio a expensas del metabolismo aeróbico.

Todo ejercicio que sobrepase un tiempo determinado y cuya potencia sea lo suficientemente alta, necesita siempre una cantidad de O_2. Es a esta cantidad que se consume en unidad de tiempo a lo que se conoce como consumo de oxígeno. De acuerdo con esto, el consumo de oxígeno (VO_2) se puede definir como *la cantidad de oxígeno utilizado durante un tiempo determinado*.

Las mitocondrias de la fibra muscular están capacitadas para procesar, en su interior, todos los substratos alimenticios (hidratos de carbono, grasas y proteínas en su forma utilizable). Esto tiene lugar a expensas del oxígeno que proveniente de la respiración, que ha sido transportado por la hemoglobina a través del torrente sanguíneo y fijado en la fibra muscular por la mioglobina para alojarse en la mitocondria, donde se producen los procesos aeróbicos de la oxidación en el ciclo de Krebs, ya citado.

El VO_2 depende directamente de la cantidad de este elemento que llega a la fibra muscular y, a su vez, depende del que es suministrado a la sangre. Igualmente, depende de otros factores tales como la concentración de O_2 en el aire y de su presión.

Cuando en el exterior existe una presión baja, el oxígeno se difunde al interior de los alveolos con mayor dificultad de la que lo haría si la presión fuese más alta. Esto sucede cuando se entrena en altitud, donde la presión atmosférica es menor, produciéndose dificultades de difusión. Al penetrar en el organismo menor cantidad de O_2 se provocan situaciones de hipoxia, que obligan al organismo a producir adaptaciones mediante aumento de eritrocitos y hemoglobina, entre otros. Esto provoca un aumento de todos los parámetros que van encaminados a un mejor aprovechamiento del oxígeno disponible.

En un ejercicio incremental, a medida que aumenta la potencia, la musculatura consume más ATP por lo que debe irlo sintetizando, al menos, con la misma velocidad de la que es consumido. De no ser así, el individuo se vería obligado a parar o, cuando menos, a bajar dicha potencia. Cuando esa necesidad de energía/tiempo es baja o media el incremento en la síntesis de ATP se produce gracias a las vías aeróbicas de forma predominante.

En condiciones basales un adulto varón de unos 70 kg de peso, tiene un VO_2 de unos 200 a 300 mililitros de oxígeno por minuto (ml/min). Éste es el gasto energético mínimo necesario para el mantenimiento del metabolismo basal de las condiciones vitales, (Barbany, 2002).

Al proseguir con el incremento de la potencia, el consumo de O_2 aumenta de forma paralela, pero esto no sucede de forma indefinida. Llega un momento en que las necesidades de energía no pueden ser totalmente cubiertas merced a la oxidación, al verse limitadas las mitocondrias por la velocidad a la que tienen que producirse las moléculas de ATP. Entonces comienza a producirse más cantidad de ATP merced a la producción de lactato en el sarcoplasma. Así pues, un tramo de potencias, está cubierto en proporciones similares por los procesos oxidativos de la mitocondria y por los procesos anaeróbicos glucolíticos en el sarcoplasma.

Pero si sigue incrementando esta potencia, llega un momento en que los procesos aeróbicos no pueden seguir aumentando porque han llegado a su límite, y la única posibilidad de seguir aumentando la potencia es mereced a las vías anaeróbicas.

En el momento en que el proceso oxidativo ha llegado a su límite (se satura), se dice que se ha alcanzado el consumo máximo de oxígeno o VO_2max (figura 5.12).

El VO_2max, se puede definir como la *máxima cantidad de oxígeno que es capaz de consumir el individuo en un tiempo determinado*. Éste viene determinado de dos formas:

En términos absolutos, el concepto de consumo de VO_2max viene relacionado con la máxima cantidad de litros de O_2 que puede consumir un individuo durante 1 minuto (l/min). No obstante, cabe reflexionar sobre que esta medida no supone una referencia demasiado útil ya que, si no se relaciona con el peso, puede hacer caer en errores de interpretación. Dos individuos con mismo consumo en l/min, no tienen las mismas prestaciones aeróbicas si uno pesa 60 Kg y el otro, pesa de 90 Kg.

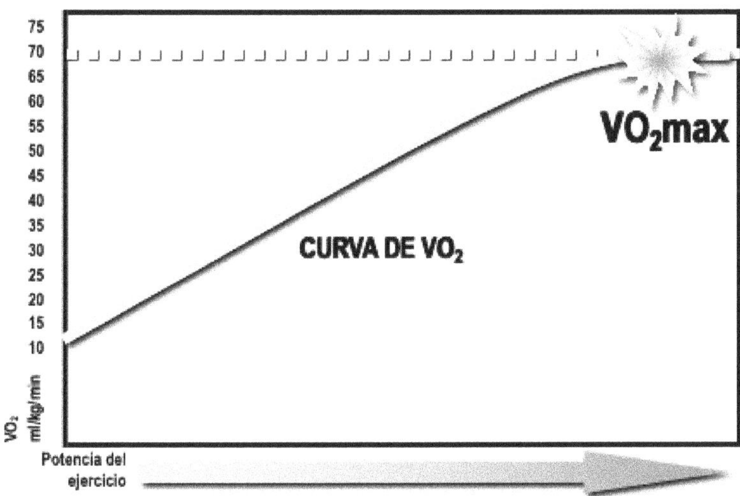

Figura 5. 12.- Relación entre la velocidad de ejercicio incremental y el consumo de oxígeno (VO_2). Se puede apreciar que llegada y una potencia determinada, ya no es posible seguir aumentando la velocidad a costa del O_2. Es en este momento cuando se ha alcanzado el VO_2max. Hasta este momento, el VO_2 correlaciona, prácticamente de forma cuasi lineal con la potencia del ejercicio.

La forma más fiable es utilizar la magnitud **en términos relativos**. Ésta forma viene relacionada con el peso corporal y se expresa en mililitros de oxígeno, consumidos por cada Kg de peso y durante 1 minuto (ml/Kg/min). Es la medición más utilizada, sobre todo cuando vamos a hablar de niños y jóvenes.

El VO_2 resulta útil como indicador de las prestaciones aeróbicas ya que la potencia del ejercicio está directamente relacionada con la capacidad aeróbica (Terjung, 2002). De todas formas, para ser exactos en su medición, es preciso recurrir a métodos costosos como por ejemplo el análisis de gases (McLaren, 2006).

Cuando se aplican potencias que lo reclaman, por encima del 70% del máximo, el ATP se sintetiza a partir del glucógeno y por debajo de estos porcentajes se reclaman preferentemente los lípidos.

La dinámica del VO_2.

Mientras las potencias del ejercicio reclamen prioritariamente los procesos aeróbicos, y no sobrepasan el VO_2max el VO_2 correlaciona prácticamente al 100% con dichas potencias. (r^2=0,998). (Billat et al, 1995).

Por lo tanto, el VO_2 mantiene una dinámica paralela a la potencia hasta que se alcanza el máximo y se satura este proceso, al precisarse más cantidad de ATP del que puede facilitar los procesos aeróbicos.

El VO_2max supone un índice de aptitud física cardiovascular y de estimación del rendimiento físico. Para su desarrollo existen métodos y sistemas de entrenamiento, pero también concurren ciertas limitaciones en su mejora, especialmente en lo correspondiente a los parámetros relativos a la circulación y respiración (Gorostiaga et al, 2002). En cambio, parece ser que en lo referente a la capacidad metabólica oxidativa del músculo, existen menos condicionantes, por lo que parecen ser más entrenables. Sea como sea, la comprobación de la mejora de este parámetro deberá ser individual.

El VO_2max es mejorable de diversas formas. Siguiendo estudios de diferentes autores, cuando se utilizan cargas entre el 50% y el 100% del VO_2max. en sesiones que duran entre 15 y 45 min, se observó que el VO_2max aumentaba en relación directa con la potencia del ejercicio.

Esto puede ser explicable teniendo en cuenta que las fibras St (de las que ya hemos hablado) van agotando sus reservas de glucógeno al cabo de cierto tiempo, lo que obliga a entrar en funcionamiento a las fibras FtI (rápidas intermedias), las cuales, se ven obligadas a incrementar su capacidad oxidativa, lo que contribuye a mejorar el VO_2max. Por todo ello, una de las maneras de lograr incrementar este parámetro estriba en aumentar el potencial aeróbico de las fibras Ftl.

El VO_2max tiene un límite que depende directamente de una serie de parámetros (López, 1988):

- De la cantidad máxima de O_2 suministrada por el sistema cardiocirculatorio. Ésta a su vez, depende de la cantidad total de sangre y de la concentración de hemoglobina, la cual, depende, a su vez de la cantidad y la calidad de los hematíes.
- De la distribución adecuada del débito cardiaco, que se produce de forma selectiva, primando a los músculos activos y dentro de éstos a las fibras que se contraen.
- De las posibilidades de las fibras, para extraer y utilizar dicho oxígeno. Las fibras producen adaptaciones que posibilitan ese mayor consumo de oxígeno, producción de más cantidad de ATP merced a los procesos oxidativos. Esas adaptaciones residen en un mayor crecimiento de las mitocondrias, y una mayor actividad enzimática especializada.

El VO_2max depende de otros factores que son determinantes, (Gª Manso, 1999); (Barbany, 2002):

- De la constitución genética. Que es totalmente decisiva en el entrenamiento de la capacidad de resistencia.
- De la masa muscular. Para poner en crisis el VO_2max, es preciso que se vean implicados los grupos musculares principales y en general la mayoría de ellos. Por ello la carrera, el ciclismo, el esquí de fondo y otros deportes similares, suponen ejercicios idóneos para entrenar este parámetro.
- De la edad. Los máximos niveles de VO_2max se obtienen alrededor de los 25 años en los hombres y de los 15 en las mujeres. A partir de aquí, comienza un paulatino descenso, que es frenable mediante el entrenamiento específico. En valores relativos, es decir, referidos al peso corporal, el VO_2max en los niños, llega a aproximarse al que alcanzan los adultos.
- Del sexo. En la mujer adulta el VO_2max es inferior entre un 10% y un 30% al del varón, a la misma edad, aunque al tener la primera un peso inferior, expresado en valor relativo (ml/kg/min), la diferencia se reduce.
- De la motivación. Como todos los aspectos del entrenamiento, la motivación provoca un aumento del rendimiento. El VO_2max está regulado en primera instancia por el sistema nervioso y muy influenciado por el sistema límbico. Por lo tanto, todas las implicaciones de tipo afectivo y motivacionales pueden aumentar o reducir las prestaciones.

- VO_2max es mejorable hasta un cierto punto. A partir de un límite no es posible proseguir aumentándolo merced al entrenamiento, sean cuales sean las características de las cargas (Gorostiaga, Ibáñez y L. Calbet, 2002). Esto sugiere que las mejoras en el rendimiento, no son exclusivamente determinadas por las mejoras en este parámetro. De hecho, las marcas y los records en distancias medias y largas, han mejorado considerablemente en las últimas décadas, mucho más de lo que ha mejorado el VO_2max de los atletas.

El VO_2max está considerado como un buen indicador de las capacidades cardiovasculares y respiratorias. Igualmente representa un valor útil para establecer la magnitud de la carga en el entrenamiento, mediante tantos por ciento de este valor. Así pues , se pueden establecer potencias más altas, mediante porcentajes superiores al 100% o inferiores, mediante porcentajes más bajos.

Con respecto al rendimiento en resistencia, el VO_2max no parece mantener alta relación. No obstante, mayoría de los deportistas de resistencia cualificados poseen altos niveles, lo que sugiere que tener altos niveles de VO_2max puede facilitar el alto rendimiento (Mucci, et al, 2004). Esto sugiere que la observación de este parámetro no es indicador suficiente para explicar el rendimiento en especialidades de media y larga duración (Weineck, 2005). En otras palabras, un gran deportista de resistencia tiene un gran VO_2max pero no por tener ese gran VO_2max, necesariamente tiene que ser un gran deportista de resistencia.

El pico y la meseta de VO_2max.

En una prueba incremental llega un momento en el que se alcanza el VO_2max. Éste máximo puntual también es conocido como *"pico de VO_2max"*. No obstante, existe la posibilidad de mantenerlo durante un tiempo determinado, dependiendo de las posibilidades y preparación del deportista. Al periodo de tiempo que un individuo es capaz de mantener el VO_2max sin que éste decaiga, se conoce con el término de *"meseta de* VO_2max" (figura 5.13).

El pico mediante el entrenamiento, no es muy susceptible de mejora (hasta el 20-30% como máximo) según ciertos autores. No obstante hay otros como Costill (1985) que aseguran márgenes de mejora considerable,mente más reducidos.

Por el contrario, la meseta sí que es más prolongable a través del entrenamiento. Ésta puede llegar a superar un tiempo que puede variar, dependiendo de los autores, entre 5-6 minutos (Billat, 2002) a 7-10 (Astorino et al,

2005) ya que depende de una serie de factores que son mejorables con el entrenamiento (fuerza específica, economía del esfuerzo, etc.).

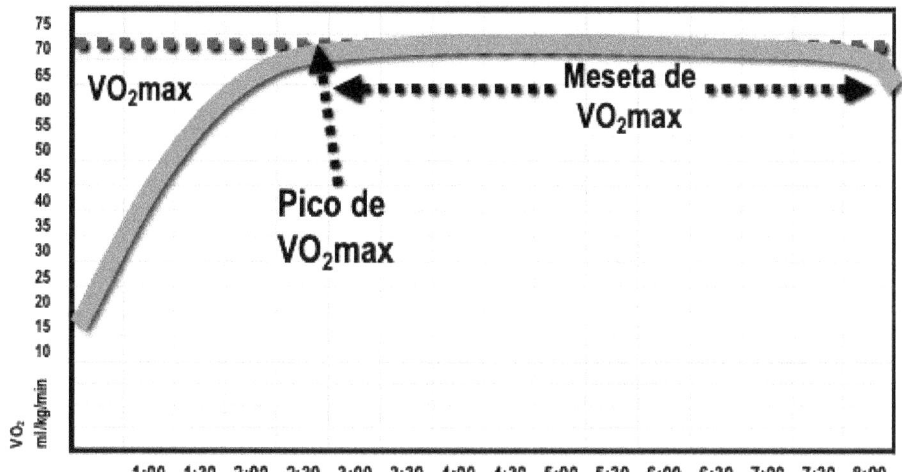

Figura 5. 13.- El VO_2max se alcanza en un momento determinado (Pico). Este parámetro se puede mantener durante un tiempo (Meseta) y luego comienza a decaer por diferentes motivos relacionados con la fatiga.

Parámetros coincidentes con el VO_2max. La potencia aeróbica máxima (PAM) y la velocidad aeróbica máxima (VAM).

Existen otros parámetros o indicadores que coinciden con las prestaciones del VO_2max:

- *La potencia aeróbica máxima (PAM)*. Es la máxima potencia que se puede alcanzar con prestaciones aeróbicas, reclamando el VO2max por lo que ambos parámetros coinciden (Billat, 2002).
- *La velocidad aeróbica máxima (VAM)*. Hace relación a la máxima velocidad que se puede obtener mediante las prestaciones del VO_2max. No obstante, depende también de otros factores tales como la fuerza específica, la economía de carrera, etc. Este indicador puede suponer un mejor referente para el entrenamiento de los deportistas especialistas en deportes que impliquen desplazamiento de su propio cuerpo (carrera, natación, etc.). (Gacón, 1995) (figura 5.14). No obstante, no será del todo útil, cuando ese desplazamiento se ve apoyado por otro tipo de material (patinaje, esquí de fondo, ciclismo, etc.) ya que dependerá mucho del tipo de material.

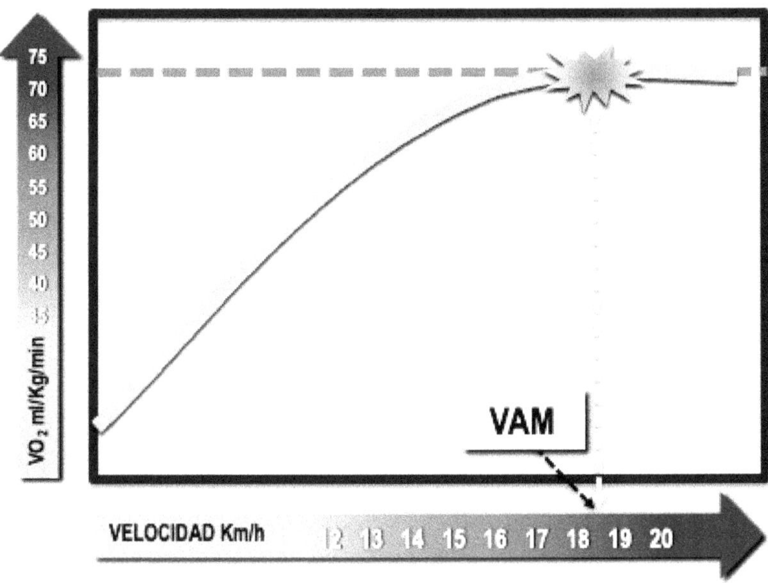

Figura 5. 14.- La velocidad aeróbica máxima (VAM) se alcanza en el momento en que se llega al VO_2max.

EL UMBRAL AERÓBICO.

Este concepto está relacionado con los procesos aeróbicos. En estado de reposo el nivel de concentración de lactato en sangre en el músculo (lactatemia) oscila alrededor de 1,0 y 1,8 mmol/l (Zintl, 1991). En esta situación, el lactato que se produce en el músculo desaparece en el su propio interior, mediante una serie de procesos en los que es absorbido, consumido o eliminado. Cuando el nivel de lactato excede la tasa aproximada de 2 mmol/l, es vertido a la sangre. El límite de 2 mmol/l se toma en la bibliografía como el umbral aeróbico, que es el momento en que comienza a volcarse lactato a la sangre.

El umbral aeróbico (UA) supone también el momento, a partir del cual, se comienza a producir entrenamiento (adaptación) a los procesos aeróbicos. Por debajo de este límite, el organismo, al encontrarse ya adaptado a este tipo de esfuerzos, no se ve obligado a poner en marcha los mecanismos de ajuste para recuperar la homeostasis.

Existen argumentos para pensar que el contenido de las mitocondrias del músculo esquelético está más relacionado con la capacidad de trabajo a potencias más bajas que la que corresponde al VO_2max. Por lo tanto, las mitocondrias son más responsables del entrenamiento a potencias más próximas a este umbral, siempre y cuando éstas no rebasen este límite (Gorostiaga et al, 2002).

5.4.2. Los procesos anaeróbicos.

La característica común es que *no utilizan el oxígeno* en sus reacciones. Pueden utilizar los hidratos de carbono o la Fosfocreatina, dependiendo de la potencia requerida y, en consecuencia, de la vía metabólica reclamada.

Así pues, en relación con el substrato utilizado distinguimos dos vías de obtención de ATP: *la vía anaeróbica aláctica y la vía anaeróbica láctica.*

LA VÍA ANAERÓBICA ALÁCTICA.

Se produce a través de la fosforilización del adenosín di fosfato (ADP) y del adenosín mono fosfato (AMP).

Utiliza como substrato la fosfocreatina (PC). Ésta se encuentra libre en la fibra muscular en forma muy reducida, por lo que se agota con mucha rapidez.

Las reacciones se producen en el sarcoplasma de la fibra. En este proceso, la fosfocreatina cede la molécula de fosfórico al ADP para formar de nuevo el ATP (figura 5.15). Para ello cobra especial importancia la enzima CreatinKinasa (CK) que también es utilizada para detectar procesos de fatiga y de destrucción muscular derivada del esfuerzo.

Su producción es de efecto casi inmediato debido, fundamentalmente a dos razones:

- A no tener que esperar a que llegue el O_2 proveniente de la respiración.
- A que se encuentran presentes y con acceso inmediato todos sus componentes.

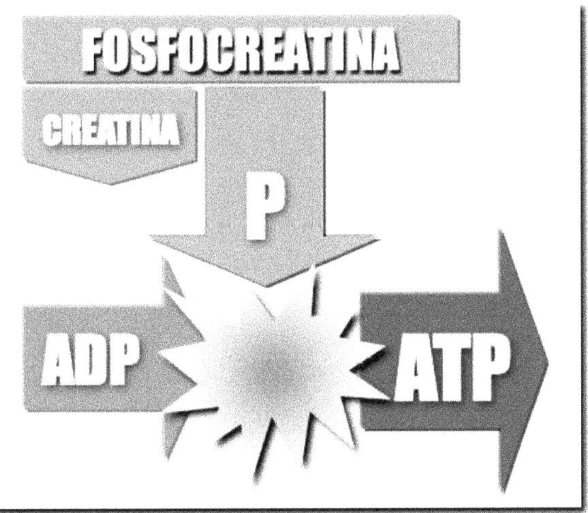

Figura 5. 15.- Representación del proceso de resíntesis del ATP a partir de la Fosfocreatina.

El rendimiento en un sprint corto, de un salto o de un lanzamiento, a potencia máxima depende de la capacidad para utilizar los depósitos de (ATP y PC). Los velocistas de alto nivel, los lanzadores o los saltadores, etc., son capaces de movilizarlos de forma más rápida y completa que otros individuos menos cualificados en especialidades tan explosivas.

Resumiendo, esta vía reúne una serie de características que la permiten aportar energía para esfuerzos altamente explosivos y de corta duración:

- Utiliza los fosfágenos (ATP libre y fosfocreatina). Ambos compuestos están almacenados en la propia fibra muscular y muy cerca del lugar donde se utilizan durante el proceso contráctil, no teniendo que esperar a que lleguen por la vía sanguínea.
- Las reacciones no son complejas y se desarrollan con cierta facilidad.
- El aporte de oxígeno y su llegada al músculo no afecta a su funcionamiento.
- Resulta de efecto cuasi inmediato.
- Tiene como sustancias terminales la creatina y el fosfórico.
- Facilita la máxima potencia (utilización ATP/tiempo). Por lo tanto, es la utilizada prioritariamente para facilitar esfuerzos cortos y con la mayor exigencia.
- Cuando se reclama a la máxima potencia no permite esfuerzos superiores a los 8 a 10 segundos (siempre dependiendo de las características del deportista y de ciertos autores).
- Su principal factor limitante viene a través del agotamiento de las reservas de fosfocreatina y compuestos fosforados en el interior de la célula.

La potencia aláctica máxima (PAlM):

Basándonos en las prestaciones que nos dan estos procesos se puede hablar de la potencia aláctica máxima. Ésta viene coincidiendo con la potencia máxima absoluta o la máxima potencia con la que se puede realizar un ejercicio, durante un tiempo reducido y en el que se reclame el ATP libre y las reservas de Fosfocreatina.

La vía anaeróbica láctica.

Esta vía entra en acción, de forma predominante, cuando la fosforilización oxidativa (metabolismo aeróbico) no puede abastecer la totalidad de la demanda ATP por unidad de tiempo. Esto sucede cuando la potencia sobrepasa aproximadamente el 85% del consumo máximo de oxígeno (VO_2max). (Terrados, 2000).

Cuando se moviliza la glucosa presente en la fibra, transcurrido un tiempo de ejercicio, se implican una serie de reacciones a partir de esta substancia hasta llegar a los productos finales de lactato e hidrogeniones (L^- y H^+). No obstante y, pese a llevar su tiempo, el proceso se produce más rápidamente que las correspondientes al metabolismo aeróbico.

El transcurso que se produce, igualmente que el anterior, en el sarcoplasma de la fibra y reúne las siguientes características:

- Utiliza exclusivamente un solo substrato, los hidratos de carbono en su forma más sencilla que son los azúcares sencillos (C6H12O6) entre los que figura glucosa principalmente. Cuando los depósitos de este substrato, no están suficientemente rellenados, puede suceder que ante esfuerzos determinados, se produzca poco lactato y pueda llevar a confusiones acerca de la carga interna. Esta contingencia se conoce como paradoja del lactato. (Gª-Verdugo, 2007).
- Los hidratos de carbono sencillos (glucosa, fructosa, etc.) acaban derivando en ácido pirúvico. Éste, cuando no utiliza el oxígeno, acaba en ácido láctico, produciéndose el ATP en el proceso.
- Dicho ácido láctico, al entrar en un medio líquido tal como puede ser el líquido intersticial o en la sangre, se disocia en dos compuestos:
  - El lactato (L-) que es reutilizado, removido o reciclado por diferentes mecanismos.
  - Los iones hidrógeno o hidrogeniones (H+)
- Los hidrogeniones son los responsables de que aumente la acidez en el músculo y en la sangre (bajada del pH). En este sentido, cuando el grado de acidez baja lo suficiente, las reacciones de la glucólisis anaeróbica, tal cual es este caso, se interrumpen o se produce bloqueo en el músculo, impidiendo proseguir este tipo de esfuerzos.
- El factor limitante, por consiguiente, viene determinado por el grado de acidez (pH).
- Utilizada al máximo, esta vía facilita esfuerzos máximos próximos al minuto de duración (siempre dependiendo de las características y grado de entrenamiento del deportista y de su edad).
- Existe también influencia del metabolismo láctico en esfuerzos que por su potencia saturan al metabolismo aeróbico.

- El metabolismo láctico aparece también en esfuerzos de potencias máximas, por lo que hablar de la vía anaeróbica aláctica, de forma pura, no sería posible ya que el lactato también aparece en proporciones considerables, en esfuerzos de muy corta duración (4 – 6 seg).
- Pese a permitir esfuerzos a potencias muy altas, esta vía metabólica, es poco económica. Tiene un rendimiento relativamente bajo ya que gasta mucho substrato de glucógeno y no termina de descomponer las moléculas en su totalidad, por lo que el producto final (lactato) aún almacena cantidades importantes de energía.
- La concentración de lactato que sale a la sangre (lactatemia), antes de aparecer, ha sufrido una gran cantidad de procesos, transformaciones y dispersión. Por ello, estas tomas, si bien suponen una información interesante, entendemos que no deberían magnificarse a la hora de ser utilizadas como determinantes para la programación y control del entrenamiento. (figura 5.16).

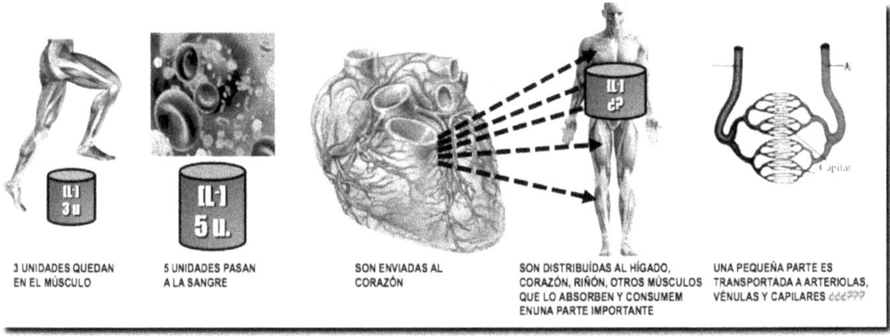

Figura 5. 16.- El lactato que aparece en sangre depende de muchas variables (temperatura, depósito de glucógeno, hidratación, etc.). Desde que se produce en el músculo, se va distribuyendo por diferentes partes del cuerpo hasta que llega una parte a la sangre, sin que esté demasiado claro qué cantidad se va quedando por el camino en cada momento.

El umbral anaeróbico.

En el conocimiento global de umbral anaeróbico existen, dos conceptos que parecen guardar un significado fisiológico diferente:

Un primer conocimiento que coincide con el comienzo de la acumulación de lactato en sangre y que incluye el *umbral de lactato* o *umbral anaeróbico* y un segundo concepto de umbral identificado como *máximo estado estable* (MaxLax).

Al respecto, no existe un consenso claro sobre qué significa el término umbral anaeróbico. Algunos científicos del deporte prefieren simplemente eliminar el término. Sin embargo, sigue siendo utilizado por los entrenadores, entre los que parece existir un mayor acuerdo en lo concerniente a los conceptos de entrenamiento asociados con este fenómeno.

Hace ya cierto tiempo, estudiosos del deporte pensaron que había un punto de esfuerzo en el que el cuerpo comenzaba a utilizar la energía anaeróbica de forma más acentuada y de forma progresiva. Este punto coincidía con un cambio repentino en el consumo de oxígeno, en comparación con la producción de dióxido de carbono (CO_2), junto con una rápida acumulación de lactato en la sangre. Suponiendo que era un cambio rápido, se le aplicó el término "*umbral*" ya que se suponía que la acumulación de lactato se debía al incrementado del uso de energía anaeróbica. Igualmente, al suponerse que era causado por la falta de oxígeno, se le aplicó el término "*anaeróbico*".

Para un colectivo de científicos y técnicos del deporte no debería utilizarse el término "umbral anaeróbico", ya que no representa realmente una transición repentina entre el metabolismo aeróbico y el anaeróbico glucolítico. Además, no tiene que ver con la ausencia de oxígeno. Incluso, en la mayoría de los casos, el oxígeno que existe disponible en la fibra muscular, no escasea hasta el límite de obligar a la producción de lactato en cantidades superiores a las que se puede ir eliminando (McArdle, 2004)

Muchos técnicos han comenzado a utilizar otros términos como "*umbral de lactato*" o "*comienzo de la acumulación de lactato sanguíneo*" "*Onset of Blood Lactate Accumulation*" (OBLA). Sin embargo, el término "umbral anaeróbico" sigue siendo el favorito entre los entrenadores, los deportistas y los medios de comunicación, por lo que será el término que vamos a utilizar en las diferentes partes de esta obra, cuando necesitemos hacer referencia a este fenómeno de acumulación de lactato.

Este proceso es comúnmente utilizado para describir un suceso que ocurre en todos los deportistas. Cualquier incremento en la potencia de un esfuerzo, por encima de este nivel, causará que el lactato y sus ácidos asociados se incrementen en forma constante, y esto eventualmente, forzará al deportista a reducir el tiempo de que puede mantener un tipo determinado de ejercicio.

Hay que tener presente que, incluso, ante la suposición utópica exista esa "frontera", no permanecería inmóvil, ya que depende de unas influencias y jerarquizaciones superiores, totalmente caprichosas y variables, de las cuales se relacionan algunas.

Algunas razones por las cuáles el umbral anaeróbico no se debería tomar como información estricta a la hora de controlar el entrenamiento:

- *El estado de fatiga*. En función del tipo de fatiga (nerviosa, psicológica, muscular local o general, etc.), se producirá más o menos lactato.
- *Rellenado de depósitos de glucógeno*. Si están repletos es más fácil que se comience antes a acumular lactato, ya que la presencia de grandes cantidades de este sustrato induce a su producción en mayores cantidades que cuando el "almacén" se encuentra a medias de rellenar o deplecionado.
- *La producción enzimática*. Depende tanto, de su cantidad como de su actividad, las cuáles son inductoras de la actividad metabólica.
- *La actividad del sistema nervioso vegetativo*. Con sus procesos activadores (simpáticos) o inhibidores (parasimpáticos).
- *Porcentaje de fibras St o de fibras Ft*. Ya se ha visto que las segundas (de contracción rápida) son más glucolíticas que las primeras (más resistentes).
- *Que las fibras St (más aeróbicas) estén agotadas por un entrenamiento fuerte de características aeróbicas*. Esto obliga a intervenir, en mayor medida ,a las fibras Ft para suplir a las primeras.
- *La estimulación de los centros motores*. Antes de producirse el movimiento, ya se están produciendo modificaciones que influyen directamente en el metabolismo.
- *La influencia del sistema límbico*. Con todas las alteraciones que producen las informaciones referentes al estrés, la ansiedad, etc.
- *Las influencias del medio externo*. Altitud, presión atmosférica, temperatura, cambios horarios, etc.

Acerca de la temperatura, aunque ante un mismo esfuerzo, la cantidad de lactato producido fuese el mismo, su aparición en el riego sanguíneo puede tardar más o menos, dependiendo de la temperatura. En situaciones de frío, el lactato tardará más en verterse a la sangre.

Esas variables, tienen sus dificultades de control y hacen que se pueda hablar de dudas razonables a la hora de interpretar la concentración de lactato.

Por estos motivos y pese a que muchos autores sitúan el umbral de lactato a un nivel estándar de 4 mili moles por litro de sangre (mmol/l), es más exacto y refleja más las posibilidades del deportista, el umbral anaeróbico individual (UanI).

Pese a todo lo expuesto anteriormente, este índice es apoyado por un colectivo de autores y entrenadores y, en ciertos casos, podría ser utilizado con diferentes objetivos, (Gorostiaga, et al. 2002):

- Como un índice de adaptación muscular al entrenamiento de resistencia aeróbica.
- Como índice para determinar las diferentes potencias de la carga de resistencia en una sesión de entrenamiento.

El umbral anaeróbico individual (UanI).

A pesar de que existe una magnitud estándar aceptada por la parte de la bibliografía correspondiente a 4 mmol/l, cada deportista tiene un límite aproximado, a partir del cual, comienza a acumular lactato en sangre. Así pues, su comprobación y control pueden resultar un dato a tener en cuenta para ciertos tipos de entrenamiento.

En este sentido, existen muchos datos en los que se comprueba que atletas muy entrenados en resistencia aeróbica y especializados en resistencia de duración larga (RDL), acumulan menos lactato a potencias más altas que otros deportistas menos entrenados aeróbicamente o más entrenados hacia especialidades de duración media o corta (RDM, RDC). Esta diferencia entre especialistas puede ser debida al mayor predominio de actividad mitocondrial de los primeros.

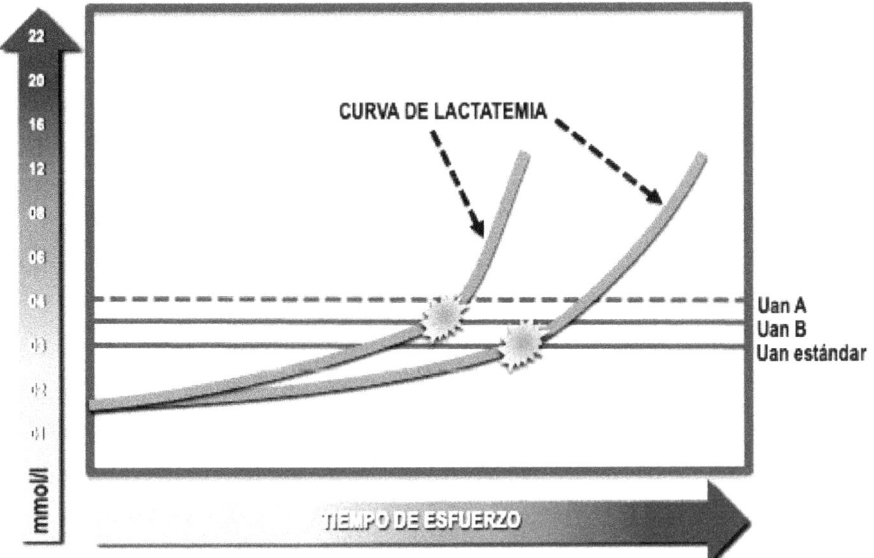

Figura 5. 17.- Comparación del umbral anaeróbico individual del corredor de maratón, (Uan A) y un corredor de 800 metros (Uan B). Se observa que el maratoniano alcanza el Uan con menos lactato.

Resulta sencillo comprobar en corredores de maratón, umbrales individuales próximos a los 3 mmol/l, incluso inferiores, mientras que corredores de 800 m. tienen el Uan alrededor de los 4 mmol, (figura 5.17).

La potencia láctica máxima (PLM):

Es el resultado de las máximas prestaciones del metabolismo del lactato. Por lo tanto, sería la potencia del ejercicio, por encima de la cual, ésta solamente se podría aumentar en base al metabolismo aláctico. Este dato resultará importante más adelante.

El déficit y la deuda de Oxígeno.

La literatura especializada, contempla dos parámetros que vienen relacionados con el VO_2 y la producción de lactato.

El déficit de Oxígeno.

Cuando se comienza un ejercicio, de tipo aeróbico de cierta potencia, la mayoría de las veces no existe suficiente disponibilidad de energía para abastecerla. De este modo, aunque en situaciones normales no hubiese un acumulo de lactato, en los momentos iniciales, sí que se producirá.

Posteriormente, la producción de este compuesto se va regulando hasta situarse en un nivel constante, (figura 5.18). Al respecto, (Lopategui, 2001), explica una serie de razones que pueden explicar, al menos en parte, este fenómeno:

- El consumo de oxígeno (VO_2) durante el tiempo en que se produce el déficit es menor al consumo que corresponde al período de estabilización.
- Durante los primeros minutos, la cantidad de O_2 que se consume es más baja que la requerida por el ejercicio para poder producir la cantidad necesaria de ATP.
- La energía utilizada, mientras se contrae el déficit de oxígeno, tiene un origen parcialmente con predominancia anaeróbica.
- Cuanta más potencia implique el ejercicio, tanto mayor es el déficit de O_2 y tanto más importante es la producción energética anaeróbica.
- Se acumula un déficit de oxígeno adicional cada vez que se aumenta súbitamente el gasto energético (sprint final, cambios de ritmo, aceleraciones durante una carrera, arrancadas en fútbol, etc.).
- Por la lenta adaptación de los sistemas de transporte de oxígeno. Este fenómeno viene condicionado por el retraso en los ajustes realizados por los sistemas respiratorio y circulatorio, siendo precisos unos pocos minutos

para que éstos puedan absorber y transportar el O_2 adicional que demandan las necesidades energéticas aeróbicas de los músculos que entran en acción.

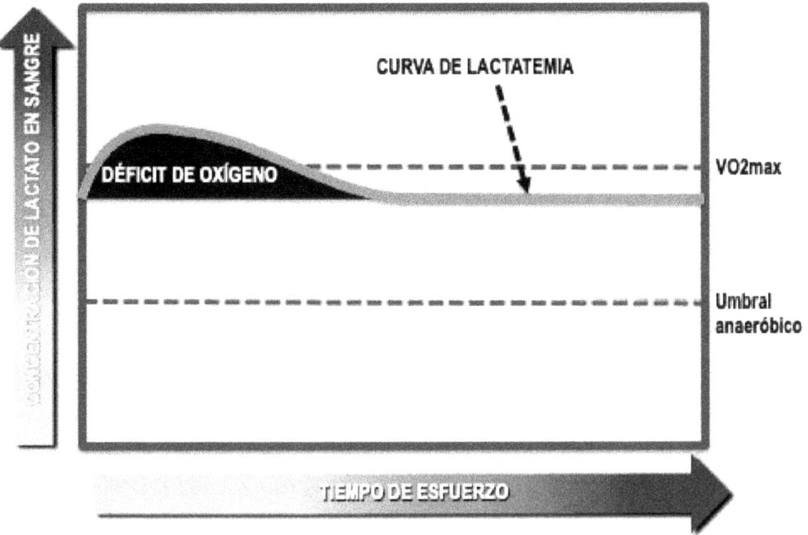

Figura 5. 18.- Representación del déficit de Oxígeno, provocado durante los primeros minutos de un ejercicio de características aeróbicas de alta potencia. Puede apreciarse que, durante los primeros minutos de esfuerzo, la curva de concentración de lactato en sangre (lactatemia) aumenta. Luego, pasado un tiempo, se estabiliza a niveles más bajos.

La deuda de Oxígeno.

Cuando se produce un ejercicio de cierta potencia, se produce una hiperventilación originada como consecuencia de las mayores necesidades de oxígeno. Una vez interrumpido el esfuerzo, no se interrumpe inmediatamente el jadeo. El individuo sigue respirando con más profundidad y frecuencia que en su estado de reposo. El efecto es originado por la necesidad de abastecer una cantidad adicional de este elemento, necesario para la vuelta al estado de reposo (recuperación). A esta cantidad adicional de O_2 que se debe restituir se la conoce como *la deuda de Oxígeno.*

Lamb, (1985) define este fenómeno como "el oxígeno utilizado, durante el período de recuperación de un ejercicio, el cual constituye un exceso del que, normalmente se observa en un período de similar duración con el músculo en reposo".

La deuda de O_2 viene determinada por una serie de características (Lopategui, 2001):

- El consumo de oxígeno se encuentra elevado en relación al basal.

- Es ocasionado por la combinación de una serie de mecanismos fisiológicos aún no comprendidos en su totalidad.

Según eso, se establece en un orden secuencial que, de forma simplificada, pase por los siguientes pasos:

- Resíntesis de las reservas musculares de fosfágeno y de mioglobina.
- Reposición de niveles venosos de oxihemoglobina y restauración del O2 disuelto en los tejidos. Todo ello requiere cantidades adicionales de O2 que deben ser suplementadas una vez detenido el ejercicio.
- Posteriormente, las necesidades de ese oxígeno adicional pasan a solucionar el problema de exceso de calor producido por el metabolismo, hecho que igualmente incita a la célula a consumir mayores cantidades de este elemento.

La deuda de O_2 está íntimamente relacionada con los procesos de recuperación ante ejercicios aeróbicos. Ésta es una de las razones por las cuales los deportistas, bien entrenados en resistencia aeróbica, acumulan menos deuda de O_2 ante esfuerzos similares que otros menos entrenados. Pero además sucede que los primeros, son capaces de tolerar deudas de O_2 muy superiores a los segundos y también que son capaces de "pagar" esa deuda en menor tiempo. Por todo ello, nos encontramos con un margen de rendimiento superior cuanto más y mejor entrenado se encuentre el deportista.

Este hecho se explica por las siguientes razones:

- *En relación con el rendimiento deportivo*. Existe menor deuda de O_2 ante una misma potencia y duración del ejercicio y una mayor capacidad para mantener la deuda, tanto en cantidad como en duración.
- *En relación con la capacidad de entrenamiento en general*. Se necesita menos tiempo para volver al equilibrio (pago de la deuda) acortándose la recuperación. Esto permite al deportista reanudar antes el esfuerzo y realizarlo mayor número de veces, o lo que es lo mismo, le facilita mayor capacidad de entrenamiento (entrenabilidad).

En la figura 5.19 se representan los fenómenos de déficit y deuda de oxígeno, una vez transcurrido e interrumpido el ejercicio. Se observa que es precisa una cantidad de O_2 adicional para restablecer las diversas alteraciones que se produjeron durante el esfuerzo.

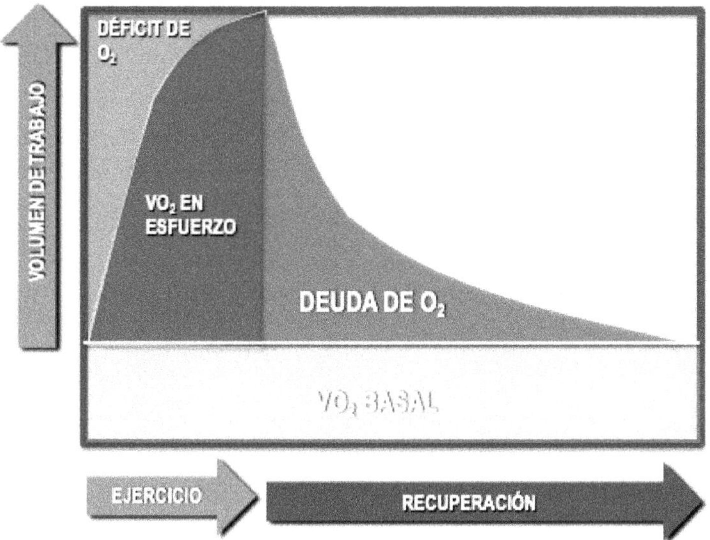

Figura 5. 19.- Esquema representativo de los fenómenos de déficit y deuda de oxígeno

5.4.3. Los momentos de inercia. Un ejemplo aclaratorio.

El dominio y comprensión de los conceptos relativos al consumo y aporte de energía se consideran como determinantes para la comprensión del entrenamiento (figura 5.20).

Supongamos que le encomendamos a un individuo que corra desde el principio a su máxima velocidad posible. Lógicamente, debido a la fatiga, su celeridad irá descendiendo hasta verse obligado a caminar.

Este descenso paulatino de velocidad se debe a los siguientes fenómenos:

1. De salida consumirá el ATP libre.
2. Seguidamente, o casi al mismo tiempo, comenzará a generar ATP por la vía anaeróbica aláctica, merced al aporte de la fosfocreatina (PC).
3. Cuando se vaya agotando aquella, comenzará a utilizar los hidratos de carbono, por la vía anaeróbica láctica (*glucólisis rápida*), produciendo lactato e iones hidrógeno. Esto le permitirá avanzar un tiempo determinado hasta que se vaya bloqueando debido al descenso del pH.
4. Ante el bloqueo de las reacciones del proceso anterior, seguirá utilizando los hidratos pero ya por la vía aeróbica glucolítica (*glucólisis lenta*).
5. Pasado un tiempo, el glucógeno se irá agotando y se pasará un tiempo "tirando" del glucógeno y de las grasas (ahora ya todo a través

de la vía aeróbica). En lo que respecta al consumo de las grasas, éstas se metabolizan siempre por la vía aeróbica (vía aeróbica lipolítica)

6. Transcurrido otro tiempo, más largo, el glucógeno deplecionará y el atleta "tirará" prioritariamente de las grasas en su mayor porcentaje.
7. A lo largo de todo el trayecto, irá generando una pequeña parte la energía que le aportan las proteínas (vía aeróbica proteica). Aporte que irá aumentando, a medida que se prolonga el esfuerzo.

Es importante aclarar que este orden secuencial en la incidencia de un proceso metabólico u otro se debe al tipo de esfuerzo planteado. Es decir, partiendo a máxima velocidad y siguiendo hasta la fatiga máxima.

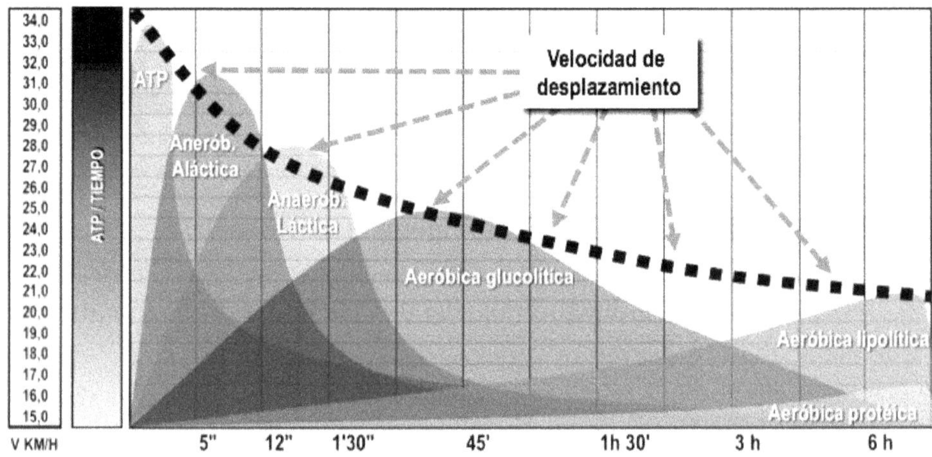

Figura 5. 20.- Ejemplo de incidencias en el metabolismo en función de la velocidad de desplazamiento y de la fatiga.

No obstante, cabe decir que el metabolismo es muy económico y utilizará prioritariamente la vía y el substrato más rentable. Así pues si parte a una velocidad media, utilizará preferentemente las vías aeróbicas o si parte a una velocidad submáxima, será la vía anaeróbica láctica.

5.5. LOS NIVELES O ESTADIOS DE DESARROLLO PARA EL ENTRENAMIENTO.

En el entrenamiento existen niveles de desarrollo o estadios, en función de sus objetivos de preparación. En todas las cualidades debe tenerse en cuenta que, según como se apliquen las cargas pueden cubrir una serie de finalidades. En ciertos momentos, son beneficiosos, mientras que, en otros, o no son interesantes porque no cubren los objetivos o, pueden producir adaptaciones que provocarían pérdidas de rendimiento.

La propuesta para los niveles o estadios de desarrollo conlleva la siguiente clasificación: *Niveles o estadios de desarrollo entrenables y no entrenables* (García-Verdugo, 2013) (figura 5.21).

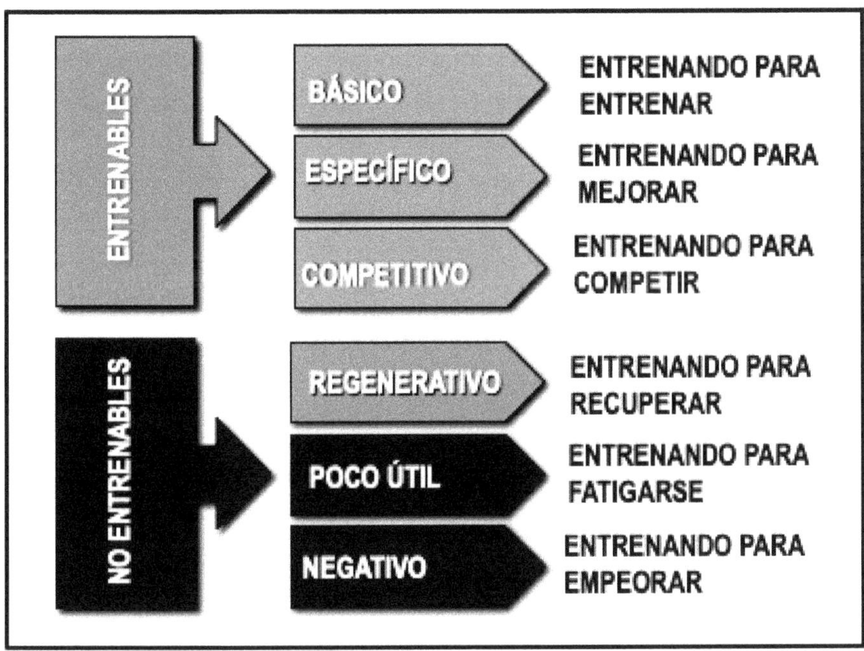

Figura 5. 21.- Para mejor comprensión del entrenamiento se proponen los niveles o estadios de desarrollo (García-Verdugo, 2013). Modificado.

5.5.1. Los niveles entrenables y no entrenables.

Dependiendo de una serie de aspectos del esfuerzo realizado, las cargas pueden originar beneficios con vistas al rendimiento, bien ser inútiles o, incluso, producir adaptaciones que vayan en contra dicho rendimiento en una especialidad concreta. Es por ello, que nuestra propuesta es la de dividir este tipo de trabajos en niveles *entrenables* (que producen beneficios) y no entrenables que pueden perjudicar el rendimiento.

LOS NIVELES O ESTADIO DE DESARROLLO ENTRENABLES QUE SE DEBEN POTENCIAR.

Se trata niveles o estadios que producen beneficios para una determinada especialidad y que, por consiguiente, deben potenciarse. Son aquellos en los que se debe que incidir ya que son los que permiten mejorar el rendimiento o las cualidades necesarias para mejorarlo. En este apartado distinguimos los siguientes niveles: *básico, específico y competitivo.*

Estadio o nivel de desarrollo básico. "Se entrena para entrenar".

Reúne las siguientes características:

- Da soporte para entrenamiento específico y competición que serán posteriores a la aplicación de éste.
- Favorece la tolerancia y adaptaciones a grandes cargas específicas.
- Los ejercicios pueden aplicarse dentro del contexto del gesto competitivo (técnica) o con cualquier otro gesto diferente.
- Sus mejoras, en deportistas adultos, no implican necesariamente aumentos en el rendimiento. No obstante, más adelante, veremos que este nivel si que producirá mejoras en deportistas en fases de desarrollo.
- Las adaptaciones adquiridas deben mantenerse en niveles o estadios posteriores ya que si se pierden, este efecto repercutirá en una mala asimilación de niveles posteriores.

Estadio o nivel de desarrollo específico. "Se entrena para mejorar".

Reúne las siguientes características:

- Desarrolla capacidades específicas basándose en el soporte del nivel básico adquirido con anterioridad.
- Mejora las capacidades y cualidades necesarias para el rendimiento en la especialidad a entrenar.
- Se caracteriza por la aplicación de cargas específicas y dirigidas.
- Las cargas deben ser aplicadas *siempre dentro del contexto del gesto deportivo* (modelo técnico). Todo aquello que no se realiza bajo el gesto deportivo (fuerza, técnica, etc.) no deberá considerarse como específico.
- Las potencias a aplicar son muy próximas (ligeramente superiores, iguales o ligeramente inferiores) a las que precisa la especialidad en situación de competición.

Estadio o nivel de desarrollo competitivo. "Se entrena para competir".

Reúne las siguientes características:

- Produce el máximo rendimiento en competición.
- Las cargas reproducen al máximo a las situaciones competitivas.
- Las cargas se aplican de forma prioritaria durante el periodo de competición.

- Todo aquello que interfiera en circuitos nerviosos, técnica, necesidades energéticas, especialización de las fibras, activación enzimática, etc., interfiere también en la adquisición de la forma deportiva, por consiguiente, no debería trabajarse durante este estadio.

LOS NIVELES O ESTADIOS NO ENTRENABLES QUE SE DEBEN ATENUAR O, EN SU CASO, EVITAR.

Son aquellos cuyos objetivos se alejan de los que hacen mejorar el rendimiento. Por ello, es conveniente conocerlos para evitar incidir sobre ellos ya que solamente producirán pérdida de tiempo y energías. Incluso, podrían llegar a producir deterioros en el rendimiento, motivado por el hecho de que las adaptaciones que se producen van en contra de aquellas que requiere el rendimiento en una especialidad determinada. A su vez, se distinguen los siguientes niveles: *regenerativo, poco útil y negativo.*

Estadio o nivel de desarrollo regenerativo. "Se entrena para recuperar".

Reúne las siguientes características:

- Se utiliza exclusivamente con objetivos de recuperación y regeneración.
- Las cargas aplicadas, por su baja potencia, no producen adaptaciones.
- Si las cargas se aplican de forma moderada resulta útil como favorecedor y acelerador de la recuperación y los procesos regenerativos, adaptativos y supercompensatorios.
- No obstante, si esas cargas son excesivas en su duración, pueden llegar a provocar efectos negativos.

Estadio o nivel de desarrollo poco útil. "Se entrena solo para acumular fatiga".

Reúne las siguientes características:

- Las cargas puedan producir adaptaciones, pero éstas, al encontrarse alejadas de las que se precisan para el rendimiento, no resultan útiles para una modalidad determinada.
- Solamente suponen pérdida de tiempo y energía, los cuáles, deberían utilizarse en la aplicación de cargas entrenables.

Estadio o nivel de desarrollo negativo. "se entrena para empeorar".

Se trata de cargas, que al encontrarse tan alejadas de las exigencias de rendimiento en una especialidad, no solamente son inútiles, sino que merced a las adaptaciones que se producen en dirección opuesta, provocan deterioros del rendimiento.

5.5.2. Los niveles en relación con las cualidades a entrenar.

Las cargas relacionadas con cualquier cualidad, pueden cumplir cualquiera de los objetivos de los niveles o estadios de desarrollo, anteriormente tratados. Esto significa que, tanto para la fuerza, la velocidad, la resistencia o la técnica, existen niveles o estadios de desarrollo (entrenables o no entrenables).

Por todo ello, es importante definir, lo más exactamente posible, qué tipo de cargas relacionadas con esas cualidades cubren los objetivos, para aplicar las correctas y evitar las incorrectas.

En la figura 5.22 se expone un esquema sobre los niveles o estadios de desarrollo de las diferentes cualidades. No obstante, debe insistirse en la idea fundamental de que las cargas que se puedan aplicar con objetivo básico para una especialidad, pueden resultar competitivas para otra y que aquellas que pueden resultar beneficiosas para una especialidad pueden resultar perjudiciales para otra.

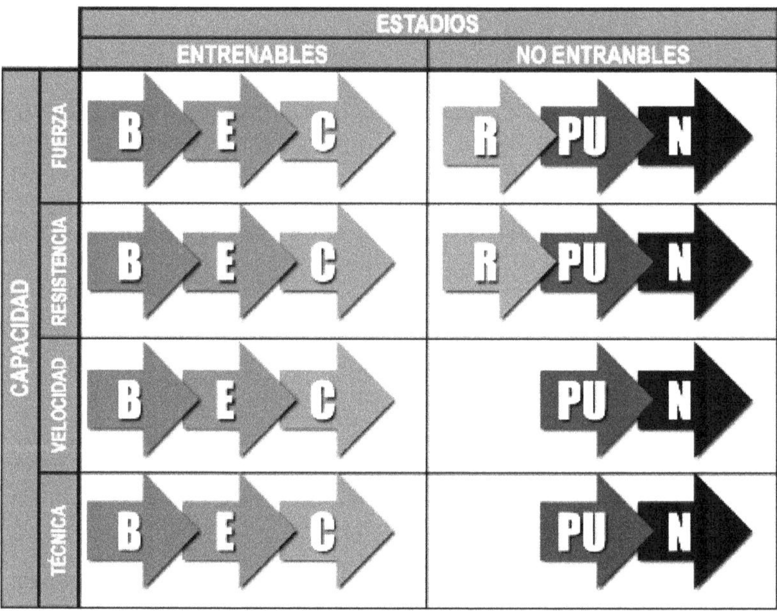

Figura 5. 22.- Niveles o estadios de desarrollo de las cualidades y capacidades. Éstos son diferentes para cada modalidad o especialidad deportiva y deben ser bien definidos para que cubran los objetivos de rendimiento para cada una. Nomenclatura: B.- Básico; E:- Específico; C.- Competitivo; R.- Regenerativo; PU.- Poco útil; N.- Negativo.

De aquí la imperiosa necesidad de definir claramente qué se va a considerar básico, específico y competitivo para cada especialidad, así como qué será considerado como regenerativo, poco útil o negativo para esa misma especialidad.

En este sentido, esta visión nos permitirá, más adelante, definir los niveles más recomendables en cada una de las etapas de desarrollo y para cada una de las cualidades a entrenar.

CAPÍTULO 6

LAS ZONAS O ÁREAS FUNCIONALES. UNA PROPUESTA PARA EL ENTRENAMIENTO EN LAS ETAPAS DE DESARROLLO.

El entrenamiento puede determinarse por la potencia y la magnitud de las fuentes de energía para mantenerla.

La experiencia nos permite establecer zonas o áreas funcionales, en relación a la potencia con la que se ejecutan las tareas (García-Verdugo, 2018). Según esto, un modelo basado en zonas de potencia puede estar formado por objetivos funcionales en relación con la magnitud de las cargas y sus respuestas fisiológicas.

Los grados de potencia pueden considerarse acotados por límites o áreas funcionales de transición que se corresponden con valores asociados a variables (velocidad de desplazamiento, frecuencia cardiaca, concentración de lactato sanguíneo, VO_2, necesidades de ATP en unidad de tiempo, etc.).

El conocimiento de los conceptos anteriormente tratados en capítulos anteriores nos permite derivar el entrenamiento hacia un modelo acotado por zonas o áreas funcionales que, siguiendo el principio de la individualización, habrá que adaptarlo a las características individuales de cada deportista.

En este sentido el establecimiento de estas zonas puede resultar un proceso de gran utilidad si se adapta a las características de cada edad ya que nos permitirá integrar el entrenamiento para cualquiera de las etapas, siempre que conozcamos los efectos que se van a producir al incidir en cada una.

6.1. LAS ZONAS DE ENTRENAMIENTO O ÁREAS FUNCIONALES.

En publicaciones anteriores se ha tratado el "plano DIPER" que reproducimos en este capítulo. Éste permite orientar al entrenador sobre la forma de aplicar las cargas de entrenamiento. Si los cambios, basados en indicadores del esfuerzo (frecuencia cardiaca, porcentaje de VO_2max, concentración de lactato en sangre, etc.) se "acoplan" en el plano, es posible interpretar con mayor claridad el perfil y las características en cada edad.

Para mejor comprensión del entrenamiento, a lo largo de las diferentes, etapas se exponen las zonas y sus características para cada una éstas. No obstante, es necesario reseñar que se trata de un modelo estándar basado en aproximaciones y que los parámetros que se tratan, deberían ser individualizados para actuar con el entrenamiento de cada joven deportista en su momento.

El "plano" se trata de una síntesis sobre las posibilidades de entrenamiento, basada en *la potencia de las cargas (energía/tiempo)*. Está fundamentado en este parámetro, de modo que un esfuerzo determinado, se ubicará en diferentes zonas o áreas funcionales, produciendo diferentes efectos, dependiendo de aquella en la que pueda ubicarse.

Este plano se encuentra calibrado por una serie de escalas que sirven de referencia y de las cuáles ya se ha hablado en el capítulo anterior: *la frecuencia cardiaca* medida en pulsaciones por minuto (P/min), *el consumo de oxígeno relativo* medido en mililitros de oxígeno por Kg y por minuto (ml/Kg/min) y *la concentración de lactato en sangre* o lactatemia, medida en milimoles de lactato por litro de sangre (mmol/l).

En la figura 6.1 se presenta el plano estándar (García-Verdugo, 2019). En éste también figura la escala correspondiente a un test (test DIPER) que corresponde a porcentajes del dato obtenido a través de este test.

Dicho plano, está compuesto por una serie de zonas o áreas funcionales delimitadas por la potencia y acotadas por las escalas de referencia. Éste se ha concebido, en principio, de forma estándar y para un adulto, para luego adaptarlo, igualmente, de forma estándar para los chicos en cada na de las etapas de desarrollo.

6.1.1. Las escalas de referencia.

Aquí proponemos un modelo basado en un plano que comprende un total de 8 zonas o áreas funcionales, definido por escalas correspondientes a parámetros tratados anteriormente.

Estos indicadores permiten calibrar las zonas mediante límites o franjas de transición. Estas escalas, basadas en la frecuencia cardiaca (FC), el consumo de oxígeno (VO_2) y la concentración de lactato en sangre [L^-] se consideran estándar para un individuo adulto, entrenado y deberán ser adaptadas de forma individual a cada deportista y a cada etapa de desarrollo.

Cuando se realiza un ejercicio, con una potencia determinada, en función de ésta, se incide en una zona donde se producen una serie de efectos que, a su vez, provocan adaptaciones diferenciadas. Si las zonas son bien elegidas, las supercompensaciones que se producirán serán beneficiosas para alcanzar los objetivos de entrenamiento en cada etapa ya que se estará aplicando la carga hacia niveles entrenables (ver capítulo 5). Por otra parte, si no se eligen las adecuadas, también se producirán adaptaciones, pero éstas pueden ser negativas o perjudiciales para la formación y la progresión de los chicos. En este caso, estaríamos incidiendo en niveles no entrenables.

6.1.2. Las zonas. Límites y efectos adaptativos.

Cada una de estas 8 zonas reúne una serie de características diferenciadas, entre las que se encuentran, sus límites, sus escalas, las adaptaciones que se producen y los objetivos de entrenamiento y que, seguidamente, en función de los crecientes grados de potencia, son descritas de forma estándar para un adulto, para, más adelante, adecuarlas a las características especiales de cada etapa de desarrollo.

En nuestro libro sobre el entrenamiento de resistencia basado en zonas o áreas funcionales (García-Verdugo, 2018), se describen 8 zonas para un deportista adulto y bien entrenado. Aquí vamos a describir dichas zonas, enumeradas de menor a mayor potencia, así como los efectos y adaptaciones principales que se producen al incidir en cada una de ellas, para luego adaptarlas a las características y necesidades en cada una de las etapas de desarrollo.

LA ZONA REGENERATIVA.

Supone el nivel más bajo de carga y se utiliza con objetivos recuperadores. Aquí no se producen adaptaciones ya que las cargas que inciden en este nivel son tan bajas que no desestabilizan los sistemas.

No obstante, cuando las cargas son muy prolongadas en el tiempo, pueden provocar adaptaciones que podrían resultar útiles en especialidades de resistencia de larga duración, Esto sucede porque los estímulos provocan la utilización de las grasas.

- *Límites de potencia.*
  - *Límite superior.* Coincide con el umbral aeróbico.
  - *Límite inferior.* No existe, ya que supondría el descanso o la situación de reposo total.
- *Escalas de medición.* Los esfuerzos o cargas de entrenamiento con los que se puede incidir en esta zona oscilan entre los siguientes valores:
  - *Potencia.* Muy baja y no produce alteraciones de la homeostasis, por lo que tampoco se producen adaptaciones, al encontrarse el organismo ya adaptado previamente para este tipo de esfuerzos.

- Frecuencia cardiaca. Para un deportista cuya FCmax estuviera alrededor de 200 p/min, los trabajos que inciden en este nivel se encuentran con pulsos inferiores a las 130-135 p/min.
- Consumo de oxígeno: El VO_2 que provocan las cargas en este nivel es muy bajo, aproximadamente inferior al 45% del VO_2max.
- Nivel de concentración de lactato sanguíneo: La concentración no rebasa los 2 mmol/l y no se acumula a lo largo de todo el tiempo en que incide la carga.

- *Objetivos metabólicos de entrenamiento.* Acelerar los procesos regenerativos, para eliminar el lactato y otros catabolitos, de la sangre y del músculo, producidos por la fatiga.
- *Substratos predominantes.* A estas potencias tan bajas la energía (ATP) se obtiene, de forma predominante a partir de las grasas.
- *Parámetros de influencia.* En este nivel inciden una serie de parámetros, todos ellos íntimamente relacionados con los procesos aeróbicos en estados estables.
- *Factores limitantes.* Parece ser que van más por el camino de los que puede provocar la fatiga mental. No obstante, si el esfuerzo resulta muy prolongado existen factores limitantes tales como la deshidratación, aumento de temperatura o sobrecargas por fatiga del aparato locomotor.
- *Principales adaptaciones.*
  - Adaptaciones fisiológicas. Cuando las cargas son muy duraderas en el tiempo pueden producir adaptaciones sobre la utilización de las grasas.
  - Adaptaciones anatómico-funcionales. Se produce una mejora de la capacidad de las fibras St para metabolizar las grasas.

LA ZONA AERÓBICA EXTENSIVA.

- *Límites de potencia.*
  - *Límite superior.* No se encuentra totalmente definido. Se estima próximo a la zona donde comienza intervenir la prestación basada en los hidratos de carbono.
  - *Límite inferior.* Se establece a una potencia equivalente al umbral aeróbico.
- *Escalas de medición.*
  - *Frecuencia cardiaca.* Sobre un máximo de 200 pulsaciones por minuto, el nivel está comprendido entre las 130-135 correspondientes al límite inferior y aproximadamente 150 del límite superior.

- *Consumo de oxígeno.* Oscila en valores comprendidos entre 45-55 ml/Kg/min. para un individuo con alto índice de VO_2max. En porcentaje oscilaría entre el 45 y 60%.
- *Nivel de concentración de lactato sanguíneo.* Se mantiene constante para una misma potencia. Para un deportista cuyo máximo llegue a 22 mmol/l, se sitúa entre 1,5-1,8 (correspondientes al umbral aeróbico) y 2,5 mmol/l.

• *Límites de tiempo de esfuerzo a la máxima intensidad posible.* Sigue siendo relativamente largo ya que un adulto entrenado, podría llegar hasta las 3 horas de esfuerzo.

• *Objetivos metabólicos.* Mejorar el metabolismo aeróbico a potencias bajas, basándose en el metabolismo de las grasas y desarrollar la capacidad de acelerar los procesos de eliminación de lactato y catabolitos producidos en niveles superiores.

• *Substratos predominantes.* Siguen siendo predominantes las prestaciones que provienen de la oxidación de los ácidos grasos.

• *Parámetros de influencia.* En este nivel sigue siendo influyente el estado estable.

• *Factores limitantes.* Los factores limitantes principales pueden sobrevenir por influencia psicológica, deshidratación o incremento de la temperatura corporal.

- Metabólicos y derivaciones. Al tratarse del metabolismo aeróbico, no existen límites producto del metabolismo, ya que los compuestos terminales son el CO_2 que es eliminado por la respiración y el agua que vuelve a utilizarse por parte del organismo.

• *Substratos.* La depleción de los substratos no suele suponer un factor limitante ya que el principal corresponde a los lípidos y éstos, por lo general, suelen mantenerse en el tiempo lo suficiente como para que se presenten antes otros problemas que obliguen a interrumpir el ejercicio.

• *Principales adaptaciones.* Comienzan a producirse adaptaciones, especialmente las que se buscan para especialidades larga duración.

- Economía cardiovascular y de débito cardiaco.
- Aumento de la actividad mitocondrial.
- Potenciación de la actividad aeróbica de las fibras St especialmente.
- Aumento del volumen cardiaco.
- Aumento del volumen sanguíneo.
- Aumento de la capilarización.

LA ZONA AERÓBICA MEDIA.

- *Límites de potencia.*
  - *Límite superior.* No se encuentra totalmente definido. Se estima próximo a la zona donde comienza a predominar la prestación basada en los hidratos de carbono.
  - *Límite inferior.* Tampoco tiene un límite bien definido por lo que solamente nos sirve la aproximación.
- *Escalas de medición.*
  - *Frecuencia cardiaca.* Sobre un máximo de 200 pulsaciones por minuto, el nivel está comprendido entre las 140-150 correspondientes al límite inferior y aproximadamente alrededor de las 160 en el superior.
  - *Consumo de oxígeno.* Oscila en valores comprendidos entre 50-55 ml/Kg/min para un individuo con alto índice de VO_2max. De todas formas, sea cual sea éste el porcentaje oscila entre el 55 y 70% de su valor.
  - *Concentración de lactato sanguíneo.* El lactato sanguíneo sigue manteniéndose constante, para una misma potencia. Para el individuo estándar que tratamos se situaría entre 2,5 y 3 mmol/l.
- *Límites de tiempo de esfuerzo.* El sigue siendo relativamente largo ya que a la máxima potencia posible, con la que se puede incidir en este nivel, puede llegar hasta las 2 horas de esfuerzo aproximadamente.
- *Objetivos metabólicos de entrenamiento.* Mejorar el metabolismo aeróbico a potencias medias y bajas y desarrollar la capacidad de acelerar los procesos de eliminación de lactato y catabolitos provocados por la fatiga.
- *Substratos predominantes.* Siguen siendo predominantes las prestaciones que provienen de la oxidación de los ácidos grasos, pero ya comienza a influir de forma importante el glucógeno.
- *Parámetros de influencia.* En este nivel sigue siendo influyente el estado estable.
- *Factores limitantes.* Los principales límites pueden sobrevenir por influencia psicológica, deshidratación o incremento de la temperatura corporal.
  - *Metabólicos y derivaciones.* Al tratarse del metabolismo aeróbico, no existen límites producto del metabolismo, ya que los compuestos terminales son el CO_2 que es eliminado por la respiración y el agua que vuelve a utilizarse por parte del organismo.

- *Substratos*. La depleción de los substratos suele venir determinada por la depleción del glucógeno ya que el de las grasas sigue siendo, prácticamente indefinido. En todo caso, serán otros parámetros los que provoquen la interrupción del ejercicio con anterioridad.

- *Principales adaptaciones.*
  - Economía cardiovascular y de débito cardiaco.
  - Aumento de la actividad mitocondrial.
  - Potenciación de la actividad aeróbica de las fibras St especialmente.
  - Aumento del volumen cardiaco.
  - Aumento del volumen sanguíneo.
  - Aumento de la capilarización.

LA ZONA AERÓBICA INTENSIVA.

- *Límites de potencia.*
  - *Límite superior*. El umbral anaeróbico.
  - *Límite inferior.* Aunque está menos definido, se ubica en la potencia en la que comienza a predominar el metabolismo del glucógeno sobre el de los lípidos.
- *Escalas de medición.*
  - *Frecuencia cardiaca*. Oscila en valores medios y altos. Para el deportista para el cual se ha definido el plano estándar, oscila de forma aproximada entre las 160 del límite inferior y las 170-180 que coincidiría con el umbral anaeróbico (límite superior).
  - *Consumo de oxígeno.* El VO_2 se va haciendo más importante. Se utilizan valores entre los 50-55 ml/Kg/min, correspondientes al linde superior del nivel 2 y los 60-65 ml/Kg/min correspondientes al umbral anaeróbico. En porcentaje, los valores oscilan entre el 70% y el 80-85% del VO_2max.
  - *Nivel de concentración de lactato sanguíneo.* Oscila entre los valores inferiores del nivel aeróbico lipolítico 2,5-3 y los 3-3,5 del umbral anaeróbico individual.
- *Límites de tiempo de esfuerzo a la potencia máxima posible*. Dependiendo de si la potencia se encuentra más próxima al límite inferior o al superior y, suponiendo que el deportista se encuentra bien entrenado, el tiempo que se pueden mantener estas potencias, puede oscilar entre las 30 y los 60 minutos aproximadamente.
- *Objetivos metabólicos de entrenamiento.* Son básicamente aquellos que permiten mejorar la resistencia aeróbica a niveles medios.

- Mejorar el metabolismo aeróbico del glucógeno.
- Mejorar y prolongar el máximo estado estable.

- *Substratos predominantes.* El glucógeno y otros hidratos de carbono.
- *Parámetros de influencia.* El estado estable, que llega a su límite en las potencias más altas. Igualmente, en el límite superior se encuentran el MaxLax y el umbral anaeróbico.
- *Factores limitantes.* Aún puede influir el factor deshidratación y el de acumulación de calor, sobre todo si el ambiente exterior (temperatura, grado de humedad, etc.).
  - Depleción posible de las reservas de glucógeno
  - Metabólicos y derivaciones. Hasta aquí, los productos de desecho que se producen a través del metabolismo, todavía no provocan limitaciones, ya como ocurre en niveles inferiores, el esfuerzo es eminentemente aeróbico.
- *Substratos.* El substrato principal utilizado es el glucógeno. Cuando es demandado en cantidades importantes puede llegar a agotar sus depósitos.
- *Principales adaptaciones.* Las adaptaciones que se producen aplicando cargas en este nivel, son todas aquellas relacionadas con el desarrollo de la resistencia aeróbica a potencias medias.
  - Economía y potencia cardiovascular. Mayor riego sanguíneo, mayor transporte de O2 (con todo lo que conlleva en cuanto al aumento de hemoglobina, mejora de la circulación periférica, etc.).
  - Mayor actividad mitocondrial.
  - Mayor actividad enzimática con prestaciones aeróbicas.
  - Mayor eliminación de productos finales del metabolismo anaeróbico láctico.
  - Aumento de la actividad tamponante de la acidez.
  - Aumento de las capacidades oxidativas de las fibras St a partir del glucógeno.
  - Aumento del tamaño de las mitocondrias.
  - Mayor cantidad y sección de capilares.
  - Aumento del volumen cardiaco.
  - Disminución de la viscosidad muscular.
  - Potenciación de las fibras St en el metabolismo aeróbico del glucógeno.
  - Especialización más aeróbica de las fibras Ft I y FT II.

LA ZONA AERÓBICA ANAERÓBICA.

También conocida como *zona mixta*. Las potencias más altas se sitúan en un nivel próximo a las máximas prestaciones aeróbicas, es decir, próximas a la al VO_2max.

- *Límites de potencia.*
  - *Límite superior*. Se encuentra bastante bien definido ya que se hace coincidir con la potencia aeróbica máxima (PAM) y con el VO_2max. También y muy aproximadamente se sitúa en el momento en el que se alcanza la frecuencia cardiaca máxima (Fcmax).
  - *Límite inferior*. Se hace coincidir con el umbral anaeróbico individual.
- *Escalas de medición*. Están bien definidas por el límite superior, siendo este el valor de referencia que utilizan muchos autores como dato para determinar las zonas y niveles.
  - *Frecuencia cardiaca*. En el plano estándar oscila entre unas pulsaciones del orden de 185 hasta la FCmax que, en el caso estándar que referimos, se ha establecido en las 200 p/min.
  - *Consumo de Oxígeno*. El VO_2 alcanza su máxima expresión pasando desde el 85% hasta el "pico" (100% de VO_2max).
  - *Nivel de concentración de lactato sanguíneo*. Pasa desde los 3,5 mmol/l aproximados del umbral anaeróbico hasta 7-8 mmol/l en que se sitúa muy aproximadamente el VO_2max (Billat, 2002).
  - *Límites de tiempo de esfuerzo*. Depende también de diversos factores. De forma prioritaria lo hará en función del grado de exigencia en potencia. Así pues, podrán mantenerse esfuerzos entre los 20 minutos (si la exigencia del ejercicio se encuentra próxima al 90% del VO_2max) hasta alrededor de los 6-8 minutos si el esfuerzo está *próximo o coincide con el límite superior*.
- *Objetivos metabólicos de entrenamiento.*
  - Mejorar el pico de VO_2max.
  - Mejorar la posibilidad de mantener más tiempo altas o máximas potencias aeróbicas.
  - Mantener durante más tiempo el ejercicio pero soportando tasas medias de lactato (tolerancia al lactato).
- *Substratos predominantes*. Glucógeno, de forma casi exclusiva, tanto para la vía aeróbica como para la anaeróbica.
- *Parámetros de influencia.*

- Importante acumulación de lactato sanguíneo con descensos moderados de pH.
- Pérdida del estado estable, por lo que se irá acumulando deuda de oxígeno de forma rápida.
- En el límite superior aparece, además de la PAM y el VO_2max, la velocidad aeróbica máxima (VAM) en los casos en que se implique el desplazamiento del propio cuerpo, sin influencias externas.

- *Factores limitantes*. Las potencias aplicadas comienzan a verse limitadas en el tiempo, por varios aspectos:
  - Por acumulación de lactato durante tiempos relativamente prolongados.
  - Por acumulación de deuda de oxígeno que llega a ser, en algunos casos, el factor más limitante en este nivel.
  - Por depleción de glucógeno. Éste fenómeno puede ser uno de los factores que impidan mantener el ejercicio a las potencias indicadas.
  - La depleción se hace más patente ante esfuerzos fraccionados, a partir de cuyas pausas, se permite cierto reequilibrio del lactato. Sobre todo, el "pago" de una parte de la deuda de O_2 que se va acumulando.
- *Principales adaptaciones*. Implican la posibilidad de alcanzar y mantener máximas potencias de carácter aeróbico, al tiempo que se reclaman igualmente potencias considerables que inciden en el metabolismo anaeróbico láctico.
  - Se sigue manteniendo la mejora de la economía cardio circulatoria y del débito cardiaco.
  - Se potencia la tolerancia al lactato en concentraciones moderadas y mantenidas.
  - Aumenta la capacidad tamponante del pH, tanto en el músculo como en la sangre.
  - Aumenta la acumulación de deuda de oxígeno en grandes proporciones.
  - Aumento del volumen cardiaco, con mayor incidencia hipertrófica al tener que actuar con más fuerza en cada contracción sistólica.
  - Aumento de la capilarización.
  - Aumento de la movilización del volumen sanguíneo, aunque en menor cuantía que en niveles inferiores.
  - Aumento de actividad de las fibras St en el metabolismo aeróbico del glucógeno en las mitocondrias y del metabolismo anaeróbico láctico en el sarcoplasma.
  - Aumento de actividad de las fibras Ft I en procesos aeróbicos.

LA ZONA LÁCTICA EXTENSIVA.

En este espacio, inciden las cargas de potencia inmediatamente más altas a las que exigen al 100% al VO_2max.

- *Límites de potencia.*
  - *Límite superior.* Se ha establecido de forma teórica, tratando de repartir en dos niveles la zona anaeróbica láctica. De esta manera, como la frecuencia cardiaca ya no correlaciona con los procesos lácticos y que el consumo de oxígeno se ha visto saturado en el nivel inferior, ya no resulta válida la referencia de estos parámetros. Por consiguiente, las referencias posibles para establecer el límite superior, se determinan a través de los niveles de concentración de lactato y de los porcentajes de potencia superiores a la que reclama el VO_2max. Este límite se sitúa alrededor de los 12-14 mmol/l de concentración de lactato sanguíneo y alrededor del 115-120 % del VO_2max o de la PAM.
  - *Límite inferior.* Se encuentra bien definido, ya que coincide con pico de VO_2max.
- *Escalas de medición.* Las posibilidades de medición se reducen a porcentajes del VO_2max o a valores de la concentración de lactato en sangre.
  - *Consumo de Oxígeno.* Dado que el VO_2max se satura en el límite superior de la zona aeróbica anaeróbica, las escalas de medición se limitan al porcentaje de éste que oscilará entre el 100% y entre el 115 - 120%.
  - *Nivel de concentración de lactato sanguíneo.* Resulta uno de los parámetros que siguen guardando correlación con el incremento de la potencia del esfuerzo. Los índices de concentración oscilan en este nivel entre los 8 y los 12-14 mmol/l.
  - *Límites de tiempo de esfuerzo a potencia máxima posible.* Como siempre, dependiendo de la potencia del ejercicio, el esfuerzo se puede mantener entre los 8 minutos a potencias más bajas en la zona, hasta los 3 minutos (aproximadamente) en las potencias próximas al límite superior de ésta.
- *Objetivos de entrenamiento.*
  - Mantener en el tiempo importantes concentraciones de lactato (tolerancia al lactato).
  - Soportar importantes grados de acidez muscular y sanguínea.
  - Aumentar la velocidad de eliminación del lactato durante las pausas, al tiempo que se aumenta la capacidad tamponante.
- *Substratos predominantes.* De forma predominante, el glucógeno es reclamado en cantidades muy significativas.

- *Parámetros de influencia.*
  - Gran deuda de oxígeno.
  - Acumulación de lactato.
  - Tolerancia a la acidez.
- *Factores limitantes.*
  - La deuda de oxígeno que se puede hacer máxima.
  - La tolerancia en el tiempo a la acidez (capacidad).
- *Substratos.* Glucógeno y otros carbohidratos.
- *Principales adaptaciones.*
  - Tolerancia a importantes concentraciones de lactato y a la hiperacidez durante un tiempo relativamente prolongado.
  - Aumento de la capacidad tamponante.
  - Aumento de la actividad enzimática anaeróbica glucolítica.
  - Posibilidad de aumentar al VO2max trabajando a potencias ligeramente superiores a éste (puesta en crisis).
  - Aumento de la actividad anaeróbica glucolítica de las fibras St.
  - Aumento de la potencia anaeróbica glucolítica en las fibras Ft I y Ft II.

LA ZONA LÁCTICA INTENSIVA.

En esta zona inciden las cargas que implican al metabolismo láctico en su máxima exigencia. Los niveles de lactato en sangre y la hiperacidez llegan al límite de la tolerancia.

- *Límites de potencia.*
  - *Límite superior.* Coincide con la potencia máxima de producción de energía por la vía metabólica láctica o potencia láctica máxima (PLM).
  - *Límite inferior.* Se ha establecido alrededor de los 12-14 mmol/l de concentración lactato en sangre, coincidente con el límite superior de la zona láctica extensiva.
- *Escalas de medición.* La escala de medición más utilizada es la concentración de lactato en sangre. Ésta, para el deportista estándar que tratamos, oscilaría entre los 12-14 mmol/l hasta los 22 mmol/l o más.
  - *Frecuencia cardiaca.* La FC sigue sin utilidad, dado que es estabilizó en su máximo en la zona aeróbica anaeróbica.
  - *Consumo de Oxígeno.* El VO_2 se saturó en el momento en que se alcanzó el pico de VO_2max. Por consiguiente, solo se pueden utilizar sus porcentajes que pueden llegar desde los 115-120% hasta los 130%-135%.

- *Concentración de lactato sanguíneo.* En este nivel se llega al máximo 22 mmol/l o, incluso más, en los casos de algunos deportistas muy entrenados y con grandes prestaciones en su metabolismo láctico.

- *Límites de tiempo de esfuerzo.* Gran parte de la bibliografía, sitúa el tope de tiempo que se puede mantener una carga de potencia máxima láctica alrededor de 1 minuto, pudiendo aumentar este tiempo hasta llegar alrededor de los 3 minutos si se realizan esfuerzos próximos al límite inferior de la zona.
- *Objetivos de entrenamiento.*
  - Producción máxima de energía/tiempo a través de la vía anaeróbica láctica.
  - Máxima tolerancia a la hiperacidez.
  - Máxima capacidad tampón para neutralizar la acidez.
  - Máxima capacidad de eliminación de lactato durante las pausas.
- Substratos predominantes. El lactato se produce a partir del metabolismo de la Glucosa y monosacáridos. Por ello el substrato predominante corresponde a estos elementos.
- *Parámetros de influencia.*
  - Deuda de oxígeno importante, aunque dado que los esfuerzos son más cortos, no llega a los índices que se alcanzan en niveles inferiores.
  - Máxima acumulación de lactato y máxima hiperacidez, con bajadas de pH tanto muscular como sanguíneo.
- *Factores limitantes.*
  - *Metabólicos y derivaciones.* El factor limitante principal es la hiperacidez muscular (por acumulación de protones H^+). Esta hiperacidez puede paliarse mediante las sustancias tamponantes.
  - *Substratos.* A pesar de que se consume glucógeno de manera muy acentuada, ante estos esfuerzos, siempre prevalece el "freno" de la hiperacidez. Esto supone que no existe tiempo suficiente para agotar totalmente los depósitos de glucógeno, a no ser que se trata de esfuerzos más cortos, traccionados y repetidos.
- *Principales adaptaciones.*
  - Potenciamiento de procesos tamponantes ante las bajadas del pH.
  - Aumento de la eliminación del lactato y otros catabolitos durante las pausas.
  - Capacidad de tolerancia a los síntomas de fatiga específica que se producen ante este tipo de cargas.

- Especialización de las fibras St en producción de energía por procesos lácticos.
- Potenciamiento de las fibras Ft I
- Especialización de las fibras Ft II en producción de energía por el metabolismo láctico.

LA ZONA ALÁCTICA LÁCTICA.

En esta franja inciden las potencias más altas posibles, tales como saltos, lanzamientos, sprints cortos, etc.

- *Límites de potencia.*
  - *Límite superior.* Por la parte superior aparece la potencia aláctica máxima (PALM), coincidente con la máxima potencia absoluta que es capaz de aplicar el deportista.
  - *Límite inferior.* Potencia en la cual se satura la utilización de la fosfocreatina y se entra de lleno en las exigencias de la vía anaeróbica láctica, con lo que coincide con la potencia láctica máxima.
- *Escalas de medición.* Aunque se puede utilizar alguna otra medida para determinar el nivel, la más utilizada debería ser la de aplicar el porcentaje de la potencia máxima absoluta, ya que con el resto de las escalas sucede lo mismo al haber llegado a su saturación.
- *Límites tiempo esfuerzo a potencia máxima posible en la zona.* Algunos autores indican que un esfuerzo de máxima potencia se puede aplicar no más allá de 8 seg. Pero en el plano de zonas que se propone aquí, se establece un tope aproximado para esfuerzos de 5 seg (para potencias próximas al límite superior y de a 20 seg cuando éstas se aproximan al inferior.
- *Objetivos de entrenamiento.*
  - Aumentar la velocidad de resíntesis de depósitos de ATP libre.
  - Aumentar los depósitos de fosfocreatina.
- *Substratos predominantes.* Aparte del ATP libre que resulta de utilización inmediata, el substrato principal que se utiliza es la fosfocreatina. No obstante, al generarse ciertas concentraciones de lactato también se utiliza en una parte el glucógeno.
- *Parámetros de influencia.* Juega un papel importante el aspecto neural, relacionado con la velocidad, intensidad y frecuencia de los impulsos.
- *Factores limitantes.*
  - *Metabólicos y derivaciones.* Se interrumpe el esfuerzo ante la limitación de generar ATP a la velocidad que se precisa.

- *Substratos*. El factor limitante referido a los substratos supone el agotamiento o, al menos, la depleción en la fibra muscular de depósitos de fosfocreatina y del ATP libre.
- *Factores nerviosos*. Este tipo de potencias precisa de velocidad, intensidad y frecuencia de impulsos nerviosos máximos. El sistema nervioso puede verse disminuido por la fatiga, o por alguna otra causa de tipo motivacional.

• *Principales adaptaciones*.
  - Rápido rellenado y ampliación de depósitos de ATP y fosfocreatina en la fibra muscular.
  - Aumento de la fuerza y velocidad de contracción de las fibras Ft II.
  - Reducción del tiempo de tránsito entre contracción y relajación.
  - Capacidad coordinativa ante esfuerzos de potencia máxima, basados en la coordinación intramuscular.
  - Especialización y potenciamiento de las fibras Ft II tanto en velocidad de contracción y relajación como en generación de fuerza rápida.

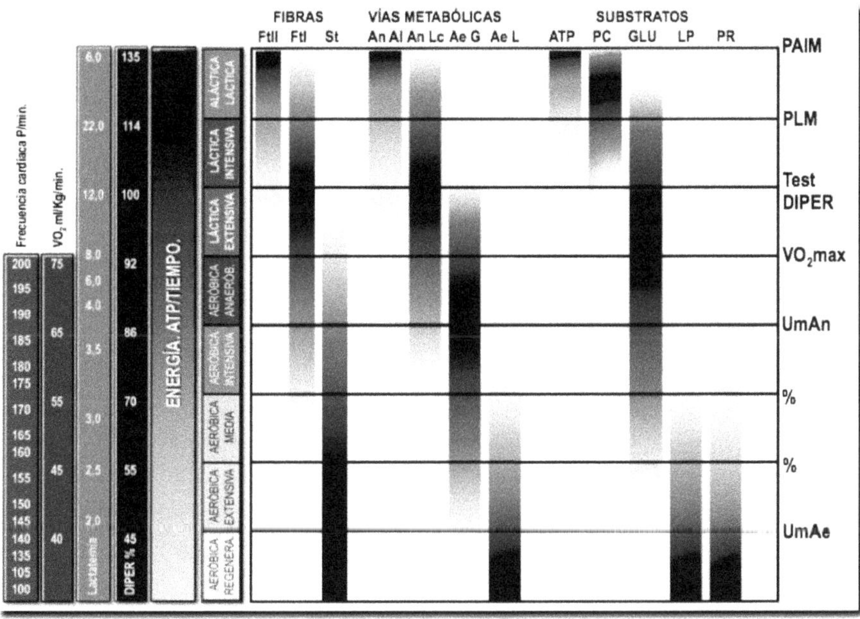

Figura 6. 1.- Ejemplo de un plano completo con zonas y escalas de medición para un deportista adulto suficientemente entrenado. De izquierda a derecha izquierda: Las escalas de referencia; La potencia (ATP/tiempo; Las 8 zonas con incidencia de tipo de fibras, vías metabólicas y substratos energéticos; potencias limitantes de las zonas (García-Verdugo, 2019).

6.1.3. Las zonas o áreas funcionales y su adaptación a las etapas de desarrollo.

Hasta ahora hemos descrito las zonas que corresponderían a un deportista adulto y suficientemente entrenado (figura 6.1). Esto lo hemos considerado importante ya que, una vez conocidas, se podrá comprender mejor su aplicación a las diferentes etapas de desarrollo.

Dichas zonas, dependiendo de la edad, van a variar considerablemente. En algunas etapas, ciertas zonas aumentan y se tornan muy influenciables, pero en otras fases, estas se reducen al tiempo que se amplían otras.

Esto puede suponer una orientación muy importante para el entrenador ya que le permitirá decidir de forma más acertada, cuáles son las más permeables a los estímulos y en las que se debe incidir en cada momento para obtener los máximos beneficios y evitar aquellas en las que, o bien supondrían gastos inútiles de energía o, incluso, en las que se podrían producir efectos negativos.

6.1.3.1. Las zonas en la etapa infantil. Características principales. 7 a 9 años en chicos y 7 a 8 en chicas.

En esta etapa las zonas más influenciables son las aeróbicas y la aláctica. Dentro de las aeróbicas existen zonas de cierto riesgo (aeróbica intensiva y aeróbica anaeróbica).

El chico y la chica, aunque están capacitados para someterse a trabajos aeróbicos, los de alta exigencia les producen importante estado de fatiga y deberían evitarse postergándolas para otras etapas posteriores.

Ese tipo de cargas, en su máxima exigencia (zonas 4 y 5), es decir por próximas al umbral anaeróbico y hasta el VO_2max, deben tratar de evitarse por la fatiga que producen y la poca reserva de glucógeno disponible a esta edad.

Por consiguiente, se puede decir que los trabajos aeróbicos son muy recomendables siempre y cuando sean lo suficientemente variados para evitar sobrecargas y monotonías (ver principio de la multilateralidad y variedad). Igualmente, este tipo de estímulos deben ser de baja exigencia para reclamar más la oxidación de las grasas que la del glucógeno, dado que en esta etapa se tiende más a utilizar las primeras en detrimento del segundo que en estas edades escasea más en la musculatura.

Con respecto a cargas que incidan en la zona más alta (anaeróbica aláctica) no solo son posibles sino también son recomendables ya que, como se ha visto, hay que aprovechar los momentos antes de que el sistema nervioso termine de madurar. Por ello, se pueden reafirmar como muy recomendables todo tipo de tareas con objetivos de mejora de frecuencia de movimientos, velocidad de reacción, impulsión, etc. No obstante, estos ejercicios no deberían superar los 3-4 segundos por repetición ya que, pese a estar dotados para estos esfuerzos, la capacidad para almacenar fosfocreatina aún es reducida con respecto a edades posteriores.

Sobre la zona anterior (más aláctica en este caso, dadas las deficiencias para producir lactato), debe tenerse en cuenta que, si se trata de tareas de velocidad de desplazamiento, la salida deberá hacerse con unos metros previos pues al faltar fuerza explosiva, como se ve en otro capítulo, las posibilidades de aceleración a estas edades son escasas.

En lo que respecta a tareas con reclamo al metabolismo del lactato (zonas 6 y 7) no son recomendables, incluso podríamos decir que son "cuasi imposibles" ya que a esta edad existen muy pocas posibilidades de generar energía por esta vía metabólica.

En la tabla 6.1 se expone una aproximación a las características y límites de las zonas de entrenamiento en esta etapa.

Tabla 6. 1.- Aproximación a las características y límites de las zonas de entrenamiento en etapa infantil.

ZONA		FRECUENCIA CARDIACA (P/min)	VO2 (Ml/Kg/min.	PORCENTAJE DEL VO_2max (%)	CONCENTRACIÓN DE LACTATO EN SANGRE (mmol/l)
8. ALÁCTICA LÁCTICA	LÍMITE SUPERIOR			130	2,0
	LÍMITE INFERIOR			100	3,0
	CARACTERÍSTICAS	Zona de importante incidencia. Ya desde esta edad el niño está capacitado para trabajar con prestaciones del metabolismo aláctico y almacena suficientes cantidades de fosfocreatina para mantener esfuerzos de 3-4 segundos con recuperaciones amplias.			
7. LÁCTICA INTENSIVA	LÍMITE SUPERIOR				
	LÍMITE INFERIOR				
	CARACTERÍSTICAS	Zona de muy escasa incidencia.			
6. LÁCTICA EXTENSIVA	LÍMITE SUPERIOR				
	LÍMITE INFERIOR				
	CARACTERÍSTICAS	Zona de escasa incidencia.			
5. AERÓBICA A ANERÓBICA	LÍMITE SUPERIOR	230	50	100	4,0
	LÍMITE INFERIOR	220	45-50	95	3,5
	CARACTERÍSTICAS	Zona con espacio reducido al necesitar un porcentaje de la energía procedente de la vía anaeróbica láctica. El niño debería evitar entrenar frecuentemente esta zona.			
4. AERÓBICA INTENSIVA	LÍMITE SUPERIOR	220	48	98	3,5
	LÍMITE INFERIOR	210	45	92	3
	CARACTERÍSTICAS	Zona de extensión media. El niño está capacitado para incidir algo en ella. No obstante no debe prodigarse ya que los elementos de fatiga pueden ser importantes, además de necesitar la energía procedente del glucógeno y éste es poco almacenable en el músculo a esta edad.			
3. AERÓBICA MEDIA	LÍMITE SUPERIOR	212-215	45	90	3,0
	LÍMITE INFERIOR	170-175	40	80-85	2
	CARACTERÍSTICAS	Zona de importante incidencia ya que aún se reclama de forma importante el metabolismo de las grasas.			
2. AERÓBICA EXTENSIVA	LÍMITE SUPERIOR	170	40	78-80	2
	LÍMITE INFERIOR	140-145	35	70	1,5
	CARACTERÍSTICAS	Zona máxima incidencia. El niño, tiende a utilizar las grasas de manera predominante.			
1. AERÓB. REGENERATIVA	LÍMITE SUPERIOR	130-145	35	70	1,5
	LÍMITE INFERIOR	100	20	40	1,1
	CARACTERÍSTICAS	Zona de extensión similar en todas las etapas aunque varíen las escalas de los indicadores de esfuerzo. Puede ser útil para regenerar pero no para entrenar.			

6.1.3.2. Las zonas en la etapa pre puberal. Características principales. 10 a 11 años en chicos y 9 a 11 en chicas.

Esta etapa se caracteriza por la máxima predisposición hacia cualidades coordinativas ya que el sistema nervioso aún no ha terminado de madurar. Igualmente, y por la misma razón todo el trabajo dirigido hacia la mejora de frecuencias y velocidad de reacción, también son muy recomendables.

De forma similar a la etapa anterior, al no disponer de fuerza suficiente, la capacidad de aceleración no es demasiado eficaz. Por ello, también debe practicarse la velocidad en tramos cortos pero con salida "lanzada", es decir, con unos cuantos pasos previos.

Los chicos aquí también se encuentran en una fase sensible para el desarrollo de cualidades aeróbicas pero, al igual que en la etapa anterior, se debe incidir prioritariamente en las zonas más bajas que reclaman la aportación de las grasas zonas (2 y 3) y dejar las 4 y 5 con más exigencia de potencias aeróbicas más altas, exclusivamente para competiciones.

En lo que respecta a esfuerzos lácticos, al no haber entrado aún en la pubertad, las posibilidades de incidir en esta vía metabólica siguen siendo muy bajas. Por ello, aunque se pretenda incidir en entrenamientos de este tipo, los chicos y chicas derivarán hacia la vía aeróbica. Esto quiere decir que, aparte de que el "lactato no es veneno" (Platonov, 1994) a esta edad existen escasas posibilidades de producirlo en cantidades importantes.

En la tabla 6.2 se expone una aproximación a las características y límites de las zonas de entrenamiento en esta etapa.

Tabla 6. 2.- Aproximación a las características y límites de las zonas de entrenamiento en etapa prepuberal.

ZONA		FRECUENCIA CARDIACA (P/min)	VO2 (Ml/Kg/min.	PORCENTAJE DEL VO_2max (%)	CONCENTRACIÓN DE LACTATO EN SANGRE (mmol/l)
8. ALÁCTICA LÁCTICA	LÍMITE SUPERIOR			140	4,0
	LÍMITE INFERIOR			130	3,0
	CARACTERÍSTICAS	Zona de importante incidencia. Ya desde esta edad el niño está capacitado para trabajar con prestaciones del metabolismo aláctico y almacena suficientes cantidades de fosofocreatina para mantener esfuerzos de 3-6 segundos con recuperaciones amplias.			
7. LÁCTICA INTENSIVA	LÍMITE SUPERIOR				
	LÍMITE INFERIOR				
	CARACTERÍSTICAS	Zona de escasa incidencia. No resulta posible trabajar con prestaciones de lactato muy altas. Por ello, aunque se quiera, no se puede incidir de manera importante en esta zona. No obstante puede tratarse en pequeñas proporciones por saturación de la zona anterior.			
6. LÁCTICA EXTENSIVA	LÍMITE SUPERIOR			120	7,0
	LÍMITE INFERIOR			100	5,0
	CARACTERÍSTICAS	Zona muy reducida ya que el niño tiene pocas posibilidades de reclamar al metabolismo del lactato. No obstante, en el caso de incidir en esta zona, normalmente, no se podrán conseguir valores por encima de 7-8 mmol. Puede tratarse conjuntamente con la zona superior			
5. AERÓBICA A ANERÓBICA	LÍMITE SUPERIOR	210-220	55	100	5,0
	LÍMITE INFERIOR	190-195	50	90	3,5
	CARACTERÍSTICAS	Zona asequible aunque con ciertas limitaciones en la duración del esfuerzo, al necesitar un porcentaje de la energía procedente de la vía anaeróbica láctica. El niño debería evitar entrenar frecuentemente esta zona ya que, aún estando capacitado para dar esas prestaciones, las consecuencias de la fatiga que pueden provocarle más perjuicios que beneficios.			
4. AERÓBICA INTENSIVA	LÍMITE SUPERIOR	190	50	90	30-3,5
	LÍMITE INFERIOR	180	45	85	2,5
	CARACTERÍSTICAS	Zona de extensión amplia. El niño está capacitado para incidir en ella. No obstante no debe prodigarse ya que los elementos de fatiga pueden ser igualmente importantes al trabajar muy próximos a su umbral anaeróbico. La duración del esfuerzo también debe ser moderada al precisar de altas prestaciones de glucógeno.			
3. AERÓBICA MEDIA	LÍMITE SUPERIOR	180	45	80	2,5
	LÍMITE INFERIOR	175	40	70	2,0
	CARACTERÍSTICAS	Zona de gran extensión ya que se reclama de forma importante el metabolismo de las grasas. Resulta zona recomendable para el trabajo aeróbico.			
2. AERÓBICA EXTENSIVA	LÍMITE SUPERIOR	175	38	65-70	2,2
	LÍMITE INFERIOR	150-155	32	65	1,5
	CARACTERÍSTICAS	Zona de gran extensión. El niño, antes de la pubertad tinde a utilizar las grasas prioritariamente. Es la zona más recomendable para el trabajo aeróbico.			
1. AERÓB. RE-GENERATIVA	LÍMITE SUPERIOR	150-155	30-32	50-55	1,5
	LÍMITE INFERIOR	100	20-25	35-40	1,0
	CARACTERÍSTICAS	Zona de extensión similar en todas las etapas aunque varíen las escalas de los indicadores de esfuerzo. Puede ser útil para regenerar pero no para entrenar.			

6.1.3.3. Las zonas en la etapa puberal. Características principales. 13 a 14 años en chicos y 12 a 13 en chicas.

Se trata de la edad clave y en la que se producen los mayores cambios y alteraciones.

Pasando por las diferentes zonas de incidencia, estas son las principales características:

Zona aláctica láctica. Como en todas las edades, es recomendable incidir, incluso con esfuerzos ligeramente más largos en duración que en etapas anteriores. En esta etapa se almacena más de fosfocreatina, por lo que se pueden mantener dos o tres segundos más los ejercicios a potencias o velocidades máximas. Como siempre, las pausas deben ser lo suficientemente amplias para permitir recuperar al sistema nervioso y al rellenado de reservas de fosfágenos.

Zonas lácticas (6 y 7). Ya desde la entrada en la pubertad se comienzan a producir más cantidad de hormonas sexuales y enzimas activantes de la producción de lactato. Por ello, se puede decir en esta etapa *existe una fase sensible*, por lo que es importante "despertar" la glucólisis anaeróbica y la producción de lactato.

No obstante, este tipo de esfuerzos recomendados deberían reunir una serie de características específicas para esta edad. Es preferible hacerlo en base esfuerzos de altas potencias pero de corta duración.

Para ello, nuestra propuesta es la de trabajar en zona aláctica mediante esfuerzos cortos y repetidos con la intención de saturar el metabolismo aláctico, agotando el estoc de fosfocreatina y obligando a pasar al láctico por falta de posibilidades de proseguir el esfuerzo merced al anterior. Las recuperaciones deberán ser cortas e incompletas entre repeticiones y completas y muy amplias entre series.

Pasado un tiempo, al final de esta etapa, se puede pasar a incidir directamente en la zona láctica intensiva mediante esfuerzos submáximos que ronden entre los 15 y 20 seg. Para ello se deberán realizar pocas repeticiones 1 a 3 y con pausas que permitan la remoción del lactato y el tamponamiento de la hiperacidez. Cabe recordar que, en esta etapa, las posibilidades de recuperación de este tipo de esfuerzos es un tanto deficiente por lo que hay que facilitarla con pausas más prolongadas.

A estas dificultades de recuperación (remoción del lactato y tamponamiento de la acidez) tenemos que sumarle las posibles deficiencias que se pueden producir en algunos casos, especialmente en lo que corresponde a las chicas, lo que puede suponer un añadido a las necesidades de aplicar tiempos de recuperación más prolongados. Por todo ello, no solamente deben tenerse en cuenta estas características para las pausas, también es muy importante espaciar este tipo, tanto en una sesión como en un microciclo semanal.

En la figura 6.2 se expone un ejemplo gráfico de dos de los tipos de trabajo recomendables sobre esta vía metabólica.

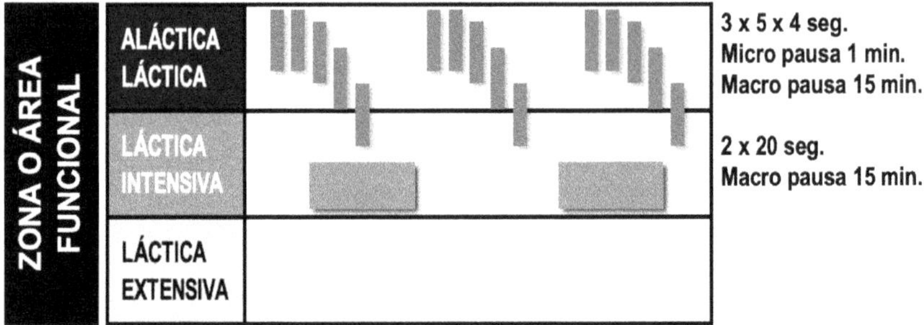

Figura 6. 2.- Dos ejemplos de trabajo con incidencia láctica. Arriba tres series de 5 repeticiones de 4 segundos con escasa recuperación (los más recomendables). Las últimas repeticiones entran en la zona láctica por saturación del metabolismo aláctico ante la depleción de la fosfocreatina. Abajo, dos repeticiones de 20 seg. En ambos casos las recuperaciones deben ser muy amplias.

En lo que respecta a las zonas aeróbicas. En muchos casos y, principalmente motivados por un rápido crecimiento, agravado en las chicas por el aumento de tejido graso se puede producir un cierto estancamiento en las prestaciones aeróbicas, si bien este efecto puede ser paliado merced al entrenamiento.

De todas formas, se puede decir que en esta fase se encuentran en una *fase poco sensible* al entrenamiento aeróbico o, en el mejor de los casos, menos permeable que en las etapas anteriores. Por ello, el objetivo prioritario no debería encontrarse en el entrenamiento sobre estas zonas sino en las superiores.

En esta fase se puede entrenar puntualmente sobre las zonas aeróbica intensiva y aeróbica anaeróbica (zonas 4 y 5) pero siempre con cierta cautela y preferiblemente de manera fraccionada tipo trabajo interválico sin llegar esfuerzos al límite de la capacidad. Este tipo de trabajos pueden paliar, en muchos casos, esa deficiencia natural ante prestaciones aeróbicas.

Sobre las zonas más bajas aeróbicas, zonas predominantemente de consumo de grasas o lipolíticas (2 y 3), el trabajo sigue siendo recomendable ya que favorece el desarrollo y mejora del sistema de transporte (capilarización, frecuencia cardiaca y volumen sistólico) así como la posibilidad de no aumentar peso en base a acumulación de tejido adiposo. Esto puede ser importante sobre todo en las chicas que tienden a acumular más cantidad de grasa.

En la tabla 6.3 se expone una aproximación a las características y límites de las zonas de entrenamiento en esta etapa.

Tabla 6. 3.- Aproximación a las características y límites de las zonas de entrenamiento en etapa puberal.

ZONA		FRECUENCIA CARDIACA (P/min)	VO2 (Ml/Kg/min.	PORCENTAJE DEL VO_2max (%)	CONCENTRACIÓN DE LACTATO EN SANGRE (mmol/l)
8. ALÁCTICA LÁCTICA	LÍMITE SUPERIOR			140	3,0
	LÍMITE INFERIOR			130	5,0
	CARACTERÍSTICAS	Zona realtivamente amplia. Ya desde esta edad el niño está capacitado para trabajar con prestaciones del metabolismo aláctico y almacena suficientes cantidades de fosofocreatina para mantener esfuerzos de 5-8 segundos con recuperaciones amplias.			
7. LÁCTICA INTENSIVA	LÍMITE SUPERIOR			125-130	15,0
	LÍMITE INFERIOR			120	10,0
	CARACTERÍSTICAS	Zona amplia con facilidad de incidencia. El chico puede trabajar en esta zona siempre y cuando lo haga en base a esfuerzos cortos (inferiores a 8" pero repetidos para saturar la zona anterior y obligar a entrar en funcionamiento el metabolismo del lactato). Las recuperaciones entre repeticiones pueden ser relativamente cortas pero deben ser muy			
6. LÁCTICA EXTENSIVA	LÍMITE SUPERIOR			115-120	9,0-10,0
	LÍMITE INFERIOR			100	6,0
	CARACTERÍSTICAS	Zona amplia con facilidad de incidencia. El chico puede trabajar en esta zona siempre y cuando lo haga en base a esfuerzos cortos (inferiores a 40") y con las recuperaciones muy amplias. Es preferible realizar más esfuerzos aunque más cortos con recuperaciones incompletas. Por consiguiente, sería preferible postergar estos trabajso para la siguiente			
5. AERÓBICA A ANERÓBICA	LÍMITE SUPERIOR	210	55-60	100	6,0-6,5
	LÍMITE INFERIOR	200	52	90	4,0
	CARACTERÍSTICAS	Zona amplia con facilidad de incidencia. El chico puede trabajar en esta zona siempre y cuando lo haga en base a esfuerzos cortos (inferiores a 3') y con las recuperaciones amplias. Es preferible realizar, al igual que en la zona superior más esfuerzos aunque más cortos con recuperaciones incompletas. De todas formas resulta zona de precaución.			
4. AERÓBICA INTENSIVA	LÍMITE SUPERIOR	200	52	90	4,0
	LÍMITE INFERIOR	190	46-48	85	3,5
	CARACTERÍSTICAS	Zona relativamente reducida en muchos casos por estancamiento de las prestaciones aeróbicas (más frecuente en chicas). Existen ciertas limitaciones de incidencia y el objetivo principal debe ser el de mantenimiento.			
3. AERÓBICA MEDIA	LÍMITE SUPERIOR	190	50	85	3,5
	LÍMITE INFERIOR	175	46	70	2,2
	CARACTERÍSTICAS	Zona relativamente reducida similar a la superior por las mismas razones. Los objetivos principales también deben ser de mantenimiento.			
2. AERÓBICA EXTENSIVA	LÍMITE SUPERIOR	175	40	65	2,2
	LÍMITE INFERIOR	165	35	55	1,8
	CARACTERÍSTICAS	Zona relativamente reducida similar a la superior por las mismas razones. Los objetivos principales también deben ser de mantenimiento.			
1. AERÓB. REGENERATIVA	LÍMITE SUPERIOR	160-165	35	50-55	1,8
	LÍMITE INFERIOR	120	20-25	35-40	1,0
	CARACTERÍSTICAS	Zona de extensión similar en todas las etapas aunque varien las escalas de los indicadores de esfuerzo.			

6.1.3.4. Las zonas en la etapa adolescente. Características principales. 15 a 16 años en chicos y 13 a 14 en chicas.

En esta etapa ya se han definido una serie de cualidades. Por ello comienza a resultar más fácil la aproximación hacia el conocimiento de si nos encontramos ante un talento deportivo en el aspecto físico biológico.

Aquí resulta más sencillo determinar si el deportista va a ser más especialista en pruebas explosivas ya que aparece un gran incremento de la fuerza, momento que hay que aprovechar para producir transferencia con otras cualidades (economía de esfuerzo, velocidad, incluso, resistencia).

Si se habla de resistencia el deportista ya se puede definir si tiene más posibilidades hacia esfuerzos de corta, media o larga duración ya que se conoce como responde a todo tipo de esfuerzos.

Se puede decir que ya puede entrenar como un adulto y que puede incidir en todas las zonas, aunque dependiendo de los objetivos y la especialidad o grupo de especialidades hacia la que vaya a dirigirse.

Dependiendo de las circunstancias anteriores habrá zonas que son entrenables y otras en las que, al incidir sobre ellas, se pueden provocar adaptaciones que "tiren" en contra del rendimiento futuro. De todas formas, el conocimiento de dichas zonas, permitirá orientar mejor el entrenamiento de modo que se pueda potenciar aquello que va en pos de un mejor rendimiento y evitar cargas que deriven en adaptaciones que vayan en contra.

Así pues, en esta etapa ya se puede entrenar sin mayor preocupación que la de dosificar la magnitud de las cargas, de forma proporcionada, pero utilizando ya el mismo esquema y organización que la que se mantendría para un deportista adulto.

En la tabla 6.4 se expone una aproximación a las características y límites de las zonas de entrenamiento en esta etapa.

Tabla 6. 4.- Aproximación a las características y límites de las zonas de entrenamiento en etapa adolescente.

ZONA		FRECUENCIA CARDIACA (P/min)	VO2 (Ml/Kg/min.	PORCENTAJE DEL VO_2max (%)	CONCENTRACIÓN DE LACTATO EN SANGRE (mmol/l)
8. ALÁCTICA LÁCTICA	LÍMITE SUPERIOR			140	8,0
	LÍMITE INFERIOR			130	4,0
	CARACTERÍSTICAS	Zona amplia. Ya desde esta edad el chico está capacitado para trabajar con prestaciones del metabolismo aláctico y almacena suficientes cantidades de fosofocreatina para mantener esfuerzos de 7-10 segundos con recuperaciones amplias.			
7. LÁCTICA INTENSIVA	LÍMITE SUPERIOR			130	17,0
	LÍMITE INFERIOR			115	10,0
	CARACTERÍSTICAS	Zona amplia y asequible. Deben darse recuperaciones suficientes que permitan repetir esfuerzo. Éstos pueden llegar hasta 30-35 seg. Con recuperaciones totales o bien mediante trabajo fraccionado con recuperaciones incompletas.			
6. LÁCTICA EXTENSIVA	LÍMITE SUPERIOR			115	10,0
	LÍMITE INFERIOR			100	7,0
	CARACTERÍSTICAS	Zona amplia y asequible. Deben darse recuperaciones suficientes que permitan repetir esfuerzo. Éstos pueden llegar hasta 1 min. 30 seg - 2 min. Con recuperaciones totales o bien mediante trabajo fraccionado con recuperaciones incompletas.			
5. AERÓBICA A ANERÓBICA	LÍMITE SUPERIOR	200	65	100	7,0
	LÍMITE INFERIOR	190	60	90	4,0-4,5
	CARACTERÍSTICAS	Zona amplia y asequible. Deben darse recuperaciones suficientes que permitan repetir esfuerzo. Éstos pueden llegar hasta 3-4 min. Con recuperaciones totales o bien mediante trabajo fraccionado con recuperaciones incompletas.			
4. AERÓBICA INTENSIVA	LÍMITE SUPERIOR	185-190	60	90	4,0
	LÍMITE INFERIOR	175-170	55	80	3,5
	CARACTERÍSTICAS	Zona amplia y asequible. Deben darse recuperaciones suficientes que permitan repetir esfuerzo. Éstos pueden llegar hasta 15-20 min. Con recuperaciones totales o bien mediante trabajo fraccionado con recuperaciones incompletas.			
3. AERÓBICA MEDIA	LÍMITE SUPERIOR	170	55	80	3,5
	LÍMITE INFERIOR	160	45	70	3,0
	CARACTERÍSTICAS	Zona amplia y asequible. Deben darse recuperaciones suficientes que permitan repetir esfuerzo. Éstos pueden llegar hasta 30-40 min. Con recuperaciones totales			
2. AERÓBICA EXTENSIVA	LÍMITE SUPERIOR	160	45	70	3,0
	LÍMITE INFERIOR	145	40	50	2,0
	CARACTERÍSTICAS	Zona amplia y asequible. Deben darse recuperaciones suficientes que permitan repetir esfuerzo. Éstos pueden llegar, de forma continuada hasta 1 h.			
1. AERÓB. REGENERATIVA	LÍMITE SUPERIOR	140-145	35-40	45-50	1,5
	LÍMITE INFERIOR	110	20-25	35-40	1,0
	CARACTERÍSTICAS	Zona de extensión similar en todas las etapas aunque varíen las escalas de los indicadores de esfuerzo.			

6.2. MOMENTOS MÁS RECOMENDABLES DE INCIDENCIA EN LAS ZONAS, EN FUNCIÓN DE LA EDAD.

El entrenamiento se puede comenzar desde edades muy tempranas, siempre que el enfoque sea el adecuado.

En este sentido y refiriéndonos exclusivamente a las zonas de incidencia y sus características para cada etapa, nos permite tener una visión más aproximada a la hora de diseñar las cargas de entrenamiento adaptándolas a cualquiera de ellas.

En la figura 6.3, a modo de orientación, hemos diseñado una propuesta acerca de los momentos del desarrollo en los que se debería incidir más con las cargas de entrenamiento en las diferentes zonas, así como aquellos momentos en los cuales debería tratar de evitarse.

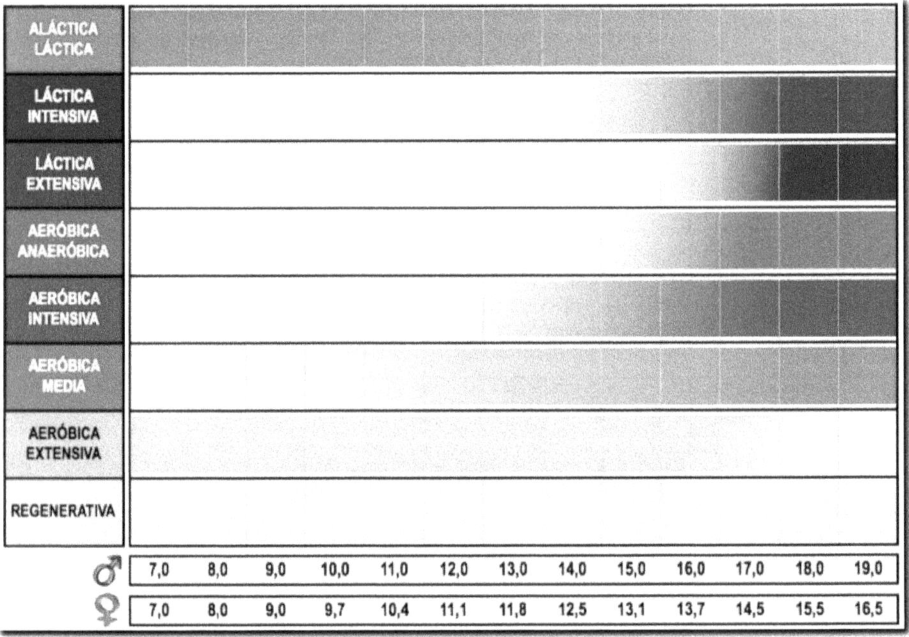

Figura 6. 3.- Momentos aproximados recomendables de mayor y menor incidencia de trabajo en las diferentes zonas en relación con la edad y de las zonas de entrenamiento. La parte más oscurecida indica los momentos en los que resulta más importante la incidencia del tipo de cargas.

BIBLIOGRAFÍA

- Abelairas, C; López, S; Rodríguez, D. (2012).: La figura del entrenador y sus competencias en los deportes colectivos. III Congreso Internacional de Ciencias del Deporte. Pontevedra.
- Aguado, X. (1993).: Eficacia y técnica deportiva. Zaragoza. INDE.
- Abrutsky, Marco. (2016).: Introducción al entrenamiento de la flexibilidad en el marco de la prevención de lesiones. https://g-se.com.
- Academia Americana de Pediatría. (2001).: Entrenamiento de fuerza en niños y adolescentes.
- Accioli, B; Vieira, Ana; Barreiros, J. (2012).: Sports dropount and adolescence. III Congreso Internacional de Ciencias del Deporte. Pontevedra.
- ADA. (2010).: El valor del Deporte. Asociación Aragonesa de Apoyo al Deportista. Zaragoza. Edelvives.
- Aguila, C; Andújar, C. (2000).: Reflexiones acerca del entrenamiento en la infancia y la selección de talentos deportivos. EFDeportes. 5:21. http://www.efdeportes.com/
- Águila, C; Casimiro, A. (2001).: Consideraciones metodológicas para la enseñanza de deportes colectivos en edad escolar. Buenos Aires. EFDeportes. 5-20. http://www.efdeportes.com/efd20a/metodol.htm.
- Alfaro, E. (2004).: El talento psicomotor y las mujeres en el deporte de alta competición. Revista de Educación. 335:127-151. Madrid. Universidad Politécnica.
- Allen, H; Coggan, A. (2010).: Zonas de entrenamiento por potencia y frecuencia cardiaca. International Endurance Work Group. G-se.http://www.g-se.com
- Alonso, R. (2000).: Desarrollo sexual y entrenamiento deportivo. EFDeportes.com. Año 5. Nº 21. Mayo. http:// EFDeportes.com.
- Álvarez, C; Durán, C. (1982).: Atletismo básico. Miñón. Valladolid.
- Álvarez, C; Olivo, J; Robinson, O; Quintero, J; Carrasco, V; Ramírez-Campillo, R; Andrade, D; Martínez, C. (2013).: Efectos de una sesión de ejercicio aeróbico en la presión arterial de niños, adolescentes y adultos sanos. Revista médica de Chile. 141-11.
- Álvarez. C; Palacios, G; Antuñano N; López-Sobale M. (2011).: Efect of strength training and the practice of alpine sking on bone mass density, growth, body composition and the strength and power of the legs of adolescent skiers. J. Strength Cond Res. 25:2879–90.
- American Academy of Child & Adolescent Psychiatry (1998).: El desarrollo normal de la adolescencia: la escuela intermedia y los primeros años de la secundaria. 57. http://www.aacap.org/page.ww?section=Informacion+para+la+Familia&name=el+Desarrollo+Normal+de+la+Adolescencia%3A+La+escuela+intermedia+y+los+primeros+anos+de+la+secundaria+No.+57
- Ämstrand, P; Rodahl, K. (1985).: Fisiología del trabajo físico. Buenos Aires. Médica Panamericana.
- Ämstrand, P. (1952).: Experimental studies of physical working capacity in relation to sex and age. Copenhagen: Munksgaard. P 56.
- Andrivet, R; Chignon, J; Leclercq, J. (1967).: Fisiología del deporte. México. Diana S.A.
- Añó, V. (1997). Planificación y organización del entrenamiento juvenil. Madrid. Gymnos.

- Añón, P. (2014).: Declaración de posición sobre el entrenamiento de fuerza en niños y adoescentes. Consenso internacional 2014. G-SE. http://www.g-se.com/t/secciones-tematicas.
- Aquino, F; Zapata, O. (1979).: Psicopedagogía de la educación motriz en la etapa del aprendizaje escolar. México. Trillas.
- Aquino, F; Zapata, O. (1985).: Psicopedagogía de la educación motriz en la adolescencia. México. Trillas.
- Aquino, F; Zapata, O. (1987).: Psicopedagogía de la educación motriz en la juventud. México. Trillas.
- Arnold, R; Barbany, J; Bieniarz, I; Carranza, M; Fuster, J; Hernández, J; Lagardera, F; Ortega, E; Porta, J; Prat, J; Rouba, P. (1985).: La Educación Física en las enseñanzas medias. Barcelona. Paidotribo.
- Arregui, J; Martínez de Haro, V. (2001).: Estado actual de las investigaciones sobre la flexibilidad en la adolescencia. Revista Internacional de Medicina y Ciencias de la Actividad Física y el Deporte vol. 1 (2) p. 127-135 http://cdeporte.rediris.es/revista/revista2/artflexi.htm.
- Argudo, C; Iglesias, M. (2002).: Detección de talentos deportvos, una faceta más dentro del deporte escolar. Detección de Talentos.
- Armstong, N; Williams, J.(2003).: La influencia de la edad y la maduración sexual en la respuesta del ácido láctico al ejercicio, en niños. Grupo SobreEntrenamiento. PubliCEStandard. Http://www.sobreentrenamiento.com/PubliCE/Home.asp.
- Arufe, V; Fraguera, R; Varela, L. (2010).: Manual básico del técnico deportivo de un club. Sevilla. Sportis.
- Arufe, V; Martínez M; García J. (2006).: La iniciación deportiva.Pontevedra. Acuga.
- Arufe, V; Martínez, M; García, J. (2007).: Entrenamiento en niños y jóvenes deportistas. Santiago de Compostela. Asociación Cultural Atlética Galega.
- Arufe, V. (2012).: ¿Por qué los niños que practican deporte lo abandonan años más tarde? III Jornadas Técnicas Nacionales sobre el Deporte en edad Escolar.
- Arufe, V.(2012).: La construcción del deportista desde la infancia. A Couña. Sportis.
- Asensio, J (1987). Maduración biológica y aptitudes cognitivas. Educar, 12/109-124. Universidad Autónoma de Barcelona. http://www.raco.cat/index.php/educar/article/viewFile/42197/90105
- Ahumada, F. (2013).:Sprint. International Endurance Work Group.G-Se. https://g-se.com.
- Ávila, J; Huancavelica, P. (2002).: El comportamiento en las etapas de desarrollo. Monografías.com. http://www.monografias.com/trabajos16/comportamiento-humano/comportamiento-humano.shtml.
- Baker, J; Horton, S; Wilson, J; Wall, M. (2006).: Desarrollando la experiencia en el deporte. Factores que influyen en el rendimiento de los atletas de elite.Grupo SobreEntrenamiento. PublCE Standard. Http://www.sobreentrenamiento.com/PubliCE/Home.asp.Http:WW
- Balaguer, R. (2005).: La migración de la recreación juvenil al sedentario mundo de la pantalla. III Congreso Uruguayo de Psicología del Deporte IMM. http://www.cibersociedad.net/archivo/articulo.php?art=207.
- Baquet, G; VanPraag, E; Berthoin, S. (2003).: Endurance training and aerobic fitness in young people. Sports Med 33-15:1127-1143.
- Bar-Or, O (2002).: Respuesta en los niños al ejercicioen climas cálidos. PubliCE Standard. Grupo SobreEntrenamiento. http://www-g-se.com.
- Bar-Or, O. (2003).: Lo nuevo y lo viejo de la fisiología del ejercicio pediátrico. PubliCR Premium. Grupo SobreEntrenamiento. http://www.g-se.com.

- Bar-Or, O. (2006).: Entrenabilidad de los niños pre púberes. Grupo SobreEntrenamiento. PubliCE Premium. http://www.g-se.com.
- Bar-Or, O. (2006).: La actividad y la aptitud física durante la niñez y la adolescencia y e perfil de riesgo en el adulto. G-SE. G-se.com/a/667.
- Bar-Or, O. (2013).: Pérdidas de fluidos y de electrolitos durante el ejercicio: Enfoque pediátrico. G-se. http://www.g-se.com.
- Bar-Or. (1994).: Las respuestas de los niños ante el ejercicio en climas calurosos: Implicaciones para el rendimiento y la salud. Sports Science Exchange. 7:2.
- Bar-Or. (1994).: Las respuestas de los niños ante el ejercicio en climas fríos. Implicaciones para el rendimiento y la salud. Sports Science Exchange.4:2.
- Barreda, P. (2005).: ¿Cuál es la diferencia entre la pubertad y la adolescencia?. Pedialtraldia. http://www.pediatraldia.cl/pubertad_adolescencia.htm.
- Barrenechea, P. (2010).: Educación Física y los principios del entrenamiento. EFDeportes.com. Año 15. 147. Buenos Aires. http://www.efdeportes.com/efd147/educacion-fisica-y-los-principios-del-entrenamiento.htm.
- Barros, C; Farías, E. (2005).: Empleo de un programa de minitramp para la mejora de la velocidad de carrera y el salto vertica, con bajo riesgo de lesión en niños. PubliCE Standard. http://www.g-se.com.
- Batalla, A. (2000).: Habilidades motrices. Barcelona. INDE.
- Bazanco, M. (1999).: Olimpismo y Fair-Play. Auntamiento de Murcia.
- Becerro, M. (2000).: Entrenamiento de la velocidad en la infancia y pubertad. Monografías.com. http://www.monografias.com/trabajos11/velocinf/velocinf.shtml.
- Belliendier, J. (2009).: Consideraciones sobre la detección del Joven Talento Deportivo en Voleibol. Datasports. http://www.datasports.8k.com/1/voley.htm
- Bemben, D; Buchanan, A; Torey, D. (2005).: Influencia del Tipo de Carga Mecánica, Nivel Menstrual, y Período de Entrenamiento sobre la Densidad Ósea en Mujeres Atletas Jóvenes. PubliCE Premium. http://www.g-se.com.
- Benítez, S. (2013).: ¿A qué nos referimos cuando hablamos de "talento deportivo"?. G-se. http://www.g-se.com.
- Berg, A; Kim, S; Keul, J. (1986).: Skeletal muscle enzyme activities in healthy young subjets. Int J Sports Med. 7:236-239.
- Berngüi, R; Garcés, E.(2007).: Valores en el deporte escolar. Cuadernos de Psicología del Deporte. 7-2. Universidad de Murcia.
- Bianca, A; Vieira, A; Barreiros, J. (2006).: Sports Dropount Adolescence. Congreso Internacional de Ciencias del Deporte. Pontevedra.
- Bibian, M. (2012).: Los valores del deporte. Iglesia.org. http://www.iglesia.org/articulos/educacion.
- Billat, V. (2002).: Fisiología y metodología del entrenamiento. Madrid. Gymnos..
- Blázquez, D. (1995).: La iniciación deportiva y el deporte escolar. Zaragoza. INDE.
- Blázquez, D.(1986).: Iniciación a los deportes de equipo. Barcelona Martínez Roca.
- Blough, G; Ward, R; Tellez, T. (2001).: La velocidad en el deporte. Madrid. Tutor S.A.
- Bompa, T. (2000): Periodización del entrenamiento deportivo. Barcelon. Paidotribo.
- Bompa, T. (2003): Periodización. Teoría y metodología del entrenamiento. Barcelona. Hispano Europea.
- Bonnet, J. (1983).: Vers une pédagogie de l'acte moteur.Réflexions critiques sur les pédagogies sportives. Paris. Vigot.

- Borges, A. (2014).: Resistencia general para niños y adolescentes. Teoría, experiencias y programa de entrenamiento. G-se. http://www.g-se.com.
- Borges, A. (2014).: Desarrollo de la Velocidad Teoría y Experiencias Prácticas. Rev Entren Deport. 28 (3). https://g-se.com.
- Borin, J; Gocalvez, A. (2008).: Recuperando contribuicoes para entender o processo de detccao do talento desportivo. Pensar a Prática 11/2: 169-178.
- Borms, J. (1986). The child and exercise. An overview. Journal of Sport Science, 4, 1, 3-20
- Bosco, C; Tihani, J; Komi, P; Apor, P. (1982).: Almacenamiento y Recobro de Energía Elástica en Músculos Esqueléticos Humanos de tipo de Fibras Lentas y Rápidas. PubliCE. https://g-se.com.
- Bosco, C. (2000).: La fuerza muscular. Barcelona. INDE.
- Bouso, C. (2012).: Maduración biológica y rendimiento.Trabajo fin de grado. INEF de la Coruña. http://ruc.udc.es/bitstream/2183/11527/2/ValentinBouso_Daniel_TFG_2012.pdf.
- Bravo, J; Ballesteros, J; Campra, E; Gil, F; Pascua, M. (1990): Atletismo I: Carreras y marcha. Madrid. Comité Olímpico Español.
- Bravo, J; García-Verdugo, M; Gil, F; Landa; L; Marín, J; Pascua, M. (1998): Carreras y marcha. Atletismo 1. Madrid. Real Federación Española de Atletismo.
- Brotons, (J. 2005).: Propuesta de un modelo íntegro para el proceso de detección, selección y desarrollo de talentos deportivos a largo plazo. Valencia. I Congreso del Deporte en Edad Escolar.
- Bryan J. (1975).:Juegos escolares que desarrollan la conducta. México. Pax México.
- Buceta, J. (2004).: Estrategias Psicológicas para entrenadores de deportistas jóvenes. Madrid. Dykinson.
- Buceta, j.M. (1998).: Psicología del entrenamiento deportivo. Dykinson. Madrid.
- Burló, L., López B. J. y Santana V. M. (1996). Utilización de procedimientos de detecciónm y selección deportiva en la etapa de iniciación a la gimnasia artística. En indicadores para la detección de talentos deportivos. Madrid. Consejo Superior de Deportes.
- Caldrón, J. (1987).: Neurofisiología aplicada a la Educación Física. Madrid. ADELEF.
- Calderón, J; Legido, J. (2002).: Neurofisiología aplicada al deporte. Madrid. Tebar.
- Cañellas, A; Soria, M.A. (1991).: Animación deportiva. Barcelona. INDE.
- Cappa, D. (2013).: Aspectos fisiológicos del entrenamiento aeróbico en niños. G-se. http://www.g-se.com.
- Cappa, F. (2007).: Entrenamiento de la fuerza en niños: Breve revisión a la literatura. PubliCE Standard. http://www.sobreentrenamiento.com/publice/Articulo.asp?ida=812&tp=s.
- Carreño, J; Armas, R. (2001).: Orden en importancia de las capacidades motoras (fuerza, velocidad, resistencia, flexibilidad) en estado óptimo de preparación física en luchadores de 12 a 15 años de edad. EFDeportes. 7:34.
- Carretero, M; Palacios, J; Marchesi, A. (1985).:Psicología evolutiva 3. Adolescencia, madurez y senectud.Madrid. Alianza Editorial.
- Carrillo, A; Rodriguez, J. (2011).: ¿Es el deporte una escuela de valores?. INDEref. Revista de Educación Física.
- Carrol, W; Mendiza, A. (2005).: Medicina Deportiva para Futbolistas Jóvenes. Grupo SobreEntrenamiento. PubliCE Standard. Http://www.sobreentrenamiento.com/PubliCE/Home.asp.
- Castañer, M; Camerino, O. (1996).: La educación física en la enseñanza primaria. Barcelona. INDE.

- Cattani, A. (2003).: Características del crecimiento y desarrollo físico. Escuela Médica. http://escuela.med.puc.cl/publicaciones/manualped/CrecDess.html.
- Cerani, J. (1993).: El entrenamiento de resistencia en niños. Sport Medicina. 20:29-33.
- Cervelló, E. (1996).: La motivación y el abandono deportivo desde la perspectiva de las metas del logro.Universidad de Valencia.
- Chulvi, I. (2005).: Ejecución de los movimientos para el entrenamiento de fuerza en niños. I Congreso de deporte en edad escolar. Valencia. Fundación Deportiva Municipal.
- Cimolini, H. (2002).: Conceptos de entrenamiento para fútbol infantil. Entrenadores de fútbol. http://www.escoladefutbol.com.
- Coe, P; Martin, D. (2003): Entrenamiento para corredores de fondo y medio fondo. Barcelona. Paidotribo.
- Colaço, Paulo. (2006).: A Formação do Jovem Corredor de Meio-Fundo. Faculdade de Ciências do Desporto e de Educação Física da Universidade do Porto
- Coleman, J. (1980).: The Nature of Adolescence. Londres. Routledge.
- Cometti, G. (1998).:La pliometría. Barcelona. INDE.
- Cometti, G. (2002).: Entrenamiento de la velocidad. Barcelona. Paidotribo.
- Contreras, O. (2018).: Más actividad física, mejores notas. Congreso sobre educación y deporte. Pontevedra.
- Contreras, O. (1998).: Didáctica de la educación físic. Un enfoque constructivista. Barcelona. INDE.
- Córdoba, A; Navas, F. (2000).: Fisiología deportiva. Madrid. Gymnos.
- Cortegoso, L; Hernández, C; Hernández, J. (2003).: ¿Soy realmente un buen profesor de educación física o entrenador deportivo?. EFDeportes. 9-66. http://www.efdeportes.com.
- Cortés, V; Fernández, A; Moreno A. (2002).: Estudio descriptivo de la evolución de jóvenes atletas participantes en el programa de detección de talentos de la Real Federación Española de Atletismo. Rendimiento Deportivo. Com. Nº 3. http://www.rendimientodeportivo.com/N003/Artic014.htm.
- Costa, I. (2014).: Entrenamiento de fuerza en niños.
- Costill, D. (1981): La course de fond. Aproche scientifique. París.Vigot.
- Cruz, J. (2011).: Construyendo un deporte sano desde la escuella. Barcelona. Universidad Autónoma de Barcelona.
- Cunningham, D; Paterson, D. (1985).: Age specific prediction of maximal osygen uptake in boys. Canadian Journal of Applied Sort Sciences. 10:75-80.
- Delgado, M. (1994): Evolución de los factores y parámetros condicionantes de la resistencia en el niño y adolescente. RED. IX:2.
- Delgado, M. (1994).: Fundamentación anatómico funcional del rendimiento y del entrenamientode la resistencia del niño y adolescente. Revista Motricidad. Universidad de Granada.
- Devis, J; Peiró, C. (1992).: Nuevas perspectivas curriculares en Educación Física. Zaragoza INDE.
- Dintman, G; Ward, B; Tellez, T. (2001).: La velocidad en el deporte. Madrid. Tutor S.A.
- Di Santo, M. (1997).: Importancia de la Flexibilidad. PubliCE. https://g-se.com.
- Di Santo, M. (1998).: Bases Neurofisiológicas de la Flexibilidad. Parte 1.PubliCE. https://g-se.com.
- Di Santo, M. (1998).: Bases Neurofisiológicas de la Flexibilidad. Parte 2.PubliCE. https://g-se.com.

- Di Santo, M. (1997).: La flexibilidad en las distintas edades de la vida. https://g-se.com.
- Di Santo, M. (1998).: Los Elementos Contráctiles como Factores Restrictivos de la Flexibilidad.PubliCE. https://g-se.com.
- Di Santo, M. (2013).:Flexibilidad y Postura en la Escuela: El Rol Crucial del Profesor de Educación Física. https://g-se.com.
- Díaz, A; Morales, V; Calvo, J. (2008).: Acercamiento a la detección de talentos deportivos. EFDeportes.com. Año 13. Nº 21. Junio. http://www.EFDeportes.com.
- Díaz, J. (1994).: El currículum de la educación física en la reforma educativa. Barcelona. INDE.
- Díaz, J. (1999).: La enseñanza y aprendizaje de las habilidades y destrezas motrices básicas. Barcelona. INDE.
- Díaz, J. (2003).: Entrenamento de talentos y su progresión hacia la alta competición. Refista Oficial de la Real Federación Española de Voleibol. 8. http://www.idi.baloncestoformativo.com.ar/pdf2/dia1.pdf.
- Dick, F. (1988).: Principios del entrenamiento deportivo. Paidotribo. Barcelona.
- Dintiman, G; Ward, B; Tellez, T. (2001).: La velocidad en el deporte. Madrid. Tutor S.A.
- Disson, G. (1971).: Mécanique en athétisme. París Vigot.
- Domínguez, P; Espeso, E. (2003).: Bases fisiológicas del entrenamiento de fuerza con niños y adolescentes. Revista Internacional de Medicina y Ciencias de la Actividad Física y el Deporte. 3-9:61-68.
- Donati, A. (1992).: Entrenamiento de mediofondo en atletas juveniles. G-se. http://www.g-se.com.
- Dosil, J. (2001).: Psicología del deporte de iniciación. Orense. Gersam.
- Dosil, j. (2004).: Psicología de la actividad física y del deporte. Madrid. McGraw-Hill.
- Dosil, J. (2012).: Coaching deportivo. III Congreso Internacional de Ciencias del Deporte. Pontevedra.
- Dotan, R; Ohana, S; Bediz, C; Falk, B. (2008).: Blod lactate disappearance dynamics in boys and men following exercise of similar and dissimilar peak-lactate concentrations. J. Pediatr Endocrinol Metab 33:720-7.
- Duncan, M; Woodfield, L. (2015).: Efectos agudos de un protocolo de entrada en calor sobre la flexibilidad y el salto vertical en niños. Revista de Educación Física. 32:3.
- Durán, J. (2010).: Ocio y choque de valores. Ociogune.
- Enciclopedia Médica. (2004).: Pubertad y adolescencia. Medline Plus. http://www.nlm.nih.gov/medlineplus/spanish/ency/article/001950.htm.
- Entrenamientos deportivos y físicos (2006).:Programa para motivación en natación de competición. Entrenamientos.org. http://www.entrenamientos.org/Article53.html.
- Erdociaín, L. (2010).: Desarrollo de las capacidades físicas en la infancia. III Congreso Internacional de salud y actividad física. Buenos Aires.
- Eriksson, B. (1972).: Physical training, oxygen supply and muscle metabolism in 11-13 year old boys. Acta Physiol. Scand. Supplement. 384:1-48.
- Escobar, J. (2003).: Pérdida de peso en la sesión de entrenamiento de fútbol en niños entre 8 y 10 años, por medio de métodos activos. EFDeportes. 9:61. http://www.cfdcprtocs.com.
- Espinoza, C. (2004).: Adolescencia ¿Crisis o duelo? Monografías. Como. http://www.monografias.com/trabajos15/adolescenciacrisis/.
- Estape, E; López, M; Grande, I. (1999).: La habilidades gimnásticas y acrobáticas en el ámbito educativo. Zaragoza. INDE

- Faigenbaum, A; Wescott, W; Long, C; Loud, R; Delmonico, M; Micheli, L. (2003).: Relación entre repeticiones y porcentajes seleccionados a partir de una repetición máxima en niños sanos. PubliCE Premium. http://www.sobreentrenamiento.com/PubliCE/Home.asp.
- Fader. F. (2015).: Cómo destruir el futuro atlético de su hijo en tres sencillos pasos. International Endurance Work Group. http://endurancegroup.org/es/.
- Faigenbaum, A; La Rosa, L; O' Connell, J; Glover, S;O' Connell, J; Waine, L. (2003).: Efectos de diferentes protocolos de entrenamiento de sobrecarga sobre la fuerza del tren superior y desarrollo de la resistencia en niños. PubliCe Premium. G-se. http://www.g-se.com.
- Faigenbaum, A; Farrell, A; Fabiano, M; Nacleiro, F: (2011).: Effects of integrative Neuromuscular training on fitness performance in children. Pediatric Exercise Science. 23:573-584.
- Faigenbaum, A; Micheli, L. (2016).: Acondicionamiento de pretemporada para atletas preadolescentes. Revista de Educación Físic. 33. 1.
- Faigenbaum, A. (2006).: Entrenamiento pliométrico para niños: Hechos y falacias. PubliCE Standard, G-SE. Http://www.G-se.com.
- Faigenbaum, A; Miliken, L; Wescott, W. (2003).: La evaluación de la fuerza máxima en niños sanos. PubliCE Premium. http://www.sobreentrenamiento.com/PubliCE/Home.asp.
- Faigenbaum, A; Schram, J. (2015).: ¿Puede el entrenamiento con sobrecarga reducir las lesiones deportivas de los jóvenes? G-SE. http://g-se.com/es/prevencion-y-rehabilitacion-de-lesiones/articulos/puede-el-entrenamiento-consobrecarga-reducir-las-lesiones-deportivas-en-los-jovenes-1351.
- Faigenburg, A. (1999). Youth strength training. Benefits, risks and program design considerations. Am J, Sports. 1:243-260.
- Fain, R. (2007).: Milagros mielina. El secreto del talento deportivo. http://www.yocorroyvos.com.ar/NOTAS/MIELINA.htm.
- Falk, B; Tenenbaum, G. (2003).: La efectividad del entrenamiento de fuerza en los niños. PubliCE Premium. G-se.com. http://www.sobreentrenamiento.com/PubliCE/Home.asp.
- Falk, B; Tenenbaum, G. (2003).: La efectividad del entrenamiento de fuerza en los niños. PubliCE Premium. G-se.com. http://www.sobreentrenamiento.com/PubliCE/Home.asp.
- Fawkner, S; Armstrong, N. (2011).: ¿Podemos estudiar la manera confiable la cinética del VO2 en jóvenes? G-se. Http://www.g-se.com
- Federación Mundial de Educación Física. (2000).: Manifiesto Mundial FIEP 2000.
- Fernández, J; García-Verdugo, M. (2008).: La aparición de resultados relevantes en la carrera de los mejores atletas españoles de medio fondo. Pontevedra. Actas del II Congreso Internacional de Ciencias del Deporte.
- Fernández, L. (2008).: La selección de talentos en el deporte contemporáneo. Un problema pedagógico. Monografías.com. http://www.monografias.com/trabajos61/seleccion-talentos-deporte-contemporaneo/seleccion-talentos-deporte-contemporaneo.shtml.
- Fernández, P. (1997).: El entrenamiento deportivo y el niño joven. Manual de técnico deportivo de 1er. Nivel. Comunidad Autónoma de Aragón.
- Fernández, L. (2002).: Plasticidad del sistema nerviosos central. VII Jornadas de cátedras de neurociencias. Facultad de Psicología. Universidad Nacional de Córdoba. http://www.grupopraxis.com.ar/novedades_files.
- Ferreiro, R. (1984).: Desarrollo físico y capacidad de trabajo de los escolares. La Habana. Pueblo y educación.
- FIEP.(2000).: Las relaciones de la Educación Física con el Deporte. Cap. X. Manifiesto Mundial.
- Fitness en la nube (2017).: Fibras musculares. https://www.fitnessenlanube.com/login/.

- Flanagan, S; Laubanch, L; De Marco, G; Álvares, C; Bochers, S; Dressman, E; Gorca, C; Lauer, M; McKelvi, A; Metzler, M; Poeppelman, J; Riggenbach, M; Tichar, S; Wallis, K; Weseli, D. (2004). Revista de Educación Física. 30:1.
- Florence, J. (1991)(.: Tareas significativas en Educación Física Escolar. Zaragoza. INDE.
- Forteza, A. (1998).: Bases metodológicas del entrenamiento deportivo. La Habana. Científico Técnica.
- Forteza, A. (2000).: Métodos del entrenamiento deportivo. 5:20. EFDeportes. http://www.efdeportes.com.
- Fournier, M; Ricci, J; Feeguson, R; Taylor, A; Montepetit, R; Chaitman, B. (2013).: Adaptación del músculo esquelético en chicos adolescentes y desentrenamiento aeróbico y de velocidad. G-se. http://www.g-se.com.
- Fraile, S; Cimarelli, L. (2010).: Los principios del entrenamiento deportivo. ¿Son respetados en el entrenamiento infantil?. EFDeportes. 14-140. http://www.efdeportes.com
- Fröhner, G. (2003).: Esfuerzo Físico y Entrenamiento en niños y jóvenes. Barcelona. Paidotribo.
- Frydman, J; Merlo, C. (1998).: Traumatismo esquelético en niños. Buenos Aires. Panamericana.
- Furth, H; Wachs, H. (1978).: La teoría de Piaget en la práctica. Buenos Aires. Kapelusz.
- Futbolpasoapaso.com (2004).:. Entrenamiento nº 10. Filosofía del entrenamiento. http://www.futbolpasoapaso.com.ar.
- Gacón, G. (1996). Grandes lignes des options d'entrenement pour les minimes. AEFA. Abril
- Gallardo, I. (2000).: Valores morales del deporte. Fundación Asciende. http://www.fundacionasciende.com/publicaciones-de-fundacion-asciende/articulos.
- Gamble, P. (2008).: Implicaciones y aplicaciones de la especificidad del entrenamiento para entrenadores y atletas. Grupo SobreEntrenamiento. G-se.com/a/947.
- Gamble, P. (2009).: Un enfoque de la preparación física para jugadores juveniles de deportes de conjunto. G-SE. G-se.com/a/1077.
- García, J. (1998).: La velocidad. Madrid. Gymnos.
- Garca, J; Navarro, M; Ruiz, J. (Bases del entrenamiento deportivo. Madrid. Gymnos.
- García, J; Navarro, M; Ruiz, j, martín, r. (1998).:La velocidad. Madrid. Gymnos.
- García-Verdugo, M; Landa, L. (2005).: Atletismo 4. La preparación del corredor de resistencia. Madrid. RFEA.
- García-Verdugo, M; Leibar, X. (1997).: Entrenamiento de la resistencia de los corredores de medio fondo y fondo. Madrid. Gymnos.
- García-Verdugo, M; Marín, J. (2002).: Principios básicos sobre la planificación en los jóvenes. Cuadernos de atletismo. RFEA. 49:89-109.
- García-Verdugo, M. (2002): Algunas consideraciones sobre la evolución y características especiales de la capacidad de resistencia en niños y adolescentes. Cuadernos de Atletismo. RFEA. 49: 31-71
- García-Verdugo, M. (2003).: Conclusiones no editadas sobre jornadas de Medio Fondo de la Real Federación Española de Atletismo sobre atletas en proceso de formación.
- García-Verdugo, M. (2003).: Conclusiones sobre las Jornadas sobre el futuro del medio fondo. Ibiza.
- García-Verdugo, M. (2004).: Etapas formativas en la sociedad deportiva. Conferencia. As Pontes. Mayo 2004.
- García-Verdugo, M. (2005).: Atletismo 4. La preparación del corredor de resistencia. Madrid. Real Federación Española de Atletismo.

- García-Verdugo, M. (2005).: Intento de determinación de zonas de intensidad para el entrenamiento de mediofondistas de alto nivel. La aplicación del test DIPER. Diplomatura de estudios avanzados. Universidade de Vigo.
- García-Verdugo, M. (2006).: A carreira deportiva. Desde a escola á elite. Cadernos de psicoloxía. 2:54-73.
- García-Verdugo, M.: Deportista olímpico. ¿Formación o deformación? Actas de la XXXVIII Sesión de la Academia Olímpica Española. Santiago de Compostela. Editorial Compostela.
- García-Verdugo, M. (2006).: El entrenamiento de la resistencia en el joven deportista. Pontevedra. Congreso internacional de Ciencias del Deporte.
- García-Verdugo, M. (2007).: Resistencia y entrenamiento. Una metodología práctica. Barcelona. Paidotribo.
- García-Verdugo, M. (2007).: Resistencia y entrenamiento. Una metodología práctica. Barcelona. Paidotribo.
- García-Verdugo, M. (2008).: Cómo abordar el entrenamiento de resistencia desde los 9 a 17 años. Jornadas sobre el presente y futuro de las categorías menores en atletismo. Madrid. RFEA.
- García-Verdugo, M. (2009).: La resistencia en niños. Citius Altius Fortius, 2-1:73-107.
- García-Verdugo, M. (2009).: Sobre la detección, captación, planificación y entrenamiento de talentos deportivos desde edad temprana. Actas del Congreso Internacional de Ciencias del Deporte. Pontevedra.
- García-Verdugo, M. (2011).: Entrenamiento dirigido hacia especialidades de resistencia en niños y adolescentes. Sportis Formación deportiva. Curso on-line.. http://www.sportis.es/web/
- García-Verdugo, M. (2013(.: Curso on-line sobre entrenamiento para niños y adolescentes. http://www.garciaverdugo.com
- García-Verdugo, M. (2013).: Curso on-line sobre metodología del entrenamiento de resistencia basado ene l modelo DIPER. G-se. http://g-se.com/es/org/garciaverdugo-com/capacitacion/curso-sobre-metodologia-del-entrenamiento-de-resistencia-basado-en-el-modelo-diper.
- García-Verdugo, M. (2013).: La fórmula (220-edad) para estimar la frecuencia cardiaca máxima puede inducir a erroes en el entrenamiento de resistencia. G-se. Http://www.g-se.com.
- García-Verdugo, M. (2016).: El entrenamiento para medio fondo y fondo. Apuntes del Curso de entrenador Nacional. Escuela Nacional de Entrenadores. Madrid. Real Federación Española de Atletismo.
- García-Verdugo. M. (2011).: Curso on-line sobre entrenamiento dirigido a especialidades de resistencia en niños y adolescentes. http://www.sportis.es/cursos-a-distancia/programación-de-la-resistencia-en-niños-y-adolescentes/.
- García-Verdugo, M. (2017).: Entrenamiento adaptado para categorías en proceso de desarrollo. Presentación. Perú. Comité Olímpico Peruano.
- García-Verdugo, M. (2018).: El entrenamiento de resistencia basadoen zonas o áreas funcionales. El modelo DIPER. Barcelona, Paidotribo.
- García-Verdugo, M. (2019).- Bases del entrenamiento y la planificación. Texto de la asignatura. Máster en Alto Rendimiento Deportivo. Madrid. UCM. COES.
- García-Verdugo, M. (2020).: Bases del entrenamiento para especialidades de resistencia en niños y púberes. Barcelona. Paidotribo.
- García, C. (2005).: Métodos integrales para la preparación física de jugadores jóvenes. G-SE. G-se.com/a/430.

- García, E; Pérez, J. (2013).: Los principios del entrenamiento deportivo: Aplicación práctica al voleibol. EFDeportes.com. http://www.efdeportes.com/
- García, J; Campos, J; Lizaur; Pablo, C. (2003).: El talento deportivo. Madrid. Gymnos.
- García, J; Navarro, M; Ruíz, A. (1996). Bases teóricas del entrenamiento deportivo. Gymnos. Madrid
- García, J; Sainz, A; Durán, J. (2011).: Competiciones alternativas para niños y jóvenes. Madrid. Real Federación Española de Atletismo.
- García, J. (1996). La adaptación y la excelencia deportiva. Madrid. Gymnos.
- García, J. (1999).: La fuerza. Madrid. Gymnos.
- García, S. (2013).: Entrenamiento integrado neuromuscular. Un concepto novedoso de entrenamiento en poblaciones infantiles. G-Se. Http://www.g-se.com.
- Gesell, A. (1978).: El adolescente de 10 a 16 años. Buenos Aires, Piados
- Gianfranco, F; Pittoni, A; Pozzenu, F. (1988).: Le capacità coordinative e la resistenza. Roma. Società Stampa Sportiva.
- Gil, F; Marín, J; Pascua, M. (2005).: Atletismo 1. Velocidad, vallas y marcha. Madrid. Real Federación Española de Atletismo..
- Gil, P. (3002).: Animación y dinámica de grupos. Cádiz. Wanceulen ED.
- Gil, S. (2008).: Actividad física en niñez y adolescencia. Vida Trining. Buenos Aires. C.E.N.A.R.D.
- Giussani de Morano, D; Morano, E. (2001).: La deserción en el deporte. ¿Por qué se sobreexige y por qué a veces, no se exige nada?. EFDeportes.com. 7:41. http://www.efdeportes.com/efd41/deserc.htm.
- Golderining, J. (2004).: pubertad y adolescencia. Medline Plus. Http://www.nlm.nih.gov/medlineplus/spanish/ency/article/001950.htm.
- Gómez, F. (2010).: La gran mentira. Mi hijo va a dejar de entrenar porque necesita centrarse en los estudios. Redes. http://www.rtve.es/alacarta/videos/redes/redes-20-deporte-para-cerebro-mas-sano-14-11-10/930711/.
- Gómez, M; Ruiz, L; Mata, E. (2006).: Los problemas evolutivos en la adolescencia: Análisis de una dificultad oculta. Revista Internacional de Ciencias del Deporte. II-3:44-54. http://www.cafyd.com/REVISTA/art3n3a06.pdf.
- González, J. (2007).: El entrenamiento de la fuerza para niños y jóvenes. Pautas para su desarrollo. III Congreso Nacional de Ciencias del Deporte. Pontevedra.
- González, J; Gorostiaga, E. (1995).: Fundamentos del entrenamiento de fuerza. Barcelona. INDE.
- González, J; Gorostiaga, E. (2012).: Metodología del entrenamiento para el desarrollo de la fuerza. Master en alto rendimiento deportivo. Madrid. UAM-COES.
- González, J; Martínez, J; Velez, M. (2012).: Programación del entrenamiento de la fuerza. Master en Salto Rendimiento Deportivo. Madrid. UAM. COES.
- Gonzalez, J; Ribas, J. (2002).: Programación del entrenamiento de fuerza. Barcelona. INDE.
- Gorostiaga, E; Ibáñez, J; López, J. (2002).: Respuestas biológicas al esfuerzo en el alto rendimientodeportivo. Apuntes del Master en ARD. Madrid. UAM-COES.
- Gould, D; Weinberg, R. (1996).:Fundamentos De Psicología del Deporte y el Ejercicio Físico. Barcelona. Ariel Psicología.
- Gould, D. (2006).: El deportista adolescente y la participación deportiva intensiva. El estrés competitivo y el agotamiento. G-SE. G-se.com/a/660.
- Graham, T; Cross, N (2005).: Entrenamiento para el rendimiento. Individualización de los programas de entrenamiento. G-SE. G-se.com/a/451.

- Grissom, J. (2005).: Aptitud Física y Rendimiento Académico. PubliCE Premium. Pid: 468.
- Grosser, M; Stariscka, S; Zimmermann, E. (1988).: Principios del entrenamiento deportivo.Barcelona. Martínez Roca.
- Grosser, M. (1992).: Entrenamiento de la velocidad. Barcelona. Martínez Roca.
- Grosser, M; Hermann, H; Tusker, F; Zintl, F. (1991).: El movimiento deportivo. Barcelona. Martínez Roca.
- Guerrero, L; Naranjo, J. (2005).: ¿Qué sabemos realmente acerca del trabajo físico en los niños (I). Archivos de Medicina del Deporte. Sevilla. Centro Andaluz de Medicina del Deporte. Sevilla. 108: 311-317.
- Guerrero, L. (2007).: Análisis ventilatorio de la participación relativa del metabolismo aeróbico y anaeróbico en niños. Universidad de Granada. Tésis doctoral.
- Guillen Garcia. (2002).: ¿Por qué los niños practican deportes? Una visión desde la Psicología de la actividad física y el deporte. Disponible en: http://www.efsi.iteso.mx
- Guilmain, E. (1981).: Evolución psicomotriz desde el nacimiento hasta los 12 años. Barcelona. Editorial Médica y Técnica S.A.
- Gullén García. (204).:Iniciación deportiva. Problema emergente en el deporte competitivo infantil. Grupo Plaza Deportes. http://www.plazadedeportes.com/HNoticia_131.html.
- Güllich, A. (2007). Training – Support – Success: Control-related assumptions and empirical findings. Saarbruücken: University of the Saarland.
- Günter, B; Schneirder, K. (1989).: Biomecánica deportiva. Barcelona. Martínez Roca.
- Gutiérrez, M. (1996).: ¿Por qué no utilizar la actividad física y el deporte como transmisor de valores sociales y personales ?. Rev. Española de Educación Física y Deportes. Vol 3. N° 1. Pp. 40-42.
- Guyton, A. (1967).: Tratado de Fisiología Médica. II Edición. Ed. Revolucionaria. La Habana.
- Hammet, J; Hey, W. (2004).: Adaptaciones neuromusculares al entrenamiento balístico de corta duración (4 semanas) en atletas jóvenes entrenados. PubliCE Permium. Grsupo SobreEntrenamiento.
- Hann, E. (1988).: Entrenamiento con niños. Barcelona. Martínez Roca.
- Harrow, A. (1978).: Taxonomía del ámbito psicomotor. Valencia. Marfil.
- Hedrick, A. (2007).: Entrenamiento de la flexibilidad. PubliCE. https://g-se.com/entrenamiento-dinamico-de-la-Jexibilidad-784-sa-u57cfb27184c97.
- Hegedus, J. (1984). La ciencia del entrenamiento deportivo. Buenos Aires. Estadium.
- Hegedus, J.(1979): Técnicas atléticas. Buenos Aires. Stadium.
- Heinemann, K. (2000).: Los valores del deport. Una perspectiva sociológica. Humanismo y Deporte. Apunts. Educación Física y Deportes. 64: 17-25.
- Heredia, J; Peña, G; Segarra, V. (2011).: La ADM/flexibilidad en los programas de acondicionamiento físico saludable (PAFS). IICEFS.
- Heredia y Peña. (2016).: Bases teórico prácticas del entrenamiento para la salud. Murcia. IICEFS.
- Hernández, A; Pérez, A. (2004).:El abandono deportivo: un flagelo del atletismo escolar en la EIDE Provincial de Cienfuegos. Efdeportes.com. 10-72. http://www.efdeportes.com.
- Hernández, P. (2006).: Flexibilidad: Evidencia Científica y Metodología del Entrenamiento. G-se.com.
- Hernández, M. (2008).: Selección de talentos un programa en continuo perfeccionamiento, un análisis a las nuevas tendencias en la Natación. Grupo Plaza Deportes. http://www.plazadedeportes.com/hnnoticia.cgi?1104,5,0,0,,0.

- Hidalgo, J. (2002).: El modelo de formación del triatleta del siglo XXI. efdeportes. 8:49. http://www.efdeportes.com
- Hoare, D. (2000).: Talent Identification and selection manual. SISA. Australia.
- Hochmuth, G. (1973).: Biomecánica de los movimientos deportivos. Madrid. Doncel.
- Hornillos, I; Lera A. (2007).: Modelos de planificación deportiva en jóvenes. III Congreso Nacional de Ciencias del Deporte. Pontevedra.
- Hornillos, I. (2006).: El entrenamiento de la flexibilidad en jóvenes deportistas. Congreso Internacional de Ciencias del Deporte. Pontevedra.
- Huajing, Z. (1991): Marching out of Asia and into the world. New studies in athletics. 6: 25-40.
- Gozzoli, Ch; Locatelli, E; Massin, D; Wangemann, B. (2002).: Atletismo para niños. Una guía práctica. Mónaco. IAAF.
- IAAF. (2018).: Atletismo para niños. Una guía práctica. IAAF Kids' Athletics.
- Inhelder, B; Piaget, J (1972).: El crecimiento de el pensamiento lógico desde infancia a adolescencia.
- Izquierdo, M; Ibáñez, J. (2007).: Desarrollo de la fuerza en el deportista joven. PubliCE Premium. G-se. Http://www.g-se.com.
- Izquierdo, M; Ibáñez, J. (2012).: Crecimiento y maduración del deportista jove. Aplicación para el desarrollo de la fuerza. G-se. http://www.g-se.com.
- Iaquierdo,M; Echeverría, J. (2008).: Bases generales para la evaluaci´n funcional de la técnica deportiva. Master ne ARD. UAM-COES.
- Knapp, B. (1963).: La habilidad en el deporte. Valladolid. Miñón.
- Kozel, J. (1997). Talent identification ant it`s role in tennis. www.faccioni.com/reviews/tennisID.
- Javier, J. 2001).: La halterofilia en el desarrollo del niño y el adolescente. EFDeportes. 7:35. http://www.efdeportes.com.
- Lago, J. (2002).: El modelo de formación de triatleta del siglo XXI. EFDeportes.com. http://www.efdeportes.com/efd49/triatl3.html.
- Laguna, M. (2001).: La detección y seguimiento de deportistas. Jornadas sobre fórmulas de detección de talentos deportivos.
- Lamb, D. (1985).: Fisiología del ejercicio. Madrid. GREFOL S.A.
- Larovere, P. (2001).: Problemática del Niño en el Deporte. PubliCE Standard. 02/01/2001. Pid: 16.
- Lasierra, G; Lavega, P. (2000).: 1015 juegos y formas jugadas de iniciación a los deportes de equipo. Vol I. Paidotribo. Barcelona.
- Latiesa,M; Martos, P; Paniza, J. (2001).:Deporte y cambio social en el umbral del siglo XXI. Madrid. Estéban Sanz.
- Le Boulch, J. (1964).: La educación por el movimiento en la edad escolar. Buenos Aires. Paidos.
- Le Boulch, J. (1978).: Hacia una ciencia del movimiento humano. Buenos Aires. Paidos.
- Le Boulch, J. (1991).: El deporte educativo. Psicocinética y aprendizaje motor. Barcelona. Paidós.
- Le Boulch, J. 81983).: El desarrollo motor desde el nacimiento a los seis años. Madrid. Doñate.

- Lejarraga, H; Berber, E; Del Pino, M; Medina, V; Cameron, N. (2009).: Método no invasivo para la evaluación del desarrollo sexual en la adolescencia. Arch Argent Pediatr. 107.5:423-429.
- Lemme, G. (2004).: Maduración del metabolismo anaeróbico. Deporte Salus. http://www.deportsalud.com/entrenamiento/entre166.htm.
- Lemura, L; Von Dullivan, S; Carlonas, R; Andreacci, J. (2003).: Puede el entrenamiento fisico mejorar la potencia aeróbicam áxima (VO2max) en los niños: Una revisión meta-analítica. PubliCE Premium. http://www.sobreentrenamiento.com.
- Leyva, R. (2003).: La selección de talentos deportivos. Criterios para asegurar su eficacia. EFDeportes.com. Año 9. Nº 61. Junio. http://www.efdeportes.com/.
- Linares, J; Gámez, J. (2008).: Modelo de captación de talentos de tenis de mesa. Club Caja Sur de Tenis de Mesa. http://www.priegotm.com/web/index2.php?pagina=articulos/art002.php.
- Llenas, M. (2008).: Suprdotación, precocidad y talentos. Blog de SISTACNEC. http://sistacnet.info/boletin/?p=628
- Lopategui, E. (2001).: Déficit, estado estable y deuda de Oxígeno. Salud-med. Http://www.saludmed.com/CsEjerci/FisioEje/Deficit-Ej.html.
- Lopategui, E. (2009).: Principios del Entrenamiento Deportivo. San Juan.
- López, A.(2006).: Abandono deportivo del fútbol federado masculino a edades tempranas en la Comunidad de Madrid. Mundideporte.com. http://www.munideporte.com/noticias_seccion.asp?id_noticia=2257&id_seccion=19
- Lorenzo, A; Jiménez, S; Lorenzo J. (2014).: ¿Son realmente eficaceslos programas de detección de talentos deportivos? Nuevos horizontes para su diseño. G-Se.com. https://g-se.com/son-realmente-eficaces-los-programas-de-deteccion-de-talentos-deportivos-nuevos-horizontes-para-su-diseno-1704-sa-p57cfb27242718.
- Lorenzo, A; Lorenzo B y Jiménez, S (2014).: ¿Son realmente eficaces los programas de detección de talentos deprortivos?. Nuevos horizontes para su diseño. Universidad Politécnica de Madrid. Kronos 2014: 13-1
- Lorenzo, A. (2000).: Hacia un nuevo enfoque del concepto de talento deportivo. Curso de detección de talentos y la búsqueda de la excelencia en el deporte. Toledo. Consejería de Cultura de Castilla la Mancha.
- Lorenzo, A. (2001).: ¿Detección o desarrollo del talento? http://www.kultura.ejgv.euskadi.net/r46-keeduk/es/contenidos/informacion/kiroleskola/es_kirolesk/adjuntos/DETECCION_DESARROLLO_TALENTO.pdf.
- Lorenzo, A. (2005).: ¿Detección o desarrollo del talento? Factores que motivan una orientacióndel proceso de detección de atlentos. Http://www.kultura.ejgv.euskadi.net.
- Lozano, M. (2008).: El Talento Deportivo. Distroforma. Getafe.
- Maceira, A. (2006).: Cuidados psicológicos del joven deportista. I Congreso Internacional de Ciencias del Deporte. Pontevedra.
- Madrigal, B (1996).: Centro de Educación Suprior de cultura Física. La habana.
- Malina, M. (1994). Children in elite sport: Auxological considerations. In Auxology '94: Children and Youth at the End of the 20th Century, O. Eiben, editor, Humanbiologia Budapestinensis 25:441-451.
- Malina, R. (2003).: Crecimiento, Performance, Actividad, y Entrenamiento Durante la Adolescencia. Grupo SobreEntrenamiento. PublCE Standard. Http://www.sobreentrenamiento.com/PubliCE/Home.asp.

- Malina, R. (2006).: Crecimiento Físico y Maduración Biológica en Deportistas Jóvenes. Grupo SobreEntrenamiento. PubliCEStandard. Http://www.sobreentrenamiento.com/PubliCE/Home.asp.
- Malina, R. (2013).: Crecimiento, performance, actividad y entrenamiento durante la adolescencia. Parte I. G-se. http://www.g-se.com.
- Malina, R. (2013).: Crecimiento, performance, actividad y entrenamiento durante la adolescencia. Parte II. G-se. http://www.g-se.com.
- Malina, R. Ryan; R; Bonci, C.(1994). Age at menarche in athletes and their mothers and sisters. Annals of Human Biology 21:417-422.
- Mandado, A; Díaz, P. (2004).: Deporte y educación: Pautas para hacer compatible el rendimiento y desarrollo integral de los jóvenes deportistas. Revista de Educación. Universidad de Vigo. 335:35-44.
- Manno, R. (1991). Fundamentos del entrenamiento deportivo. Paidotribo. Barcelona.
- Marcos, O. (1969).: Pedagogía de la Educación Física. Madrid. Comité Olímpico Español.
- Marques, A. (2006).: Treino desportivo. Orientaçoes para o treino de crinças e jovems. Potnevedra. I Congreso Internacional de Ciencias del Deporte.
- Martín Acero, R. (1995).: Velocidade. Santiago de Compostela. LEA.
- Martín Acero, R. (2011).: Metodología y programación del entrenamiento de la velocidqad. Apuntes del Master en Entrenamiento Deportivo. Madrid. UAM COES.
- Martin, D; Nicolaus, J; Ostrowski, C; Rost, K. (2004).: Metodolgía general del entrenamiento infantil y juvenil. Paidotribo, Barcelona.
- Martín, P. (2009).: La velocidad: factores, manifestaciones, entrenamientos para niños y su evaluación. EFDeportes. Año 14. Nº 131. http://www.efdeportes.com.
- Martínez, E. (2002).: Método de enseñanza de la Educación Física. Resolución de problemas. EFDeportes. http://www.efedeportes.com
- Martínez, M. (2006).: El talento deportivo del siglo XXI. Pontevedra. Congreso Internacional de Ciencias del Deporte.
- Martínez, M. (2007).: Análisis de la implantación de una escuela de atletismo de rendimiento basada en la detección de talentos en la Galicia rural. II Congreso Nacional de Ciencias del Deporte. Pontevedra.
- Martínez, V. (2012).: Fatiga y rendimiento en velocidad y salto. G-Se. Https://www.g-se.com.
- Martínez, P. (1996).: El desarrollo de la resistencia del niño. Zaragoza. INDE.
- Martínez, V. (2012).: La capacidad de salto e índice de elasticidad en educación primaria. Ciencias del Ejercicio. https://g-se.com.
- Matveyev, L. (1977).: Periodización del entrenamiento deportivo. Madrid. Instituto Nacional de Educación Física.
- Mazza, O; Zubeldia, G. (2005).: Efectos del entrenamiento de fuerza con diferentes intensidades en futbolistas de 13 y 14 años. PubliCE Standard. Grupo SobreEntrenamiento. Http://www.sobreentrenamiento.com/PubliCE/Home.asp.
- Mazzeo, E. (2009).: Principios del entrenamiento. PortalFitness.com. http://www.portalfitness.com/2272_principios-del-entrenamiento.aspx
- McArdle, WW; Katch, F; Katch, V. (2004).: Fundamentos de fisiología del ejercicio. Aravaca. McGraww-Hill. Interamericana.
- Mero, A. (1988).: Blood lactate production production and recovery from anaerobic exercise in trained und untrained boys. European Journal Applied Physiology. 57:660-666).
- Mestre, J; Añó, V; Campos, J; García, A; Pascual, C. (1982).: Valladolid. Miñón.

- Mestre, J. (1997).: Planificación Deportiva. Barcelona. INDE.
- Meyer, F; Bar-Or (2013).: Pérdidas de fluídos y de elctrolitos durante el ejercicio:Enfoque pediátrico. G-se. http://www.g-se.com.
- Micheli, L. (1988).: Strength Training in the young athlete. Competitive Sports for Children and Youth. 99-105.
- Molinero, O; Salguero, A; Tabernero, B; Márquez, S. (2005).: El abandono deportivo. Propuesta para la intervenciónpráctica en edades tempranas. http://www.efdeportes.com. Año 10-90
- Molnar, G; Brazeiro, M. (2005).: Concepto de iniciación deportiva. Todonatación.com. http://www.todonatacion.com.
- Molnar, G. (1994).: La especialización temprana. Espacio Ciencia y Movimiento. http://www.chasque.apc.org/gamolnar/deporte%20infantil/infantil.04.html#anchor90194.
- Molnar, G. (2001). El Deporte en la Escuela. Espacio Ciencia & Movimiento. http://www.chasque.apc.org/gamolnar/deporte%20infantil/infantil.04.html#anchor237506
- Molnar, G. (2002).: Fisiología del ejercicio aplicada al niño. Espacio Ciencia y Movimiento. Http://www.chasque.apc.org/gamolnar/deporte%20infantil.02.htm#anchor642694.
- Molnar, G. (2002).: Selección de talentos. Debilidades y fortalezas. EC&M Deporte Infantil. http://www.chasque.net/gamolnar/deporte%20infantil/infantil.05.html
- Molnar, G. (2004).: Las fases o periodos sensibles. Espacio Ciencia & Movimiento. http://www.chasque.apc.org/gamolnar/deporte%20infantil/infantil.02.html#anchor642694.
- Molnar, G. (2007).: Cómo encontrar promesas deportivas. http://www.todonatacion.com/deporte/deporte-infantil/seleccion-de-talentos/.
- Monografías.com, (1994).: Entrenamiento de fuerza en la niñez. Opinión de varios autores. Monografías.com. http://www.monografias.com/trabajos11/fuerzinf/fuerzinf.shtml.
- Mora, J; Gómez, M; Amar, J; Gutiérrez, J. (1989).: El entrenamiento de la resistencia en niñps a prtir del test de Léger-Boucher. Facultad de Ciencias de la Educación de Cádiz.
- Mora, J. (1995). Teoría del entrenamiento y del acondicionamiento físico. Córdoba. COPLEF.
- Moreno, D. (2014).: Ciclo Estiramiento-Acortamiento (CEA). Httos/:www.g-es.com.
- Moreno. D. (2014).: Factores que determinan la velocidad. G-Se. https://g-se.com.
- Moyano, M. (2013).: Velocidad. G-Se. https://g-se.com,
- Moyano, M. (2013).: Frecuencia de pasos. G-Se. https://g-se.com,
- Moyano, M. (2013).: Conceptuando la velocidad y agilidad. Importancia en los deportes de situación. G-Se. Https://g-se.com.. G-Se. https://g-se.com,
- Moyano, M. (2013).: Relación entre velocidad lineal y velocidad de cambio de dirección. Primera parte. G-Se. Https://g-se.com.
- Moyano, M. (2013).: Diferencias entre manifestaciones de velocidad cíclica y acíclica. Segunda parte. G-Se. Https://g-se.com.. G-Se. Https://g-se.com.
- Moyano, M. (2013).: Anticipación. G-Se. Https://g-se.com.
- Moyano, M. (2013).: Entrenamiento de agilidad programada o cerrada.. G-Se. Https://g-se.com.
- Muñiz, A. (20015).: Premisas para ser un buen entrenador de niños y adolescentes. EFDeportes. Año 10. N35. http:// www.efdeportes.com.
- Mosston, M. (1968).: Gimnasia dinámica. México. Pax-México.

- Mussen, P; Conger, J; Kagan, J. (1977).: Desarrollo de la personalidad en el niño. México. Trillas.
- Muzzo, S. (2003).: Crecimiento normal y patológico del niño y del adolescente. Revista chilena de nutrición. http://dx.doi.org/10.4067/S0717-75182003000200003.
- Myer, D; Ford, K; Palumbo J. (2005).: Neuromuscular training improves performance and lower-extremity biomechanics in female athletes. J Strength Cond.19:51–60.
- Nacleiro, F. (2000).: Entrenamiento de Fuerza y Potencia en Niños y Jóvenes. PubliCE. https://g-se.com.
- Nadori, L. (1987).: El tiempo de construir. R.E.D. Nº 3. 9-17.
- Navarro, F; Oca, A; Castañón, F. (2003).: El entrenamiento del nadador joven. Madrid. Gymnos.
- Navarro, F. (1994): Evolución de las capacidades físicas y su entrenamiento. Módulo 2.2.5. Máster en alto rendimiento deportivo. Madrid UAM. COES.
- Navarro, F. (1998).: La resistencia. Madrid. Gymnos.
- Navarro, F. (2003).: El entrenamiento del nadador joven. Madrid. Gymnos.
- Navarro, F. (2004).: Entrenamiento adaptado a los jóvenes. Revísta de Educación. 35:61-80.
- Navarro, F. (2006).: Planificación del entrenamiento en niños y jóvenes deportistas. Pontevedra. Congreso Internacional de Ciencias del Deporte.
- Navarro, F (2011).: Bases del entrenamiento y la planificación. Apuntes del master en alto rendimiento deportivo. Madrid. COES.
- Nelson, W. (1966). Tratado de pediatría.La Habana. Revolucionaria.
- Nitsh, J; Neumaier, A; Marees, H; Mester, J. (2002).: Entrenamiento de la técnica. Barcelona. Paidotribo.
- Nöcker, J. (1988): Bases biológicas del ejercicio y del entrenamiento. Buenos Aires. Kapelusz..
- Nuviala, A; Casajús, J. (2005).: Calidad percibida del Servicio Deportivo en edad escolar desde la perspectiva de los padres. Revista Internacional de Medicina y Ciencias de la Actividad Física y Deporte. Nº 17. http://cdeporte.rediris.es/revista/revista17/artcalidad1.htm.
- Nuviala, A; Nuviala, R. (2005).: Abandono y continuidad de la práctica deportiva escolar organizada desde la perspectiva de los técnicos de una comarca aragonesa. Rev.int.med.cienc.act.fís.deporte. 20.
- Obertt, P; Mandihout, M; Vinet, A; Courteix, D. (2015).: Efectos de un programa de entrenamiento aeróbico de 13 semanas sobre la potencia máxima desarrollada durante una evaluación de fuerza-velocidad en niños y niñas prepúberes. Revista de Educación Física. 32:4.
- Oliver, A. (1986): Iniciación al atletismo. Madrid. Alhambra.
- Ónega, V. (1996).: Habilidades básicas na secundaria obrigatoria. Santiago de Compostela. Edicións Lea.
- Ortiz, V. (1996).: Entrenamiento de la fuerza y explosividad para la actividad física y el deporte de competición. Barcelona. INDE.
- Ossorio, D; García, L; De la Cruz, J. (2001).: La influencia de la activación sobre el rendimiento en pruebas de componente aero-anaeróbicas en una población de escolares adolescentes. EFDeportes.6:30. http://www.efdeportes.com/.
- Ossorio, D. (2003).: El desarrollo de la capacidad aeróbica en la adolescencia. Adaptación cardiovascular y entrenamiento deportivo. EFDeportes.com. Año 9. Nº 59. abril. http://www.EFdeportes.com.
- Osterrieth, P. (1981).: Psicología infantil. Madrid. Morata.

- Palacios, A. (2006).: ¿Qué pasa con la adolescencia?. Correo del maestro. http://www.correodelmaestro.com/anteriores/2006/febrero/anteaula117.htm.
- Palau, X. (2005).: Entrenabilidad de la resistencia en edades tempranas. EFDeportes. Buenos Aires. 10-88. http://www.efdeportes.com/efd88/resist.htm.
- Pancorbo, A; Blanco, J. (1990).: Consideraciones sobre el entrenamiento deportivo en la niñez y adolescencia. Archivos de medicina del deporte. Instituto Cubano de Medicina del Deporte. VII-24:309-314.
- Pantoja, D. (2013).: Entrenamiento neuromuscular integrado para niños. https://g-se.com.
- Papalia, E; Feldman, R; Martorell, G. (2012).: Desarrollo humano. México D.F. McGraw Hill.
- Pastor, F. (2004).: El entrenamiento de la fuerza en niños y jóenes. Aplicación al rendimiento deportivo. EDU Deporte. Universidad de Alicante. Http://www.edudeporte.ua.es.
- Pedrosa, C.: (1976).: La psicología evolutiva. Madrid. Marova.
- Peltenburg A; Erich, W; Thijssen J. (1984).: Sex hormone profiles of premenarcheal athletes. Eur. J. Appl. Physiol. 52:385.
- Peña, G; Heredia, J. (2014).: ¿A qué edad empezar con el entrenamiento de fuerza en niños?. Instituto Internacional de Ciencias del Ejercicio Físico y Salud
- Peña, G. (2014).: Desmitificando el entrenamiento de la fuerza en edades tempranas: niños y adolescentes. G-se. Uttp://www.g-se.com.
- Peña, G. (2013).: El entrenamiento de la ADM/Flexibilidad. Entrevista al Dr. Juan A. León. Instituto Nacional de Ciencias del Ejwrcicio y la Salud. https://g-se.com.
- Pérez, A. (2006).: Identificación y desarrollo de talentos deportivos. Análisis comparativo de los sistemas en algunos países líderes. EFDeportes.com. Año 10. 94. http://www.EFDeportes.com.
- Pérez, F. (2000).: Evolución de las capacidades físicas del futbolista jovem. Www.tacticasdefutbol.com.
- Pérez, F. (2002).: Evolución de las capacidades físicas del futbolista joven. Http://www.tacticasdelfutbol.com.
- Pérez, J. (2002).: La competición en el ámbito escolar. Un programa de intervención social. Tesis doctoral. Universidad de Alicante.
- Pérez, J. (2009). La competición en el ámbito escolar y sus riesgs. Universidad de Alcante.
- Pérez, V. (2013).: Clasificación de habilidades motoras I. Equipo de child training. https://g-se.com/s/equipo-child-training.
- Pérez, V. (2013).: Clasificación de habilidades motoras II. Equipo de child training. https://g-se.com/s/equipo-child-training.
- Pérez, V. (2013).: Clasificación de habilidades motoras III. Equipo de child training. https://g-se.com/s/equipo-child-training.
- Pérez, V. (2001).: Introducci6n al entrenamiento infantil. PubliCE Standard.
- Pérez, V. (2002).: Principios que rigen el entrenamiento infantil. PubliCE Standard. Http:77www.g-se.com.
- Piaget, J; Inhelder, B. (1975).: Psicología del niño. Madrid. Morata.
- Piaget, J. (1073).: Seis estudios de Psicología. Barcelona. Seix Barral, S.A
- Piaget, J. (1968.:) La construcción de lo real en el niño. Buenos Aires. Proteo
- Pila, A. (1981).: Educación Físico deportiva. Enesñanza-aprendizaje. Madrid. Greefol, S.A.
- Platonov, v. (2006).: El entrenamiento deportivo. Sistemas modernos de construcción de un deportista de elite, a largo plazo. G-SE. G-se.com/a/629.

- Posadas, V; Ballesteros, F. (2004).: La competición. ¿Cómo afecta a los pequeños deportistas?. EFDeportes.com. http://www.efdeportes.com/efd73/compet.htm.
- Pozo, A. (2006).: Apoyo de padres, entrenador y compañeros a deportistas jóvenes. Pontevedra. Congreso Intenracional de Ciencias del Deporte.
- Procopio, M. (2006).: Edad y flexibilidad. PortalFitnes.com. http://www.portalfitness.com/nota.aspx?i=591&p=1.
- Pulgarín, M. (2000).: La infancia y el deporte. Perspectivas desde el punto de vista psicológico. Educación Física y Deportes. http://www.efdeportes.com. Año 5.nº 18.
- Pulgarin, M. (2005).: ¿Es posible remar en la misma dirección? Reflexiones en torno a la Relación Padres, Niños, Monitores Deportivos. PubliCE Standard. 23/12/2005. Pid: 565.
- Ratel, S; Martin, V. (2011).: Les exercicesanaérobies lactiques chez les enfants: La fin d'une idée recue?. SciVerse ScienceDirect. www.sciencedirect.com.
- Real Academia Española de la Lengua. (2010). http://www.rae.es.
- Real Federación Española de Voleibol. (2003).: Revista oficial. 8-10.
- Ayala, F; Baranda, S; Cejudo, A. (2012).: El entrenamiento de la flexibilidad: técnicas de estiramiento. Revista Andaluza de Medicina del Deporte. http://www.elsevier.es.
- Rieder, H; Fisfher, G. (1990).: Aprendizaje deportivo.Barcelona. Martínez Roca.
- Riera, J. (1989).: Aprendizaje de la técnica y la táctica deportiva. Zaragoza. INDE.
- Rivera, R. (2010).: Los valores del deporte. EFDeportes. 14-141. Buenos Aires. Http://www.efdeportes.com.
- Roberts, W. (2007). ¿Pueden los niños y adolescentes correr maratones?. Publice Premium. G-se. http://www.g-se.com.
- Roca,, A; Macarro, J. (2011).: El deporte como vehículo transmisor de valores sociales. Congreso Internacional sobre Enseñanza de la Educación Física Escolar. Úbeda.
- Roemmich, J; Sinning, W. (2004).: Pérdida de peso y entrenamiento de lucha. PubliCE Standard. G-SE.hHttp://www.sobreentrenamiento.com/PubliCE/Home.asp.
- Rodríguez, C. (2000).: Procedimiento metodológico para la evaluacióndel rendimiento físico motor en jugadoras de baloncesto en las edades de 10 a 15 añosen la provincia de Sancti Spíritus. EFDeportes.com 5-25. hhtp://www.efdeportes.com.
- Rodríguez, F. (2000).: Entrenamiento de resistencia en los niños y los jóvenes. PubliCE Standard. Grupo SobreEntrenamiento. http://www.g-se.com.
- Roig, J. (2015).: El Crossfit en los niños y adolescentes. G-se. http://www.g-se.com.
- Romero, S. (2000). : Formación deportiva: nuevos retos en Educación. Universidad de Sevilla. http://www.cica.es/aliens/revfuentes/num3/RECENSIONES/
- Rowland, T. (2015).: El entrenamiento del sistema cardiocirculatorio durante la infancia. PubliCE Standard. Grupo SobreEntrenamiento. http://www.g-se.com.
- Rueda, A; Frías, G; Quintana, R; Portilla, R. (1997).: La condición física en la educación secundaria obligatoria.Barcelona. INDE:
- Ruiz, F. (2014).: Clima motivacional del entrenador y su influencia en los jóvenes. IV Congreso Mundial del deporte escolar. A Coruña. Sportis.
- Ruiz, G; Cabrera, D(2004).: Los valores en el deporte. Revista de Educación. 335: 9-19. Universidad de Las Palmas de Gran Canaria.
- Ruiz, L; Otero, R; Nieto, P; Ruiz, A; Navia, J. (2014).: La intención de practicar en el futuro en escolares adolescentes. Kronos. 13(2). G-se.com. http://www.g-se.com.
- Saavedra, j; Escalante, Y; Moreno, J. (2003).: La satisfacción con el entrenamiento y la competición según la categoría, en nadadores de nivel regional. RendimientoDeportivo.com. 5. http://www.rendimientodeportivo.com/n005/artic026.htm.

- Salguero, A; Tuero, C; Márquez, S. (2003).:Cuestionario de Causas de Abandono en la Práctica Deportiva: validación y diferencias de género en jóvenes nadadores. Efdeportes.com. 8-56. http://www.efdeportes.com/ .
- Salguero, A; Tuero, C. (2003).: Entrenamiento de la resistnecia en los niños y los jóvenes. Grupo SobreEntrenamiento. Http://www.gruposobreentrenamiento.com.publiCE.pid:17.
- Salud y deporte (2000). Niños y adolescentes. http://saludydeporte.consumer.es/edad/ninos/index.html.
- Salvadores, J. (2005).: Abandono del fútbol y efecto de la edad. Revista de actualidad de la Psicología del Deportte. http://www.lictor.com/revista/index.php3?articulo=40.
- Sánchez Bañuelos, F. (1984).: Bases de la Educación Física y el deporte. Madrid. Gymnos.
- Sánchez Bañuelos, F. (1984).: Bases para una didácttica de la Educación Física y el Deporte. Madrid. Gymnos.
- Sánchez Bañuelos, F. (2003).: Conceptos y sistemas de desarrollo del alto rendimiento deportivo. . Módulo 3.1. Master en Alto Rendimiento Deportivo.UAM. COES.
- Sánchez-Pinilla, Ortega, R. (1992).: Medicina del ejercicio físico y del deporte para la atención de la salud. Díaz Santos.
- Santos, M; Sicilia, A. (1998).. Actividades físicas extraescolares. Una propuesta alternativa. Barcelona. Inde.
- Scarfó, R. (2005).: Los factores de crecimientomuscular y los ejercicios de fuerza. PubliCE Premium. G-SE. http://www.sobreentrenamiento.com/PubliCE/Home.asp.
- Scavo, M; Anaya, R; Alurrialde, J. (2002).: Respuestas fisiológicas en los niños. Evaluaciones aptitudinarias. EFDeportes. 8.53. http://www.efdeportes.com.
- Schmolinsky, G. (1981): Atletismo. Madrid. Augusto Pila Teleña.
- Schroeder, T; Jaque, V. (2004).: Adaptaciones músculoesqueléticas a un programa de entrenamiento de fuerza progresivo excéntrio de 16 semanas en mujeres jóvenes. PubliCE Premium. Grupo SobreEntrenamiento.
- Seirul-lo, F. (1995).: Valores educativos de deporte. Barcelona. INDE.
- Serrano, M.: (2004).: Captación y Formación de talentos. Madrid. Comité de Entrenadores de la Federación Española de Fútbol de Madrid.
- Siedentop, D. (1998).: Aprender a enseñar la Educación Física. Zaragoza INDE.
- Siff, M; Verkhoshansky, Y. (2000): Super entrenamiento. Barcelona. Paidotribo.
- Sölveborn, S. (1984).: Stretching. Barcelona. Martínez Roca.
- Soria, M; Cañellas, A. (1991).: La animación deportiva. INDE. Barcelona.
- Spranger, E. (1961).: Psicología de la Edad Juvenil. Madrid. Manuales de la Revista de Occidente.
- Stoedefalke, K. (2012).: Efectos del entrenamiento sobre los lípidos y lipoproteínas sanguíneas en niños y adolescentes. G-se. http://www.g-se.com.
- Suanj, D; Craig, S. (200).: Especialización en el deporte: ¿Cuan temprana... Cuan necesaria?. Grupo SobreEntrenamiento. PublCE Standard. Http://www.sobreentrenamiento.com/PubliCE/Home.asp.
- Tejera, A. (2007).: La resistencia en la infancia y la pubertad. Foro de Atletismo. http://forodeatletismo.creatuforo.com/ver-tema-5-forodeatletismo.html.
- Terrados, N. (2000).: Últimos avances en fisiología aplicables al alto rendimiento deportivo. Madrid. INFOCOES. 5.2:90-97.
- Terrados, N.: (2006).: Descartan estudios de genética en la detección de talentos deportivos. Jornadas de trabajo en deporte y salud Asturias 06. Salud.com. http://www.salud.com/secciones/salud_general.asp.

- Torralbo, R. (2012).: Exèriencia práctica con atletas jóvenes en su iniciación. Jornadas sobre el presente y el futuro de las categorías menores. Conferencia. RFEA. Madrid
- Torregrosa, M; Lee, M. (2000).: Estudio de los valores en psicología del deporte. Revista de Psicología del Deporte. 9: 1-2:71-83. Universitat de les Illes Balears.
- Tous, J. (1999).: Nuevas tendencias en fuerza y musculación. Barcelona. Paidotribo.
- Trepode, N. (2001).: Abandono del deporte en los jóvenes. Efdeportes.com. 7-40. http://www.efdeportes.com/.
- Trifoni, A. (2017).: Filosofía del entrenamiento. https://www.aletrionfini.com/filosofia-de-entrenamiento/.
- Tsolakis, C; Vanegas, G; Bogdanis, G; Dessypris, A. (2011).: Influencia de un programa de acondicionamiento de doce meses sobre el crecimiento físico, las hormonas séricas y el rendimiento neuromuscular en esgrimistas varones púberes. Grupo SobrEntrenamiento. http://www.www.g-se.com.
- UADA. (2005).: La pubertad: La adolescencia masculina. Medicina del Deporte. Http://www.aikiwest.com/pubertad.htm.
- Ulloa, J. (2001).: Carácter metodológico del entrenamiento con niños.
- UNICEF. (2003).: Salud, deporte y estudios. Enredate.org. http://www.enredate.org/enredate/actualidad/historico/salud_deporte_y_estudios/
- United States Air Force Academy. (2007).: Entrenamiento Dinámico de la Flexibilidad. journal PubliCE. https://g-se.com/entrenamiento-dinamico-de-la-flexibilidad-784-sa-u57cfb27184c97.
- Van Praagh, E; Doré, E. (2004).: Potencia muscular de corta duración durante el crecimiento y la maduración. G-SE. Http://www.g-se.com.
- Vainstoc, L. (2007).: Lo difícil de llegar al profesionalismo. PSICOACHING. http://www.psicoaching.net/node/31.
- Vallejo, C. (2002).: Desarrollo de la codcición física y sus efectos sobre el rendimiento físico y la composición corporal de niños futbolistas. Tesis doctoral. Universidad autónoma de Barcelona.
- Van Praagh, E. (1998): Le developpement des capacités aerobies chez le jeune. AEFA. Abril 1998.
- Vargas, R. (2004). Siete preguntas acerca de las fases sensibles. Montañismo y Exploración. Nº 31. Mayo. http://montanismo.org.mx/articulos.php?id_sec=11&id_art=984.
- Varillas, A .(2003).: Los niños y la halterofilia. EFDeportes. 9:59. http://www.efdeportes.com.
- Vasalo, C. (2001).: Competitividad en Deportes Infantiles. PubliCE Standard. Pid: 97.
- Vasconcelos, A. (2005).: La fuerza. Entrenamiento para jóvenes. Barcelona. Paidotribo.
- Velez, M. (2000).: Fases de maduración-desarrollo y edades/categorías. Apuntes inéditos.
- Velez, M. (2001).: Fases de maduración-desarrollo y edades. Jornadas de Menores. Madrid.RFEA.
- Velez, M. (2002).: Ejercicios de carga natural. V Jornadas de menores. Madrid. RFEA.
- Velez, M. (2008).: El entrenamiento de fuerza en los jóvenes. X Jornadas sonbre el presente y el futuro de las categorías menores en el Atletismo Español. Madrid. RFEA.
- Verkhoshansky, Y, Siff. (2000).: Super entrenamiento. Barcelona. Paidotribo.
- Verkhoshansky, Y.(1990).: Entrenamiento deportivo. Planificación y programación. Barcelona. Martínez Roca.
- Verkhoshansky, Y. (2002): Teoría y metodología del entrenamiento deportivo. Barcelona. Paidotribo.

- Vicente, S. (2008).: La Búsqueda y Selección de Talentos en la Natación Competitivaen Colombia. Una necesidad.http://www.fecna.com/uploads/la%20busqueda%20y%20seleccion%20de%20talentos%20en%20la%20natacion%20competitiva.pdf.
- Viru, A; Viru, M. (2003): Análisis y control del rendimiento deportivo. Barcelona. Paidotribo.
- Volpe, S; Rife, R; Melason, E; Merrit, A; Witek, J; Freedson, P. (2005).: Cambios fisiológicos en niños de sexto grado que entrenaron para caminar en la maratón de Boston. PubliCE Premium (Http://www.sobreentrenamiento.com/PubliCE/Home.asp).
- Warner, J; Micheli, L. (2006).: Lesiones músculo-esqueléticas en niños y adolescentes. PubliCE Standard. Grupo SobreEntrenamiento. Http://www.sobreentrenamiento.com/PubliCE/Home.asp.
- Warpeha, J. (2006).: Posibles Implicaciones del Estiramiento Excesivo sobre el Rendimiento Deportivo. https://g-se.com.
- Wein, H. (2004).: Hacen falta competiciones más formativas en el deporte base. Dirección de Educación Física. Neuquen. Argentina. http://www.cpeneuquen.edu.ar/direccion-edufisica/boletin10_articulos.htm.
- Weinberg, R; Gould, D. (1996).: Fundamentos de psicología del deporte y el ejercicio físico. Ariel Psicología.
- Weineck, J. (1988).: Entrenamiento óptimo. Barcelona. Hispano Europea S.A.
- Weineck, J. (2005).: Entrenamiento total. Barcelona. Paidotribo.
- Weltman, A. (1986).: Efecto del entrenamiento de fuerza con resistencia hidráulica en sujetos pre púberes. Medicine and Sports in Sport Exercise. 181: 629-638.
- William, L; Mendoza, A. (2005).: Medicina deportiv a para futbolistas jóvenes. PubliCE Standard. Grupo SobreEntrenamiento. G-se. http://www.g-se.com.
- Williams, J; Armstrong, N. (2003).: La influencia de la edad y de la maduración sexual en la respuesta del ácido láctico al ejercicio en niños. PubliCE Standard. Grupo SobreEntrenamiento. http://www.g-se.com.
- Williams, J. (1991).: Psicología aplicada al Deporte. Madrid. Biblioteca Nueva.
- Williams,j; Armstrong, N Kirby, B. (1990).: The 4 mM blood lactate level as an index of exercise performance in 11-13 year old children. J. Sports Sci, 8-2; 139-147.
- Winnicott, D.W. (1995).: La familia y el desarrollo del individuo. B.Aire. Lumen-Hormé.
- Xunta de Galicia (2007).: Competición deportiva en idade escolar.Santiago de Compostela. Xunta de Galicia.
- Yubero, L. (2001).: Predicción de talentos deportivos en pruebas de velocidad. Análisis del somatotipo. Instituto Nacional de Educación Física. Madrid. http://www.aamoratalaz.com/articulos/ptdpvas01.htm.
- Zanatta, A (1995).: Atletismo en la escuela primaria. Estadium. 16:95.
- Zapata, O; Aquino, F. (1986).: Psicopedagogía de la aducación motriz en la etapa del aprendizaje escolar.México. Trillas.
- Zatsiorsky, V. (1994).: Advanced Sport Biomechanics. The Pennsylvania State University, Biomechanics Laboratory, PA, USA.
- Zevi, S. (2000).: Aprendizaje motor, maduración y desarrollo. Madrid. Indugraf.
- Zhelyazkov, T. (2001).: Bases del entrenamiento deportivo. Barcelona. Paidotribo.
- Zintl, F. (1991).: Entrenamiento de la resistencia. Barcelona. Martínez Roca.

www.ingramcontent.com/pod-product-compliance
Ingram Content Group UK Ltd.
Pitfield, Milton Keynes, MK11 3LW, UK
UKHW061656190726
13853UKWH00008B/2231

9 788418 682438